Incoterms® 2010
der Internationalen Handelskammer (ICC)

Kommentierung für die Praxis
inklusive offiziellem Regelwerk

W0059130

 # Incoterms® 2010
der Internationalen Handelskammer (ICC)

Kommentierung für die Praxis
inklusive offiziellem Regelwerk

von
Prof. Dr. jur. Christoph Graf von Bernstorff
Rechtsanwalt in Bremen
Professor für Internationales Wirtschaftsrecht an der
Hochschule Bremen

 **Bundesanzeiger** Verlag

 **ICC** **Deutschland**
International Chamber of Commerce
The world business organization

Bibliografische Information Der Deutschen Bibliothek

Die Deutsche Bibliothek verzeichnet diese Publikation in der Deutschen Nationalbibliografie; detaillierte bibliografische Daten sind im Internet über: http://dnb.d-nb.de abrufbar.

Ihre Meinung ist uns wichtig!

Sie wollen zu diesem Produkt Anregungen oder Hinweise geben? Schicken Sie uns einfach Lob oder Tadel über unser Online-Formular unter >www.bundesanzeiger-verlag.de/service
Als Dankeschön verlosen wir unter allen „Kritikern" monatlich einen Sachpreis!

ISBN 978-3-89817-889-1

© 2010 Bundesanzeiger Verlagsges. mbH, Köln

Produktmanagement und Lektorat: Jörg Schick

Herstellung: Günther Fabritius

Satz: Cicero Computer GmbH, Bonn

Druck und buchbinderische Verarbeitung: Medienhaus Plump GmbH, Rheinbreitbach

Printed in Germany

Vorwort

Liefergeschäfte, seien sie national oder international, sehen für beide Geschäftspartner Rechte und Pflichten vor. Diese können ausdrücklich oder stillschweigend vereinbart werden, etwa vorhandenen Handelsbräuchen oder aber gesetzlichen Bestimmungen folgen. Neben den vertragstypischen Merkmalen, wie etwa der Festlegung von Vertragsparteien, Vertragsgegenstand und Preis, stehen meist auch Zahlungsbedingungen, Gewährleistungsbestimmungen, die Einbeziehung Allgemeiner Geschäftsbedingungen usw. im Mittelpunkt des Interesses der Geschäftspartner.

Ein wesentlicher Schwerpunkt von Geschäftsabschlüssen sind immer auch die Lieferbedingungen. Mit ihrer Hilfe kann ein ganzes Spektrum der Geschäfte abgedeckt werden. So lässt sich durch Lieferbedingungen beispielsweise festlegen, welche der Vertragsparteien bestimmte Kosten (z. B. Transport und Versicherung der Ware, Zölle usw.) zu tragen hat. Der wohl wichtigste Regelungsinhalt von Lieferbedingungen dürfte allerdings der Komplex der „Gefahrtragung" sein, also die Festlegung, welche Vertragspartei bis / ab wann das Risiko des zufälligen Verlusts, eines sonstigen Abhandenkommens oder der zufälligen Beschädigung oder sonstigen Verschlechterung des Liefergutes zu tragen hat.

Lieferbedingungen können frei vereinbart oder in Form standardisierter Klauselwerke, wie etwa der hier kommentierten neuen „Incoterms® 2010" der Internationalen Handelskammer (ICC), genutzt werden. Teilweise sind auch gesetzliche Bestimmungen zu bestimmten Bereichen vorhanden (z. B. zum so genannten „Gefahrübergang"), doch besteht meist auch die Möglichkeit, derartige Bestimmungen durch ausdrückliche Verabredung der Geschäftspartner zu umgehen. Häufig sind den Geschäftspartnern unterschiedliche Handelsgewohnheiten sowie rechtliche Bestimmungen in anderen Ländern nicht bekannt. Hieraus können Missverständnisse, Auseinandersetzungen sowie Gerichtsverfahren mit dem damit verbundenen Zeit- und Kostenaufwand entstehen. Zur Lösung eines Teils dieser Probleme können standardisierte Lieferbedingungen beitragen.

All diesen Fragen widmet sich der hier vorgelegte Kommentar zu dem Regelwerk der ICC für die Auslegung nationaler und internationaler Handelsklauseln, kurz „Incoterms® 2010". Ausgehend von einer generellen Behandlung der Grundfragen des Rechts der „Lieferbedingungen" werden in der Folge die im Herbst 2010 neu aufgelegten Klauseln der ICC beschrieben und praxisgerecht kommentiert. Den Abschluss dieses Buches bildet der Gesamtüberblick über das neue Regelwerk. Soweit auf Gesetzesbestimmungen zurückgegriffen wird, geschieht dies aus Sicht des deutschen, teilweise auch des österreichischen Zivil- und Handelsrechts; auch das für beide Staaten anwendbare UN-Kaufrecht ist im Zusammenhang mit der Kommentierung häufiger Gegenstand der Betrachtung.

Bremen, im Herbst 2010

Prof. Dr. Christoph Graf von Bernstorff

Vorwort

Die Erfolgsgeschichte der Incoterms® Regeln reicht bis in das Jahr 1936 zurück, als diese erstmalig veröffentlicht wurden. Mit der vorliegenden Überarbeitung entsteht bereits die 8. Auflage der ICC-Handelsregeln. Immer wieder mussten sie an die sich wandelnde Praxis mit ihren neuen Anforderungen angepasst werden, um mit aktuellen Entwicklungen im internationalen Handel Schritt halten zu können. Aber nicht nur die Handelspraxis verändert sich, auch politische Entwicklungen wie der europäische Binnenmarkt oder immer mehr Freihandelszonen haben Einfluss auf die Abwicklung von Kaufverträgen.

Die Regeln wurden *von* der Wirtschaft *für* die Wirtschaft konzipiert. Mit ihrer Hilfe ist es Unternehmen möglich, Kaufverträge durch eindeutige und verbindliche Zuordnung von Kosten und Gefahren sicher und ohne großen Aufwand abzuwickeln. Entsprechend berücksichtigen die nunmehr vorliegenden Incoterms® 2010 Regeln unter anderem den vermehrten Einsatz elektronischer Kommunikation, das verstärkte Sicherheitsdenken von Regierungen und Unternehmen und die veränderten Transportmodalitäten. Auch sollen sie für noch mehr Anwenderfreundlichkeit und Verständlichkeit sorgen.

Die Expertise der aus der ganzen Welt kommenden Mitglieder der ICC-Kommission für Handelsrecht und -praxis stellt sicher, dass die neuen Regeln die Bedürfnisse der Handelstreibenden rund um den Globus berücksichtigen. Insgesamt wurden für die letzte Revision mehr als 2.000 Kommentare eingehend erörtert. Die vormals dreizehn Klauseln wurden aktualisiert und konsolidiert, daraus sind nunmehr elf entstanden. Die ursprünglich nur für den internationalen Handel gedachten Klauseln sind jetzt auch für den Handel ohne Grenzüberschreitung konzipiert. Das erspart den Firmen, sich auf der nationalen Ebene spezielle Regeln zu suchen und dient der Vereinfachung auf vielen Märkten. Für deutsche Unternehmen hat dies auch den Vorteil, dass sie mit ihren nordamerikanischen Partnern die international gebräuchlichen Incoterms® vereinbaren können, da diese nun auch auf diesem Kontinent Einzug halten.

Die Internationale Handelskammer Deutschland als Herausgeber der zweisprachigen Version dieser Regeln ist dankbar, dass sich Graf von Bernstorff als ausgewiesener Experte im Bereich Außenhandel der Aufgabe unterzogen hat, einen Kommentar zu verfassen. Dieser soll Anwendern weitere Sicherheit bei der Auslegung der Klauseln vermitteln und Fragen beantworten, die eine Revision von Regeln nun einmal mit sich bringt.

Berlin, im Herbst 2010

Angelika Pohlenz, Generalsekretär ICC Deutschland

Inhaltsverzeichnis

Abkürzungsverzeichnis

AGB	Allgemeine Geschäftsbedingungen
ABGB	Allgemeines Bürgerliches Gesetzbuch
ASEAN	Association of Southeast Asian Nations
BGB	Bürgerliches Gesetzbuch
bzw.	beziehungsweise
CFR	COST AND FREIGHT
CIF	COST INSURANCE AND FREIGHT
CIP	CARRIAGE AND INSURANCE PAID TO
CISG	Convention on the International Sale of Goods
CPT	CARRIAGE PAID TO
CSI	Container Security Initiative
CTO	Combined Transport Operator
DAP	DELIVERED AT PLACE
DAT	DELIVERED AT TERMINAL
DDP	DELIVERED DUTY PAID
DTV	Deutscher Tansportverband
ECE	Economic Commission for Europe
etc.	et cetera
EXW	EX WORKS
FAS	FREE ALONGSIDE SHIP
FCA	FREE CARRIER
FCL	Full Container Load
FIATA	Fédération Internationale des Associations des Transitaires et Assimilés
FIDIC	Fédération Internationale des Ingenieurs-Conseils
FOB	FREE ON BOARD
HGB	Handelsgesetzbuch
HL	Heavy Lift
ICC	International Chamber of Commerce
ICC	Institute Cargo Clauses
IUA	International Underwriting Association of London
LCL	Less than a Container Load
lit.	Litera (Buchstabe)
o. ä.	oder ähnliche(s)
SAFE	Framework of Standards to Secure and Facilitate Global Trade
SWIFT	Society for Worldwide Interbank Financial Telecommunication
THC	Terminal Handling Charges
usw.	und so weiter
u. v. a. m.	und viele(s) andere(s) mehr
vgl.	vergleiche
WZO	Weltzollorganisation
z. B.	zum Beispiel

Teil 1:
Vorüberlegungen

1. Grundproblem – Warum sind Lieferbedingungen so wichtig?

Unternehmer sollten grundsätzlich daran denken, in ihren Geschäften Lieferbedingungen zu verabreden, um ungewollte Rechtsfolgen zu vermeiden. Ein wichtiger Grund dafür ist den gesetzlichen Bestimmungen des Kaufrechts zu entnehmen, die sich mit dem Problembereich der *Gefahrtragung* befassen. Diese Vorschriften sind – je nach Eignung für das in Frage stehende Geschäft – grundsätzlich zu beachten, sofern nicht durch Parteivereinbarung (also Absprache zwischen den Geschäftspartnern) festgelegt wird, dass etwas anderes gelten soll.   **1**

Daher ist im Folgenden zunächst überblickartig darzustellen, welche grundsätzlichen Gesetzesregelungen zu beachten sind und wann diese überhaupt zur Anwendung gelangen. Dann ist zu klären, ob diese Bestimmungen durch anders lautende Absprachen zwischen den Geschäftspartnern außer Kraft gesetzt oder abgeändert werden können und was zu geschehen hat, damit der jeweilige Parteiwille (bezüglich einer Lieferbedingung) optimal zur Geltung kommen kann.   **2**

Die nachfolgenden, in das Thema einführenden Anmerkungen sind noch aus einem anderen Grund von großer praktischer Bedeutung: Versäumt ein Unternehmen die Verabredung von Lieferbedingungen (beispielsweise in der standardisierten und weltweit eingesetzten Form der Incoterms[1]) oder ist eine Verabredung einer Lieferbedingung bzw. einer Klausel der Incoterms® 2010 aus dem einen oder anderen Grund (dazu weiter unten) nicht wirksam, kommen die nachstehend beschriebenen (gesetzlichen) Grundlagen hinsichtlich der Haftung für den zufälligen Untergang einer Kaufsache zur Anwendung.   **3**

PRAXISTIPP: **4**

Wenn es versäumt wird, individuelle oder standardisierte Lieferbedingungen (wie z. B. eine passende Klausel der Incoterms® 2010) für ein Geschäft zu vereinbaren, oder wenn eine Vereinbarung über Lieferbedingungen unwirksam ist, müssen die nachfolgend beschriebenen Grundregeln der Gefahrtragung im Kaufgeschäft beachtet werden.

1.1. Pflichten der Parteien eines Kaufvertrages

Die wichtigsten Pflichten der Geschäftspartner eines Kaufvertrages sind in § 433 BGB (bzw. §§ 1061 und 1062 des österreichischen ABGB) geregelt. Danach   **5**

- muss der *Verkäufer*[2] dem Käufer den Kaufgegenstand übergeben und das Eigentum frei von Sach- und Rechtsmängeln verschaffen, § 433 Abs.1 BGB (§ 1061 ABGB),
- während der *Käufer* die Kaufpreiszahlung erbringen muss, § 433 Abs.2 BGB (§ 1062 ABGB). Die Kaufpreiszahlung ist die Hauptleistungspflicht des Käufers; sofern kein Zeitpunkt vereinbart wurde, besteht die *Zahlungspflicht mit Abschluss des Kaufvertrages* (vgl. § 271 Abs.1 BGB).

---

1 „Incoterms" ist eine in mehreren Ländern eingetragene Marke der Internationalen Handelskammer (ICC).
2 Zur leichteren Lesbarkeit werden in der deutschen Übersetzung die Begriffe „Verkäufer" und „Käufer" verwendet, womit Verkäuferinnen/Verkäufer und Käuferinnen/Käufer gemeint sind.

6 Dabei ist zu beachten, dass der Käufer den Kaufpreis auch zahlen muss, wenn die Übereignungspflicht des Verkäufers wegen zufälligen Untergangs der Kaufsache ausgeschlossen ist und dieser Untergang der Kaufsache erst nach dem Zeitpunkt eingetreten ist, in dem die so genannte „Preisgefahr" schon auf den Käufer übergegangen war. Der Zeitpunkt des Übergangs der Preisgefahr (diese wird auch „Gegenleistungsgefahr" genannt, da der Käufer mit der Kaufpreiszahlung seine Gegenleistung zu erbringen hat, obwohl die Ware zufällig untergegangen ist und der Käufer sie gar nicht erhält) ist für den Kauf in den §§ 446 und 447 BGB geregelt (für Österreich vgl. dazu §§ 1064 und 1048 bis 1051 ABGB). Danach geht die Preisgefahr nämlich nicht erst im Zeitpunkt der einwandfreien Lieferung und damit vollständigen Vertragserfüllung durch den Verkäufer, sondern möglicherweise schon deutlich früher auf den Käufer über. Hier ist wie folgt zu unterscheiden.

1.2. Grundprinzip der „Gefahrtragung"

7 Nach § 446 Satz 1 BGB gilt: „Mit der *Übergabe* der verkauften Sache geht die Gefahr des zufälligen Untergangs und der zufälligen Verschlechterung auf den Käufer über." Hintergrund dieser Bestimmung ist, dass *stets der Eigentümer* (im Regelfall also der Verkäufer einer Ware) *die Gefahr* des zufälligen Untergangs, des Verlusts und der Verschlechterung der Kaufsache (die so genannte „Sachgefahr") *bis zu dem Moment zu tragen hat, in dem er die Kaufsache dem Käufer übergibt.*

8 Unter „Übergabe" im Sinne des § 446 BGB ist die Verschaffung des *unmittelbaren* Besitzes zu verstehen. Ein nur mittelbarer Besitz reicht nicht aus (es sei denn, die Kaufvertragspartner haben dies anders vereinbart), da in diesem Fall die Kaufsache noch nicht in den Machtbereich des Käufers gelangt ist. Wenn die Übergabe daran scheitert, dass der Käufer trotz ordnungsgemäßen Angebots die Kaufsache nicht annimmt, gerät er in „Annahmeverzug"; diese Situation führt nach § 446 Satz 3 BGB dazu, dass ab Beginn des Annahmeverzugs die Preisgefahr auf den Käufer übergeht.

1.2.1. Abdingbarkeit

9 Dieses Grundprinzip des Gefahrübergangs ist abdingbar. Nach der höchstrichterlichen Rechtsprechung des BGH (NJW 1982, 1278) kann der Gefahrübergang verlegt, vorgezogen oder verschoben werden. Er darf auch von bestimmten tatsächlichen Erfordernissen abhängig gemacht werden. Die Beweislast für den Zeitpunkt des Gefahrübergangs trifft denjenigen, der sich darauf beruft. Da es damit letztlich auf die Beweisbarkeit einer der Gesetzesregelung widersprechenden Vereinbarung ankommt, empfiehlt es sich in der Praxis, eine Lieferbedingung schriftlich zu fixieren.

1.2.2. Gefahr

10 Unter „Gefahr" im Sinne der Gesetzesvorschrift ist die Möglichkeit von Einwirkungen auf die Sache zu verstehen, die vom Besitz der Sache, von jedem Dritten oder von einer objektiven Sachlage ausgehen können.

11 Der „Untergang" der Sache ist nicht nur ihre physische Vernichtung oder *Zerstörung*, sondern auch die widerrechtliche *Entziehung* durch einen Dritten, eine *Beschlagnahme* und schließlich auch die grundsätzliche *Unmöglichkeit* des Verkäufers, dem Käufer Besitz und Eigentum an der Sache zu verschaffen.

Eine Verschlechterung ist jede Form der Qualitätsminderung, vor allem auch eine Be-   **12**
schädigung der Sache oder eines Teils davon.

Untergang oder Verschlechterung müssen *zufällig* geschehen, also ohne Verschul-   **13**
den des Vertragspartners. Grundsätzlich ist für ein Übergehen der Sachgefahr vom
Verkäufer auf den Käufer ein wirksamer Kaufvertrag erforderlich. Bei bedingtem
Vertragsschluss ist zu unterscheiden:

- Bei *auflösend* bedingten Verträgen im Sinne des § 158 Abs.2 BGB geht die Gefahr mit der Übergabe vom Verkäufer auf den Käufer über. Tritt die (auflösende!)
  Bedingung ein, besteht kein Vertrag mehr und damit bei zufälligem Untergang
  oder zufälliger Verschlechterung der Ware auch kein Erstattungsanspruch mehr.

- Bei *aufschiebend* bedingten Verträgen nach § 158 Abs.1 BGB geht mit dem Eintritt der Bedingung (nach der Übergabe) das Risiko der zufälligen Verschlechterung oder des zufälligen Untergangs auf den Käufer über. Fällt die Bedingung
  aus, besteht kein Kaufvertrag und damit auch kein Gefahrübergang vom Verkäufer auf den Käufer.

1.3. Erweiterung für den „Versendungskauf"

Für den Versendungskauf, der gerade im internationalen Geschäft den Normalfall   **14**
darstellt, erweitert § 447 Abs.1 BGB (vgl. dazu für Österreich §§ 1047 ff und § 429
ABGB) wie folgt: „Versendet der Verkäufer auf Verlangen des Käufers die verkaufte
Sache nach einem anderen Ort als dem Erfüllungsort, so geht die Gefahr auf den
Käufer über, sobald der Verkäufer die Sache dem Spediteur, dem Frachtführer oder
der sonst zur Ausführung der Versendung bestimmten Person oder Anstalt ausgelie-
fert hat.".

Versendungskauf

Beim Versendungskauf geht die Preisgefahr nach § 447 Abs.1 BGB schon dann auf   **15**
den Käufer über, wenn der Verkäufer die Kaufsache an die Transportperson ausgelie-
fert hat, obwohl die Sache dem Käufer zu diesem Zeitpunkt weder zu Eigentum
übertragen wurde, noch ihm Besitz daran verschafft wurde. Diese Vorschrift legt damit den Zeitpunkt des Gefahrübergangs weiter nach vorne; der Käufer wird damit
im Versendungskauf hinsichtlich des Gefahrübergangs grundsätzlich etwas schlech-
ter gestellt. Gleich vier Voraussetzungen müssen dabei beachtet werden.

- Zunächst muss die Kaufsache *an einen anderen Ort als an den Erfüllungsort* ver-   **16**
  sendet werden. Erfüllungsort ist der Ort, an dem die Leistung eines Schuldners
  (hier also des Verkäufers) erbracht werden soll. Es ist weiter zu unterscheiden:

  - Ist verabredet, dass der Verkäufer dem Käufer die Kaufsache bringen soll
    (Bringschuld), ist der Wohn- bzw. Geschäftssitz des Käufers der Erfüllungs-
    ort. Hier kann § 447 Abs.1 BGB dann aber nicht greifen, da der Kaufgegen-
    stand ja nicht „an einen anderen Ort als den Erfüllungsort" versandt wird.
    Der Gefahrübergang erfolgt in Fällen der Bringschuld damit nach Maßgabe
    des § 446 BGB.

  - Liegt jedoch eine Hol- oder Schickschuld vor, ist der Wohn- bzw. Geschäfts-
    sitz des Verkäufers der Erfüllungsort, so dass ein Versendungskauf im Sinne
    des § 447 BGB vorliegt. Dabei kommt es im Hinblick auf das Wort „Erfül-

lungs*ort"* nicht darauf an, dass ein Versand zwischen unterschiedlichen Städten erfolgt, sondern mit Ort ist der Sitz eines Unternehmens/einer Wohnung gemeint, so dass auch eine Lieferung innerhalb einer Stadt (Platzkauf) ein Versendungskauf sein kann.

- Die Versendung muss *auf Verlangen* (ausdrücklich oder stillschweigend) des Käufers erfolgen. Es ist dafür ausreichend, dass der Käufer seinen entsprechenden Wunsch erst nach Vertragsschluss äußert.

- Der Gefahrübergang tritt mit der *Auslieferung der Kaufsache an die Transportperson* ein. Dazu muss die Kaufsache dem Spediteur oder Frachtführer übergeben werden und der Käufer muss alles Erforderliche getan haben, damit die Ablieferung beim Käufer erfolgen kann. Damit reicht es nicht aus, bloß einen Frachtvertrag zu schließen.

- Schließlich geht die Preisgefahr nur auf den Käufer über, wenn die Kaufsache *zufällig* untergeht, also den Verkäufer kein Verschulden trifft. Dies hat Bedeutung für die Fälle, in denen der Verkäufer den Versand der Kaufsache durch eigene Leute durchführt und diese den Untergang oder die Beschädigung der Kaufsache schuldhaft verursachen. Dieses Verschulden wird dann nämlich dem Verkäufer (nach § 278 BGB) zugerechnet, so dass es in diesen Fällen dann keinen „zufälligen" Untergang im Sinne des § 447 BGB und damit keinen Gefahrübergang auf den Käufer gibt.

17

PRAXISTIPP:

Grundsatz: der Verkäufer muss dem Käufer das Eigentum an der Kaufsache verschaffen und ihm die Sache übergeben.

Geht die Ware vorher zufällig unter oder verloren, oder wird sie sonstwie zufällig verschlechtert, kann der Käufer nach § 446 BGB trotzdem zahlungspflichtig sein.

Beim Versendungskauf nach § 447 BGB wird der Zeitpunkt des Gefahrübergangs auf den Käufer noch weiter vorverlegt: eine Zahlungspflicht des Käufers besteht trotz zufälligen Untergangs der Ware schon ab dem Moment, in dem er die Ware einer (fremden) Transportperson zum Transport übergibt.

Grundsatz: diese Bestimmungen sind abdingbar, z. B. durch Vereinbarung einer anders lautenden Lieferbedingung.

1.4. Besonderheit für das internationale Geschäft

18 Für das internationale Geschäft ist schließlich noch eine Vorschrift des internationalen Kaufrechts im „Gesetz zum internationalen Warenkauf" (abgekürzt „CISG", dies steht für „Convention on the International Sale of Goods", die eine UNO-Konvention zum internationalen Warenkauf aus dem Jahre 1980 ist; diese Konvention ist in *Deutschland* wie auch in *Österreich* als „Gesetz zum internationalen Warenkauf" umgesetzt und seit 1.1.1991 gültiges deutsches Gesetzesrecht für internationale Warenkäufe) zu beachten. Als Spezialgesetz (lex specialis) für das *Auslandsgeschäft* (Kaufgeschäfte über bewegliche Güter) gehen die Regeln des CISG den grundsätzlichen Normen BGB (§§ 446 und 447 im Inlandsgeschäft) bzw. des österreichischen ABGB vor, so dass das CISG in den meisten deutschen bzw. österreichischen Auslandsgeschäften vom Grundsatz her beachtet werden muss. Das Spezialgesetz CISG sagt zum Gefahrübergang in seinem Art. 67 CISG:

„(1) Erfordert der Kaufvertrag eine Beförderung der Ware und ist der Verkäufer nicht verpflichtet, sie an einem bestimmten Ort zu übergeben, so geht die Gefahr auf den Käufer über, sobald die Ware gemäß dem Kaufvertrag dem ersten Beförderer zur Übermittlung an den Käufer übergeben wird. Hat der Verkäufer dem Beförderer die Ware an einem bestimmten Ort zu übergeben, so geht die Gefahr erst auf den Käufer über, wenn die Ware dem Beförderer an diesem Ort übergeben wird. Ist der Verkäufer befugt, die Dokumente, die zur Verfügung über die Ware berechtigen, zurückzuhalten, so hat dies keinen Einfluss auf den Übergang der Gefahr. –

(2) Die Gefahr geht jedoch erst auf den Käufer über, wenn die Ware eindeutig dem Vertrag zugeordnet ist, sei es durch an der Ware angebrachte Kennzeichen, durch Beförderungsdokumente, durch eine Anzeige an den Käufer oder auf andere Weise."

Art. 67 CISG regelt damit den Gefahrübergang beim Distanzkauf. Seine praktische **19** Bedeutung ist allerdings insofern eingeschränkt, als die Geschäftspartner im internationalen Handel mit ihrer speziellen Lieferbedingung, die dann nach Art. 6 und 9 Vorrang vor der gesetzlichen Regelung hat, eine andere Regelung trifft.

Nach Art. 6 CISG besteht die Möglichkeit, „… die Anwendung dieses Übereinkommens aus(zu)schließen oder …von seinen Bestimmungen ab(zu)weichen oder deren Wirkung (zu) ändern". Dies bedeutet kurz gefasst nichts anderes, als dass die Geschäftspartner im internationalen Liefergeschäft beispielsweise mit ihrer bloßen Verabredung einer Klausel der Incoterms® 2010 quasi automatisch die Wirkung des Art. 67 ausschließen und stattdessen mit ihrer eigenen Lieferbedingung für das Geschäft eine Bestimmung zur Gefahrtragung zugrunde legen.

Art. 67 CISG befasst sich mit zwei Varianten des Versendungskaufs: **21**

• Nach der Grundregel des Art. 67 Abs. 1 Satz 1 CISG wird die Ware gemäß den Bestimmungen des Kaufvertrages befördert, ohne dass der Verkäufer verpflichtet ist, sie *an einem bestimmten Ort* zu übergeben. Die Gefahr geht dann nach Art. 67 Abs.1 CISG mit Übergabe der Ware an den Beförderer auf den Käufer über. Liegt dagegen – ungeachtet der Beförderungspflicht – der Lieferort an einem bestimmten Ort, nämlich beim Verkäufer oder beim Käufer, greift die Sondervorschrift des Art. 69 CISG ein. „Übergabe" im Sinne des Art. 67 CISG bedeutet, dass die Ware in die Obhut eines (fremden) Beförderers übergehen muss; beim Seetransport genügt es deshalb (sofern nichts anderes vereinbart wurde), dass die Ware längsseits des Schiffes abgeladen wird, wenn der Verfrachter sie dort in seine Obhut nimmt.

• Die Ausnahmeregelung des Art. 67 Abs. 1 Satz 2 CISG geht dagegen von einem vereinbarten (anderen) *Absende*ort aus. Wenn der Verkäufer die Ware *dem Beförderer(!) an einem bestimmten Ort übergeben* muss, geht die Gefahr mit Übergabe der Ware an diesem Ort auf den Käufer über. Damit werden die Fälle erfasst, in denen ein Verkäufer mit Sitz im Landesinneren die Lieferung ab einem bestimmten Seehafen vereinbart und die Ware erst dort an einen Beförderer übergibt. Damit erfolgt der Gefahrübergang in diesen Fällen nicht schon bei Übergabe an den ersten Beförderer (im Landesinneren), sondern gemäß Art. 67 Abs. 1 Satz 2 CISG erst mit Abladung im Seehafen.

22 Schließlich ist noch Art. 67 Abs. 1 Satz 3 CISG zu beachten: Der Gefahrübergang wird danach nicht dadurch behindert, dass der Verkäufer *Dokumente zurück behält*, die *zur Verfügung über die Ware* berechtigen. Unabhängig also davon, ob mittels Dokumenten Eigentum an der Ware übergehen kann oder nicht, entscheidet für die Regelung des Art. 67 CISG grundsätzlich nicht die Dokumentation, sondern die Beförderung der Ware selber.

1.5. Zwischenergebnis

23 Angesichts der Konsequenzen des Gefahrübergangs nach den §§ 446 und 447 BGB sowie der für das internationale Geschäft zu beachtenden Vorschrift des Art. 67 CISG wird deutlich, wie wichtig es ist, bei Bedarf eine anders lautende Regelung zu vereinbaren. Dies kann geschehen

- durch die Verabredung individueller Lieferbedingungen oder
- durch die Einbeziehung standardisierter Lieferbedingungen in den Vertrag.

24 Es ist bei Behandlung der §§ 446 und 447 BGB sowie des Art. 67 CISG schon erläutert worden, dass die gesetzlichen Bestimmungen abdingbar sind.

Für den Fortgang der Darstellung bedeutet dies:

- Es muss zunächst festgestellt werden, was Lieferbedingungen eigentlich darstellen und auf welche Weise über diese Vertragsklauseln eine Gefahrtragungsregelung (und gegebenenfalls gleichzeitig auch Kostentragungsregelung) getroffen werden kann.
- Ferner ist festzustellen, welche Voraussetzungen beachtet werden müssen, damit diese Lieferbedingung (gleichgültig, ob individuell verabredet oder in standardisierter Form) Vertragsinhalt werden kann.

2. Lieferbedingungen

25 Ein Hauptmerkmal der in diesem Buch zu kommentierenden Incoterms® 2010 ist es gerade, neben der Regelung der Kostentragung, den Moment des Gefahrübergangs vom Verkäufer auf den Käufer auf einen anderen, von beiden Geschäftspartnern übereinstimmend gewollten Zeitpunkt vor- oder zurückzuverlegen. Weil es damit auf die rechtswirksame Verabredung einer für das jeweilige Geschäft geltenden Lieferbedingung ankommt, muss man sich – vor der näheren Betrachtung der einzelnen Klauseln – erst einmal klar machen, was eine „Lieferbedingung" innerhalb eines Kaufvertrages überhaupt ist. Ferner ist zu klären, wie eine Lieferbedingung der Incoterms® 2010 überhaupt Vertragsinhalt werden kann und damit Grundlage für eine einvernehmliche Gefahrtragungs- und Kostentragungsregelung zwischen den Geschäftspartnern wird.

2.1. Individuelle Lieferbedingungen

26 Lieferbedingungen sind dazu da, zwischen den Parteien festzulegen, welcher der beiden Geschäftspartner

- ab oder bis wann welchen *Anteil an den Kosten* des Geschäfts (Transport, Versicherung des Transports, Zölle)

- und ab oder bis wann die *Gefahr* des zufälligen Untergangs, Verlusts oder der zufälligen Verschlechterung tragen soll.

In dieses Grundkonzept fließen Wünsche und Gedanken der Geschäftspartner mit ein, die nicht immer mit der oben vorgegebenen einfachen und klaren Struktur übereinstimmen: **27**

- So stehen oft Überlegungen der Unternehmen im Raum, wo die Ware am besten/einfachsten/preiswertesten übernommen werden kann.

- Zu überlegen ist immer auch die Art des Transportmittels sowie die damit zusammenhängende Dokumentation, die stets einen gewissen arbeitstechnischen Aufwand darstellt.

- Die Unternehmer haben sicherlich auch Gedanken dazu, welche Rechte und Pflichten Sie mit dem Versand und dem Transport der Ware übernehmen, bringen diese aber nicht immer gleich in Einklang zur dazu passenden Lieferbedingung. Gerade hier kann es zum Ausgangspunkt oft umfangreicher Verabredungen kommen, wenn alle möglichen Gedanken in die dann zugrunde gelegten Vertragsformulierungen einfließen.

- Mit dem Transport wird zugleich auch verbunden, wer welche Dokumente zu erstellen beziehungsweise beizubringen hat, und wer die damit verbundenen Kosten trägt.

- Schließlich kann eine allzu komplexe Ausgestaltung all dieser mit der individuellen Lieferbedingung zusammenhängenden Dokumentationen dazu führen, dass schließlich die Abwicklung des ganzen Geschäfts erschwert wird. Das ist beispielsweise der Fall, wenn im Bereich des dokumentären Zahlungsverkehrs – gerade auch im Hinblick auf die Dokumentenprüfung unter einem Akkreditiv – zwingend gefordert Dokumente erstellt, herbeigeschafft oder wegen inhaltlicher Unstimmigkeit zurückgewiesen werden müssen.

Derartige Vorüberlegungen führen dann oft dazu, dass die individuelle Lieferbedingung ein wahres Formulierungsungetüm wird. Dabei versteht es sich von selbst, dass diese Vertragsbestandteile wegen der „Parteiautonomie" von den Vertragspartnern völlig frei gestaltet werden können, soweit sie nicht gegen bestehende, zwingende Regelungen (ordre public-Vorbehalt) verstoßen.   **28**

Ein gewaltiger Nachteil gerade im internationalen Geschäft dürfte dann darin zu sehen sein, dass bei individuell gestalteten Lieferbedingungen sehr schnell der Punkt erreicht wird, an dem es einen Auslegungsbedarf einer frei vereinbarten Klausel gibt. Verständnisschwierigkeiten treten nicht zuletzt schon deshalb auf, weil gerade bei Einsatz einer Fremdsprache zumindest für einen der beiden Geschäftspartner leicht auch Fehlinterpretationen auftreten können. Und dann gilt: Alles, was letztlich den geschäftlichen Erfolg gefährdet, weil Dinge unklar sind oder sich in der Umsetzung nicht eignen, sollte vermieden werden. Das gilt selbst dann, wenn „selbst erdachte" individuelle Klauseln verwendet werden, wie etwa der Begriff „fob", wobei nicht klar gemacht wird, dass fob für „free on board" (im Sinne der Incoterms® 2010) stehen soll, sondern möglicherweise eine ganz andere Bedeutung haben soll. Dann ist der Streit vorprogrammiert, welche Rechte und Pflichten im Einzelnen hinter der kurzen Vertragsklausel eigentlich gemeint sind.   **29**

30 Es ist daher dringend zu empfehlen, bei der in der Praxis dringend gebotenen Anwendung von Lieferbedingungen möglichst grundsätzlich an standardisierte Klauseln zu denken, die im weltweiten Geschäft hinlänglich bekannt sind und deren standardisierte Interpretationshilfen in den wichtigsten Sprachen der Welt gleichermaßen bekannt sind. Solche Hilfsmittel gibt es, und hier ist auch der Anwendungsbereich der Incoterms® 2010 gegeben.

2.2. Typische Handelsklauseln in der Praxis

31 Neben *frei formulierten* Lieferbedingungen (oben, 2.1.) und den weltweit am stärksten genutzten *Standardklauseln* (unten, 2.3.) haben sich einige Begriffe in der Praxis etabliert, die nachfolgend kurz beschrieben werden. Allen Begriffen ist gemeinsam, dass sie zwar in der Praxis gerne genutzt werden, aufgrund ihrer Ungenauigkeit aber zu Interpretationsproblemen (und nachfolgendem Streit) zwischen den Geschäftspartnern führen können. Hierzu gehören typischerweise:

- *Circa*: Diese reichlich unpräzise Klausel lässt „handelsübliche" oder den Geschäftsumständen entsprechende Toleranzen zu, vor allem bei Mengen, Maß- und Zeitangaben. Meist wird es akzeptiert, dass eine Abweichung je nach Geschäftsart und Leistungsinhalt von 5 bis 10 Prozent toleriert wird. Mit einer Circa-Klausel wird es dem Verkäufer zugestanden, bei der Erfüllung seiner Leistungspflicht im Rahmen der vereinbarten Toleranz hinter seinem Leistungsversprechen zurückzubleiben oder aber auch darüber hinauszugehen. Bei geringerer Leistung hat der Geschäftspartner keinen Ersatzanspruch, bei Übererfüllung kann der Verkäufer kein zusätzliches Entgelt beanspruchen. Angesichts der Auslegungsbedürftigkeit dieser Klausel sollte möglichst auf sie verzichtet werden.

- *Force majeur*: Bei „höherer Gewalt" handelt es sich um von außen kommende Ereignisse, die keinen betrieblichen Zusammenhang aufweisen und die auch mit äußerster Sorgfalt nicht zu verhindern sind (z. B. Vulkanausbruch legt Flugverkehr lahm). Gemeint sind allerdings nicht Streiks o. ä., die zu den typischen Betriebsrisiken eines Unternehmers gehören. Die force majeur-Klausel stellt den Leistungspflichtigen leistungsfrei, wenn ihm wie auch einem Dritten die geschuldete Leistung unmöglich geworden ist.

- Freibleibend: Eine ebenfalls ungenaue Klausel ist „ohne Obligo, unverbindlich" o. ä. Sie hat je nach Zusammenhang verschiedene Bedeutungen, da sie sich auf *vertragliche Willenserklärungen* beziehen kann (es liegt noch kein Vertragsantrag vor, wohl aber eine Aufforderung zur Abgabe von Angeboten; es kann aber auch bedeuten, dass ein Angebot vorliegt, dass bis zur Annahme frei widruflich sein soll), sich aber auch auf freibleibende *Leistungsinhalte*, wie etwa die Leistungspflicht, auf den Preis, auf die Lieferzeit, die Liefermenge usw. beziehen kann.

- *Frei Haus*: Dieser Handelsbrauch besagt, dass der Lieferant die Ware auf seine Kosten und Gefahr am Sitz des Käufers zu übergeben hat.

- *Kasse gegen Bericht*: Hier wird es dem Warenkäufer gestattet, die gelieferte Ware vor Bezahlung zu überprüfen und etwaige Mängelansprüche geltend zu machen.

- *Kasse gegen Dokumente*: Dies ist der klassische Fall einer dokumentären Zahlungsklausel (auch: Kassaklausel, „documents against payment"). Klar ist hier die Fälligkeitsregel, wonach der Verkäufer eine Vorleistungspflicht zur Dokumentenvorlage hat, während den Käufer die Pflicht trifft, die Ware zu bezahlen, bevor er sie erhält und auf Mangelfreiheit prüfen kann. Mit dieser Klausel ist auch eine Barzahlungsverabredung – bei Ausschluss einer Aufrechnung und etwaiger Zurückbehaltungsrechte – verbunden. Einen geordneten Ablauf (Regelung der Rechte und Pflichten der Beteiligten, auch der eingeschalteten Banken) hat diese Klausel dann, wenn die ICC-Richtlinien und Gebräuche für Dokumenteninkassi (ERI, Publikation Nr. 522 der ICC) als Grundlage für diese Zahlungsbedingung vereinbart werden.

- *Nachnahme*: Diese Klausel begründet nach allgemeinem Verständnis eine Vorleistungspflicht (Zahlung der gelieferten Ware, „cash on delivery") ohne vorherige Untersuchungs-, Rüge- und Einwendungsmöglichkeit.

- *Netto Kasse*: Diese Zahlungsbedingung enthält die Pflicht zur Bezahlung des Kaufpreises, ohne einen Skontoabzug vornehmen zu dürfen.

- *Preis freibleibend*: Diese Klausel ist im Geschäftsverkehr unter Unternehmern wirksam und bedeutet, dass bei ansonsten verbindlichem Vertrag der Kaufpreis erst später endgültig festgelegt wird: Die Klausel birgt das Risiko der Missverständlichkeit, da sie bedeuten kann, dass der Käufer bei steigendem Marktpreis den Preis (erhöht) festlegen darf, bei sinkendem Marktpreis den Preis aber nicht unbedingt niedrig festsetzen muss. Die Klausel kann aber auch dahin gehend interpretiert werden, dass der Verkäufer bei steigendem Marktpreis ein neues Preisangebot abgeben kann, das der Käufer aber ablehnen darf. Wenn eine solche Klausel verabredet wird, sollte sie also möglichst präzisiert werden.

- *Unfrei*: Diese Klausel wird im Regelfall so verstanden, dass der Versand und die Anlieferung auf Kosten des Käufers bzw. Bestellers erfolgen.

2.3. Standardisierte Lieferbedingungen

Aufgrund der Interpretationsschwierigkeiten, die die oben genannten Handelsklauseln verursachen können, haben sich in der Vergangenheit *standardisierte Klauseln* herausgebildet, die bis heute im Einsatz sind. Die wohl bekanntesten Standardklauseln sind die Incoterms, die im Herbst 2010 von der Internationalen Handelskammer in einer Neufassung Incoterms® 2010 vorgelegt worden sind. Nachfolgend werden die Grundzüge dieser wichtigsten, weltweit bekannten Standardlieferklauseln beschrieben; in wenigen kurzen Stichworten werden dazu auch andere Standardklauseln (z. B. Trade Terms, FIDIC Rules usw.) kurz vorgestellt. **32**

2.3.1. Trade Terms

Im internationalen Handel bildete sich vor etwa einhundert Jahren das Bedürfnis heraus, typische und für die Praxis leicht nutzbare Standardklauseln nutzen zu können, deren Interpretation im Hinblick auf wichtige Belange des internationalen Geschäfts außer Zweifel stand. In dieser Situation gelang es der Internationalen Handelskammer erstmals im Jahre 1923, eine Zusammenstellung von damals üblichen „trade terms" zu entwickeln, die man heute durchaus als Vorläufer der späteren Incoterms verstehen kann. Die Internationale Handelskammer („International Chamber of Commerce", kurz: ICC), die erst kurz zuvor im Juni 1920 auf Initiative der Internationalen Handelskonferenz (die in 1919 in Atlantic City stattfand) gegründet wurde, ist **33** heute ein Zusammenschluss von Unternehmen und Verbänden aus mehr als 130 Staaten weltweit und in mehr als 60 Staaten durch nationale Komitees vertreten. Die Aufgaben der ICC bestehen in der Förderung und Verbesserung des Welthandels sowie der Harmonisierung und Liberalisierung von internationalen Usancen und Geschäftsgebräuchen.

34 In den damals zusammen gestellten *trade terms* trug eine Ländergruppe, bestehend aus Ägypten, Australien, Belgien, Dänemark, Deutschland, Frankreich, Großbritannien, Italien, Jugoslawien, Kanada, Marokko, Niederlande, Norwegen, Österreich, Schweden, Schweiz, Südafrika und den USA zunächst nur ihre zu diesem Zeitpunkt (national) verwendeten trade terms einschließlich der landestypischen Auslegung zusammen. Mit dieser Nebeneinanderstellung erfolgte noch keine inhaltliche Abstimmung und Standardisierung, sondern es wurde nur ermöglicht, dass bei grenzüberschreitenden Liefergeschäften zwischen den genannten Ländern die Geschäftsleute sich auf die jeweilige Interpretation ihrer nationalen trade terms berufen konnten, wobei es dem anderen Geschäftspartner aber zugleich ermöglicht wurde, diese Auslegung zu kennen und darauf zu reagieren.

2.3.2. Das Regelwerk der Incoterms – Entstehen und Hintergründe

35 Die Incoterms (International Commercial Terms), also eigentlich die „internationalen Handelsklauseln", gehen von der bloßen Zusammenstellung der „trade terms" weg und entwickelten neue Standardklauseln, die weltweit gleichermaßen zur Anwendung kommen können. In der Anfangszeit waren die von der Handelspraxis geschaffenen Handelsklauseln noch nicht in allen Staaten der Welt gleichermaßen interpretiert, so dass es insbesondere bei Prozessen an den jeweiligen Gerichtsständen unterschiedliche Sichtweisen der einzelnen Handelsklauseln gab.

36 So diente die erste Ausarbeitung der Incoterms durch die Internationale Handelskammer aus dem Jahr 1936, die auf Befragungen der nationalen Mitgliedsorganisationen zurückging, zunächst einmal der Festigung eines gemeinsamen Verständnisses der weltweit praktizierten Handelsklauseln. In den Neuauflagen der Jahre 1953, 1967, 1976, 1980, 1990, 2000 und neuerdings 2010 wurde das Regelwerk der jeweils jüngsten Entwicklung der Handelspraxis angepasst, in 1990 bedingt durch die modernen Transporttechniken, vor allem im Containerverkehr, den multimodalen Transport und die Ro-Ro-Transporte, sowie seit 2000 beispielsweise auch bedingt durch die zunehmende Bedeutung der elektronischen Varianten des Datenaustauschs in Geschäftspraxis, Dokumentation und Abwicklung.

37 Die Incoterms wurden von der Internationalen Handelskammer seit dem Jahr 1936 aufgestellt und bieten dem internationalen Handel seitdem besonders gebräuchliche Handelsklauseln über die Lieferung von Waren bei *weltweit einheitlichem Standard*. Sie dienen dabei der Rationalisierung bei der Vertragsabfassung und tragen heute ganz erheblich dazu bei, den internationalen Handel zu vereinfachen. Das Besondere an der Aufnahme von Incoterms in einen Vertrag ist, dass man sich eine weiter gehende Aushandlung und Ausformulierung all derjenigen Punkte ersparen kann, die in den Regeln der Incoterms (in der Interpretationshilfe des jeweiligen „term") einzeln aufgeführt sind.

38 Da die Klauseln sich zudem aus der Praxis des Überseehandels entwickelt haben, gehen sie nach wie vor auch heute noch weitgehend vom *Seetransport* aus. So wurden für die damals neu geschaffenen Incoterms vor allem die im Überseehandel gebräuchlichen Abkürzungen CIF (für „cost, insurance, freight") und FOB (für „free on board") mit der charakteristischen *Risiko-* und *Kosten*lastenverteilung als neue Standardklausel für das weltweite Handelsgeschäft entwickelt.

2.3.2.1. Rolle der Internationalen Handelskammer

Die Internationale Handelskammer (ICC) – nicht zu verwechseln mit den deutschen **39** Industrie- und Handelskammern, den „IHKs" – ist eine eigenständige, weltweit aktive und alle wichtigen Branchen umfassende private Wirtschaftsorganisation. Zu den über 7.000 Mitgliedern weltweit zählen große Unternehmen, Banken, aber auch IHKs und Verbände, die sich über die ICC der Förderung des grenzüberschreitenden Handels annehmen und der Herausforderung der Globalisierung stellen. Die 1919 gegründete ICC hat ihren Sitz in Paris und ist über so genannte Nationalkomitees in über 130 Staaten weltweit vertreten. Zu den Hauptaktivitäten der ICC gehört

- das Setzen *freiwilliger* (!) Regeln für den Geschäftsverkehr (z. B. die bekannten Einheitlichen *Richtlinien und Gebräuche* für Dokumentenakkreditive und Dokumenteninkassi, die insbesondere im internationalen dokumentären Zahlungsverkehr der Banken zugrunde gelegt werden, daneben u. a. auch Einheitliche Richtlinien für Vertragsgarantien, gerade neu publiziert und zum 1.11.2010 erneuert, Incoterms® 2010 usw.),

- das Angebot von Hilfsmitteln für die Durchführung von Schiedsverfahren (so vor allem die „ICC Rules for Arbitration", die für die überwiegende Zahl der weltweit durchgeführten Schiedsverfahren zugrunde gelegt werden, sowie auch das Angebot der Durchführung von Schiedsverfahren am Internationalen Schiedsgerichtshof der ICC, der in jüngster Zeit über 600 Verfahren jährlich durchführte)

- sowie eine *Interessenvertretung* in der Politik, etwa durch Unterstützung für Internationale Handelsabkommen (WTO), bei der Bekämpfung von Geldwäsche, Produktpiraterie usw.

Da die ICC eine private Organisation ist, sind ihre Richtlinien, Regelwerke oder sons- **40** tige Materialien grundsätzlich nicht verbindlich (wie etwa Gesetze und Normen, die Staaten erlassen), sondern werden für einzelne Geschäfte von Geschäftspartnern nur dadurch verbindlich, dass diese die Regelwerke ausdrücklich als Vertragsbestandteil einbeziehen. Dies geschieht so, wie man auch „Kleingedrucktes" als AGB in einen Vertrag einbezieht. Darauf wird weiter unten noch näher eingegangen.

Da die Publikationen der ICC nicht – wie etwa Gesetze von Staaten – formal außer **41** Kraft gesetzt werden, wenn es eine neue Publikation zu demselben Thema gibt, sondern lediglich durch eine neuere Publikation eine Aktualisierung erfahren, sollte bei der Arbeit mit den Materialien der ICC schon zur Vermeidung von etwaigen Missverständnissen darauf geachtet werden, grundsätzlich die gewünschte (Jahres-) Fassung einer Publikation zu vereinbaren. Für die Anwendung der Incoterms hieße dies etwa: „fob Hamburg, Incoterms® 2010". Dies ist umso wichtiger, als viele Unternehmen gerade in der Zeit einer Neupublikation möglicherweise noch mit der „alten" Version der Incoterms® 2000 arbeiten wollen und in ihren Allgemeinen Lieferoder Einkaufsbedingungen hierauf meist auch noch Bezug nehmen; wird nämlich die Bezugnahme auf Incoterms im konkreten Fall zu allgemein gehalten, würde im Zweifel die neueste Fassung in der englischen Originalfassung anzuwenden sein.

2.3.2.2. Incoterms® 2010

42 Die Incoterms® 2010 betreffen immer nur das Rechtsverhältnis zwischen Käufer und Verkäufer, für deren *Kaufvertrag* bzw. Liefervertrag sie als „Lieferbedingung" ein Vertragsbestandteil werden können. Sie ersetzen damit auch nicht etwa den ganzen Kaufvertrag oder wesentliche Teile davon, sondern befassen sich ausdrücklich nur mit bestimmten Punkten daraus, die sich auf Käufer- und Verkäuferrechte und -pflichten, auf den Gefahrübergang, die Risiko- und die Kostenteilung beziehen. Andere im Vertrag wichtige Aspekte wie etwa die sonstigen Vertragspflichten, Gewährleistungsfragen, Haftungsausschlüsse, das für den Vertrag geltende Recht usw. werden von den Incoterms® 2010 nicht erfasst und bedürfen daher – sofern benötigt – einer besonderen vertraglichen Berücksichtigung.

43 Die Vereinbarung zwischen Geschäftspartnern, eine bestimmte Klausel der Incoterms® 2010 anzuwenden, kann sich allerdings auch auf andere Verträge (Beförderungsvertrag, Versicherungsvertrag, Finanzierungsvertrag) *auswirken.* Wenn beispielsweise ein Verkäufer eine CFR- oder CIF-Klausel als Lieferbedingung in seinem Kaufvertrag akzeptiert hat, kann er den Kaufvertrag nur ordnungsgemäß erfüllen, wenn er als Transport den Seetransport wählt, da er unter CFR und CIF dem Käufer ein Konnossement oder ein anderes maritimes Seetransportpapier präsentieren muss und andere Transportmittel und Transportverträge damit ausgeschlossen sind. Die Klausel schlägt sogar durch bis zur Bankabwicklung, die unter dem Akkreditiv und einer eventuellen Finanzierung unter dem Akkreditiv dann das Seetransportpapier zur Honorierung der Zahlungsforderung voraussetzt.

44 Die Incoterms® 2010 sind, wie alle Publikationen der ICC, keine (staatlichen) Rechtsnormen; nur ausnahmsweise können sie wie ein Handelsbrauch im Sinne des § 346 HGB gewertet werden (dazu weiter unten). Incoterms® 2010 gelten daher grundsätzlich nur dann, wenn die Geschäftspartner auf sie Bezug nehmen und sie in ihren Vertrag einbeziehen.

45 **PRAXISTIPP:**

Incoterms® 2010 sind freiwillig verwendbare Klauseln, die von der ICC Paris entwickelt wurden; ihr Vorteil ist die weltweite Anerkennung in der Handelspraxis und das gemeinsame Rechtsverständnis der Klauselinhalte.

Die Klauseln sind Bestandteil des Kaufvertrages der geschäftsschließenden Parteien, befassen sich aber ausschließlich nur mit einem auf die Lieferung (Kosten, Gefahrtragung, Rechte und Pflichten) beschränkten Spektrum an Themen; alles Weitere muss im Kaufvertrag (zusätzlich) geregelt werden.

46 Dabei ist schließlich auch noch zu klären, nach welchem Recht eine derartige Einbeziehung geschieht. Gilt das deutsche Recht der Allgemeinen Geschäftsbedingungen, oder sind etwa fremde staatliche AGB-Bestimmungen zu berücksichtigen? Auch die Frage des „geltenden Rechts" für die rechtswirksame Einbeziehung von Incoterms® 2010 in einen Vertrag ist also ein weiter unten behandeltes Thema.

47 Es wird an dieser Stelle vielleicht schon deutlich, dass der Einsatz und die Nutzung der Incoterms® 2010 durchaus besondere Anforderungen stellt, wenn man diese Standardbedingungen optimal einsetzen will; jedenfalls sollte in der Praxis besondere Sorgfalt beim Einsatz der Lieferklauseln an den Tag gelegt werden!

Wegen des Fehlens von Hilfsmitteln und einheitlichen Regelungen zu Beginn des 20. Jahrhunderts hatten in der Vergangenheit – neben der ICC – auch noch andere internationale Institutionen Musterverträge entwickelt und Standardbedingungen entworfen, vor allem **48**

- die UNO mit dem Wirtschaftsausschuss für Europa (ECE = Bedingungen der „Economic Commission for Europe" der Vereinten Nationen)

- und die FIDIC mit den internationalen Vertragsbedingungen der „Fédération Internationale des Ingénieurs-Conseils".

2.3.3. FIDIC

Bei internationalen Aufträgen arbeitet man mit den standardisierten Bedingungen der FIDIC. FIDIC ist die „Fédération Internationale des Ingénieurs-Conseils", eine im Jahr 1913 in Lausanne gegründete Gemeinschaft von beratenden Ingenieuren. Die „FIDIC-Conditions" werden üblicherweise im internationalen Bau- und Anlagengeschäft eingesetzt. **49**

Die ersten „Conditions" stammen aus dem Jahr 1957; die jüngste Fassung enthält Standardbedingungen für verschiedene Arten von Verträgen: **50**

- „Conditions of Contract for Construction for building and engineering works designed by employer";

- „Conditions of Contract for Plant and Design-Build for electrical and mechanical plant and for building and engineering works designed by contractor";

- „Conditions of Contract for EPC/Turnkey Projects".

Bedeutung haben die Bedingungen der FIDIC dadurch erlangt, dass sie von der Weltbank empfohlen werden und Teil ihrer Standardverträge ist. Die Vertragssprache ist grundsätzlich Englisch, obwohl die Parteien ihre Vertragssprache wählen können. **51**

2.3.4. ECE-Klauseln

Die ECE-Bedingungen haben die wohl breiteste Verwendung im Anlagengeschätt zu verzeichnen. Bekannt sind und bis heute angewendet werden vor allem: **52**

- *Allgemeine Lieferbedingungen* für den Export von Maschinen und Anlagen (ECE-Westfassung) LW 188;

- *Allgemeine Lieferbedingungen* für den Export von Maschinen und Anlagen (ECE-Ostfassung) LO 574;

- *Allgemeine Liefer- und Montagebedingungen* für den Import und Export von Maschinen und Anlagen (ECE-Westfassung) LMW 188 A (als ECE-Ostfassung LMO 574 A);

- *Zusatzbestimmungen* für die Überwachung der Montage von Maschinen und Anlagen im Ausland (ECE-Westfassung ZMU 188 B; ECE-Ostfassung ZMU 574 B);

- *Allgemeine Verkaufsbedingungen* für den Import und Export von langlebigen Konsumgütern und anderen Serienerzeugnissen der metallverarbeitenden Industrie (ECE) LK 730 A.

53 Die West- und Ostfassung stammen aus den 50er Jahren des vorigen Jahrhunderts. Sie stimmen weitgehend überein und haben daher – entsprechend der damaligen politischen Teilung der Welt in westliche Staaten und den „Ostblock" – auch zwei unterschiedliche Versionen jeder einzelnen Textfassung entwickelt. Abweichungen zwischen beiden Fassungen sind eher gering und vor allem bei Fragen des Gefahrübergangs und bei Entlastungsgründen. Ansonsten kann festgehalten werden, dass die Risikoverteilung zwischen den Vertragspartnern relativ gleich erfolgt.

2.3.5. American Foreign Trade Definitions

54 Diese Standardklauseln kennt man in den USA schon seit 1919, also länger als es die Incoterms gibt. In 1941 brachte die US-amerikanische Handelskammer gemeinsam mit dem „National Council of American Importers" und dem „National Foreign Trade Council" eine erneuerte Fassung heraus, die so genannten „Revised American Foreign Trade Definitions". Diese Lieferbedingungen weichen in vielem von den Incoterms® 2010 ab, vor allem bei den stark genutzten fob-Klauseln.

3. Grundsätzliches zu den Incoterms® 2010

3.1. Incoterms® 2010 und CISG

3.1.1. Rechte und Pflichten

55 Die Incoterms® 2010 gelten zwischen den Parteien eines Kaufvertrages und behandeln *einige* spezielle Rechte und Pflichten innerhalb dieses Vertragsverhältnisses. Sie legen fest, welcher der Vertragspartner sich um den Abschluss von Transport- und Versicherungsverträgen zu kümmern hat und wer die Kosten dafür übernimmt. Teilweise legen die Incoterms® 2010 darüber hinaus auch fest, welchen Inhalt der Transport- und der Versicherungsvertrag haben muss.

56 Darüber hinaus gehende Regelungen, wie etwa

- zum Zustandekommen des Kaufvertrages zwischen Verkäufer und Käufer,
- Fragen zum Eigentumsübergang oder Eigentumsvorbehalt,
- zu den Zahlungsbedingungen oder auch
- zum geltenden Recht,

treffen die Incoterms® 2010 nicht; es gibt auch keine Bestimmungen, die sich mit Vertragsverletzungen durch eine Partei befassen. Da diese Fragen aber gleichwohl von großer Bedeutung für die Abwicklung des Geschäfts sein können, muss entweder auch eine Rechtswahl getroffen werden oder aber, wenn eine solche ausdrückliche oder stillschweigende Rechtswahl nicht ermittelt werden kann, nach den Regeln des Internationalen Privatrechts herausgefunden werden, nach welcher Rechtsordnung sich weiter gehende Fragestellungen beurteilen lassen.

57 Dabei wird immer wieder festzustellen sein, dass im internationalen Geschäft beinahe immer die Regeln des Gesetzes zum internationalen Warenkauf anzuwenden sind (so genanntes „UN-Kaufrecht", CISG), die von den Incoterms im Übrigen kaum berührt werden und nur selten (z. B. Art. 67 CISG) verdrängt werden. Dann erfolgt mit der Einbeziehung einer bestimmten Klausel durch die Geschäftspartner eine –

nach Art. 6 CISG zulässige – Abbedingung einer einzelnen Gesetzesnorm. Auch dieser Aspekt ist wichtig: Die Vereinbarung einer Klausel der Incoterms® 2010 bedeutet eine Abbedingung einer entgegenstehenden Gesetzesnorm (Art. 67 CISG), nicht aber den gewollten (auch nicht stillschweigenden) Ausschluss des gesamten Gesetzes!

Ganz im Gegenteil: Incoterms® 2010 und CISG sind in der Terminologie vielfach aufeinander abgestimmt und ergänzen sich in vielen Bereichen; mit den in den Klauseln der Incoterms® 2010 niedergelegten und vereinbarten Pflichten der Parteien werden schließlich Ergänzungen zu den allgemeineren Regelungen des CISG zu den Rechten und Pflichten der Kaufvertragsparteien vorgenommen. **58**

3.1.2. Warenhandel

Eine weitere Parallele zwischen Incoterms® 2010 und UN-Kaufrecht (CISG) ist darin zu sehen, dass beide sich auf den „Warenhandel" konzentrieren. Dies lässt sich aus den Ursprüngen erklären, auf die beide Regelwerke zurück gehen. **59**

3.1.2.1. CISG

Beim „Gesetz zum internationalen Warenkauf", das auf die UN-Konvention zum internationalen Warenkauf („Convention on the International Sale of Goods", daher auch die Abkürzung „CISG") zurückgeht und in ihrem Artikel 1 auch ihren Anwendungsbereich beschreibt, ist das recht eindeutig. **60**

Nach Art. 1 Abs. 1 CISG gilt: „Dieses Übereinkommen ist auf *Kaufverträge über Waren* zwischen Parteien anzuwenden, die ihre Niederlassung in verschiedenen Staaten haben.". Und weiter in Artikel 2 CISG: „Dieses Übereinkommen findet keine Anwendung auf den Kauf (a) von Ware für den persönlichen Gebrauch oder den Gebrauch in der Familie oder im Haushalt, es sei denn, dass der Verkäufer vor oder bei Vertragsabschluss weder wusste noch wissen musste, dass die Ware für einen solchen Gebrauch gekauft wurde, (b) bei Versteigerungen, (c) aufgrund von Zwangsvollstreckung – oder anderen gerichtlichen Maßnahmen, (d) von Wertpapieren oder Zahlungsmitteln, (e) von Seeschiffen, Binnenschiffen, Luftkissenfahrzeugen oder Luftfahrzeugen, (f) von elektrischer Energie." **61**

Und schließlich stellt auch noch Art. 3 Abs. 2 CISG klar: „Dieses Übereinkommen ist auf Verträge nicht anzuwenden, bei denen der überwiegende Teil der Pflichten der Partei, welche die Ware liefert, in der Ausführung von Arbeiten oder anderen Dienstleistungen besteht.". **62**

3.1.2.2. Incoterms

Auch die Incoterms sind für den *Warenhandel* konzipiert. Damit gibt es eine recht eindeutige Parallele zum CISG. In der Einleitung zu den Incoterms® 2000 schrieb die ICC dazu: „Es ist zu beachten, dass die Incoterms sich auf die Rechte und Pflichten der Vertragspartner im Hinblick auf die Lieferung einer Ware beschränken, deren Verkauf abgeschlossen ist (*im Sinne von beweglicher Ware* und nicht von körperlich nicht greifbarer Ware wie Computersoftware)." **63**

In der Einleitung zu den neuen Incoterms® 2010 wird sinngemäß ausgeführt, dass Incoterms Handelsklauseln sind, die sich auf die Praxis des B2B-Geschäfts beziehen und im Wesentlichen die Pflichten, Kosten und Risiken der Warenlieferung zwischen **64**

Verkäufer und Käufer im Blick haben. Obwohl die Klauseln im Seehandel entstanden und zunächst den Transport beweglicher Güter mit dem Schiff zum Inhalt hatten, sind sie inzwischen auf alle Transportarten anwendbar. Unterschiede zu den Transportarten lassen sich heute nur noch aus den einzelnen Klauseln entnehmen, die teilweise nur die eine oder andere Transportart zulassen (so ist zum Beispiel „fas" für „free alongside ship" ziemlich eindeutig nur für den Schiffstransport geeignet).

65   Selbst hier ist aber auch vieles möglich! Da Incoterms von den Geschäftspartnern als Grundlage für Ihre Lieferbedingungen frei vereinbart werden, lassen sie sich auch variieren. So ist es – mit Geltung zwischen den Vertragspartnern – natürlich möglich, eine Seetransportklausel auch für eine andere Transportart zugrunde zu legen. Man darf eine Klausel erweitern oder abändern. Das kann allerdings zur Folge haben, dass die bewährte Interpretationshilfe der Incoterms® 2010 Regel verloren geht, Zweifelfragen und letztlich auch Streit über die Auslegung des Gewollten entsteht. Hier wird also klar: Man darf zwar abändern, modifizieren und erweitern, tut dies dann aber mit dem Risiko, dass der wichtige Wert der Klausel, die anerkannte Interpretation durch die Regeln, eingeschränkt wird oder ganz verloren geht.

66   Ein deutlicher Unterschied zum CISG, das für den grenzüberschreitenden Warenhandel ausgelegt ist, besteht darin, dass die Incoterms nicht auf den internationalen Warenhandel konzentriert sind, sondern lediglich einen „Warentransport" voraussetzen. Dieser kann letztlich auch national oder im Europäischen Binnenmarkt stattfinden. In der Einführung zu den Incoterms® 2010 wird dies deutlich herausgestellt: Während Incoterms in früherer Zeit traditionell im internationalen Warenhandel eingesetzt wurden, machten neu geschaffene Handelsräume (wie etwa ASEAN, EU usw.) einige zuvor notwendige Bestimmungen überflüssig. So enthalten die neuen Incoterms® 2010 vielfach im Hinblick auf die Import-, Exportzollformalitäten den Hinweis: „wo anwendbar".

67   **PRAXISTIPP:**

Incoterms® 2010 setzen nur einen Warentransport voraus und können daher für nationales, internationales und Binnenmarktsgeschäft gleichermaßen eingesetzt werden.

Die Regeln des CISG dagegen gehen grundsätzlich von einem grenzüberschreitenden Kauf beweglicher Waren aus.

68   Unterlegt wird der zunehmende Trend der Nutzung der Incoterms im nationalen Geschäft durch die Praxis der Unternehmen, die die Incoterms standardmäßig für alle ihre Geschäfte, und damit auch für die nationalen, zugrunde legen. In den USA ist zudem die Bereitschaft gewachsen, im nationalen Geschäft die Incoterms zunehmend einzusetzen und entgegen stehende Verschiffungs- und Lieferbestimmungen des „Uniform Commercial Code" außer acht zu lassen. Dies wird verständlich, wenn man beachtet, dass es je nach US-Bundesstaat unterschiedliche Versionen eines „Uniform Commercial Code" gibt und somit die Incoterms zu einer Art Rechtsvereinheitlichung für bestimmte Themenbereiche sorgen können.

69   Und noch ein weiterer Bereich bricht auf: Obwohl die Incoterms ursprünglich für den Warenhandel zwischen „Kaufleuten" gedacht waren (B2), ist keine klare Forderung damit verbunden worden, dass sie damit nur für Kaufleute im Sinne von „Unternehmern" anwendbar sein dürfen. Im Grunde eignen sich die Incoterms damit für jede

Kaufvertragspartei, also auch dann, wenn eine der Kaufvertragsparteien eine Privat-
person ist.

PRAXISTIPP: **70**

*Incoterms waren von Anfang an zur Anwendung bezüglich des Verkaufs von Wa-
ren zur Lieferung über nationale Grenzen hinweg vorgesehen. Daher auch die Be-
zeichnung „internationale" Handelsklauseln. Mit Zusammenwachsen von Märkten (ASEAN, EU) werden sie zunehmend aber auch in Binnenmärkten und in nationalen Liefergeschäften eingesetzt.*

3.2. AGB-Charakter und die Konsequenzen

Die Incoterms werden als einzelne Vertragsklauseln in den Rahmen eines Kaufvertra- **71**
ges zwischen Geschäftspartnern „einbezogen" und sind damit genauso zu behandeln, als wenn die Geschäftspartner sonstige Vertragsklauseln zu Grunde legen, wie
man es beispielsweise mit dem „Kleingedruckten" macht. Kurzum: Incoterms werden aus rechtlicher Sicht behandelt wie Allgemeine Geschäftsbedingungen (AGB),
und das hat Konsequenzen.

3.2.1. Inhaltskontrolle

Wenn Incoterms® 2010 Geltung erlangen wollen, müssen sie alle Anforderungen **72**
erfüllen, die typischerweise an eine Einbeziehung von AGB gestellt werden. Dabei
geht es nun weniger um eine Frage, die meist im Zusammenhang mit AGB auf-
taucht, nämlich die Prüfung, ob eine derartige Klausel inhaltlich „in Ordnung" ist
oder nicht. Dieses im AGB-Recht sehr wichtige Thema einer *Inhaltskontrolle* einer
Klausel auf ihre Angemessenheit hin entfällt bei den Incoterms, da es angesichts der
weltweiten Verbreitung, der jahrzehntelangen Praxis und Bewährung so gut wie
ausgeschlossen sein dürfte, dass einzelne Klauseln plötzlich nach dem AGB-Recht eines Staates wegen Unangemessenheit oder AGB-Widrigkeit als unwirksam bezeichnet werden. Dies kann allerdings immer dann doch in Betracht kommen, wenn die
standardisierte Klausel durch eine inhaltliche Abwandlung oder Erweiterung einen
neuen Inhalt bekommt und dann sehr wohl aus Sicht der Inhaltskontrolle als unan-
gemessen befunden werden kann. Ein Grund mehr, Incoterms nicht willkürlich abzuändern oder zu erweitern.

3.2.2. Auslegung

Auch wenn Incoterms ähnlich behandelt werden wie AGB, gibt es einen weiteren **73**
Aspekt, unter dem sie anders als AGB behandelt werden. Incoterms werden (trotz
angenommenen AGB-Charakters) nicht wie private Willenserklärungen angesehen,
sondern sollen bei etwa auftretenden Auslegungsfragen so behandelt werden, als
seien sie gesetzliche Vorschriften. Dies führt dazu, dass sie *nach objektiven Kriterien
und nach ihrem Zweck international einheitlich* ausgelegt werden.

3.2.2.1. Auslegungshilfen

Zu einer einheitlichen Auslegung trägt bei, dass den jeweiligen ICC-Veröffentlichun- **74**
gen der Incoterms jeweils eine *Einleitung* zum Zweck und Umfang der Klausel sowie
eine Begriffsinterpretation vorangestellt werden. Zweck des Incoterms® 2010 Regelwerks ist es nach der Präambel der ICC-Publikation nämlich, internationale Regeln

zur Auslegung der hauptsächlich verwendeten Vertragsformeln in Außenhandelsverträgen aufzustellen. Es sollen dadurch Unsicherheiten, die durch die unterschiedliche Auslegung solcher Klauseln in den verschiedenen Ländern entstehen, vermieden oder zumindest erheblich eingeschränkt werden.

75 Der der Präambel folgende Text der Publikationen der ICC enthält die Erläuterung vieler Begriffe, die Anlass zur Auslegung sein könnten. Dies geht von reinen Begriffen wie „Verlader, Lieferung, üblich, Abgaben usw." bis hin zu Erläuterungen des Grundprinzips, das hinter den E-, C-, F- und D-Klauseln steht. Sind dann immer noch Fragen offen und besteht weiterer Bedarf an einer Auslegung, ist im Zweifel die englische Fassung der Incoterms® 2010 Regeln heranzuziehen.

76 Ein wesentlicher Punkt, der leicht zu Verwirrung führen kann, ist die Notwendigkeit der *möglichst präzisen Ortsangabe*, die in der Praxis gelegentlich versäumt wird. Die Incoterms® 2010 Regeln selber verwenden verschiedene Begriffe wie „Verschiffungshafen" oder „Bestimmungshafen", ansonsten häufig aber auch nur den Begriff „Ort". Da es in Kaufverträgen, die den reinen Leistungsaustausch der Vertragsparteien regeln, häufig zu einem Fehlen von Ortsangaben kommt, ist es umso wichtiger, dass die Ortsangabe zumindest im Zusammenhang mit der gewählten Klausel erfolgt. Die Regeln sehen dies jedenfalls so vor, wenn sie von „…der benannte Ort…" sprechen (vgl. z. B. in FCA, A 4). Da bei Fehlen einer Ortsbenennung mehrere Stellen in Betracht kommen können, wird in den Regeln an passender Stelle darauf hingewiesen, dass der Verkäufer die ihm am besten zusagende Stelle auswählen darf (vgl. FCA, A 4).

77 Wenn es allerdings derartige Auslegungshilfen nicht gibt (z. B. bei DDP, A 4), kann nur mit Hilfe des zurückliegenden Parteiverhaltens, also aus ähnlich gelagerten, schon abgewickelten Fällen, geschlossen werden, was eventuell hätte gemeint sein können, wenn man an die Notwendigkeit der Ortsangabe gedacht hätte. Helfen aber auch Parteigepflogenheiten und Handelsbrauch bei der Auslegung nicht weiter, ist die gewählte Klausel nicht sicher anwendbar und kann ihren Nutzen nicht entfalten.

78 | **PRAXISTIPP:**

Incoterms werden nach objektiven Kriterien und international einheitlich ausgelegt. Als Auslegungshilfe können die Begriffsbestimmungen aus dem einleitenden Text und dem nachfolgenden Regelwerk zu jeder einzelnen Klausel der Incoterms® 2010-Publikationen der ICC herangezogen werden.

Grundsätzlich ist der gewählten Klausel ein Ortsname hinzuzufügen, da die Regeln als Auslegungshilfe nicht immer weiterhelfen, wenn ein Ortsname fehlt und der wahre Wille der Gesprächspartner ermittelt werden muss.

3.2.2.2. Hafenusancen und Handelsbräuche

79 Auch wenn an die Ortsangabe gedacht und damit die Auslegung des Parteiwillens vereinfacht wird, kann es dennoch notwendig sein, weitergehende Verpflichtungen der Parteien ganz präzise darzulegen. In diesen Fällen muss wahrscheinlich in gewissem Maß auf Hafenbräuche, Handelsbräuche und eventuell auch auf branchentypisches Verhalten Bezug genommen werden usw. Es ist daher von Vorteil, wenn vor Festlegung einer Klausel der Incoterms® 2010 das etwaige Vorhandensein derartiger Usancen und sonstiger Bräuche erforscht wird, so dass auf diese Besonderheiten auch im Kaufvertrag verwiesen werden kann. Gibt es später Unklarheiten bei der Auslegung der gewählten Klausel, hat die individuelle Sondervereinbarung im Kaufvertrag Vorrang vor der Auslegung.

3.2.3. Einbeziehung einer Klausel in den Vertrag

Ob die Vertragsparteien eine Klausel der Incoterms® 2010 als wirksame AGB-Vertragsgrundlage haben, beurteilt sich nach Art. 8 Abs. 1 und 2 CISG, soweit die Geltung des UN-Kaufrechts nicht grundsätzlich abbedungen wurde. Dann kann Art. 7 Abs. 1 CISG, insbesondere bei überraschenden Klauseln, zur Versagung der Wirksamkeit von AGB und damit auch der Klausel führen. **80**

3.2.3.1. Einbeziehung

AGB müssen wirksam in den Vertrag „*einbezogen*" werden. Die Einbeziehung ist Bestandteil des allgemeinen Vertragsschlusses (in Deutschland nach den §§ 145 ff BGB) und setzt deshalb eine darauf gerichtete ausdrückliche oder stillschweigende Vereinbarung voraus. Da die Eigenart der AGB darin besteht, nicht inhaltlich „ausgehandelt" zu werden, sondern lediglich hinsichtlich ihrer Geltung verabredet zu werden, ist die „Einbeziehung" auch kein eigenständiges Rechtsgeschäft, sondern immer nur Teil des jeweiligen Vertrages, für den sie gelten sollen. Seit der gesetzlichen Neuregelung in § 305 Abs. 2 BGB ist klar, dass die Einbeziehung der AGB vom Vertragswillen beider Parteien getragen sein muss. Eine Einbeziehung kraft „Handelsbrauchs", also eine Wirksamkeit kraft Gesetzes nach § 346 HGB, scheidet für die Incoterms jedenfalls aus, da zumindest ein branchentypisches Verhalten für ein stets stillschweigendes Vereinbaren der Incoterms im Außenhandel nicht angenommen werden kann. **81**

In einer für den internationalen Rechtsverkehr maßgebenden Entscheidung hat der BGH (BGH WM 2004, 1177) festgestellt, dass die Einbeziehung von AGB – mangels einer ausdrücklichen oder stillschweigenden Rechtswahl gemäß Art. 27 EGBGB – sich nach dem Heimatrecht derjenigen Partei richtet, welche die vertragscharakteristische Leistung nach Art. 28 Abs. 2 EGBGB erbringt (Art. 27 und 28 EGBGB sind zwischenzeitlich aufgehoben und seit Dezember 2009 ersetzt durch fast gleich lautende Bestimmungen in Art. 3 ROM-I-VO). Das setzt im unternehmerischen Verkehr voraus, dass sich die wirksame Einbeziehung von AGB nach den §§ 145 ff. BGB vollzieht, also auf strikt rechtsgeschäftlicher Basis. Dafür ist grundsätzlich eine ausdrückliche Einbeziehungserklärung des AGB-Verwenders erforderlich, es sei denn, es ist (wie z. B. bei Banken) allgemein bekannt, dass diese ihre Verträge nur unter Einbeziehung ihrer AGB abschließen. **82**

Für die Einbeziehung sind ein ausdrücklicher Hinweis (§ 305 Abs. 2 Ziff 1 BGB) und die Möglichkeit der Kenntnisnahme durch den Vertragspartner (§ 305 Abs.2 Ziff 2 BGB) erforderlich. Der ausdrückliche Hinweis kann schriftlich oder mündlich erfolgen und ist auch dann erforderlich, wenn das Vertragsangebot vom Geschäftspartner ausgeht. Ein versteckter oder missverständlicher Hinweis oder der bloße Abdruck einer Klausel beispielsweise auf der Rückseite des Vertrages reichen nicht aus. Der ausdrückliche Hinweis muss bei Vertragsschluss erfolgen, so dass der Hinweis, der erst auf einer Auftragsbestätigung oder einem Lieferschein vorhanden ist, zu spät kommt. **83**

3.2.3.2. Kenntnisnahme und Einverständnis

84 Die *Möglichkeit der Kenntnisnahme* nach § 305 Abs. 2 Ziff. 2 BGB besagt, dass der Incoterms-Verwender dem Geschäftspartner die Möglichkeit verschaffen muss, in zumutbarer Weise vom Inhalt der Klausel zu erfahren. Die Kenntnisnahme muss schließlich *in zumutbarer Weise* erfolgen.

85 Schließlich ist das *Einverständnis* des Geschäftspartners eine notwendige Voraussetzung für die wirksame „Einbeziehung" von Incoterms. Bestehen für den Vertrag keine formalen Voraussetzungen, kann dieses Einverständnis auch schlüssig erklärt werden. Nimmt der Incoterms-Verwender allerdings erstmals in einer Auftragsbestätigung („order confirmation") auf die Klausel Bezug, bedeutet das Schweigen des Geschäftspartners auf diese Zusendung keine Zustimmung (st. Rspr. seit BGHZ 18, 212). Dasselbe gilt, wenn die Klausel erst verspätet auf der Rechnung mitgeteilt wird.

86 Diese Problematik meistern die Unternehmer, wenn sie ihre vereinbarte Klausel ausdrücklich im Kaufvertrag aufnehmen, am besten stets im Zusammenhang mit der Nennung des Kaufpreises, da diese beiden Vertragsinhalte häufig ohnehin in einen Zusammenhang gesetzt werden.

3.2.4. Kollision von Klauseln

87 Gelegentlich kann es bei Abschluss von Geschäften vorkommen, dass die Geschäftspartner bei Abschluss des Geschäfts wechselseitig Incoterms verwenden. Dann können sich zwar alle wesentlichen Vertragsinhalte decken, jedoch die gegenseitig genannten Incoterms sind widersprüchlich. Auch dieses Problem ist aus dem Bereich des Rechts der Allgemeinen Geschäftsbedingungen bekannt, wenn beide Geschäftspartner jeweils ihre eigenen AGB zur Anwendung bringen wollen, indem sie schlicht aussagen: „Im Übrigen gelten meine hier beigefügten AGB...".

88
> **PRAXISTIPP:**
>
> *Incoterms sind immer dann problematisch, wenn jeder Vertragspartner seine eigene Klausel (etwa über die Vorlage seiner jeweiligen Standard-AGB) zur Bedingung machen möchte. Es liegt dann ein Widerspruch in Bezug auf die Lieferbedingung vor („battle of forms").*
>
> *Wie man damit umgehen muss, richtet sich nach der Rechtsordnung des Landes, die für den gesamten Vertrag zur Anwendung kommt.*
>
> *Kommt deutsches Recht zur Anwendung, gilt nach allgemeinem Vertragsrecht: Eine wechselseitig verwendete (unterschiedliche) Klausel kann im Zweifel dazu führen, dass gar keine gilt.*
>
> *Um hier Streitigkeiten von vornherein zu vermeiden, sollte daher auf eine einvernehmlich verabredete Klausel größter Wert gelegt werden!*

3.2.4.1. „Battle of Forms"

89 Das „Internationale Kaufrecht" hat dieses Problem der „battle of forms" nicht geregelt, da sich dies als *allgemeines Problem des Vertragsschlusses* darstellt. Insoweit kommt es dann auf die nationalen Regelungen zum einvernehmlichen Vertragsschluss sowie zum dort enthaltenen Konzept des „Dissenz" an.

Bezieht sich der Lieferant auf die Geltung der von ihm gestellten Klausel, während **90** auch der Warenabnehmer auf die Geltung seiner (abweichenden) Wunschklausel verweist, so liegt darin nach § 150 Abs. 2 BGB eine Ablehnung der erstgenannten Klausel, die mit einem neuen Antrag zur Annahme der alternativ genannten Klausel verbunden ist. Erst mit der Annahmeerklärung des Geschäftspartners kommt dann die Klausel zur Geltung.

3.2.4.2. Last Shot

Der Vertrag kann ausnahmsweise allerdings nach §§ 150 Abs. 2 und 151 BGB mit **91** der zuletzt in Bezug genommenen Klausel zustande kommen, wenn der erste Klauselverwender den Vertrag ohne Widerspruch auf die ihm zugegangenen widersprechenden Klausel abwickelt (Prinzip des letzten Wortes, „last shot principle"). Widerspricht der Lieferant dagegen ausdrücklich oder konkludent der Klausel und wird der Vertrag dennoch abgewickelt, insbesondere die Ware geliefert, so ist entgegen § 154 Abs. 1 BGB der Vertrag ohne Einigung über die Klausel, jedoch mit Geltung aller sonstigen übereinstimmend vereinbarten Vertragsinhalte zustande gekommen.

3.2.5. „Überraschende Klausel" in AGB

Ein recht wichtiges Thema im Zusammenhang mit der Verwendung von AGB ist das **92** der „überraschenden Klausel". Gemeint ist hier, dass Incoterms eine so große Bedeutung haben, dass sie in jedem einzelnen Liefergeschäft *jeweils ausdrücklich* – im Regelfall im Zusammenhang mit der Verabredung von Kaufpreis und Zahlungsbedingungen – genannt werden sollten, um spätere Unstimmigkeiten oder Streitigkeiten zu vermeiden. Wer Schwierigkeiten vermeiden will, verlässt sich daher am besten nicht auf die Wirksamkeit seiner nur in AGB aufgenommenen Klausel. Zu klären ist, ob Klauseln als Textbestandteil von AGB überhaupt wirksam werden können oder als „überraschende Klausel" unwirksam sind.

Für AGB sagt die Norm des § 305 c BGB aus, dass „Bestimmungen in AGB, die nach **93** den Umständen… so ungewöhnlich sind, dass der Vertragspartner des Verwenders nicht mit ihnen zu rechnen braucht…", nicht Vertragsbestandteil werden. Im Grunde könnte man daher den Standpunkt vertreten, dass alle nicht ausdrücklich verabredeten Lieferbedingungen, also auch die Incoterms, die sich lediglich irgendwo innerhalb eines mehrseitigen AGB-Textes finden lassen, als „überraschende Klausel" anzusehen seinen und daher nicht Vertragsbestandteil werden können.

Dafür spricht zunächst, dass alle Handelsklauseln grundsätzlich auch den Vorschrif- **94** ten über die Klauselkontrolle der AGB-Gesetzgebung – mit den Einschränkungen für Unternehmer – unterliegen, § 310 Abs. 1 BGB. Grundsätzlich wäre es daher durchaus denkbar, dass eine im Kleingedruckten irgendwo untergebrachte Klausel der Incoterms überraschend – und daher nicht wirksam – ist.

Wie im Rechtsverkehr mit Verbrauchern, für den die AGB-Schutzvorschriften haupt- **95** sächlich entwickelt wurden, gilt aber auch für Unternehmer: Der Überraschungscharakter einer Klausel entfällt bei sinnerfassender Kenntnisnahme oder aber qualifizierter Kenntnisnahmemöglichkeit. Im Unternehmensgeschäft kann dieses Prinzip allerdings nur als „Regelfall" und damit nicht als zwingend angesehen werden. Wenn man daher üblicherweise damit rechnen muss, dass ein im internationalen Geschäft tätiger Unternehmer seine Lieferbedingung durch standardisierte Vertragsbestandteile wie die Incoterms ausdrückt, dann kann auch bei Abschluss nur extrem kurzer

Verträge (mit dem Inhalt der vertraglichen Mindestbestandteile, also Einigung über Vertragspartner, Ware, Preis sowie zusätzlich die eigenen AGB) damit zu rechnen sein, dass zusätzlich einbezogenes AGB-Regelwerk auch eine konkrete Lieferbedingung wie eine Klausel der Incoterms enthält. Der Überraschungseffekt im Sinne des § 305 c BGB kann in diesen Fällen dann nicht angenommen werden, so dass eine in AGB enthaltene AGB-Klausel wirksam werden kann. Lehnt der Geschäftspartner die AGB seines Kontrahenten jedoch ab, kann auch die dort enthaltene Klausel der Incoterms keine Wirkung mehr entfalten.

3.3. Inhaltsmerkmale der Incoterms im Überblick

96 Alle elf Varianten der Incoterms® 2010 sind nach derselben Struktur aufgebaut. Sie legen den Ort der Lieferung und den damit verbundenen *Gefahrübergang* vom Verkäufer auf den Käufer sowie den Punkt des *Übergangs der Kosten* vom Verkäufer auf den Käufer fest.

3.3.1. Aufbau

97 Die Gefahr des zufälligen Verlusts oder der Beschädigung der Ware sowie die Pflicht, die durch die Ware bedingten Kosten (z. B. Transport, Versicherung, Zölle) zu tragen, geht vom Verkäufer auf den Käufer über, wenn der Verkäufer seine Verpflichtung zur Lieferung der Ware erfüllt hat. Da der Käufer keine Gelegenheit haben soll, diesen Übergang zu verzögern, legen alle elf Klauseln fest, dass der Kosten- und Gefahrübergang auch vor der Lieferung liegen kann, wenn der Käufer nicht wie vereinbart abnimmt oder wenn er es versäumt, Anweisungen zu geben, die der Verkäufer zur Erfüllung seiner Lieferverpflichtung benötigt.

98 Die Incoterms® 2010 erhalten bei jeder einzelnen Klausel einen einführenden Text vorangestellt und sind im Folgenden dann jeweils nach demselben Muster aufgebaut. Unterschieden wird in einer Art tabellarischer Gegenüberstellung zwischen den Pflichten des Verkäufers auf der einen und den spiegelbildlichen Pflichten des Käufers auf der anderen Seite. Für beide Pflichtenkataloge werden jeweils in derselben Reihenfolge zehn Punkte aufgeführt, die die jeweilige Partei zu befolgen hat. Mit Hilfe dieser Aufgabenstellung kann den Vertragsparteien die Auswahl der zu wählenden Klausel deutlich erleichtert werden. Der Aufbau der zehn Punkte ist dabei jeweils wie folgt (Nennung der Verkäuferpflicht als erste, danach, wenn sie sich unterscheidet, die Käuferpflicht):

1. Lieferung vertragsgemäßer Ware/Zahlung des Kaufpreises
2. Lizenzen, Genehmigungen und Formalitäten
3. Beförderungs- und Versicherungsverträge
4. Lieferung/Abnahme
5. Gefahrenübergang
6. Kostenteilung
7. Benachrichtigung des Käufers/Verkäufers
8. Liefernachweis, Transportdokument oder entsprechende elektronische Mitteilung
9. Prüfung, Verpackung, Kennzeichnung/Prüfung der Ware
10. Kostentragung bei Unterstützung mit Informationen

Die 11 Incoterms sind in ihrem Regelungsgehalt so aufgebaut, dass sie – beginnend **99** bei einer E-Klausel und fortgeführt über F-, C- bis hin zu D-Klauseln – die mit dem Kaufvertrag verbundenen Zusatzbelastungen auf der Kostenseite (Aus-/Einfuhrkosten, Transportkosten, Versicherungskosten) zunächst als den Verkäufer begünstigend (D-Klausel) gestalten und dann die Belastung Klausel für Klausel immer weiter zugunsten des Käufers verschieben und damit eine vollständige Abstufung entsprechend der Ablaufschritte der Geschäftsabwicklung vornehmen.

Eine ähnliche Abstufung erfolgt im Hinblick auf den Gefahrübergang, der bei der **100** E-Klausel den Verkäufer sehr begünstigt und am frühestmöglichen Zeitpunkt bei Bereitstellung der Ware zur Abholung beginnt und bei den D-Klauseln besonders günstig für den Käufer ausgestaltet ist.

3.3.2. Einpunktklausel und Zweipunktklausel

Die E-, C-, F- und D-Klauseln unterscheiden sich – bei sonst identischem Aufbau – **101** darin, dass nicht immer der Punkt des Kostenübergangs mit dem Punkt des Gefahrübergangs zeitlich identisch ist. Daher nennt man nur die E-, F- und D-Klauseln „Einpunktklauseln", während die C-Klauseln „Zweipunktklauseln" genannt werden:

Einpunktklauseln: Der Zeitpunkt des Gefahrübergangs entspricht dem Zeitpunkt, in dem die Kostenlast vom Verkäufer auf den Käufer übergeht. Dies ist bei E-, F- und D-Klauseln der Fall.

Zweipunktklauseln sind die C-Klauseln. Bei den C-Klauseln muss die Lieferung so wie bei den F-Klauseln erfolgen und auch die Gefahr geht wie bei den F-Klauseln am Abgangsort auf den Käufer über. Da der Verkäufer aber zusätzlich die Kosten des Transports bis zum Bestimmungsort oder Bestimmungshafen zu tragen hat und den Transport auch zum Teil versichern muss, *decken sich der Punkt des Gefahrübergangs und der Punkt des Kostenübergangs nicht*, so dass es zwei verschiedene Übergangspunkte in der Geschäftsabwicklung gibt (Zweipunktklauseln).

Teil 2:
Incoterms® 2010 im Überblick

1. Gliederung der Incoterms® 2010

1.1. Klauselgruppen

Die Incoterms® 2010 sind wie folgt untergliedert: **102**

Incoterms® 2010	
Gruppe E Kosten- und Gefahrübergang am Lieferort	• **EXW** Ex Works (named place of delivery)/ Ab Werk (benannter Lieferort)
Gruppe F	• **FCA** Free Carrier (named place of delivery)/ Frei Frachtführer (benannter Lieferort) • **FAS** Free Alongside Ship …(named port of shipment)/ Frei Längsseite Schiff … (benannter Verschiffungshafen) • **FOB** Free on Board … (named port of shipment)/ Frei an Bord …. (benannter Verschiffungshafen)
Gruppe C Gefahrenübergang am Lieferort Kostenübergang am Bestimmungsort	• **CFR** Cost and Freight … (named port of destination)/ Kosten und Fracht … (benannter Bestimmungshafen) • **CIF** Cost, Insurance, Freight …(named port of destination)/ Kosten, Versicherung, Fracht …(benannter Bestimmungshafen) • **CPT** Carriage Paid To… (named place of destination)/ Frachtfrei …. (benannter Bestimmungsort) • **CIP** Carriage and Insurance Paid To…. (named place of destination)/ Frachtfrei versichert ….(benannter Bestimmungsort)
Gruppe D Kosten- und Gefahrübergang am Bestimmungsort	• **DAP** Delivered At Place … (named place of destination)/ Geliefert am Ort … (benannter Bestimmungsort) • **DAT** Delivered At Terminal (at port or place of destination)/ Geliefert ab Terminal …. (benanntes Terminal im Hafen oder am Bestimmungsort) • **DDP** Delivered Duty Paid (named place of destination)/ Geliefert verzollt … (benannter Bestimmungsort)

Alle 11 Einzelklauseln der neuen Incoterms® 2010 sind damit systematisch – in insgesamt 4 Gruppen – untergliedert. In der *englischen* Grundversion der Incoterms® 2010 beginnen alle Einzelklauseln innerhalb ihrer jeweiligen Gruppe mit demselben Buchstaben, so dass dem Nutzer bereits hierdurch eine Orientierung erleichtert wird.

1.2. Aufbau und Anordnung

1.2.1. Bedeutung der Gruppierung

103 Der Aufbau der Incoterms® 2010, beginnend mit der E-Gruppe über die F-, C- bis hin zur D-Gruppe, ist dabei so konzipiert, dass

- sich die Pflichten des Verkäufers von der geringsten Pflichtenstufe der E- Gruppe allmählich immer stärker – bis zur D-Gruppe – steigern,

- während umgekehrt die Pflichten des Käufers in der E-Gruppe besonders hoch und in der D-Gruppe sehr viel niedriger sind.

104 Die Gruppierung der Incoterms® 2010 in vier unterschiedlich gewichtete Abstufungen der Pflichten ermöglicht es den Anwendern dieser standardisierten Lieferbedingungen, schon auf den ersten Blick eine erste grobe Auswahl danach zu treffen, welche der Vertragsparteien durch welche Pflichtenlast besonders betroffen und welche Partei stärker geschont werden soll.

- *E-Gruppe*: Hier sind die Pflichten des Verkäufers darauf beschränkt, dass er die Ware am benannten Ort zur Abholung zur Verfügung stellt; diese „Abholklausel" ist für ihn besonders vorteilhaft, weil im Rahmen der Geschäftsabwicklung der Kosten- und Gefahrübergang recht früh erfolgt.

- *F-Gruppe*: Auch diese Gruppe ist für den Verkäufer günstig, weil Kosten- und Gefahrübergang noch recht nahe an seiner Sphäre auf den Käufer übergehen: Der Verkäufer braucht lediglich die Ware an einen vom Käufer beauftragten Frachtführer zu übergeben, um zu erreichen, dass Kosten- und Gefahrübergang an den Käufer erfolgen.

- *C-Gruppe*: Diese Gruppe nennt man auch die Gruppe der „Zweipunktklauseln", da der Kostenübergang und der Gefahrübergang zu unterschiedlichen Zeiten erfolgen. Zuerst muss der Verkäufer den Beförderungsvertrag auf seine Kosten abschließen; der Gefahrübergang erfolgt, sobald die Ware an den Frachtführer übergeben wurde.

- *D-Gruppe*: Hier verbleiben alle Kosten und Risiken auf Seiten des Verkäufers, die die Ware im benannten Bestimmungsland bzw. an einem benannten Bestimmungsort eintrifft. D-Klauseln nennt man daher auch „Ankunftsklauseln".

1.2.2. Ordnung der Klauselinhalte

105 Seit der Fassung der Incoterms® 1990 wurde eine Systematik genutzt, nach der jede einzelne Klausel nach stets demselben Aufbau interpretiert wurde.

Alle damals 13 – in der jüngsten Textfassung der Incoterms® 2010 nunmehr nur noch 11 – Klauseln werden in Käufer- und Verkäuferpflichten untergliedert und dann jeweils in zehn weiteren Untergliederungsschritten nach einem bestimmten, stets für jede Klausel beibehaltenem Muster weiter konkretisiert. Vom Druckbild der Original-ICC-Texte her betrachtet befinden sich Klausel für Klausel die jeweils zehn Verkäuferpflichten jeweils auf der linken, die korrespondierenden Käuferpflichten auf der rechten Seite der Texte, jeweils einander gegenüber gestellt. Dieser Aufbau hatte sich in der Fassung der Incoterms® 2000 weiter bewährt und ist auch in der aktuellen Version der Incoterms® 2010 beibehalten worden.

Der Aufbau der Klauseln folgt damit folgender Anordnung: **106**

Kürzel der jeweiligen Incoterms® 2010 Regeln			
Verkäufer		Käufer	
A 1	Lieferung vertragsgemäßer Waren	B 1	Zahlung des Kaufpreises
A 2	Lizenzen, Genehmigungen und Formalitäten	B 2	Lizenzen, Genehmigungen und Formalitäten
A 3	Beförderungs- und Versicherungsvertrag	B 3	Beförderungsvertrag
A 4	Lieferung	B 4	Abnahme
A 5	Gefahrenübergang	B 5	Gefahrenübergang
A 6	Kostenverteilung	B 6	Kostenverteilung
A 7	Benachrichtigung des Käufers	B 7	Benachrichtigung des Verkäufers
A 8	Liefernachweis, Transportdokument oder entsprechende elektronische Mitteilung	B 8	Liefernachweis, Transportdokument oder entsprechende elektronische Mitteilung
A 9	Prüfung – Verpackung – Kennzeichnung	B 9	Prüfung der Ware
A 10	Kostentragung bei sonstigen Unterstützungsleistungen	B 10	Kostentragung bei sonstigen Unterstützungsleistungen

Alle einzelnen Incoterms® 2010 verwenden dieselben Formulierungen, so dass Un- **107** genauigkeiten oder Missverständnisse vermieden werden; haben die Parteien bei der Betrachtung unterschiedlicher Klauseln ein und dieselbe Verpflichtung zu erfüllen, wird für die untersuchte Verpflichtung auch stets dieselbe Formulierung verwendet. Dies erleichtert den unmittelbaren Vergleich der Verpflichtungen der unterschiedlichen Incoterms® 2010.

Gelegentlich kann es in der Ausgestaltung einzelner Unterpunkte (A 1 bis A 10 und **108** B 1 bis B 10) vorkommen, dass der jeweilige Unterpunkt „keine Verpflichtung" für die betroffene Partei vermerkt. Dies hat dann nur zu bedeuten, dass die Klausel selber an dieser Stelle keine eigenständige Verpflichtung schafft, eine solche Verpflichtung aber gleichwohl aus sonstigen Parteivereinbarungen heraus bestehen kann.

So besagt beispielsweise bei der Klausel EXW der Punkt A 3 für den Verkäufer, **109** ebenso wie der Punkt B 3 für den Käufer gleichlautend: „Beförderungsvertrag: Keine Verpflichtung. Versicherungsvertrag: Keine Verpflichtung". Auch wenn damit die Klausel EXW keine Verpflichtung aufstellt, kann sich eine Verpflichtung zum jeweils notwendigen Vertragsabschluss gleichwohl aus den sonstigen Parteivereinbarungen ergeben oder aber (gerade im Hinblick auf eine meist notwendige Versicherung der Ware) zumindest sinnvoll sein.

1.2.3. Auswahl der geeigneten Klausel

1.2.3.1. Marktposition

110 Letztlich ist die Auswahl der für das jeweilige Geschäft geeigneten Klausel davon abhängig, wie die jeweilige Marktstellung der Geschäftspartner ist. In einem Verkäufermarkt, in dem der Verkäufer in der besseren Geschäfts- und Marktposition ist, lässt sich zu seinen Gunsten eine E-Klausel leichter durchsetzen, als es umgekehrt in einem Käufermarkt der Fall ist: Hat nämlich der Käufer die stärkere Marktposition, dürfte sich eine den Käufer stärker begünstigende C- oder D-Klausel deutlich leichter durchsetzen lassen.

111 Dabei stellt sich zugleich die Frage nach den Funktionen der Incoterms® 2010. Hier ist zu trennen zwischen Haupt- und Nebenfunktionen:

Funktionen der Standardbedingungen	
Hauptfunktion	Die Ware muss vom Versandort zum Bestimmungsort verbracht werden – die Transportart ist beliebig. Wichtig ist die Festlegung des Ortes/Zeitpunktes, an dem der Kosten- und Gefahrübergang vom Verkäufer auf den Käufer stattfindet. Jede Klausel der Incoterms® 2010 legt damit fest: • Welche Partei (Verkäufer oder Käufer) übernimmt welche Pflicht für seinen Abschnitt des Warentransports? • Welche Kosten trägt jede Partei? • Wer trägt bis wann/ab wann das Risiko der zufälligen Verschlechterung, des Untergangs, des Verlusts der Ware?
Nebenfunktion	• *Warendokumente* (Lizenzen, Ursprungszeugnisse, Zertifikate usw.) – wer muss sie besorgen? • *Transportdokumente* (Lieferschein, Konnossement, Frachtbriefe usw.) – wer beschafft sie – wer trägt dafür die Kosten? • *Versicherung* (wer versichert, was wird versichert, wer trägt die Kosten?) • *Information* (wer informiert wen, worüber und wann?) • *Warenprüfung* (wer kümmert sich darum, wer trägt die damit in Zusammenhang stehenden Kosten?) • *Verpackung* der transportierten Ware (wie muss verpackt werden, z. B. „seemäßig", wer trägt die Kosten?)

1.2.3.2. Transportart

112 Großen Einfluss auf den Einsatz der in Frage kommenden Klausel hat auch die Transportart. Einige Klauseln sind besonders für den Seetransport mittels Schiff geeignet (FAS, FOB, CFR, CIF), während die anderen, noch nicht aufgezählten Klauseln der Incoterms® 2010 für alle Transportarten (einschließlich Schiff) geeignet sind.

In einem Überblick kann verdeutlicht werden, welche der Incoterms® 2010 sich für **113** welche Transportarten eignen. Die nachfolgende Übersicht geht von der Transportart aus und gliedert danach, ob der Transport mit einem beliebigen Transportmittel, zu Luft, mit der Eisenbahn oder mit einem (See- oder Binnen-)Schiff durchgeführt werden soll.

Incoterms® 2010 – nach Transportart.		
Alle Transportarten	**EXW**	Ex Works … (named place of delivery)/ Ab Werk… (benannter Lieferort)
	FCA	Free Carrier … (named place of delivery)/ Frei Frachtführer … (benannter Lieferort)
	CPT	Carriage Paid To… (named place of destination)/ Frachtfrei …. (benannter Bestimmungsort)
	CIP	Carriage and Insurance Paid To…. (named place of destination)/ Frachtfrei versichert ….(benannter Bestimmungsort)
	DAT	Delivered At Terminal …(at port or place of destination)/ Geliefert ab Terminal … (benannter Bestimmungshafen oder -ort)
	DAP	Delivered At Place … (named place of destination)/ Geliefert am Ort …… (benannter Bestimmungsort)
	DDP	Delivered Duty Paid … (named place of destination)/ Geliefert verzollt … (benannter Bestimmungsort)
Lufttransport	**FCA**	Free Carrier … (named place of delivery)/ Frei Frachtführer … (benannter Lieferort)
Einsenbahn-Transport	**FCA**	Free Carrier … (named place of delivery)/ Frei Frachtführer … (benannter Lieferort)
Schiffstransport	**FAS**	Free Alongside Ship … (named port of shipment)/ Frei Längsseite Schiff … (benannter Verschiffungshafen)
	FOB	Free on Board … (named port of shipment)/ Frei an Bord …. (benannter Verschiffungshafen)
	CFR	Cost and Freight … (named port of destination)/ Kosten und Fracht … (benannter Bestimmungshafen)
	CIF	Cost, Insurance, Freight …(named port of destination)/ Kosten, Versicherung, Fracht …(benannter Bestimmungshafen)

114 Fügt man zu den einzeln genannten Transportarten Eisenbahn, Straße, Luft und Schiff noch all diejenigen Klauseln hinzu, die ständig anwendbar sind, ergibt sich folgendes Bild einer Klauseleignung in der Transportabwicklung:

Geeignete Incoterms® 2010 gegliedert nach Transportart – und unter Einschluss der für *alle* Transportarten geeigneten Lieferbedingung –	
Straßentransport	• EXW • FCA • CPT • CIP • DAT • DAP • DDP
Eisenbahntransport	• EXW (sofern der Eisenbahnweg bis zum „Werk" des Verkäufers reicht, sonst „ab benanntem Ort") • FCA (Bahnhof) • CPT • CIP • DAT • DAP • DDP
Lufttransport	• FCA (Flughafen) • CPT • CIP • DAP • DDP
Multimodaler Transport (Einsatz verschiedener Transportmittel)	• FCA (benannter Übergabeort) • CPT • CIP • DAT • DAP • DDP

Geeignete Incoterms® 2010 gegliedert nach Transportart – und unter Einschluss der für *alle* Transportarten geeigneten Lieferbedingung –	
Binnenschiffstransport	• FCA
	• FAS
	• FOB
	• CFR
	• CIF
	• CPT
	• CIP
	• DAT
Seeschiffstransport	• FAS
	• FOB
	• CFR
	• CIF
	• DAT
Seeschiffstransport mit Containerschiff oder Ro-Ro-Schiff	• FCA (benannter Übergabeort)
	• CFR
	• CIF
	• CPT
	• CIP
	• DAT
	• DDP

Zu beachten ist, dass in der praktischen Anwendung keine Klauseln mit Bezug auf **115** einen Schiffstransport eingesetzt werden sollten, wenn der Übergabeort und Transport nicht in Zusammenhang mit einem Schiff steht; in diesen Fällen sind die Klauseln einzusetzen, die für *alle* Transportarten nutzbar sind.

Die Schiffsklauseln, die nur für den Seeschiffstransport oder den Binnenschiffstrans- **116** port gelten, nehmen Bezug auf das Schiff oder dessen Umfeld. Hier hängt der Übergabeort des Transportgutes mit einem Schiff zusammen, so dass Klauseln wie etwa FOB ausschließlich nur im Zusammenhang mit einem Schiffstransport genutzt werden dürfen. Dieser Hinweis ist schon deshalb angebracht, weil im heutigen Sprachgebrauch oft von „An Bord gehen" gesprochen wird, wenn man ein Flugzeug oder einen Expresszug besteigt. Dies darf also nicht mit dem Schiffstransport verwechselt werden.

1.2.3.3. Gefahr- und Kostentragung

Die Klauselauswahl wird vor allem unter dem Gesichtspunkt der Gefahr- und Kosten- **117** tragung getroffen.

E-Gruppe

118 Die Auswahl der E-Gruppe mit der Klausel EXW ist dann zu treffen, wenn der Käufer alle Risiken und Kosten des Gesamttransports der Ware ab Werk des Verkäufers zu tragen und sich auch um alle öffentlichen Abgaben wie Zölle zu kümmern hat. Bei „ex works" handelt es sich um eine reine Abholklausel.

F-Gruppe

119 Aus der F-Gruppe sind alle drei Klauseln, FCA, FAS und FOB dann die richtige Auswahl, wenn der *Verkäufer den Haupttransport nicht bezahlt*. Stattdessen liefert er die Ware entweder nur frei an den Frachtführer (FCA), frei an die Längsseite des Schiffes (FAS) oder frei an Bord des Schiffes (FOB), wobei „frei" bedeutet, dass der Verkäufer die Kosten der Anlieferung bis zu diesem benannten Punkt zu tragen hat.

120 Gefahr- und Kostenübergang vom Verkäufer auf den Käufer treten jeweils bei Übergabe am Lieferort im Exportland ein. Da der Verkäufer seine vertraglichen Verpflichtungen damit noch im Exportland erfüllt, zählen die Klauseln der F-Gruppe zu den Absendeverträgen.

121 Der Käufer kann ein Interesse an der Übernahme des Transports haben, weil er entweder die Auswahl der Transportmittel (Schiffe unter bestimmter Flagge, Transportmittel des Importlandes, sog. „fob-Importieren" usw.) selber bestimmen und einsetzen möchte, etwaige Devisenbestimmungen nutzen möchte, mit dem Selbstaussuchen der Transportmittel Mengenrabatte oder besondere Vergünstigungen (vergünstigte Frachtraten) nutzen möchte usw.

122 Bei F-Klauseln trägt der Käufer die Kosten des Haupttransports. Das verhindert nicht die grundsätzlich mögliche Vereinbarung mit dem Verkäufer, dass dieser sich um die Beauftragung des Transports kümmert, z. B. weil er bessere Konditionen erzielen kann, solange nur sicher gestellt ist, dass der Käufer die entstehenden Kosten trägt.

C-Gruppe

123 Auch die Klauseln der C-Gruppe betreffen den Haupttransport, aber nur, wenn er *vom Verkäufer bezahlt* wird. Der Verkäufer wird ein Interesse am Einsatz einer Klausel der C-Gruppe haben, wenn er den Transport deutlich günstiger in Auftrag geben kann (z. B. Ausnutzen von Mengenrabatt), es die Devisenbestimmungen erfordern oder er den Einsatz von Transportmitteln des Exportlandes einfach nur bevorzugt (sog. „cif- Exportieren").

124 Der Verkäufer zahlt

- entweder nur Kosten und Fracht (CFR) bis zum benannten Bestimmungshafen
- oder Kosten, Versicherung und Fracht (CIF) bis zum benannten Bestimmungshafen.
- Mit Klausel CPT („frachtfrei") übernimmt der Verkäufer die Bezahlung des Haupttransports sogar bis zu einem benannten Bestimmungsort,
- wobei hier eventuell zusätzlich auch noch die Versicherungsprämie vom Verkäufer getragen wird (CIP), also „frachtfrei versichert".

125 Gefahr- und Kostenübergang fallen bei allen C-Klauseln auseinander, weshalb sie auch Zweipunktklauseln genannt werden. Zuerst muss der Verkäufer den Beförderungsvertrag auf seine Kosten abschließen; der Gefahrübergang erfolgt, sobald die Ware an den Frachtführer übergeben wurde. Die Klauseln der C-Gruppe sind Absendeverträge, da der Verkäufer seine vertraglichen Verpflichtungen im Versand- oder Verschiffungsland erfüllt.

Klausel	Export-kosten trägt	Import-kosten trägt	Trans-portver-trag	Lieferort	Gefahr-übergang	Kosten-übergang	Trans-portversi-cherung

Klausel	Export-kosten trägt	Import-kosten trägt	Trans-portver-trag	Lieferort	Gefahr-übergang	Kosten-übergang	Trans-portversi-cherung
EXW	K	K	K	Werk des V	Lieferort		
FCA	V	K	K	Ort der Über-gabe an Frachtführer	Lieferort		
FAS	V	K	K	Längsseits Schiff im Vsh	Lieferort		
FOB	V	K	K	Schiff im Vsh	Verladung an Bord		
CFR	V	K	V	Schiff im Vsh	Verladung an Bord	Bsh	
CIF	V	K	V	Schiff im Vsh	Verladung an Bord	Bsh	V: Min-destde-ckung
CPT	V	K	V	Ort der Über-gabe an Frachtführer	Lieferort	Bestim-mungsort	
CIP	V	K	V	Ort der Über-gabe an Frachtführer	Lieferort	Bestim-mungsort	V: Min-destde-ckung
DAP	V	K	V	Bestimmungs-ort	Bestimmungsort		
DAT	V	K	V	Terminal im Bsh/Bestim-mungsort	Terminal im Bsh/Bestim-mungsort		
DDP	V	V	V	Bestimmungs-ort	Bestimmungsort		

Gefahr- und Kostentragung bei den Incoterms® 2010

Legende: V = Verkäufer K = Käufer Vsh = Verschiffungshafen Bsh = Bestimmungshafen

D-Gruppe

Alle drei Klauseln der D-Gruppe sind Ankunftsklauseln, denen Ankunftsverträge zu- **126** grunde liegen, da der Verkäufer seine Verpflichtungen erst im Ankunftsland erfüllt hat. Der Verkäufer liefert

- entweder an einem bestimmten Platz (DAP)
- oder ab Terminal in einem benannten Bestimmungshafen oder an einem Bestimmungsort (DAT)
- oder aber „geliefert verzollt" an einem benannten Ort (DDP).

Damit trägt der Verkäufer die gesamten Transportkosten (und Versicherungskosten) und die Risiken (Gefahrtragung) bis zum Bestimmungsort.

1.2.4. Elektronische Kommunikation

127 In früheren Ausgaben der Incoterms wurde bereits auf die neue elektronische Kommunikation Rücksicht genommen. So sahen die Incoterms® 2000 in der Klauseluntergliederung A 8 bereits vor, dass notwendige Papierdokumente durch elektronische Mitteilungen ersetzt werden durften, falls sich der Verkäufer mit dem Käufer auf elektronischen Datenaustausch (EDI) geeinigt hatte.

128 Dieser in den bisherigen Incoterms® 2000 standardmäßig unter den Klauseln in der jeweiligen Regel A 8 angebrachte Hinweis auf die (eingeschränkte, weil von der Parteivereinbarung abhängige) Möglichkeit der elektronischen Kommunikation ist in den neuen Incoterms® 2010 nicht aufrecht erhalten worden. Stattdessen wird in den neuen Incoterms® 2010 jeweils in der Regel A 1 und B 1 die Gleichberechtigung der elektronischen Kommunikation mit der papiergestützten Variante festgeschrieben, sofern die der praktischen Übung entspricht oder aber von den Parteien einvernehmlich so vereinbart wurde.

1.2.5. Güterversicherung

129 In den neuen Incoterms® 2010 findet sich im Gliederungspunkt A 3/B 3 die jeweilige Versicherungspflicht. Diese Regelungen sind nunmehr konkreter als die bisherige Formulierung unter „Sonstige Verpflichtungen" in den Gliederungspunkten A 10/B 10 der bisherigen Incoterms® 2000. Bei der Versicherung im Zusammenhang mit den Incoterms® 2010 ist zu beachten, dass in der Praxis nunmehr auf die neueste Fassung der „Institute Cargo Clauses", die seit 2009 vorliegt, Bezug genommen wird.

130 Im Rahmen der Güterversicherung werden im internationalen Geschäft meist die so genannten „Institute Cargo Clauses" genutzt, die – verwirrend genug – in der Praxis oft mit „ICC" abgekürzt werden. Diese „ICC" bezeichnen die vom „Institute of London Underwriters" und der „London Underwriters Association" publizierten Versicherungsbedingungen, Policeformen und Musterklauseln für Transportversicherungsverträge, die im See- und Landtransport verwendet werden können. Derartige Klauseln sind auch Bestandteil von Bedingungen in Dokumentenakkreditiven, Versicherungspolicen und Versicherungszertifikaten. Die „ICC" wurden zum Jahreswechsel 2008/09 überarbeitet und haben sich damit den in Deutschland üblichen „DTV-Gütern" angenähert. Bei den DTV-Gütern 2000/2008 handelt es sich um eine unverbindliche Bekanntgabe des Gesamtverbandes der Deutschen Versicherungswirtschaft e.V.

131 Werden „ICC" eingesetzt, kann zwischen drei Kategorien unterschieden werden:

- die ICC (A) entsprechen den früher „all risks clauses" genannten Bedingungen und gewähren den umfangreichsten Versicherungsschutz mit voller Indeckungnahme aller Risiken;

- die ICC (B) dagegen nehmen nur diejenigen Schadensereignisse in Deckung, die in der Versicherungspolice aufgeführt sind

- und die ICC (C) bieten nur einen Mindestschutz bei Elementarereignissen (zum Beispiel bei Naturkatastrophen, großer Havarie, Feuer usw.).

1.2.6. Hinweispflicht zur Gefahrenabwehr

In den neuen Incoterms® 2010 finden sich bei verschiedenen Klauseln neue Vorga- **132** ben, die (in A 2/B 2 und A 10/B 10) Pflichten zur Gefahrenabwehr auferlegen. So gehört zur Informationspflicht mittels Dokumentation nunmehr auch der allgemeine Gefahrenhinweis („security related information"), sofern von der Ware eine beson- dere Gefährdung für Leib, Leben oder Vermögen ausgeht. Alle sicherheitsrelevanten Informationen im Warenfluss und der Lieferkette („chain of custody") gehören nun- mehr ausdrücklich zur Hinweispflicht in den Incoterms® 2010, soweit diese Informa- tionspflicht dort vorgesehen ist.

1.2.7. Umschlagsgebühren

In Häfen fällt beim Umschlag von FCL-Containern („Full Load Container", die von **133** einem Absender an einen Empfänger gesandt werden) eine Containerumschlagsge- bühr („terminal handling charge", auch „port service charge" oder „container ser- vice charge") an. Die Containerumschlagsgebühr fällt

- bei Exporten für den Empfang am Terminal sowie bei Anlieferung an einem Schiff und

- bei Importen für die Entgegennahme vom Schiff sowie für die Auslieferung an einem Terminal an.

Betrachtet man die gesetzliche Regelung im Abschnitt „Transportrecht" der **134** §§ 407 ff HGB, dann ist davon auszugehen, dass der Umschlag von Waren, soweit er nicht mit erheblichem Aufwand verbunden ist, als „Anhang" zum jeweiligen Transportvertrag anzusehen ist. Danach wäre für die Kosten des Umschlags die Par- tei verantwortlich, die auch die Transportkosten zu tragen hat.

Das Seehandelsrecht (5. Buch des HGB) dagegen hat hier eine andere Sichtweise. **135** Hier stehen lange Transportzeiten deutlich umfangreicheren Umschlagsleistungen gegenüber, als man dies vom Landtransport her kennt. So wird zwar auch beim See- frachtvertrag nach § 606 HGB die Ablieferung des beförderten Gutes direkt an den Empfänger verlangt. Damit ist das Löschen der Ware vom Schiff nicht die „Abliefe- rung", denn in den seltensten Fällen wird der Empfänger direkt an der Pier stehen. Stattdessen findet die Ablieferung an den Empfänger statt, wenn dieser im Hafen erscheint, um sein Transportgut abzuholen – möglicherweise ist das Schiff dann schon wieder unterwegs. Bis zur Abholung befindet sich die Ware in der Obhut des Seeverfrachters und muss verwahrt werden. Werden – wie üblich – Orderpapiere (z. B. Konnossemente) eingesetzt, wird die Auslieferung noch weiter verkompliziert. Lagerung und Auslieferung sind Leistungen des Kaibetriebs, die gegenüber dem Seeverfrachter erbracht werden.

Der Umschlagsbetrieb nimmt also Güter in Empfang, erbringt diverse Leistungen **136** und gibt diese Güter dann an die nächste Partei in der Transportkette weiter. Damit müsste die vertragliche Kette eigentlich der Handlungskette folgen und der Um- schlagsbetrieb als gleichgeordnetes Glied der Transportkette auftreten. Die Praxis folgt dieser Kette jedoch für einen Großteil des Geschäfts nicht, solange es um Mas- sengeschäft (Container oder andere Stückgüter) geht. Umschlagsbetriebe kontra- hieren stattdessen generell nicht über einzelne Parteien mit einzelnen anliefernden Frachtführern, Absendern oder Empfängern. Sie schließen vielmehr für das Massen- geschäft im Hafen entsprechende Umschlags- oder Terminalverträge direkt mit den

Reedereien ab. Dies führt dazu, dass die Umschlagsgebühr vom Reeder an den Kaibetrieb gezahlt wird, der sie dann jedoch an die Kunden als Zuschlag auf die Seefrachtrate weiterbelastet. Hier kann es zu einer unangemessenen Belastung des Warenkäufers kommen, wenn dieser die Umschlagsgebühren in Rechnung gestellt bekommt.

137 Die C-Klauseln der Incoterms® 2010 sehen vor, dass der Verkäufer sich um den Transport zu einem vereinbarten Bestimmungsort kümmern muss (A 3), während den Käufer zu dieser Aufgabe keinerlei Verpflichtung trifft. Der Verkäufer muss daher auch die anfallenden Frachtkosten tragen, die er in seiner Preiskalkulation (Verkaufspreis) mit einberechnet. Da während des Warentransports (zusätzlich) auch Umschlagsgebühren („terminal handling charges") anfallen können, kann es geschehen, dass derartige Kosten dem Käufer bei Abholung der Ware in Rechnung gestellt werden, so dass er mit der Übernahme der Umschlagsgebühren auf diese Weise dann doch (einen Teil) der „Transportkosten" zu tragen hätte. Er würde damit zweimal belastet: einmal durch Bezahlung der „Transportkosten" über die Rechnung des Verkäufers aus dem Kaufvertrag und des Weiteren durch die Bezahlung der Umschlagsgebühren.

138 Um diese Belastung des Käufers zu vermeiden, sehen die Incoterms® 2010 in A 6/ B 6 zusätzliche Regelungen zur Kostentragung vor.

1.2.8. Lieferkette

139 Insbesondere im Rohstoffhandel kommt es vor, dass Ware erst während des Transports auf See gekauft und oder weiter verkauft wird. Wo es mehrere Verkäufer oder Käufer während einer laufenden Warenauslieferung gibt, kann eine Person, die mitten in der Abwicklung auftritt, das Transportgut nicht mehr „verschiffen", da dies bereits durch den allerersten Verkäufer innerhalb einer Lieferkette veranlasst wurde.

140 Die Incoterms® 2010 tragen diesem Umstand dadurch Rechnung, dass sie dort, wo es angebracht ist, ein „procurement" (also ein weiteres Veranlassen von Handlungen oder einem bestimmten Vorgehen) vorsehen („...the seller must contract or procure a contract ...").

2. Grundsätzliche Informationen

141 Die neuen Incoterms® 2010 verwenden Begriffe, die teilweise näher betrachtet werden müssen.

2.1. Begriffe der Incoterms® 2010

142 In den Incoterms® 2010 werden Begriffe verwendet, deren Inhalte möglicherweise einer zusätzlichen Interpretation bedürfen. Obwohl Begriffe wie etwa „Ware" oder „Ort" eigentlich eindeutig erscheinen, wird bei näherer Betrachtung schnell deutlich, dass derartige Begriffe einer näheren Eingrenzung bedürfen, um auch konkrete Fragestellungen des geschäftlichen Alltags lösen zu können. Diesem Aspekt dient dieser Abschnitt des Buches.

2.1.1. Ware

Die Incoterms® 2010 Regeln verwenden immer wieder den Begriff „Ware", ohne **143** diesen Begriff näher zu definieren. Dies bedeutet nun aber nicht, dass man einfach auf nationales Kaufrecht zurückgreifen könnte, sofern dieses den in Frage stehenden Begriff seinerseits überhaupt näher definiert. Im deutschen Recht würde man beispielsweise eher das Wort „Sache" finden, im englischen Sprachgebrauch dagegen das Wort „goods".

Hilfreich ist es daher, auf das oben näher beschriebene CISG auszuweichen, das vor **144** derselben Problematik steht und im Übrigen häufig herangezogen werden kann, wenn es um die nähere Auslegung von in den Incoterms Regeln gebrauchten Begriffen geht. So hat die ICC selber in den einleitenden Kapiteln zu den Incoterms® 2000 Regeln unter Ziffer 6 (Terminologie) den Hinweis gegeben, dass man die Terminologie so konsequent wie möglich einheitlich gestalten wolle und vor allem auch vermeiden wolle, anderslautende Begriffe zu verwenden, die in Widerspruch zu den Ausdrücken des CISG stehen könnten.

Geht man nun Hilfe suchend an die Interpretation des Begriffs „Ware" im Sinne des **145** weltweit angewandten „Gesetzes zum internationalen Warenkauf" (CISG), dann kann im Sinne der Auslegung festgehalten werden:

- Unter Waren sind grundsätzlich nur (zur Zeit der Lieferung) bewegliche körperliche Gegenstände zu verstehen.

- Damit fallen unbewegliche Sachen (Immobilien) nicht unter den Warenbegriff, wohl aber möglicherweise Bestandteile, die im Moment der Übergabe beweglich sind, später aber mit einer Immobilie dauerhaft verbunden werden und unbeweglich sind.

- Unkörperliche Gegenstände können nicht dem Warenbegriff unterfallen, so dass Rechte (Forderungen, Patente, Lizenzen) aber auch Software und Dienstleistungen nicht als Ware anzusehen sind.

2.1.2. Ort

Die ICC weist ausdrücklich darauf hin, jeder Klausel der Incoterms® 2010 einen Ort **146** hinzuzufügen, damit die Klauseln sinnvoll eingesetzt werden können. Die Incoterms® 2010 verwenden den Ort, an dem eine Lieferverpflichtung zu erfüllen ist, unterschiedlich: Bei den Klauseln, die im Seetransport benutzt werden (FAS, FOB, CFR, CIF) werden die Begriffe „Verschiffungshafen" und „Bestimmungshafen" benutzt, während in allen anderen Fällen nur von „Ort" gesprochen wird. Dieser „Ort" soll in der Nutzung der relevanten Klausel 2010 ausdrücklich benannt werden.

Es kann sein, dass eine weitere Präzisierung erforderlich wird, indem eine konkrete **147** „Stelle" (z. B. innerhalb eines großen Hafens) benannt wird, an die zu liefern ist. Derartige Angaben fehlen oft in Kaufverträgen zwischen Verkäufer und Käufer, und auch die Incoterms legen hier keine weitere Präzisierung fest. Daher gilt – falls keine konkrete Stelle vereinbart wurde und verschiedene Lieferplätze in Betracht kommen – dass der Verkäufer selber wählen darf, welche Stelle ihm am Lieferort geeignet erscheint.

148 Für den Lieferort gilt zudem folgendes Prinzip:

- Normalerweise soll jede eingesetzte Klausel der Incoterms® 2010 einen *Bestimmungsort* nennen. Weicht der Verkäufer von dem Bestimmungsort ab, etwa weil sich nachträglich herausgestellt hat, dass dieser ungeeignet ist, muss nach Treu und Glauben entschieden werden, ob dieses Verhalten noch die Lieferpflicht erfüllt. Die Entscheidung „nach Treu und Glauben" ist die Variante, die in derartigen Fällen beispielsweise nach Art. 7 Abs. 1 CISG angedacht ist und eine Lösung der Praxisfrage ermöglicht, die sich bei ungeeigneten Bestimmungsorten zwangsläufig stellen muss.

- Denkbar ist, dass die Festlegung eines Bestimmungsortes ganz unterlassen (z. B. vergessen) wurde. In diesen Fällen ist der Bestimmungsort die Niederlassung des Käufers; wenn er mehrere Niederlassungen hat, ist auf der Basis des Art. 10 lit. a CISG zu entscheiden.

2.1.2.1. Lieferort

149 Zum Lieferort sind die Bestimmungen des Art. 31 CISG ergänzend heranzuziehen. Diese Vorschrift ist nur anwendbar, wenn der Verkäufer die Ware nach dem Kaufvertrag „nicht an einen anderen bestimmten Ort zu liefern" hat. Ist ein anderer Ort vereinbart, so ist er der Lieferort. Zugleich kann aus der Vereinbarung entnommen werden, durch welche Handlung des Verkäufers die geschuldete Lieferung und Leistung erbracht wird. Werden Incoterms® 2010 eingesetzt, ist danach zu unterscheiden, ob es um einen mit Art. 31 CISG übereinstimmenden Lieferort oder aber um einen davon abweichenden Lieferort geht.

2.1.2.2. Übereinstimmender Lieferort

150 In den meisten Fällen führen die Incoterms® 2010 zu demselben Lieferort und demselben Inhalt der Lieferpflicht, die sich auch aus Art. 31 CISG ergeben. Dies kann vor allem nachvollzogen werden bei den Klauseln des Versendungskaufs „frachtfrei" (CPT) und „frachtfrei versichert" (CIP), die von der Auswirkung her mit Art. 31 lit. a CISG übereinstimmen, sowie für die Klausel „ab Werk" (EXW), die sich mit Art. 31 lit. b CISG deckt. In den genannten Fällen enthalten die Incoterms® 2010 Regeln besondere Bestimmungen dazu, wie geliefert werden muss, so dass die Incoterms® 2010 Regeln insofern eine ergänzende Funktion wahrnehmen.

2.1.2.3. Abweichender Lieferort

151 Bei vielen Klauseln der Incoterms® 2010 muss der Verkäufer die Ware an einem Ort übergeben, die nicht mit der Niederlassung des Verkäufers oder dem Lagerort der Ware bei Vertragsschluss identisch ist. Dies ist immer dann der Fall, wenn der Lieferort räumlich zwischen der Niederlassung des Verkäufers und der Niederlassung des Käufers liegt, also etwa an einem Verladeterminal im Hafen usw. Dies gilt also für die Klauseln FOB, FAS, CFR, CIF, DAT, DAP und DDP. In all diesen Fällen stimmt dann zwar der Inhalt der Lieferpflicht mit Art. 31 lit. a oder lit. b CISG überein, doch ist der Lieferort davon *abweichend*.

- Die Lieferpflicht entspricht bei den Klauseln CFR, CIF, FAS und FOB („Delivery", A 4) ihrem Inhalt nach Art. 31 lit. a CISG darin, dass der Verkäufer verpflichtet ist, die Ware am Lieferort einem Beförderer zum Zwecke des Weitertransports zu übergeben.

- Bei den Incoterms® 2010, die als „geliefert-Klauseln" oder auch „Ankunftsklauseln" bezeichnet werden können (DAT, DAP und DDP), ist der Verkäufer verpflichtet, die Ware dem Käufer am Lieferort so zur Verfügung zu stellen, dass der Käufer oder der von ihm beauftragte Frachtführer in der Lage ist, sie ab dem Ort der Verfügungstellung abzutransportieren („Delivery", A 4). Hier entspricht die Lieferung dem Inhalt des Art. 31 lit. b CISG, wobei der Lieferort nicht der gegenwärtige Lagerort ist, sondern der Ort, an dem die Ware eintrifft, nachdem der Verkäufer zuvor noch einen Transport hat durchführen lassen.

2.1.2.4. Falscher Lieferort

Vom „abweichenden Lieferort" ist der „*falsche* Lieferort" abzugrenzen. Ist nämlich **152** ein besonderer Lieferort vertraglich bestimmt und nimmt der Verkäufer trotzdem die Lieferung am falschen Ort vor, liegt eine Vertragsverletzung vor. Hier ist zu unterscheiden:

- Wenn der Verkäufer die Ware von einem bestimmten Ort aus an den Käufer versenden soll (wie z. B. bei CIF) und nimmt die Versendung von einem anderen Ort aus vor, wird damit zwar die Lieferpflicht erfüllt, aber die Lieferung erfolgt fehlerhaft. Als Rechtsbehelf kann der Käufer, sofern ihm hierdurch ein Schaden entsteht, *Ersatz* nach Art. 45 Abs. 1 lit. b CISG beanspruchen. Eine Zurückweisung der Ware und der Rücktritt vom Vertrag scheidet dagegen aus, solange die Versendung vom falschen Versendungsort keine wesentliche Vertragsverletzung darstellt (vgl. dazu Art. 25 CISG).

- Wenn der Verkäufer die Ware an einen bestimmten Ort liefern soll, um sie dort an einen Beförderer zu übergeben (wie z. B. bei FOB), erfüllt der Verkäufer seine Lieferpflicht nach A 4 nicht, so dass der Käufer Schadensersatz verlangen kann (Art. 45 CISG) oder aber zur Forderung der Nacherfüllung oder Vertragsaufhebung berechtigt sein kann (Art. 46 und 49 CISG). Nimmt er dagegen die an den falschen Ort gelieferte Ware an, kann lediglich Schadensersatz wegen etwaiger Mehrkosten vom Verkäufer gefordert werden (vgl. Art. 45 Abs. 1 lit. b CISG).

2.1.2.5. Unterlassene Mitwirkung

In den Klauseln FCA, FAS und FOB besteht die Besonderheit, dass im Regelfall (dazu **153** B 3 – sofern nicht der Käufer selber diese Aufgabe hat, dann vgl. A 3) der Käufer verpflichtet ist, den Transportvertrag abzuschließen und dem Verkäufer mitzuteilen, welches Transportmittel eingesetzt wird. Wenn der Käufer diese Mitwirkung unterlässt, kann er damit die Lieferung verzögern oder ganz unmöglich machen. In diesen Fällen entspricht die Lieferung daher nicht dem Grundgedanken des Art. 31 CISG, wonach der Käufer die Lieferung (allein und ohne Zutun des Käufers) bewirkt und es allein in seiner Macht steht, diese Lieferverpflichtung auch tatsächlich zu erfüllen.

Unterlässt der Käufer seine nach B 3 bestehende Pflicht zur Mitwirkung (Veranlassung und Abschluss des Transportvertrages), bleibt eine etwaige Haftung des Ver- **154** käufers wegen Nichterfüllung der Lieferpflicht – aufgrund der Regelung in Art. 80 CISG – ausgeschlossen. Zudem haftet der Käufer dem Verkäufer gegenüber wegen Nichterfüllung seiner Abnahmepflicht (Art. 53, 60 und 6 CISG). Er muss wissen, dass nach B 5 der Incoterms® 2010 FCA, FAS und FOB der Gefahrübergang auf ihn stattfindet und er ab Abnahmeverzug und Konkretisierung die Gefahr tragen muss.

Kommen die Incoterms® 2010 im Einzelfall nicht zur Anwendung, gelangt man mit den Normen des Art. 69 Abs.1 und Abs. 3 CISG zu demselben Ergebnis.

2.1.2.6. Ware auf dem Transportweg

155 Schwierig ist die Beurteilung der Lage, wenn Ware sich im Transportweg befindet, sei es auf einem Schiff, in einem Flugzeug oder auf einem LKW, und während des Transports verkauft wird. In Anlehnung an den Grundsatz des Art. 31 Abs. 1 lit. b und lit. c CISG muss der Verkäufer zur Erfüllung seiner Lieferpflicht dem Käufer die Ware *„zur Verfügung stellen"*. Dies geschieht dadurch, dass er es dem Käufer ermöglicht, die Ware am Bestimmungsort zu übernehmen. Dazu muss der selbstständige, vom Verkäufer unabhängig tätige Beförderer vom Verkäufer angewiesen werden, die Ware an den Käufer auszuliefern.

156 Ist über die transportierte Ware ein Legitimationspapier ausgestellt worden (Konnossement, Ladeschein oder im kombinierten Transport ein CTO-Dokument), wird die Lieferpflicht dadurch erfüllt, dass der Verkäufer das Dokument indossiert und es dem Käufer übergibt.

157 Hinsichtlich des Moments des Gefahrübergangs regelt Art. 68 CISG, dass die Gefahr für während des Transports verkaufte Ware mit dem Abschluss des Kaufvertrages auf den Käufer übergeht, wobei den Verkäufer die Beweislast für eine vertragsgemäße Beschaffenheit der Ware trifft.

158 Möglicherweise wird der Zeitpunkt des Gefahrübergangs sogar vorverlegt, wie Art. 68 Satz 2 CISG regelt: „Falls die Umstände dies nahelegen...", so der Wortlaut von Art. 68 Satz CISG, muss der Käufer das gesamte Transportrisiko – also auch für den Zeitraum des Transports *vor* Abschluss des Kaufvertrages – tragen, da eine entsprechende Lieferklausel wie etwa die Klausel CIF (B 5) dies entsprechend vorgeben. Vorausgesetzt wird allerdings, dass sich der Verkäufer hier nicht rechtsmissbräuchlich verhält, vgl. Art. 68 Satz 3 CISG.

2.1.3. Frachtführer

159 Die Incoterms® 2010 verwenden verschiedentlich den Begriff des Frachtführers und verstehen darunter die Person, mit der der Frachtvertrag abgeschlossen wird. Der Frachtvertrag ist die Grundlage des Warentransports. Danach wird der Frachtführer verpflichtet, das Frachtgut zum Bestimmungsort zu befördern und dort an den Empfänger auszuliefern (vgl. in Deutschland dazu § 407 Abs.1 HGB). Im Gegenzug ist der Absender verpflichtet, die vereinbarte Fracht (also das Entgelt für die Beförderung) zu bezahlen. Der Empfänger des Transportguts ist nicht Vertragspartei, sondern er ist als „Dritter" anzusehen, zu dessen Gunsten der Vertrag von Absender und Frachtführer abgeschlossen wird.

160 Der Frachtvertrag bedarf keiner besonderen Form, sondern bedarf zu seiner Wirksamkeit lediglich zweier übereinstimmender Willenserklärungen zwischen Absender und Frachtführer – ein Frachtbrief dient dann nur als Beweisurkunde.

161 Oft ist es schwierig, zwischen einem Frachtführer und einem Spediteur abzugrenzen.

PRAXISTIPP:

Ein Frachtführer wie auch der Verfrachter von Seeschiffen ist zum Gütertransport verpflichtet, während der Spediteur lediglich die Verpflichtung übernimmt, die

Versendung des Gutes für Rechnung des Versenders zu besorgen. Damit trifft den Spediteur keine Beförderungspflicht, sondern nur die Pflicht, die Beförderung zu organisieren.

Abgrenzungsschwierigkeiten (und Auswirkungen vor allem auf die Haftungsproble-matik) gibt es immer dann, wenn ein Unternehmen sowohl Fracht- als auch Spediti-onsverträge abschließt. Da der Spediteur auch zum Selbsteintritt befugt ist (also bei Ausnutzung dieser vom Gesetz vorgesehenen Befugnis selber die Beförderung über-nimmt), hat er „…hinsichtlich der Beförderung die *Rechte und Pflichten eines Fracht-führers* oder Verfrachters …". Damit ist es erforderlich, im Einzelfall zu prüfen, ob ein Fracht- oder ein Speditionsvertrag vorliegt. **162**

163

PRAXISTIPP:

Fracht- und Speditionsvertrag lassen sich wie folgt abgrenzen:

- *Zunächst ist die Verabredung der Gesprächspartner heranzuziehen. Wenn als Hauptleistung ein Transport, eine Transportzeit sowie weitere Einzelheiten des Transports bis hin zur Übernahme einer Obhutspflicht am Transportgut verein-bart wird, kann vom Abschluss eines Frachtvertrags ausgegangen werden.*

- *Dagegen sprechen die Vereinbarung einer Sammelversendung oder die Ertei-lung eines „Speditionsauftrages" für den Abschluss eines Speditionsvertrages.*

- *Auch die von den Gesprächspartnern verwendeten Dokumente können eine Hilfestellung für die Unterscheidung ermöglichen. Wird ein Frachtbrief ver-wendet und wird der mit der Beförderung Beauftragte als Frachtführer be-zeichnet, ist die Lage klar. Gleiches gilt, wenn ein Konnossement zu den Dokumenten gehört. Dagegen spricht für einen Speditionsvertrag, wenn Spe-ditionsformulare, -übernahmebescheinigungen, -frachtbriefe oder Spediti-onsversicherungspolicen usw. verwendet werden.*

- *Schließlich können sich Anhaltspunkte aus der tatsächlichen Abwicklung des Geschäfts ergeben, so dass bei einer Einzelfallbetrachtung sowie Auslegung der Willenserklärung der Charakter des Vertrages ermittelt werden kann.*

2.1.4. Zollformalitäten

Der Begriff der Zollformalitäten („customs formalities") (A 2/B 2 und A 6/B 6) wurde bereits in den Incoterms® 2000 mit der damals neuen und zusätzlichen Formulie-rung „wo anwendbar" erweitert. In den neuen Incoterms® 2010 steht diese Formu-lierung direkt zu Beginn von A 2/B 2. Sie soll klarstellen, dass eine Pflicht zur Zollab-fertigung nur dort besteht, wo eine solche grundsätzlich denkbar ist (also nicht im Binnenmarkt oder Freihandelszonen). Damit ist die Anwendung der entsprechenden Incoterms® 2010 – trotz des Hinweises auf Zollformalitäten – immer auch dann er-möglicht, wenn keinerlei Zollaktivitäten vorgenommen werden können. **164**

Im Übrigen wird unter der Zollabfertigung verstanden: **165**

- Die Verpflichtung des Verkäufers oder des Käufers, Pflichten im Zusammenhang mit dem Verbringen der Ware durch den Zoll des Ausfuhr- oder Einfuhrlandes zu erfüllen,

- wobei darin nicht nur die Zahlung der anfallenden Zölle und anderen Kosten eingeschlossen ist,

- sondern auch die Erledigung und Bezahlung anderer behördlicher Angelegenheiten, die mit der Verbringung der Ware durch den Zoll und der Auskunftserteilung an die Behörden verbunden sind.

166 Es empfiehlt sich im Grunde, die Zollabfertigung durch die Partei vornehmen zu lassen, die ihren Sitz in dem Land hat, in dem die Abfertigung stattfinden soll. Dies führt dazu, dass grundsätzlich der Exporteur die Ausfuhr abfertigt und der Importeur die Einfuhr.

167 Seit der Fassung der Incoterms® 1990 wurde von diesem Grundprinzip abgewichen:

- In den Incoterms® 1990 „EXW" und „FAS" erfolgte die Ausfuhrabfertigung durch den Käufer, während in der Klausel „DEQ" die Einfuhrabfertigung durch den Verkäufer vorgenommen werden musste.

- In den Incoterms® 2000 änderte sich dies wieder: Die Klauseln „FAS" und „DEQ" erlegten dem Verkäufer die Pflicht zur Ausfuhrabfertigung, dem Käufer hingegen die Pflicht zur Einfuhrabfertigung auf.

- In den neuen Incoterms® 2010 bleibt es dabei, dass

  – bei „EXW" die Ausfuhrabfertigung durch den Käufer zu erfolgen hat,

  – bei „FAS" die Ausfuhrabfertigung durch den Verkäufer, die Einfuhrabfertigung durch den Käufer erfolgt

  – und bei der neu geschaffenen Klausel „DAT" (die im Grunde die bisherige Klausel „DEQ" ersetzt), ebenfalls die Ausfuhrabfertigung dem Verkäufer und die Einfuhrabfertigung dem Käufer obliegt.

2.1.5. Lieferung und Abnahme

168 Die Verwendung des Begriffs der Lieferung, Ablieferung und Abnahme („delivery") in seinen verschiedenen Varianten geschieht in den Incoterms® 2010 Regeln in zwei Varianten:

- Zum einen wird in den jeweiligen Regelabschnitten A 4 „delivery" dazu benutzt, um festzulegen, wann der Verkäufer seine Lieferverpflichtung erfüllt hat (unten 2.1.5.2.).

- Zum anderen wird der Ausdruck im Zusammenhang mit der Verpflichtung des Käufers verwendet, die Ware anzunehmen (vgl. B 4, „taking delivery") oder aber die Lieferung als erfolgreich anzuerkennen. In dieser Bedeutung versteht sich „delivery" daher als Anerkennung des Käufers, dass der Verkäufer seine Verpflichtung mit der Versendung der Ware erfüllt hat (C-Klauseln) und dass er, der Käufer, sich verpflichtet sieht, die Auslieferung der Ware anzunehmen. Unterlässt der Käufer die Entgegennahme des Transportgutes, verletzt er seine Pflicht und macht sich damit gegenüber dem Verkäufer, der den Beförderungsvertrag mit dem Frachtführer abgeschlossen hat, hinsichtlich zusätzlich entstehender Kosten (z. B. Lagerkosten, die bis zur Entgegennahme anfallen) schadensersatzpflichtig. In diesem Zusammenhang ist näher zu erörtern, wie der Begriff der „Abnahme" zu verstehen ist (2.1.5.1.).

2.1.5.1. Abnahme

Der Begriff der „Abnahme" oder „Anerkennung" wird im juristischen Sprachge- **169**
brauch des Werkvertragsrechts (das auch für Beförderungsverträge einschlägig ist)
meist so verstanden, dass der Käufer eine Ware oder ein erstelltes Werk im Wesentlichen als vollständig, fehlerfrei und damit vertragsgemäß anerkennt.

Diese Bedeutung hat der Begriff „Abnahme" im Gebrauch der Incoterms® 2010 Re- **170**
geln jedoch nicht! Stattdessen wird unter „delivery" nur die Bestätigung des Käufers
verstanden, dass der Verkäufer seiner Verpflichtung aus Teil A 3 der C-Klauseln nach-
gekommen ist, also den erforderlichen Beförderungsvertrag abgeschlossen und die
Ware zur Beförderung übergeben hat. Daraus folgt zugleich, dass der Käufer etwaige Reklamationen wegen Fehlern der Ware oder einer nicht vertragsgemäßen Auslieferung nach wie vor erheben und als Anspruch nach den Regeln des für den Kaufvertrag geltenden Gewährleistungsrechts geltend machen kann.

2.1.5.2. Ablieferung

Schwierig kann nun noch die Feststellung des Moments sein, an dem der Frachtfüh- **171**
rer das Transportgut „abliefert" und damit die Situation eintritt, in der der Käufer die
Ware „abnimmt" (im Sinne der Ausführung von 2.1.5.1.), also *entgegen nehmen
muss*. Die Incoterms® 2010 Regeln verwenden dazu in A 4 der Klauseln die Formulierung „Bereitstellung der Ware" („the seller must deliver the goods by placing
them at the disposal of the buyer…").

Die Incoterms® 2010 Regeln verstehen diese Formulierung in dem Sinne, in dem **172**
auch der Ausdruck „Übergabe der Ware" im Sinne des Art. 30 CISG genutzt wird.

Art. 30 CISG weicht von der „normalen" Übergabe nach den deutschen Kaufrechts- **173**
vorschriften des § 433 Abs. 1 BGB dadurch ab, dass der Verkäufer – nach UN-Kauf-
recht/CISG – zur „Lieferung", nicht aber zur „Übergabe" verpflichtet ist. Dieser Unterschied ist nicht sachlich, sondern nur rechtstechnisch zu verstehen:

- Während der Ausdruck *„Lieferung"* auf eine Leistungshandlung abzielt, zu der
  der Verkäufer verpflichtet ist, um den Käufer den Besitz an der Ware zu verschaffen,

- schließt der Ausdruck *„Übergabe"* auch den Leistungserfolg, nämlich die Inbe-
  sitznahme durch den Käufer mit ein.

Die *Auslieferung* ist das Ziel eines Beförderungsvertrages; der Vertrag endet mit dem **174**
Übergang des Besitzes an dem Gut an den Empfänger. Das Frachtgut ist daher abge-
liefert, wenn der Frachtführer den Besitz an ihm mit ausdrücklicher oder stillschwei-
gender Einwilligung des Absenders vollständig wieder aufgibt und den Empfänger
in die Lage versetzt, *über das Gut zu verfügen* und die Sorge dafür zu übernehmen.
Die deutsche höchstrichterliche Rechtsprechung hat in mehreren Entscheidungen
dazu festgehalten, dass nicht unbedingt die tatsächliche Sachherrschaft über das
Gut erlangt werden muss, sondern dass es ausreicht, dazu in der Lage zu sein und
bereits eine Einwirkungsmöglichkeit auf das gelieferte Gut zu haben. Die Möglichkeit zur Sachherrschaft besteht danach in dem Zeitpunkt, in dem das Beförderungsmittel bereit zur Entladung an der Entladeeinrichtung steht.

Die Ablieferung erfolgt damit durch Verschaffung des unmittelbaren Besitzes an den **175**
Empfänger; eine bloße Benachrichtigung des Empfängers mittels Übergabe eines

Frachtbriefes und der Aufforderung zur Abholung genügen nicht. Auch die Abgabe des Transportgutes in ein Zolllager, die bloße Ankunft am Ablieferungsort oder die Übergabe der Ladepapiere an den Empfänger erfüllen die Voraussetzungen der „Ablieferung" nicht.

2.1.6. Lieferdokument

176 Die Incoterms® 2010 Regeln verwenden in den Gliederungspunkten A 8 die neue Überschrift Lieferdokument („delivery document"). Dieser Begriff versteht sich als *Nachweis* dafür, dass eine *„Lieferung"* im Sinne des vorgenannten Abschnitts überhaupt erfolgt ist. Hier sind folgende Varianten denkbar.

2.1.6.1. Transportdokument

177 Zum einen kann das Lieferdokument ein typisches Transportdokument (oder seine elektronische Variante) sein. Hierzu zählen dann alle Dokumente, die einen Transport dokumentieren, also *nachweisen* (Ladeschein, Konnossement usw.). Das besondere an Transportdokumenten ist, das der eigentliche Beförderungsvertrag auch ohne Transportdokumente bestehen kann und nicht identisch ist mit dem Beförderungsdokument. Transportdokumente dokumentieren die Einzelheiten der Parteiabsprache, dienen zu deren Nachweis und gegebenenfalls als Beweis. Sie begründen also kein eigenständiges Rechtsverhältnis neben dem Beförderungsvertrag, verbriefen aber den Beförderungsanspruch. Eine wichtige Ausnahme hiervon stellt das Konnossement im Seefrachtverkehr dar: Es begründet einen eigenständigen, vom Beförderungsvertrag unabhängigen Herausgabeanspruch des Konnossementsinhabers gegen den Verfrachter.

178 Hinsichtlich der Rechtswirksamkeit, Beweiskraft und Durchsetzbarkeit eines Transportdokuments sind Besonderheiten zu beachten. Die einzelstaatlichen Vorgaben hinsichtlich der Merkmale eines Transportdokuments weichen oft voneinander ab, was beim besonders wichtigen Transportdokument des Seefrachtverkehrs, dem Konnossement, deutlich wird. So gibt es *weltweit* völlig abweichende Verfahrensweisen, die eine Vereinheitlichung notwendig macht. Während noch Art. 16 der „Hamburg Rules" von 1924 bestimmte Minimuminhalte des Transportdokuments auflistet (ebenso § 643 HGB), wird von den jüngeren „Hague-Visby-Regeln" nichts zu Datum und Unterzeichnung des Transportdokumentes gesagt. So haben die Staaten heute oft stark abweichende Verfahrensweisen: In einigen Staaten (Deutschland, China, Niederlande, Polen, Spanien, Türkei) ist das *Datieren* Pflicht, während andere diese Voraussetzung gar nicht kennen, sondern sie nur als allgemeine Praxis („common practice") sehen (USA, England, Australien, Kanada u. a.). Selbst wenn ein Datum auf das Konnossement gesetzt wird, gibt es noch unterschiedliche Verfahrensweisen: In einigen Staaten bezeichnet das Datum den Tag der *Unterzeichnung des Konnossements* (Korea, Italien, Japan, Niederlande), in anderen dagegen den Tag der *Ausstellung des Konnossements* (Deutschland, Polen) oder den Tag der *Inempfangnahme der Ware* zur Verladung an Bord des Schiffes (USA) oder sogar den Zeitraum von bis zu 24 Stunden, gerechnet ab dem Moment der Verladung an Bord des Schiffes (Spanien). Die Incoterms® 2010 Regeln sehen jedenfalls in A 8 eine Datierung des Transportdokuments vor, machen aber keine weitere Angabe, welches Datum zu verwenden ist.

Auch das *Unterzeichnen des Konnossements* ist weltweit unterschiedlich. In einigen **179** Staaten ist es Pflicht (Argentinien, China, Japan, Niederlande, Polen, Spanien, Türkei), während andere Staaten hierin keine Pflicht sehen (Deutschland, USA, England, Australien u. a.). Stattdessen sind in diesen Staaten die Konnossemente „nur auf Wunsch" zu unterzeichnen (Deutschland) oder „üblicherweise", weil die Banken dies unter der Abwicklung von Dokumentenakkreditiven so vorschreiben (USA, England, Kanada u. a.).

Über die Warenbeschreibung hinaus wird gelegentlich noch *weitere Angaben in den* **180** *Transportdokumenten* verlangt. Einige Staaten verlangen, dass der Name des Carrier angegeben wird (Deutschland, China, Japan u. a.), teilweise sogar zusätzlich auch die Anschrift des Carrier (Deutschland, Norwegen u. a.), während andere die Nennung des Geschäftssitzes fordern (Italien).

Das Konnossement besteht üblicherweise aus einem Dokumentensatz, der sämtli- **181** che Originalausfertigungen (die Anzahl der Originalausfertigungen ist auf dem Vordruck zu vermerken) umfasst. Jede einzelne Ausfertigung der Originale repräsentiert die Ware und kann deshalb durch Vorlage den Herausgabeanspruch auslösen, während die restlichen Originalausfertigungen ihre Rechtsgültigkeit verlieren. Die neuen Incoterms® 2010 Regeln gehen in A 8 auf den „full set of documents" ein, soweit anwendbar.

2.1.6.2. Elektronischer Nachweis

Da es um einen Lieger*nachweis* geht, kommt es neben einer papiergestützten Doku- **182** mentation durch ein Transportdokument auch in Betracht, auf geeignete elektronische Weise einen entsprechenden Nachweis zu erbringen. In den 90er Jahren wurde ein von weltweit aktiven Banken, der Institution SWIFT, dem TT Club und anderen Institutionen gestütztes System mit dem Namen „Bolero-Projekt" entwickelt. Dieses System mit dem Ziel eines elektronischen Konnossements („bolero bill of lading") hat sich trotz eines großen Aufwands immer noch nicht durchsetzen können. Es kann ohnehin nur durch eine einem geschlossenen Nutzerkreis zugängliche Serverplattform („title registry") erreicht werden, dass so etwas ähnliches wie ein elektronisches Konnossement darstellbar ist. Die Incoterms® 2010 Regeln sind jedenfalls auch auf elektronische Nachweise eingestellt und ermöglichen durch ihre breite Aufstellung auch im Hinblick auf den elektronischen Geschäftsverkehr den nach A 8 geforderten Nachweis eines „delivery document".

2.1.6.3. Übliche Empfangsbescheinigung

Bei einigen Varianten der Incoterms® 2010 kann das „Lieferdokument" auch aus ei- **183** ner bloßen Empfangsbescheinigung bestehen, da es bei den F-Klauseln nach der Terminologie von A 8 ausreicht, einen bloßen (üblichen) Liefernachweis erbringen zu müssen („*usual* proof that the goods have been delivered"). Dies könnte dann beispielsweise dadurch geschehen, dass der Frachtführer eine einfache Quittung über die Übernahme des Transportgutes ausstellt.

Der Begriff „üblich" („usual") wird in den C-Klauseln der Incoterms® 2010 in unter- **184** schiedlichem Zusammenhang gebraucht (A8: „the usual transport document"; A 3: „contract of carriage ... on usual terms...") und eröffnet naturgemäß den Wunsch nach Präzisierung. Diese Problematik taucht typischerweise auch beim sonst in der Rechtspraxis häufig gebrauchten Begriff der „Angemessenheit" („reasonableness") auf; die Verfasser der Incoterms® 2010 Regeln haben sich aber bewusst gegen den Begriff „angemessen" und stattdessen für das Wort „üblich" entschieden.

185 Dies führt zu der Problematik der Auslegung. Während es in den meisten Rechtsordnungen durch die Rechtsprechung herausgearbeitete Grundsätze für den Begriff „angemessen", ausgelegt nach den Grundsätzen von Treu und Glauben, gibt, fällt dies für den von den Incoterms® 2010 Regeln verwendeten Begriff „üblich" schon schwerer. Hier kann das folgende Vorgehen weiterhelfen, um eine „Übung" tatsächlich festzustellen:

186 **PRAXISTIPP:**

In der Praxis des Handels haben sich bestimmte Gewohnheiten und Bräuche entwickelt, die „üblich", das heißt „allgemein bekannt und anerkannt" sind und auf drei Elementen beruhen:

- *auf der tatsächlichen Übung in der jeweiligen Geschäftspraxis der Kaufleute,*
- *auf einem gewissen Zeitraum, in der diese Übung auch tatsächlich entsprechend gehandhabt wurde*
- *und in der allgemeinen Akzeptanz des Vorgehens, Verhaltens oder Unterlassens bei den Marktteilnehmern.*

187 Eine „übliche" Handhabung setzt damit eine freiwillig gehandhabte, gleichmäßig und einheitlich für vergleichbare Geschäftsvorgänge akzeptierte tatsächliche Praxis über einen längeren Zeitraum voraus. Im Übrigen können für einen „üblichen" Handelsbrauch zudem die Grundsätze herangezogen werden, die für Art. 9 CISG (Handelsbräuche und Gepflogenheiten) herausgebildet worden sind.

188 Wenn es unter Zugrundelegung dieser Kriterien allerdings immer noch nicht ausreicht, eine *Übung* zu erkennen oder anzuerkennen, kann als zusätzliches Hilfsmittel eine Wertung nach den Kriterien von *Treu und Glauben* und der *Angemessenheit* eines Verhaltens oder Unterlassens erfolgen.

2.1.7. Schiff

189 Die Klausel FAS enthält in ihrer Namensgebung den Bestandteil „ship" (FAS = „free alongside ship"), während in der Untergliederung der Klausel durchgängig das englische Wort „vessel" für das deutsche Wort „Schiff" benutzt wird.

190 Beide Begriffe werden im englischen Sprachgebrauch synonym verwendet, und die gesamte Ausarbeitung der Incoterms® 2010 Regeln verwendet durchgängig den Begriff „vessel". Da die FAS-Klausel schon lange besteht und auch im Übrigen von der Praxis stets von „shipment" u. a. gesprochen wird, ist der synonym verwendete Ausdruck nicht weiter schädlich. Die noch in den alten Incoterms® 2000 Regeln in FOB A 5 benutzte Formulierung „…passed the ship's rail" ist in der Neufassung aufgegeben worden und durch „…placing the goods on board…" ersetzt worden.

2.1.8. Prüfungs- und Verpackungspflicht

2.1.8.1. Prüfung

191 Die Incoterms® 2010 Regeln enthalten in den Abschnitten A 9 und B 9 bestimmte Prüfungs- und Sorgfaltspflichten der Parteien (A 9 für den Verkäufer: „checking" und B 9 für den Käufer: „inspection of goods"). Damit wird beiden Parteien eine Prüfungspflicht auferlegt, die sich begrifflich zwar ähnelt, aber inhaltlich unterschiedlich ausgeprägt ist.

Das Überprüfen („checking operations") durch den Verkäufer ist eine Obliegenheit, **192** die im Zusammenhang mit der Lieferpflicht nach A 4 zu sehen ist. Hierzu gehört auch die Aufgabe, das Beförderungsgut auf notwendige und geeignete Weise zu verpacken und gegebenenfalls zu markieren oder markieren zu lassen. Diese besondere Sorgfaltspflicht besteht auf Seiten des Verkäufers.

Die „inspection" als Überprüfungspflicht ist im Zusammenhang mit einer Warenkon- **193** trolle vor der Verladung („pre-shipment inspection") zu verstehen, deren Kosten den Verkäufer wie den Käufer treffen können. Eine Warenkontrolle kommt nur dann in Betracht, wenn der Käufer oder die Behörden des Export- oder des Importlandes mit ihr sicherstellen wollen, dass das Beförderungsgut den Vertragsbestimmungen oder aber den Rechtsvorschriften vor der Verschiffung entspricht.

2.1.8.2. Verpackungspflicht

Zu den weiteren Pflichten des Verkäufers gehört nach Incoterms® 2010 A 9 das „pa- **194** ckaging and marking", also die Verpackung und Kennzeichnung der Ware. Derartige Pflichten finden sich auch in anderen Regelungen wie etwa dem allgemeinen Transportrecht in § 411 HGB, in Ziff. 6 ADSp usw.

Die richtige Verpackung bestimmt sich nach den Eigenschaften des Transportgutes, **195** die der Absender am besten beurteilen kann, und nach der Art des Transports. So ist beispielsweise eine besondere Verpackung (auf Kosten des Absenders) notwendig, wenn die Ware eines besonderen Schutzes bedarf (gegen Sonneneinstrahlung, Kälte, Feuchtigkeit usw.). Die Verpackung bestimmt sich deshalb nach den Umständen des Einzelfalls, nach Handelsbräuchen und Verkehrssitte. Der Absender hat das Transportgut so zu verpacken, dass es unter normalen Transportbedingungen nicht beschädigt werden kann und auch nicht andere Güter beschädigt.

Die Kennzeichnungspflicht des Gutes wird bestimmt durch die Art des Transportgu- **196** tes (z. B. besondere Gefährdung) und durch die Art des durchzuführenden Transports (multimodaler Transport, Transport ins Ausland usw.). Hierzu werden die Transportgüter mit Nummern, Zeichen oder Barcode versehen.

2.1.9. Handelsbrauch

Die Regeln der Incoterms® 2010 bei den Klauseln FOB und FAS nehmen in A 4 Be- **197** zug auf einen bestimmten Handelsbrauch: „…in the manner *customary* at the port.". Damit wird unterstellt, dass es nicht immer möglich ist, die Pflichten des Verkäufers und die von ihm zu tragenden Kosten präzise und auf der Grundlage einer langen Geschäftsverbindung mit entsprechender Vertragspraxis festzulegen. Daher müssen die Incoterms® 2010 zumindest in einigen wenigen Bereichen eine Bezugnahme auf Handelsbräuche zulassen („…dem Hafenbrauch entsprechend…") und damit eröffnen, dass die Art und Weise, in der Ware unter den Klauseln FAS und FOB zum Weitertransport (z. B. im Rohstoffhandel) angeliefert wird, je nach Seehafen nach unterschiedlicher Übung gehandhabt wird.

Ob ein Handelsbrauch vorliegt und damit zur Auslegung und Ergänzung der vertrag- **198** lichen Pflichten der Parteien herangezogen werden kann, wird dem nationalen

Recht überlassen (vgl. Art. 4 lit. a CISG). Soweit ein Handelsbrauch sich auf Geschäfte bezieht, die stets an einem bestimmten Ort geschlossen werden (z. B. an Warenbörsen oder Messen), entscheidet das nationale Recht des Ortes über die Anerkennung des Handelsbrauchs. Gleiches gilt für Handelsbräuche, die nur das Verhalten an bestimmten Orten betreffen, z. B. an Seehäfen oder bei institutionalisierten Schiedsgerichten. Stets ist es aber ausgeschlossen, dass sich ein Handelsbrauch gegen zwingende Vorschriften des maßgebenden Ortsrechts bildet. Ein Handelsbrauch steht also grundsätzlich nicht geltenden Bestimmungen entgegen, und er verliert seine Anerkennung, wenn neue, zwingende Vorschriften entgegenstehen.

199 Im Einzelfall ist daher bei Verwendung der Klauseln FAS oder FOB zu prüfen, ob am tatsächlich genutzten Bestimmungshafen ein besonderer Handelsbrauch herrscht, den es zu berücksichtigen gilt.

2.2. Sonstige Grundfragen zum internationalen Warenkauf

200 Es ist bereits darauf hingewiesen worden, dass das CISG weiter führende Regelungen enthält, die von den Incoterms® 2010 Regeln nicht ausdrücklich erwähnt und besonders geregelt werden, aber gleichwohl im internationalen Warenverkehr zu berücksichtigen sind (oben, Teil 1, Ziff 1.4.). Hier geht es um weiter führende Fragestellungen, die im Zusammenhang mit der Anwendung der Incoterms® 2010 Regeln auftauchen können. Dies betrifft insbesondere die Thematik des Liefertermins, der Dokumentenverschaffungspflicht, der Anzeigepflicht usw. Diese Problematik soll in einem kleinen Exkurs und zur Abrundung dieses Kapitels kurz behandelt werden.

2.2.1. Liefertermin

201 Lieferbedingungen der Kaufvertragspartner können einen *Liefertermin* vorsehen. Dazu besagt Art. 33 CISG:

- Der Verkäufer hat die Ware zu einem bestimmten *Zeitpunkt* zu liefern, wenn dieser im Vertrag exakt bestimmt wurde.

- Er hat innerhalb eines bestimmten Zeitraums zu liefern, wenn dieser vom Vertrag festgelegt wurde; innerhalb des Lieferzeitraums darf der Verkäufer den Lieferzeitpunkt selber festlegen.

- Treffen beide Varianten nicht zu, muss innerhalb einer angemessenen Frist nach Vertragsabschluss geliefert werden, Art. 33 lit. c CISG.

202 Innerhalb eines „Zeitraums" hat der *Verkäufer* das Bestimmungsrecht darüber, wann genau er liefern will.

203 Anders ist es jedoch, wenn vertraglich etwas anderes vereinbart wurde oder sich etwas anderes aus den Umständen ergibt (Art. 33 lit. b CISG), weil beispielsweise der Käufer (wie bei FCA und FAS) für das Transportmittel zu sorgen hat oder auch bei FOB. Dann sind „Liefertermin" und „Lieferfrist" so zu verstehen, dass der *Käufer* einen bestimmten Zeitraum hat, um die Transportmittel zu stellen und die Ware abzurufen. Ist es bei den Klauseln FCA und FAS jedoch vereinbart, dass der Verkäufer sich um den Transportvertrag kümmern soll, legt er damit auch den Lieferzeitpunkt fest.

2.2.2. Dokumentenverschaffung

Die Pflicht zur Dokumentenverschaffung ist ein weiterer Themenbereich, der nicht **204** unmittelbar aus den Incoterms® 2010 Regeln zu entnehmen ist. Hier hilft Art. 34 CISG weiter.

Sieht der Vertrag vor, dass bestimmte Dokumente vom Verkäufer auf den Käufer zu **205** übergeben sind, so muss dieser Vorgang zu dem Zeitpunkt, an dem Ort und in der vom Vertrag vorgesehenen Form geschehen. Zuvor können etwaige Fehler und Mängel der Dokumente noch ohne weiteres behoben werden. Grundsätzlich ist die Pflicht zur Dokumentenverschaffung eine selbstständige Verpflichtung des Verkäufers, die neben der Pflicht zur Lieferung der Ware besteht.

2.2.2.1. Dokumente

Die „Dokumente, die sich auf die Ware beziehen…" im Sinne des Art. 34 Satz 1 **206** CISG sind vor allem die Rechnung, ferner Konnossemente, Lagerschein, Versicherungspolice, Dokumente des Fracht- und Lagergeschäfts ohne Wertpapiercharakter (z. B. Lieferschein, Frachtbriefdoppel) und für die Einfuhr benötigte Bescheinigungen wie etwa ein Ursprungszeugnis.

2.2.2.2. Übergabe

Zeit

Lieferbedingungen und sonstige Vertragsklauseln im internationalen Geschäft kön- **207** nen weitere Festlegungen hinsichtlich der Übergabe*zeit* enthalten. Dies gilt vor allem dann, wenn der Käufer zur Bezahlung der Ware durch seine Bank ein Zahlungsversprechen in Form eines Dokumentenakkreditivs zu stellen hat; die Laufzeit dieses Leistungsversprechens legt zugleich fest, innerhalb welchen Zeitraums die akkreditivgerechten Dokumente bei der Akkreditivbank einzureichen sind.

Legt der Kaufvertrag fest, dass die Ware innerhalb einer bestimmten Frist an einem **208** bestimmten Ort zur Verfügung gestellt werden muss (etwa bei Verkauf ab Schiff, ab Lager usw.), muss die Dokumentenübergabe so rechtzeitig erfolgen, dass die Ware rechtzeitig innerhalb der Lieferfrist übernommen werden kann. Hilfsweise ist nach Art. 33 lit. c CISG zu verfahren, wonach die Vorgänge „innerhalb angemessener Frist" zu erfolgen haben. Wird die Übergabepflicht aus Zeitgründen nicht erfüllt, geschieht sie nicht am richtigen Ort oder in der richtigen Form, kann der Käufer gegebenenfalls einen Anspruch auf Schadensersatz nach Art. 45 ff CISG geltend machen. Eine Rückabwicklung des Vertrages steht ihm im Ausnahmefall nur dann zu, wenn die zu späte oder fehlerhafte Dokumentenverschaffung eine wesentliche Vertragsverletzung darstellt.

Ort

Auch der Übergabeort kann problematisch sein. Liegt das bankabwicklungstechni- **209** sche Verfahren eines Dokumentenakkreditivs vor, entscheidet die Festlegung der Zahlstelle, an wen die akkreditivkonformen Dokumente zu übergeben sind. Im Regelfall ist die Akkreditivbank (also die Bank des Käufers, die das Zahlungsversprechen in Akkreditivform abgegeben hat) auch Zahlstelle; diese Funktion kann jedoch nach Absprache der Geschäftspartner (Verkäufer und Käufer) auch variieren und auf eine andere Bank, die innerhalb der Abwicklungskette des Zahlungsverkehrs tätig wird, verlagert werden.

210 Wird im Zahlungsverkehr mit Hilfe des Dokumenteninkassos gearbeitet, muss der Verkäufer dem Käufer die Dokumente bei der Bank, die für seine Niederlassung zuständig ist, zur Bezahlung präsentieren. Der Käufer kann daher festlegen, welche Bank als Zahlstelle (und damit richtiger Übergabeort) tätig wird. Der Verkäufer trägt das Risiko und die Gefahr der Dokumentenübermittlung bis zum Moment der Verschaffung des unmittelbaren Besitzes an den Dokumenten beim Käufer; setzt der Verkäufer auf seiner Seite eine eigene Bank zur Abwicklung des Dokumenteninkassos ein, wird seine Bank lediglich als Erfüllungsgehilfe tätig.

Form

211 Bedient sich der Verkäufer zur Abwicklung des Zahlungsverkehrs einer Bank im Wege des Akkreditivs oder Dokumenteninkassos, muss er Orderpapiere in indossierter Form übergeben. Das Indossament kann auf den Käufer lauten oder blanko erfolgen und muss dazu geeignet sein, die Berechtigung des Käufers am Papier nachzuweisen und eine lückenlose Kette von Indossamenten bis hin zum ersten auf dem Papier Berechtigten aufweisen.

2.2.3. Pflicht zur Versendungsanzeige

2.2.3.1. Grundsatz

212 Art. 32 Abs. 1 CISG erlegt dem Verkäufer die Pflicht auf, „...dem Käufer die Versendung *anzuzeigen* und dabei die Ware im einzelnen zu *bezeichnen*.". Eine erfolgte Versendungsanzeige führt dazu, dass ab Anzeige die Transportgefahr auf den Käufer übergeht (Art. 32 Abs. 1 und Art. 67 Abs. 2 CISG). Treten Transportschäden auf und lässt sich nicht mehr feststellen, ob sie vor oder nach Absendung der Versendungsanzeige erfolgten, trifft den Verkäufer die Beweislast. Dies dürfte dazu führen, dass eine Anzeige immer sofort nach Versendung der Ware erfolgt.

213 Die Vorschrift in Art. 32 CISG kann nur zur Anwendung kommen, wenn die Lieferung der Ware voraussetzt, dass der Verkäufer die Ware einem Beförderer zur Übermittlung an den Käufer übergibt. Damit kommt Art. 32 Abs. 1 CISG zur Anwendung

- beim Versendungskauf (im Sinne des Art. 31 lit. a CISG), wenn der Verkäufer seine Lieferpflicht durch Übergabe an den ersten Beförderer erfüllt

- und in den Fällen, in denen der Kaufvertrag festlegt, dass der Verkäufer seine Lieferverpflichtung dadurch erfüllt, dass er die Ware einem Beförderer an einem bestimmten Ort zu übergeben hat, so wie es bei den Klauseln FCA, FAS, FOB, CFR und CIF (A 4) vorgesehen ist.

214 Die Ware muss dem Vertrag eindeutig zugeordnet werden können, etwa dadurch, dass der Verkäufer sie mit der Anschrift des Empfängers oder Käufers versieht oder indem das Transportpapier den Käufer als Empfangsberechtigten verzeichnet (z. B. durch Orderkonnossement im Seetransport oder Ladeschein beim Transport mit einem Binnenschiff). Wird im Frachtpapier ein Empfangsspediteur als Empfänger genannt oder ist das Transportpapier auf den Verkäufer ausgestellt, ist die Anzeigepflicht noch nicht erfüllt.

Die Anzeige kann dadurch erfolgen, dass eine einfache Mitteilung über die Versen- **215**
dung an den Käufer ergeht (nach Art. 27 CISG genügt jedes den Umständen angemessene Mittel) oder aber dem Käufer die Dokumente zugesandt werden. Für die
Erfüllung der Anzeigepflicht genügt die rechtzeitige Absendung; das Risiko des Verlusts oder der Verzögerung auf dem Übermittlungsweg trägt nach Art. 27 CISG der
Käufer.

2.2.3.2. Incoterms® 2010

Die Vorschrift des Art. 32 Abs. 1 CISG kann durch Vertrag, mithin also vor allem **216**
durch den Einsatz von Incoterms® 2010, noch erweitert werden. Meist ist der Verkäufer durch die Anwendung der Incoterms® 2010 (in A 7) verpflichtet, dem Käufer
unverzüglich mitzuteilen, dass er dem Beförderer die Ware übergeben hat. Dabei gehen die Incoterms® 2010 Regeln über den Einsatzbereich von Art. 32 Abs.1 CISG
sogar hinaus und legen fest, dass alle durch sie geregelten Formen des Versendungskaufs in A 7 eine Versandbenachrichtigung vorsehen.

Die Pflicht zur Anzeige des Versands trifft den Verkäufer nach den Incoterms® 2010 **217**
Regeln (A 7) auf jeden Fall, auch wenn die Ware durch Adressierung, Frachtbrief
oder Transportdokument bereits eindeutig dem Vertrag zugeordnet werden kann.
Das heißt für die Praxis:

* Der *Gefahrübergang* ist wegen Art. 67 Abs. 2 CISG von der Erfüllung der vertraglichen Anzeigepflicht unabhängig erfolgt, sobald die Ware eindeutig zugeordnet werden kann;

* eine nicht rechtzeitige Erfüllung der Anzeigepflicht ist eine Vertragspflichtverletzung des Verkäufers und kann dem Käufer einen Anspruch auf Schadensersatz
  nach Art. 45 lit. b CISG geben.

2.2.3.3. Beförderungsvertrag

Nach Art. 32 Abs. 2 CISG hat der Verkäufer die Beförderungsverträge abzuschließen, **218**
wenn er nach den Bestimmungen des Kaufvertrages dazu verpflichtet ist. Bei CIF
und CFR (ausnahmsweise auch FCA und FOB) sehen die Bestimmungen in A 3 vor,
dass der Verkäufer die Versendung an einen bestimmten Ort zu veranlassen hat. Damit stellt Art. 32 Abs. 2 CISG klar, dass immer dann, wenn der Verkäufer auch für
die Beförderung der Ware zu sorgen hat, der Abschluss des Beförderungsvertrages
noch Teil seiner Lieferpflicht ist, und zwar immer auch unabhängig davon, wer die
Kosten der Beförderung zu tragen hat. Da der Verkäufer zumindest für den Beförderungsvertrag „zu sorgen" hat („…procure a contract…"), liegt die Durchführung
des Transports nicht in seinem Verantwortungsbereich.

Der Vertrag soll zu „üblichen" Bedingungen geschlossen werden (dazu oben, **219**
2.1.9.), was sich vor allem auf das gewählte Beförderungsmittel und die Haftung bezieht.

Der Verkäufer darf Dritte einschalten, trägt aber die Verantwortung noch solange, **220**
wie der Dritte (z. B. ein Spediteur) Pflichten wahrnimmt, die eigentlich den Verkäufer
treffen (z. B. Organisation der Verschiffung einer Ware, wenn CIF vereinbart wurde).
Anders ist es nur, wenn der Spediteur „erster Beförderer" im Sinne des Art. 31 a und
Art. 67 Abs. 1 Satz 1 CISG ist und dann mit Übergabe an diesen Beförderer die Lieferpflicht erfüllt ist.

2.2.4. Transportversicherung

221 Die Incoterms® 2010 Regeln sehen nur in wenigen Fällen vor, dass eine Versicherungspflicht besteht. Dies ist der Fall bei den Klauseln CIF und CIP (A 3 b). Bei der Transportversicherung handelt es sich regelmäßig um eine *Güterversicherung*, auf die nach den Bedingungen der deutschen Seeversicherer die ADS Güterversicherung 1994 Anwendung finden. Muss der Versicherer einen Schaden regulieren, tritt ein Übergang der Ansprüche des Versicherungsnehmers/Versicherten gegen einen zum Ersatz verpflichteten Dritten auf den Versicherer ein, § 45 Abs. 1 ADS, unabhängig davon, ob der Versicherer nach dem Versicherungsvertrag zur Deckung des Schadens verpflichtet ist.

222 Hiervon zu trennen ist die Deckung der Risiken, die die Schiffsreise mit sich bringt. Diese werden durch Versicherungsverträge des Verfrachters bzw. der Reederei durch die so genannte P & I-Versicherung („Protection and Indemnity") abgedeckt. Die P & I-Clubs in Großbritannien und Skandinavien decken das Transportrisiko des *Verfrachters* als eine Haftpflichtversicherung ab und bietet Schutz gegen Ladungsschäden aus kommerziellem Verschulden, mitverschuldeten Kollisionen, Personenschäden an Bord, Quarantänekosten usw.

223 Weiteres zur Güterversicherung ist oben (1.2.5.) beschrieben.

2.3. Abweichungen von den Standardformulierungen

224 Gelegentlich verwenden Geschäftspartner die Incoterms in der Weise, dass sie diese mit einem schriftlichen Zusatz versehen und damit eine zusätzliche Verstärkung eines Wunsches verbinden. Dies kann beispielsweise dadurch geschehen, dass der Verwender der Klausel „fob verstaut und getrimmt" verabredet, um damit deutlich zu machen, dass der Verkäufer verpflichtet sein soll, die Ware auf das Schiff zu verstauen und ordnungsgemäß zu trimmen. Es liegt auf der Hand, dass eine derartige Abweichung von der Standardklausel zu Fragen führen muss – und im Zweifel auch zu einem Streit mit dem Geschäftspartner führen kann. So ist beispielsweise unklar, ob diese zusätzliche Abrede nur eine Ausweitung der Pflichten des Verkäufers ist, oder ob er damit auch die zusätzlichen Kosten der Verstauung und des Trimmens zu tragen hat oder ob er schließlich auch für einen bis zum Abschluss der Arbeiten verlängerte Gefahrtragung übernehmen soll. Eine weltweit allgemein gültige Auslegung dieser Vereinbarung, wie weit die Kostenverantwortung und die Gefahrtragung reichen, gibt es jedenfalls nicht.

225 Um hier eine Verschlechterung des Einsatzes der Incoterms® 2010 von vornherein zu vermeiden, ist dringend dazu zu raten, die jeweils genutzte Klausel nicht durch Zusätze zu erweitern. Stattdessen kann es gegebenenfalls als zusätzliche Formulierung in den Kaufvertrag aufgenommen werden, ob der Verkäufer bestimmte Ladevorgänge an Bord noch kostenseitig zusätzlich zu tragen hat und möglicherweise die hierdurch bestehenden Risiken tragen soll. Dies ist allemal klarer als eine bloße Erweiterung der Klausel.

PRAXISTIPP:

226

*Denkbare und in der Praxis vorkommende Ergänzungen (neben der bereits ge-
nannten) können beispielsweise sein:*

- *EXW, verbunden mit der zusätzlichen Vertragsklausel, dass der Verkäufer verpflichtet sein soll, die Ware auf eigene oder fremde Kosten auf das Abholfahr-
zeug des Käufers zu verladen und hierfür das Risiko zu tragen oder nicht,*

- *CIF oder CIP, erweitert um eine Vertragsklausel, die einen etwaigen zusätzlichen Versicherungsbedarf des Käufers erfasst und der Festlegung, wer diese
Kosten tragen soll; diese Möglichkeit sieht beispielsweise die Präambel der In-
coterms® 2010 Regeln bei CIF ausdrücklich vor.*

- *DAT mit einer zusätzlichen Verpflichtung des Verkäufers, auch die Kosten
nach der Entladung am Terminal zu tragen.*

2.4. Streitigkeiten um Lieferbedingungen

Ein letzter Aspekt soll der Kommentierung der Incoterms® 2010 vorangestellt wer-   **227**
den: der Aspekt von Streitigkeiten zwischen den Geschäftspartnern über die Anwendbarkeit, die Auslegung oder den Inhalt der mit Auswahl einer Klausel getroffenen Liefervereinbarung und gewählten Lieferbedingung. Hier sind mehrere Varianten denkbar, nur eine davon aber für die Praxis günstig.

2.4.1. Streit vor ordentlichen Gerichten

Da es sich bei der Festlegung einer Lieferbedingung letztlich um nichts anderes als   **228**
um die Bestimmung einer einzelnen Vertragsklausel (als Bestandteil des Liefervertra-
ges) handelt, kommt bei Streit über diese Bedingung natürlich grundsätzlich immer
ein „normaler" Rechtsstreit, das heißt, ein Verfahren vor einem ordentlichen staatlichen Gericht in Betracht.

2.4.1.1. Gerichtsstand

Die wohl wichtigste Frage in diesem Zusammenhang ist die Überlegung, bei wel-   **229**
chem Gericht eine Klage anhängig gemacht werden kann. Grundsätzlich besteht die
Möglichkeit, dass innerhalb eines Kaufvertrages die Vertragsparteien einvernehmlich
festlegen, an welchem Gerichtsstand ein Prozess durchgeführt werden soll. Diese so
genannte „Prorogation", also die ausdrückliche Auswahl eines Gerichtsstands, hat
im Regelfall Vorrang und wird beachtet, soweit nicht ausnahmsweise Gründe für
eine Weiterverweisung bestehen (z. B. wegen des Prinzips „forum non conveniens",
weil der Gerichtsstand keinerlei Anhaltspunkte zum Geschäft der Klagegegner aufweist und das angerufene Gericht dann berechtigt sein kann, die Klage an das seiner
Ansicht nach geeignete Gericht, meist am Sitz des Beklagten, weiterzugeben).

Im internationalen Geschäft haben die Vertragspartner also grundsätzlich die Mög-   **230**
lichkeit, mittels einer Gerichtsstandsvereinbarung die internationale *Zuständigkeit*
eines Gerichts zu *bestimmen.* Es muss beachtet werden, dass möglichst ein Gericht
mit der Klage befasst wird, dessen Entscheidung dann auch im Ausland vollstreckt
werden kann. Innerhalb des Europäischen Binnenmarktes kann diese Frage vernach-
lässigt werden, da aufgrund der Europäischen Gerichtsstands- und Vollstreckungs-

verordnung (EuGVVO) die Anerkennung und Vollstreckbarkeit gerichtlicher Entscheidungen EU-weit untereinander gesichert ist.

231 Für die entgeltliche Beförderung von Gütern auf der Straße ist seit dem 5.2.1962 das Übereinkommen über den Beförderungsvertrag im internationalen Straßengüterverkehr (CMR-Übereinkommen) in Kraft. Bezüglich Gerichtsstandsvereinbarungen in internationalen Transportverträgen ist Art. 31 CMR zu beachten; hier sind auch formlose Gerichtsstandsvereinbarungen möglich.

232 Art. 23 EuGVVO und Art. 31 CMR gehen *anderweitigen Bestimmungen über Gerichtsstandsvereinbarungen* vor. Nur wenn Art. 23 EuGVVO oder Art. 31 CMR (für das internationale Transportrecht) *nicht* einschlägig sind, gilt das Folgende in einer abgestuften Prüfungsabfolge.

Vertragliche Vereinbarung eines Gerichtsstands

233 Nach § 38 Abs. 1 ZPO wird ein „... Gericht des ersten Rechtszuges durch ausdrückliche oder stillschweigende Vereinbarung zuständig, wenn die Vertragsparteien Kaufleute, juristische Personen des öffentlichen Rechts oder öffentlich-rechtliche Sondervermögen sind". Danach können also Kaufleute eine Gerichtsstandsvereinbarung formfrei treffen. Nach § 38 Absatz 2 ZPO kann ferner „die Zuständigkeit eines Gerichts ... vereinbart werden, wenn mindestens eine der Vertragsparteien keinen allgemeinen Gerichtsstand im Inland hat". In diesen Fällen sind jedoch Formvorschriften zu beachten, die zumindest von halber Schriftlichkeit (mündliche Absprache und schriftliche Bestätigung) ausgehen. Im Übrigen, so sagt § 38 Abs. 3 ZPO, „... ist eine Gerichtsstandsvereinbarung nur zulässig, wenn sie ausdrücklich und schriftlich" ist.

234 Für Gerichtsstandsvereinbarungen in Auslandssachen ist zur Beurteilung von Zuständigkeitsabreden § 38 Abs. 2 ZPO einschlägig. Allerdings muss eine zumindest halbschriftliche Vereinbarung vorliegen. Dieses Erfordernis kann erfüllt sein, wenn beispielsweise eine mündliche Vereinbarung eines Gerichtsstands von einer der Vertragsparteien schriftlich bestätigt wird. Es ist nicht ausreichend, wenn die Vertragspartner eine Vertragsurkunde auf der Vorderseite unterzeichnen und die Gerichtsstandsabrede sich auf der Rückseite der Urkunde (bei den dort abgedruckten AGB) befindet, solange nicht ein klarer Hinweis auf die AGB auch auf der Vorderseite des Vertragstextes angebracht ist.

235 In den meisten praktischen Fällen erfolgt die Gerichtsstandsvereinbarung wohl durch die Einbeziehung Allgemeiner Geschäftsbedingungen in den Vertrag. Hierzu ist allerdings beachtlich, dass die AGB wirksam in den Vertrag einbezogen sein müssen. Dies kann aus deutscher Rechtssicht entweder ausdrücklich (§ 305 BGB) oder auch stillschweigend erfolgen, wobei dann aber ein deutlicher Hinweis auf die AGB vorliegen muss.

Besonderer Gerichtsstand

236 Liegt eine vertragliche Gerichtsstandsvereinbarung nicht vor, dann ist in der Stufenfolge der Prüfung zu untersuchen, ob möglicherweise ein so genannter *besonderer Gerichtsstand* vorliegt. Hierzu nennt die ZPO beispielsweise als „besonderen Gerichtsstand" den Platz

- des Aufenthaltsortes (§ 20 ZPO),
- der Niederlassung (§ 21 ZPO),

- der Mitgliedschaft (beispielsweise in Gemeinden, Korporationen, Gesellschaften oder anderen Vereinen, vgl. § 22 ZPO),

- des Vermögens und des Streitobjekts (§ 23 ZPO),

- der Erbfolge (§ 27 ZPO),

- der unerlaubten Handlung (§ 32 ZPO),

- des Hauptprozesses (§ 34 ZPO) usw.

Zum „besonderen Gerichtsstand" hat die deutsche höchstrichterliche Rechtspre- **237** chung des BGH am 22. April 2009 (im Zusammenhang mit der Klausel FOB) eine Entscheidung getroffen, die hier besonderer Betrachtung bedarf. So kann bei Vereinbarung der Klausel FOB – über die damit getroffene *Festlegung eines Erfüllungsortes* – zugleich ein *besonderer* Gerichtsstand begründet werden, an dem dann geklagt werden muss, falls keine ausdrückliche Auswahl eines Gerichtsstands erfolgte.

Hierzu besagt Art. 5 Nr. 1 lit. a und b der EuGVVO vom 22.12.2000 ausdrücklich: **238** „Eine Person, die ihren Wohnsitz im Hoheitsgebiet eines Mitgliedstaats hat, kann in einem anderen Mitgliedstaat verklagt werden: a) wenn *ein Vertrag oder Ansprüche aus einem Vertrag* den Gegenstand des Verfahrens bilden, vor dem Gericht des Ortes, an dem die Verpflichtung erfüllt worden ist oder zu erfüllen wäre; b) im Sinne dieser Vorschrift – und sofern nichts anderes vereinbart worden ist – ist der Erfüllungsort der Verpflichtung

- für den Verkauf beweglicher Sachen der Ort in einem Mitgliedstaat, an dem sie nach dem Vertrag geliefert worden sind oder hätten geliefert werden müssen;

- für die Erbringung von Dienstleistungen der Ort in einem Mitgliedstaat, an dem sie nach dem Vertrag erbracht worden sind oder hätten erbracht werden müssen; ....".

Nach ständiger Rechtsprechung des Gerichtshofs der Europäischen Gemeinschaften **239** ist der Begriff „Vertrag oder Ansprüche aus einem Vertrag" autonom auszulegen, um eine einheitliche Anwendung der EuGVVO in allen (EU-) Vertragsstaaten zu gewährleisten. Der Grund für die Anerkennung eines „besonderen Gerichtsstands" für vertragliche Streitigkeiten liegt in der besonders engen Verbindung zwischen dem Vertrag und dem Gericht des Erfüllungsortes (EuGH Urteil vom 3.5.2007), und zwar unabhängig davon, ob vertragliche Ansprüche auf Dritte (etwa im Wege der Forderungsabtretung) übergegangen sind.

Damit ist im Ergebnis erkennbar, dass – mangels ausdrücklicher Vereinbarung eines **240** Gerichtsstands der Geschäftspartner – über die Auslegung einer eingesetzten Klausel ein besonderer Gerichtsstand begründet werden kann.

Allgemeiner Gerichtsstand

Liegt weder eine vertragliche Gerichtsstandsabrede im Sinne des § 38 ZPO noch ein **241** besonderer oder ausschließlicher Gerichtsstand vor, dann ist für Streitigkeiten immer an dem Ort der richtige Gerichtsstand begründet, an dem der Schuldner seinen Geschäftssitz oder seinen Wohnsitz hat (vgl. §§ 12 und 13 ZPO).

2.4.1.2. Problematik der Vollstreckung

242 Eine ganz grundsätzliche Problematik von Prozessen vor ordentlichen (staatlichen) Gerichten ist es, dass die Entscheidungen des Gerichts auch anerkannt und vollstreckt werden müssen. Dies ist im internationalen Geschäft das größte Problem, da es nur in wenigen Staaten gesichert ist, dass ein beispielsweise von einem deutschen Gericht gefälltes Urteil im Ausland anerkannt und vollstreckt werden kann.

243 Eine Anerkennung und Vollstreckung ist in fast allen Staaten der Welt – mit Ausnahme des gesamten Europäischen Binnenmarktes und weniger weiterer europäischer Nationen problematisch. Deutschen Unternehmern ist oft nicht bewusst, dass die beliebte Gerichtsstandsklausel, die auf das heimische Gericht verweist, im Export gefährliche Konsequenzen haben kann. Immer dann nämlich, wenn „zu Hause" prozessiert wurde und ein Verfahren gewonnen wurde, und wenn dann ein Vollstreckungstitel gegen den Geschäftspartner und Verfahrensgegner durchgesetzt werden soll. Dies gelingt nur mit Hilfe von Vollstreckungsorganen, also beispielsweise mit Hilfe eines Gerichtsvollziehers. Der aber wird nur tätig, wenn er wiederum eine „heimische" Anweisung zum Tätigwerden in der Hand hält.

244 Dies ist eine missliche Situation für den Kläger, wenn er ein ihn begünstigendes Urteil in Händen hält, mit dem er dann zwar „Recht hat", aber trotzdem nicht zu seinem Geld kommt. Hier gibt es nun 2 praktikable Lösungswege.

245 Lösungsweg eins ist ein juristischer Weg. Wenn man als Unternehmer erkennt, dass Lieferungen in die weite Welt gehen (und nicht nur in die EU), sollte man einen „Gerichtsstand daheim" möglichst vermeiden, da man hier zwar prozessieren kann, aber mit einem aus gewonnenem Prozess erzielten Titel nicht an ausländisches Vermögen des Klagegegners heran kommt. Abhilfe kann sein, von vornherein ein Schiedsverfahren zu vereinbaren, das für den Fall einer rechtlichen Auseinandersetzung entscheiden soll. Schiedsverfahren enden mit einem Schiedsurteil (weltweit ist das so), das stets wie ein letztinstanzliches Gerichtsurteil betrachtet wird. Der besondere Vorteil liegt darin, dass über 130 Staaten weltweit sich auf der Grundlage eines UN-Abkommens verpflichtet haben, die Vollstreckung aus einem Schiedsurteil in ihren Ländern zuzulassen. Eine willkommene Grundlage für Unternehmer im außereuropäischen Geschäftsverkehr!

246 Lösungsweg zwei ist eher kaufmännisch. Streit gehört zwar zum Geschäft, ist aber eher lästig. Wichtig ist der Leistungsaustausch: Ware gegen Geld. Warenlieferung und Geldleistung lassen sich schützen, mit Instrumenten absichern. Und was das für die Geldforderung bedeutet, ist bekannt: hier bieten Zahlungssicherungsinstrumente wie Bankgarantie, Akkreditiv oder auch Dokumenteninkasso besten Schutz vor Forderungsausfall, und das Ganze rechtssicher, schnell und umfassend. Und alles ohne lästiges Prozessieren und Vollstrecken!

2.4.2. Schiedsverfahren

247 Wird eine Streitentscheidung über Schiedsverfahren gesucht, bietet es sich an, die bewährte Verfahrensordnung der Internationalen Handelskammer zugrunde zu legen. Neben der ICC befassen sich auch andere international ausgerichtete Institutionen mit dem Schiedsgerichtswesen (darunter die UNO mit dem Ausschuss UNCITRAL). Die größte Bedeutung für den internationalen Handel hat allerdings die Schiedsverfahrensordnung der ICC, die in vielen Fällen zugrunde gelegt wird und für

die ein eigenes Regelwerk gilt. Die Internationale Handelskammer, Paris, gibt mit ihren Regelungen der Vergleichs- und Schiedsgerichtsordnung nur Hilfestellung für das Betreiben eines Schiedsverfahrens, entscheidet aber in der Regel nicht selbst wie ein Schiedsgericht. Es ist aber auch möglich, Schiedsverfahren am von der ICC installierten Schiedsgerichtshof durchzuführen. Die Praxis wendet in der Regel meist nur die ICC-Verfahrensordnung an und führt das Schiedsverfahren auf eigene Regie durch.

Die ICC-Schiedsgerichtsbarkeit hat eine lange Tradition. Bereits 1923 wurde, nach- **248** dem im Jahre 1919 die Gründung der Internationalen Handelskammer (International Chamber of Commerce, ICC) in Paris erfolgt war, die erste Verfahrensordnung für Schiedsgerichtsverfahren in Kraft gesetzt. Die neueste Revision der *ICC-Schiedsgerichtsordnung* ist *seit dem 1.1.1998 in Kraft* und stellt eine *umfassende Neuerung* dar.

2.4.2.1. Einleitung des Verfahrens

Die neuen ICC-Schiedsverfahrensregeln enthalten in Art. 4 (Schiedsklage bzw. „re- **249** quest for arbitration") klare Vorgaben, was in dem Schriftstück der Klagepartei enthalten sein muss. Neben den Angaben zur Schiedsvereinbarung sind dies die Zahl der Schiedsrichter und Einzelheiten zum Schiedsverfahren (Ort, geltendes Recht) sowie die Nennung der Umstände, auf die sich die Klage stützt. Diesem Antrag folgt die Klageantwort nach Art. 5.

Die Bestellung des Schiedsgerichts (Art. 8 und 9) geht vom Drei-Personen-Schiedsge- **250** richt aus. Kläger und Beklagter wählen je einen Schiedsrichter, denen gemeinsam der Vorsitzende des ICC-Schiedsgerichtshofs zur Seite steht, sofern nicht ein anderer Obmann als neutrale, vorsitzende Stelle benannt wird. Geht es um mehr als zwei Parteien (beispielsweise um zwei Beklagte), dann muss nach Art. 10 Abs. 1 bei beiden Beklagten eine Einigung auf nur einen Schiedsrichter erfolgen. Gelingt hier kein gütliches Einigen auf die Benennung der Schiedsrichter, kann der Schiedsgerichtshof alle Schiedsrichter ernennen und auch den Vorsitzenden bestimmen.

Bei Verfahrensbeginn fordert der Generalsekretär des Schiedsgerichtshofes vom Klä- **251** ger einen Kostenbetrag an, der zur Deckung der Kosten dient, die bis zur Abfassung der „terms of reference" („Schiedsauftrag" im Sinne von Art. 18) anfallen, Art. 30.

2.4.2.2. Verfahrensablauf

Der Schiedsauftrag („terms of reference") ist mit der Verfahrensregelung so gestal- **252** tet, dass das ganze Verfahren beschleunigt wird. Erreicht wird dies dadurch, dass zu Verfahrensbeginn keine präzise Definition der materiellen Streitpunkte erforderlich ist. Art. 18 Abs. 1 lit. d fordert nur, dass eine Liste aller zu entscheidenden Streitfragen beizubringen ist. Außerdem muss das Schiedsgericht anlässlich der Erstellung der „terms of reference" einen Zeitplan für den voraussichtlichen Ablauf des Schiedsverfahrens aufstellen, Art. 18 Abs. 4.

Nach Art. 17 Abs. 1 muss das Schiedsgericht die Rechtsregeln anwenden, die es für **253** angemessen erachtet. Die Schiedsrichter dürfen also, auch ohne Erlaubnis der Parteien, beispielsweise übernationale Rechtsregeln wie etwa die UNIDROIT-Prinzipien oder allgemeine Übungen der „lex mercatoria" anwenden, wenn dies angemessen erscheint.

2.4.2.3. Vorteile des Schiedsverfahrens

254 Es ist bereits darauf hingewiesen worden, dass ein Schiedsverfahren den Rechtsstreit vor einem ordentlichen Gericht ersetzt. Die Vorteile für die Schiedsvertragsparteien liegen darin, dass

- sie durch die Bestimmung der Schiedsrichter mit einer größeren Sachkompetenz ihres Schiedsgerichts rechnen

- und auf eine raschere Verfahrensabwicklung hinwirken können.

- Hinsichtlich der Kosten des Schiedsverfahrens kann es für die Parteien allerdings durchaus nachteiliger sein, ein Schiedsverfahren gewählt zu haben, da keine generelle Gebührenordnung besteht.

- Wohl wichtigster Vorteil eines Schiedsverfahrens ist der, dass es geheim ist

- und dass Schiedssprüche im Hinblick auf ihre weltweite *Anerkennung und Vollstreckung* in den meisten Fällen besser durchzusetzen sind als Gerichtsurteile.

2.4.3. Mediationsverfahren

255 Neben den Schiedsverfahrensregeln bietet die ICC auch Verfahren an, die eine streitige Auseinandersetzung von vornherein vermeiden helfen. Die so genannten Mediationsverfahren („amicable dispute resolutions", ADR) sind darauf ausgerichtet, zunächst eine gütliche Einigung in einem Streit zu erreichen. Dies gelingt in der weitaus größten Anzahl der Streitfälle tatsächlich und endet damit im Konsens, in einem schnelleren Bewältigen des Konflikts und in vergleichsweise niedrigeren Kosten des Verfahrens.

Teil 3:

Kommentierung der Incoterms® 2010

256 Die neuen Incoterms® 2010 haben – in Abänderung der bisherigen Form der Darstellung in den vorhergehenden Textversionen aus 1990 und 2000, nunmehr eine Untergliederung in

- Klauseln für *jegliche* Transportart
  - **E**XW
  - **F**CA
  - **C**PT, CIP
  - **D**AT, DAP, DDP
- und Klauseln, die besonders für den Transport mit einem See*schiff* oder einem Binnenschiff geeignet sind, also
  - FAS, FOB
  - und CFR, CIF

vorgenommen. Entsprechend dieser Systematik ist damit auch keine vereinfachte Darstellung aller Klauseln, untergliedert nach E-, F-, C- und D-Klauseln, für die gesamte Publikation vorzunehmen, sondern es ist innerhalb der beiden Untergliederungen aufzuteilen. Dieses Verfahren haben auch die neuen Incoterms® 2010 in ihrer neuen Textfassung (vom Aufbau her) so gewählt.

257 Dabei wird im Folgenden jeweils so vorgegangen, dass von jeder besprochenen und kommentierten Klausel

- zuerst die erläuternde Präambel der Klausel kommentiert wird,
- bevor in der Folge die jeweiligen Begriffspaare der „Pflichten des Verkäufers" und der „Pflichten des Käufers" Stufe für Stufe, also von A 1/B 1 bis hin zu A 10/ B 10 kommentiert werden.

258 Wo es möglich ist, wird anstelle längerer Wiederholungen auf kommentierende Fundstellen in den beiden vorhergehenden Teilen 1 und 2 des Buches verwiesen, so dass auf diese Weise jeweils eine vertiefte und grundlegende Darstellung der Problematik genutzt werden kann und innerhalb des Kommentars zu lange Ausführungen bei den einzeln zu kommentierenden Incoterms® 2010 vermieden werden können.

1. Klauseln für alle Transportarten

1.1. EXW (Ab Werk – ... benannter Lieferort)

1.1.1. Vorbemerkung

Die Klausel EXW („Ab Werk" ... benannter Lieferort) bedeutet, dass der Verkäufer **259** seiner Lieferpflicht dadurch nachkommt, dass er die Ware dem Käufer auf dem Gelände des Verkäufers oder an einem anderen benannten Lieferort (also beispielsweise einem Werk, einer Fabrikationsstätte, einem Lager usw.) zur Verfügung stellt, ohne dass er die Ware zur Ausfuhr freigemacht hat und die Ware bereits auf ein abholendes Beförderungsmittel verladen worden ist.

Die Klausel ist völlig unabhängig von der Transportart und dem Transportmittel einsetzbar und sogar im multimodalen Transport verwendbar. Die Klausel setzt keinen **260** grenzüberschreitenden Handel voraus, so dass sie auch im Inlandsgeschäft Verwendung findet.

Die Geschäftspartner sollten den „Lieferort" so präzise wie möglich festlegen und **261** benennen (vgl. oben, T 2 2.1.2.), da mit dem benannten Lieferort zugleich festgelegt wird, an welcher Stelle der Kosten- und Gefahrübergang vom Verkäufer auf den Käufer stattfindet. Hat der Verkäufer mehrere Fertigungsstätten oder Auslieferungslager, sollte die Festlegung des Lieferortes so genau wie möglich erfolgen.

Die Klausel EXW stellt eine Minimalverpflichtung für den Verkäufer dar, da der Verkäufer sich lediglich um die vereinbarte Zurverfügungstellung der Ware kümmern **262** muss. Allerdings hat er noch bestimmte Nebenpflichten (wie etwa die Pflicht zur Anzeige der Bereitstellung (A 8), zur transportgerechten Verpackung (A 9) sowie zur Dokumentenverschaffung (A 10). Dazu weiter unten.

1.1.2. Richtige Anwendung

Allerdings ist die Klausel EXW mit Bedacht zu nutzen. Die offizielle Präambel des ICC- **263** Textes der Incoterms® 2010 Regeln sieht unter lit. a vor, dass der Verkäufer zwar keine direkte Verpflichtung dahingehend hat, die Ware zu verladen, aber in der Praxis dürfte es deutlich einfacher sein, wenn der Verkäufer die Verladung auch mit übernimmt. Hier ist nun zu unterscheiden:

- wird bei vereinbarter Klausel EXW die Ware aufgrund von praktischen Erwägungen auch noch vom Verkäufer verladen, weil es lediglich viel einfacher für den Ablauf der Abwicklung ist, dann geschieht dies grundsätzlich auf Kosten und Gefahr des Käufers.

- Soll genau dies aber vermieden werden und der Verkäufer für den Verladevorgang haften und auch die Kosten tragen, dann ist die Vereinbarung der Klausel FCA angebracht.

Eine besondere Problematik kann der Bereich der Exportformalitäten sein. Zwar **264** muss der Verkäufer den Käufer dahingehend unterstützen, dass dieser die gekaufte Ware auch ausführen kann; diese Unterstützung geht bei der Klausel EXW aber nicht so weit, dass der Verkäufer verpflichtet wird, die notwendigen Ausfuhrgenehmigungen zu beschaffen. Ist es bei der Art der Ware oder aufgrund besonderer gesetzlicher Bestimmungen im Exportland nur den Exporteuren gestattet, eine Ausfuhrgenehmigung zu beantragen, ist die Klausel EXW (aus Sicht des Käufers wegen B 2) nicht geeignet, da in diesen Fällen diese Lizenz nur vom Verkäufer beschafft werden kann. Dies stellt die Präambel des ICC-Textes der Incoterms® 2010 unter lit. b ausdrücklich klar.

265 Schließlich gibt die Klausel EXW (in B 10) dem Käufer nur eine beschränkte Verpflichtung zur Informationsverschaffung gegenüber dem Verkäufer. Hierauf weist die Präambel des ICC-Textes in lit. c. besonders hin: Benötigt der Exporteur bestimmte Daten und Informationen, damit seine Lieferung zollrechtlich oder außenhandelsstatistisch überhaupt in den Export gehen kann, dann kann dies nur durch entsprechende Mitwirkung (also Information) des Käufers gelingen. Dies muss daher bei Vereinbarung von EXW gegebenenfalls zusätzlich berücksichtigt werden.

1.1.3. Die Verpflichtungen im Einzelnen

A 1 Allgemeine Pflichten des Verkäufers
B 1 Allgemeine Pflichten des Käufers

266 Die Verpflichtungen der Geschäftspartner nach A 1 (Verkäuferpflichten) und B 1 (Käuferpflichten) sind in allen 11 Incoterms® 2010 wörtlich identisch!

Zunächst enthalten beide Verpflichtungen (A 1 wie auch B 1) eine Selbstverständlichkeit, die sich auch schon aus dem einem Geschäft zu Grunde liegenden Kaufvertrag eindeutig ergibt: so hat der Verkäufer die vereinbarte Leistung (= Lieferung der Ware) und der Käufer dafür die Gegenleistung (= Zahlung des Kaufpreises) zu erbringen. Die Klausel EXW stellt dies in A 1 und B 1 entsprechend klar:

- Der Verkäufer muss die Ware und die Warenrechnung in vertragsgemäßer Weise liefern und darf sich hinsichtlich der Dokumentation auch eines elektronischen Kommunikationsweges bedienen.

- Der Käufer hat den Kaufpreis entsprechend der Vertragsvereinbarung zu zahlen; hier kommt es dann auf die Zahlungsbedingung des Kaufvertrages an, die regeln, auf welche Weise die Zahlung zu erbringen ist (einfache Zahlung, dokumentärer Zahlungsverkehr).

Übereinstimmung

267 Die Verpflichtung des Verkäufers unter A 1 spricht in der Klausel EXW wie auch in allen anderen Incoterms® 2010 Regeln von einer „Übereinstimmung mit dem Kaufvertrag" („…goods …in conformity with the contract of sale…"). Dies könnte missverstanden werden, wenn man dies unter dem rechtlichen Aspekt der Schlecht-, Falsch- oder Nichtlieferung, mithin also als Leistungsstörung sieht und eine Abweichung der Lieferqualität oder Liefermenge dann als „Nichtlieferung" deuten würde.

268 Ob ein Abweichen der Qualität oder Quantität als Mangel zu bewerten ist, richtet sich vielmehr grundsätzlich nach der Rechtsordnung, deren Rechtsregeln für den Kaufvertrag zwischen Verkäufer und Käufer anzuwenden sind, so dass ein etwaiger Streit zwischen den Geschäftspartnern nach dem für den Kaufvertrag anzuwendenden (nationalen) Kaufrecht zu entscheiden ist. Für EXW – wie auch für alle anderen Incoterms® 2010 – spielt der Gedanke der „Übereinstimmung" der Ware nur eine Rolle für die Beantwortung der Frage, ob (und wann) der Kosten- und Gefahrübergang vom Verkäufer auf den Käufer stattgefunden hat.

Daher kann es für die Incoterms® 2010 keine Rolle spielen, ob die Ware eventuell **269** einen Fehler oder Mangel aufweist, solange nur überhaupt geliefert wurde (und wenn geliefert wurde, nicht eine völlig andere Lieferung erfolgt ist).

Rechnung

Es ist an sich eine Selbstverständlichkeit, dass ein Verkäufer, sobald er die Lieferung **270** erbringt, auch eine Rechnung stellt. Dass die Incoterms® 2010 Regeln diesen Aspekt überhaupt gesondert hervorheben, erklärt sich daraus, dass der Käufer die Handelsrechnung sehr frühzeitig (jedenfalls nicht lange Zeit nach der Lieferung) benötigt, um die notwendigen Formalitäten der Importabwicklung erledigen zu können.

Elektronische Kommunikation

Beide Verpflichtungen (A 1 und B 1) sehen in *allen* Incoterms® 2010 Regeln vor, dass **271** *alle* Dokumente (bei EXW wird nur die Handelsrechnung genannt, die Verpflichtungen nach A 2 bis A 10 nennen aber weitere Dokumente) auch durch elektronische Mitteilungen ersetzt werden dürfen, wenn dies zwischen den Geschäftspartnern entsprechend vereinbart wurde oder dieser Übermittlungsweg inzwischen allgemeiner Handelsbrauch geworden ist (vgl. oben, T 2 1.2.4.).

Dies wird solange unproblematisch sein, wie ein Dokument ohne Weiteres auch in **272** elektronischer Form verwendet werden kann, wie dies beispielsweise bei der Handelsrechnung, einer Packliste oder ähnlichen „einfachen" Transportdokumenten der Fall ist, die etwas über die Lieferung oder den Zustand der Ware aussagen. Schwierig wird es nur dann, wenn bestimmte Export-, Import- oder Zollvorschriften die Vorlage oder Übergabe körperlicher Dokumente verlangen, damit Formalitäten erledigt werden können. In diesen Fällen müssen die Geschäftspartner sehr genau bedenken, ob elektronische Dokumente in allen Aspekten der Transport-, Export-, Import- und Zollabwicklung ausreichend sind oder ob es trotz an sich zulässiger Elektronik dann doch eines Papierdokuments bedarf.

Dies gilt umso mehr, als bestimmte Dokumente grundsätzlich nicht in elektronischer **273** Form verwendbar sind. So sind beispielsweise Wechsel oder Konnossemente stets ein „Schriftstück", das im Original unterschrieben wird, durch Indossament weitergegeben wird und zugleich mit der Übergabe eine Traditionswirkung entfaltet. A 1 und B 1 sind daher so zu verstehen, dass die elektronische Kommunikation an sich zulässig ist, aber nur dort eingesetzt wird, wo beispielsweise der Zustand der Ware oder die ordnungsgemäße Lieferung usw. nachgewiesen werden sollen.

A 2 Lizenzen, Genehmigungen, Sicherheitsüberprüfung und sonstige Formalitäten
B 2 Lizenzen, Genehmigungen, Sicherheitsüberprüfung und sonstige Formalitäten

Ausfuhrformalitäten

Auf Verlangen des Käufers muss der Verkäufer – auf Kosten und Risiko des Käufers – **274** dazu beitragen, dass der Käufer Ausfuhrbewilligungen und andere behördliche Genehmigungen für die Ausfuhr erhalten kann. Dazu stellt B 2 noch deutlicher klar, dass es in der Risikosphäre des Käufers steht – und er auch alle Kosten dafür trägt –, dass alle behördlichen Genehmigungen einschließlich etwaiger Zollformalitäten für den Export bereit liegen. Die Pflichten des Verkäufers bestehen – im Hinblick auf die weitere Konkretisierung in A 10 – in der „Assistance", nämlich der Unterstützung des Käufers, also in der notwendigen Hilfestellung zur Beschaffung von Dokumenten, die im Exportland oder Ursprungsland ausgestellt oder beschafft werden müssen.

Kostentragung

275 Entstehen für diese Hilfestellung Kosten, muss der Käufer dafür aufkommen (B 10). Dies gilt selbst dann, wenn formal der Verkäufer im Verkaufsland Abgabenschuldner ist, also etwa bei Ausfuhrabgaben. Aufgrund der Regelung in B 6 wird klar gestellt, dass der Verkäufer einen Erstattungsanspruch gegen den Käufer hat, soweit er durch Ausfuhrabgaben direkt belastet wird.

Sicherheitsüberprüfung

276 Alle Incoterms® 2010 Regeln enthalten in A 2 eine neue Verpflichtung, die der Verkäufer auf Verlangen des Käufers (und auf dessen Kosten und Risiko) zu erfüllen hat: Danach muss der Verkäufer dem Käufer alle notwendigen Unterlagen zur Verfügung stellen, die für die Sicherheitsüberprüfung der Ware erforderlich sind. Dieser Sicherheitsüberprüfung („security clearance") liegen folgende Entwicklungen und Überlegungen zugrunde:

- Zum einen gibt es seit einigen Jahren „Sicherheitsinitiativen" von Zollbehörden außerhalb der USA, wobei vor allem die Containersicherheitsinitiative der USA, daneben aber auch das „Free and Secure Trade Program Kanadas", ein Kooperationsprogramm zwischen Zoll und Industriebranchen Australiens („Frontline") u. a. eine Rolle spielen.

- Daneben ist aus Sicherheitserwägungen der europäische Zollkodex durch Verordnung (EG) Nr. 648/2005 und dessen Durchführungsvorschriften geändert worden, die zum 26.12.2006 in Kraft traten. Hier dient das Sicherheitskonzept in Sachen Zoll der Entwicklung und Durchführung von Maßnahmen zur Erhöhung der Sicherheit durch verbesserte Zollkontrollen. In diesem Zusammenhang ist das seit 1.1.2008 bestehende Konzept des „Zugelassenen Wirtschaftsbeteiligten" und seit 1.7.2009 die Verbindlichkeit der Vorabinformation über alle Importe und Exporte aus dem oder in das Zollgebiet der EU an die Zollbehörden vorhanden.

- Schließlich arbeitet auch die Weltzollorganisation (WZO) an einer Entwicklung von weltweit anerkannten Maßnahmen zur Verbesserung der Sicherheit der Lieferkette, bei gleichzeitiger Erleichterung des rechtmäßigen Handels. Im Juni 2005 nahm die WZO einen Normenrahmen zur Sicherung und Erleichterung des Welthandels (SAFE Framework of Standards) an. Der Rahmen soll die Zollverwaltungen stärker vernetzen und ein Erkennen von Hochrisikosendungen erleichtern.

277 Vor allem das Sicherheitskonzept der USA wirkt sich besonders scharf auf deutsche Häfen und die Hafenabwicklung aus. Angesichts der Bedrohung durch mögliche Terroranschläge haben die Zollbehörden der USA eine „Container Security Initiative" (CSI) zur Verbesserung der Sicherheit von internationalen Lieferketten ins Leben gerufen. Bei CSI muss vor Verschiffung von Waren in die USA ein Teil der für die USA bestimmten Container nach Risikokriterien zu Kontrollzwecken untersucht werden; dazu wurde von den USA eine Verordnung über Frachtmanifests-Vorabinformationen veröffentlicht, die eine so genannte „24 hours rule" enthält. Spediteure müssen 24 Stunden vor Verladung ihrer Seecontainer mit Bestimmungshafen in den USA an den US-amerikanischen Zoll- und Grenzschutz übermitteln; bei Luftfracht müssen die Angaben direkt nach dem Flugzeugstart verfügbar sein. Diese Sicherheitsüberprüfung wird derzeit (Mitte 2010) nur in einigen europäischen Häfen beachtet (in Deutschland nur in Bremen und Hamburg).

Die CSI wird künftig noch deutlich verschärft, so dass die Pflichten des Verkäufers **278** (im Sinne von A 2) nochmals steigen. So sieht ein in 2007 verabschiedetes US-Gesetz eine 100 prozentige Durchleuchtung („scanning") der Seecontainer mit Bestimmung USA in ausländischen Häfen ab 1.7.2012 vor. Hier muss man sich vor Augen führen, was das für die Hafenwirtschaft und Logistikunternehmen bedeutet: Nach einer EU-Statistik (Quelle: Eurostat) wurde im EU-USA Seeverkehr im Jahr 2007 22 % aller Ausfuhren über Bremerhaven getätigt, gefolgt von Antwerpen (17 %), Rotterdam (15 %) und an siebter Stelle Hamburg (nur 4,2 %). Die beiden deutschen Seehäfen sind damit im Vergleich aller EU-Häfen zu einem Viertel von den US-Bestimmungen betroffen. Die für das Verladen zuständigen Unternehmen sollen zudem freiwillig bestimmte Sicherheitsstandards erfüllen und sich dies bescheinigen lassen. Das US-Gesetz sieht ferner vor, dass auch Luftfracht – nach einer Übergangsfrist von drei Jahren – einer vollständigen Sicherheitsüberprüfung unterzogen werden soll.

All diese unterschiedlichen Verfahrenswege, Vorschriften, Initiativen und durch den **279** Zollkodex erreichten Neuerungen im Sinne der Sicherheitsüberprüfung führen zu zusätzlichen Anforderungen, die dem Verkäufer nach der neu eingefügten Regel A 2 zusätzliche Informationspflichten gegenüber dem Käufer auf dessen Kosten und Risiko auferlegt.

A 3 Beförderungs- und Versicherungsvertrag
B 3 Beförderungs- und Versicherungsvertrag

Bei der Klausel EXW hat weder der Verkäufer gegenüber dem Käufer, noch der Käu- **280** fer gegenüber dem Verkäufer die Verpflichtung, sich um den Abschluss des Transportvertrages oder des Versicherungsvertrages zu kümmern. In der früheren Ausgabe der Incoterms® 2000 enthielt die Auslegung unter A 3 und B 3 noch die kurze Formulierung „keine Verpflichtung" („no obligation").

Die Regel zu EXW unter der Fassung der Incoterms® 2010 weicht nunmehr von die- **281** ser sehr kurzen Feststellung (*keine Verpflichtung*) ab und weist deutlich ausformuliert darauf hin, dass der Verkäufer jedenfalls für den Beförderungsvertrag gar nichts zu unternehmen braucht. Dies gilt auch für einen etwa benötigten Versicherungsvertrag: Einen Abschluss muss der Verkäufer nicht tätigen; will aber der Käufer einen Versicherungsvertrag abschließen (wonach er wegen B 3 wiederum nicht verpflichtet ist), dann muss der Verkäufer den Käufer in diesem Bemühen unterstützen und ihm unter Weitergabe etwaiger Kosten und Risiken hieraus all diejenigen Informationen zur Verfügung stellen, die der Käufer dann benötigt. Damit geht EXW in der aktuellen Fassung nun doch einen Schritt weiter als die Vorgängerklausel aus dem Jahr 2000, die dem Verkäufer noch nicht einmal eine Mitwirkung mittels Informationsverschaffung vorschrieb.

Der Käufer wird im Übrigen, auch wenn B 3 ihn dazu nicht verpflichtet, allein schon **282** aus Gründen seiner Abnahmeverpflichtung „ab Werk" dafür sorgen, dass er die Ware abtransportieren und gegebenenfalls auch versichern kann.

A 4 Lieferung
B 4 Abnahme

283 Die Pflichten der beiden Geschäftspartner sind redaktionell überarbeitet, aber weitgehend vergleichbar mit der Vorgängerversion der Regeln aus 2000 geblieben.

284 So ist der Verkäufer nach A 4 verpflichtet, die Ware in der Weise zu liefern, dass er sie dem Käufer an einem vereinbarten Punkt zur Verfügung stellt; der Käufer muss sie abnehmen bzw. abholen. Zu den Begriffen *„zur Verfügung stellen"*, *„Lieferung"* und *„Abnahme"* sind weiterführende Ausführungen bereits gemacht worden (vgl. oben, T 2 2.1.5.).

285 Auch der *„Lieferort"* (*„place of delivery"*) ist Bestandteil der Klausel in A 4 (vgl. oben, T 2 2.1.2).

286 Zum *Lieferzeitpunkt* und der Heranziehung von Art. 33 CISG wurden ebenfalls bereits Erläuterungen gegeben (vgl. oben, T 2 2.2.1).

A 5 Gefahrübergang
B 5 Gefahrübergang

287 Auch der Gefahrübergang in den Punkten A 5 und B 5 ist in der neuen Version der Klausel EXW redaktionell überarbeitet worden, ohne an den wichtigsten Aussagen zum „transfer of risks" deutliche Änderungen vorzunehmen.

288 Untätigkeit des Käufers verhindert nicht, dass der Gefahrübergang stattfinden kann. Grundsätzlich (im Falle von B 7) muss der Käufer Lieferort und Lieferzeit bestimmen; unterlässt er dies, verhindert seine Untätigkeit den Gefahrübergang nicht. B 5 stellt hierzu klar, dass die Gefahr der abgesonderten (bei Gattungsschulden auch konkret bezeichneten) und zur Verfügung gestellten Ware bei Untätigkeit des Käufers zum vereinbarten Zeitpunkt oder nach Ablauf einer Frist beziehungsweise am üblichen Ort (vgl. A 4) auf ihn übergeht.

289 Oft besteht in der Außenhandelspraxis die Annahme, mit „ex works" sei man als Lieferant die Sorgen los, sobald der Gefahrübergang auf den Käufer (ab Werk) erfolgt sei. Dies ist jedoch so nicht richtig.

Gattungsschulden

290 Zum Zeitpunkt des Gefahrübergangs sind bereits Anmerkungen erfolgt (vgl. oben, T 1 1.2.). Allerdings muss klar gestellt werden, dass ein Gefahrübergang nur dann erfolgen kann, wenn die konkrete Warenlieferung bereits feststeht, beziehungsweise wenn, wie bei Gattungssachen, die Ware konkret bestimmbar ist.

Vertragsgemäßheit der Ware bei Gefahrübergang

291 Für die Frage des Gefahrübergangs ist zusätzlich Art. 36 CISG heranzuziehen, der sich mit dem maßgeblichen Zeitpunkt der Vertragsgemäßheit der Ware befasst. Nach Art. 36 Abs. 1 CISG haftet nämlich der Verkäufer für eine Vertragswidrigkeit, die im Zeitpunkt des Gefahrübergangs auf den Käufer besteht, auch wenn diese Vertragswidrigkeit erst nach diesem Zeitpunkt offenbar wird.

292 Das bedeutet, dass der Verkäufer auch für versteckte Mängel haftet, und zwar unabhängig davon, ob der Gefahrübergang bereits erfolgte oder nicht. So ist der Verkäufer verantwortlich, wenn aufgrund mangelhafter Verpackung der Ware auf dem

Transportweg Schäden entstehen, da die Vertragswidrigkeit im Sinne des Art. 35 CISG – im Hinblick auf die mangelhafte Verpackung – bereits im Zeitpunkt des Gefahrübergangs vorliegt, auch wenn die Auswirkungen auf die Ware erst später eintreten. Der Verkäufer hat also für eine Vertragswidrigkeit auch dann einzustehen, wenn er diese durch eine Pflichtverletzung verursacht hat. Die Pflichtverletzung muss vor dem Zeitpunkt des Gefahrübergangs liegen.

Auch nach Gefahrübergang begangene Pflichtverletzungen können eine Einstandspflicht des Verkäufers begründen, wie sich aus Art. 36 Abs. 2 CISG ergibt. Hier kann man beispielsweise an die Fälle denken, in denen der Verkäufer die Ware nach Gefahrübergang bei Rücknahme der Container beschädigt usw. Eine Pflichtverletzung des Verkäufers kann daher in einem Tun oder Unterlassen bestehen; ein Verschulden ist nicht erforderlich. **293**

Garantie

Ebenfalls in der Pflicht bleibt der Verkäufer – trotz Gefahrübergangs –, wenn eine Garantie (z. B. Haltbarkeitsgarantie für eine bestimmte Dauer, für eine bestimmte Anzahl von Betriebsstunden usw.) verletzt wurde, nach der die Ware für eine bestimmte Zeit für den üblichen Zweck oder für einen bestimmten Zweck geeignet bleiben sollte oder besondere Eigenschaften oder Merkmale behalten sollte. Zeigt sich nach Gefahrübergang, dass die Ware einer vom Verkäufer oder Hersteller gegebenen Haltbarkeitszusage nicht entspricht, liegt ein Fehler der Ware vor, der bereits zum Zeitpunkt des Gefahrübergangs angelegt war, so dass der Verkäufer nach Art. 35 in Verbindung mit Art. 36 Abs. 1 CISG dafür verantwortlich ist. **294**

A 6 Kostenverteilung
B 6 Kostenverteilung

Die Incoterms® 2000 Regeln sprachen in der bisherigen Überschrift A 6/B 6 noch von „Kostenteilung", was begrifflich der Situation der Beteiligten nicht immer gerecht wurde. Daher haben die neuen Incoterms® 2010 Regeln die Überschrift in A 6/B 6 abgeändert in „allocation of costs", also dahingehend, welcher Vertragspartei welche Kosten zugeordnet werden. Ansonsten erhält die Neufassung von A 6/B 6 der Klausel EXW nur sprachliche Verbesserungen oder redaktionelle Anpassungen. **295**

Grundsätzlich ist die Zuordnung der Kosten bei EXW identisch mit dem Zeitpunkt des Gefahrübergangs. Sämtliche Kosten der Ware (wie etwa öffentliche Abgaben, Versicherungen, Steuern, Lagerkosten usw.) werden mit der Zurverfügungstellung „ab Werk" dem Käufer zugeordnet; er hat sie zu tragen. Es geht auch zu Lasten des Käufers, wenn Kosten durch eine Nichtabnahme oder eine unterlassene Bestimmung von Leistungsort oder Leistungszeit entstehen. **296**

Die Klausel EXW weist in lit. c und d schließlich noch darauf hin, dass Kosten der Aus-, Ein- oder Durchführung sowie Kosten für Hilfeleistungen nach A 2 zu Lasten des Käufers gehen, soweit derartige Kosten entstehen. Einen weiteren Hinweis auf Kosten, die durch gewünschte Handlungen des Verkäufers entstehen und die der Käufer zu tragen hat, gibt B 10. **297**

A 7 Benachrichtigung des Käufers
B 7 Benachrichtigung des Verkäufers

298 Nach A 7 ist der Verkäufer verpflichtet, den Käufer zu benachrichtigen, wenn die Ware zur Abholung bereit steht (vgl. oben, T 2 2.2.3.1. und 2.2.3.2.). A 7 ist in der Neufassung von der bisherigen Formulierung der „Benachrichtigung in angemessener Weise" abgewichen und fordert nunmehr, dass der Verkäufer in *jeglicher Weise* informieren muss, die dem Käufer die notwendige Inempfangnahme der Ware ermöglicht. Eine konkrete Aussage können die Incoterms® 2010 Regeln an dieser Stelle naturgemäß nicht treffen, da es schließlich im internationalen Geschäft branchen- und produktabhängig ist, nach welcher Art und Weise Benachrichtigungen erfolgen sollen oder müssen. Auch sind die Wege der Kommunikation (schriftlich, elektronisch usw.) zu berücksichtigen.

299 A 7 ist daher so zu verstehen, dass der Verkäufer jedenfalls die am besten geeignete und schnellste Methode der Kommunikation nutzen sollte, um den Geschäftspartner möglichst schnell in die Lage zu versetzen, die bereitgestellte Ware abzuholen. Dies beinhaltet zugleich die Verantwortung des Verkäufers für etwaige Verzögerungen der Benachrichtigung, soweit sie seiner Sphäre zuzurechnen sind.

300 Umgekehrt muss der Käufer alles seinerseits Erforderliche tun, um dem Verkäufer die Gelegenheit zu geben, „rechtzeitig" zu benachrichtigen. B 7 verpflichtet den Käufer, seine Festlegung über Leistungsort oder Leistungszeit so rechtzeitig dem Verkäufer mitzuteilen, dass dieser eine Zurverfügungstellung der Ware rechtzeitig ermöglichen kann.

A 8 Lieferdokument
B 8 Liefernachweis

301 Auch für die Regeln A 8/B 8 sind die Überschriften gegenüber der Vorgängerversion der Incoterms® 2000 verändert worden; A 8 spricht nur noch vom Lieferdokument, für das der Verkäufer keinerlei Verantwortung hat.

302 B 8 nennt den „Liefernachweis" und erlegt dem Käufer die Verpflichtung auf, einen geeigneten Nachweis der Abnahme der Ware zu erbringen (vgl. oben, T 2 2.1.6.3.).

A 9 Prüfung – Verpackung – Kennzeichnung
B 9 Prüfung der Ware

303 In diesem Abschnitt gibt es in der Klausel EXW keine Änderungen gegenüber der Vorgängerversion. Zur Erfüllung der Lieferverpflichtung nach A 4 muss der Verkäufer die Ware zur Verfügung stellen; bei Gattungswaren kommt auf den Verkäufer die Aufgabe zu, diese auszuwählen und auf Liefereignung hin zu bestimmen. Etwaige Kosten, die bei der Prüfung von Gattungswaren anfallen, bevor sie zur Lieferung bereit gestellt werden können, gehören in die Sphäre des Verkäufers, sind also von ihm zu tragen. Zu den vom Verkäufer zu tragenden Kosten gehören mithin alle Aufgaben, die der Vorbereitung der Zurverfügungstellung diene, also Kosten für eine vorbereitende Qualitätskontrolle, Wiegen, Messen, Zählen usw.

304 Entstehen aber (durch den Käufer veranlasste und verursachte) Kosten einer Warenprüfung, die einer Warenkontrolle vor Verschiffung gleichen, dann müssen derartige Kosten nach B 9 vom Käufer getragen werden. Gleiches gilt für Kosten, die durch behördliche Kontrollen aufgrund von Vorschriften des Ausfuhrlandes entstehen, da bei EXW der Käufer für alle die Ausfuhr betreffenden Kosten verantwortlich ist.

Besonders erwähnt wird in A 9 der Bereich der Verpackungskosten. Je nach Transportmittel können Verpackungen und deren Kosten, die der Verkäufer zu tragen hat, sehr unterschiedlich ausfallen, so dass der Verkäufer dies bei Kaufvertragsabschluss in seine Preiskalkulation mit einbeziehen muss. Ist im Moment des Vertragsschlusses noch nicht klar erkennbar, ob spezielle Verpackungsarten benötigt und damit höhere Kosten verursacht werden, kann EXW im Hinblick auf den Kaufpreis durch eine individuelle Vereinbarung dahin gehend erweitert werden, dass Verpackungskosten gesondert berechnet werden, also zum fest vereinbarten Preis hinzu gerechnet werden. Formuliert werden könnte dies beispielsweise durch Verwendung der Klausel wie folgt: „Geliefert wird EXW (Incoterms® 2010), zuzüglich Verpackungskosten". **305**

A 10 Kostentragung bei Unterstützung mit Informationen
B 10 Kostentragung bei Unterstützung mit Informationen

An diesem Punkt wurde bis zur allerletzten Entwurfversion gearbeitet, bevor durchgängig für alle neuen Incoterms® 2010 – und zwar gleichzeitig für A 10 und B 10 – eine gemeinsame Überschrift gewählt wurde. Hier wird eine Regelung zur Kostentragung getroffen, wenn irgendwelche Dokumente beschafft oder Informationen herangeholt werden müssen, die für die Einfuhr oder Ausfuhr oder den Transport der Ware an den Bestimmungsort benötigt werden. In der Vorgängerversion der Incoterms® 2000 war bei A 10/B 10 nur die Rede von „Sonstigen Verpflichtungen". **306**

Teilweise wurde auf die Verpflichtung des Verkäufers wie auch des Käufers schon unter A 2/B 2 und A 6/B 6 eingegangenen, soweit es um zusätzliche Pflichten im Zusammenhang mit der Ausfuhr, Einfuhr oder den Transport an den Bestimmungsort und die damit zusammenhängende Kostentragung geht. Ansonsten wurden A 10/B 10 gegenüber der Vorgängerversion der Incoterms® 2000 redaktionell weitgehend neu gefasst. Insbesondere entfiel die noch in der Vorgängerversion enthaltene Pflicht des Verkäufers, dem Käufer auf Verlangen des Käufers Angaben zur Ware zu machen, die dieser für eine Versicherung benötigt. Die Neufassung legt nun ganz allgemein die Pflicht des Verkäufers fest, *auf Anfordern, Risiko und Kosten des Käufers* alles Notwendige zu tun oder zu beschaffen, was der Käufer für Ausfuhr, Einfuhr oder Transport zum Bestimmungsort an Dokumenten oder auch sicherheitsrelevanten Informationen benötigt. Der Käufer, so stellt B 10 klar, hat ein derartiges Begehren frühzeitig mitzuteilen, um dem Verkäufer das geeignete Handeln zu ermöglichen, und er hat für die hierdurch entstehenden Kosten aufzukommen. **307**

1.2. FCA (Frei Frachtführer – ... benannter Lieferort)

1.2.1. Vorbemerkung

308 Die Incoterms® 2010 Regeln legen bei der Klausel FCA einige Grundsätze für ihre Anwendung in der einleitenden Präambel fest. Danach kann sie

- für jede Transportform gewählt werden

- und eignet sich daher auch für den Einsatz verschiedener Transportmittel innerhalb eines Warentransports (multimodaler Transport).

309 „Frei Frachtführer" („free carrier") bedeutet in dieser aktuellen Fassung, dass

- der Verkäufer die zur Ausfuhr freigemachte Ware

- an einen vom Käufer benannten Frachtführer oder einen sonstigen Dritten

- am Geschäftssitz des Verkäufers oder einen anderen benannten Ort

liefert. Es muss dabei beachtet werden, dass der ausgewählte Ort der Lieferung, der so präzise wie nur irgend möglich festgelegt werden sollte, Folgen für die Verpflichtung zur Be- und Entladung an diesem Ort sowie für den Gefahrübergang mit sich zieht. Benennt der Käufer für die Entgegennahme der Ware eine andere Person als den Frachtführer, hat der Verkäufer seine Lieferverpflichtung erfüllt, wenn er die Ware an diese Person liefert.

310 Frachtführer im Sinne dieser Klausel ist, wer sich durch einen Beförderungsvertrag verpflichtet, die Beförderung auf der Schiene, Straße, in der Luft, zur See oder auf einem Binnenschiff, eventuell sogar in einer Kombination mehrerer Transportarten (multimodal) durchzuführen oder durchführen zu lassen.

311 Schließlich verlangt die Klausel FCA vom Verkäufer, dass er die Ware für den Export vorbereitet, soweit dies möglich ist; er hat aber keinerlei Verpflichtung hinsichtlich des Imports oder der Importformalitäten bzw. Zollvorschriften.

1.2.2. Richtige Anwendung

312 Die Klausel FCA entspricht im Wesentlichen der Klausel FOB, die für den Seetransport von Stück- und Massengütern mit konventionellen Schiffen, also nicht in Kombination mit anderen Transportarten, wie zum Beispiel im Containertransport, einschlägig bleibt.

313 Im Gegensatz zu FOB (Lieferung an Bord eines vom Seefrachtführer eingesetzten Schiffes) tritt bei FCA die Lieferung der Ware an den Frachtführer irgendeiner beliebigen Transportart an dem von den Parteien beliebig gewählten Ort. Werden Container erst auf der Strasse und dann auf See befördert, erfolgt die Lieferung bereits an der Übergabestelle an Land.

314 Hinsichtlich des Transports hat der Käufer alle Verantwortung auf seiner Seite: Er hat die Transportdisposition, muss den Frachtführer beauftragen und muss, sollte er den Frachtauftrag durch den Verkäufer vornehmen lassen, die entstehenden Kosten tragen. In beiden Fällen gehen mit der Übergabe an den Frachtführer Gefahr und Kosten auf den Käufer über.

Lieferort

Um Missverständnisse zu vermeiden, empfiehlt es sich bei Verwendung der Klausel **315** FCA, neben der Benennung des Lieferortes auch die Transportart(en) festzulegen. Am besten gelingt dies, wenn dem „benannten Lieferort" eine präzise Ortsangabe hinzu gefügt wird, aus der sich die gewünschte Transportart bereits ergibt. Verwendet man die Klausel durch Hinzufügung eines Wortes wie „Flughafen…" oder „Seehafen…", dann stellt *FCA Flughafen Frankfurt* bereits klar, dass ein Transport per Flugzeug, bei *FCA Seehafen Hamburg*, dass ein Transport per Seeschiff gewünscht ist. Ähnliches lässt sich auch für den Bahnverkehr („FCA Güterbahnhof XY…, Gleis…") erreichen; für den Containerverkehr hilft die Benennung des Containerterminals weiter: „FCA (Incoterms® 2010) CT4, Bremerhaven".

Transportart

Alternativ kann die Transportart auch durch ausdrückliche Nennung und Bezug- **316** nahme festgelegt werden: FCA (Incoterms® 2010) LKW Werk… (oder Lager…) sagen dann aus, dass der Verkäufer die Ware dem Straßenfrachtführer am benannten Ort zu übergeben hat.

Wird mit der Klausel FCA eine Transportart festgelegt, wird damit auch zugleich die **317** Markierungs-, Verpackungs- und Prüfanforderung im Sinne von A 9 sowie die transportartbedingte Übergabemodalität nach A 4 beeinflusst.

Es kann aber auch sein, dass mit der Klausel FCA keine Transportart bestimmt wird. **318** Dann darf der Käufer die Beförderungsart nachträglich auswählen, insbesondere durch Angabe des Frachtführers im Rahmen seiner Benachrichtigungspflicht nach B 7. In der Praxis wird B 7 auch als „FCA-Instruktion" bezeichnet: Lässt nämlich die Vereinbarung von FCA (benannter Lieferort) offen, welche Transportart gewählt wird, können alle in Frage kommenden Beförderungsarten in Betracht kommen, solange nicht klar ist, dass der Frachtführer ein See-, Luft-, Straßen-, Eisenbahn- oder sonstiges Frachtunternehmen ist. Erst durch die FCA-Instruktion des Käufers wird dann Näheres bestimmt; erst dann wird dem Verkäufer bekannt, in welcher Weise er die Ware am Lieferort zu übergeben hat.

Frachtvertrag/Frachtführer/Spediteur

Schwierigkeiten bereiten kann bei der Klausel FCA die Abgrenzung zwischen Fracht- **319** führer und Spediteur. Die Unterscheidung ist beispielsweise wichtig, wenn der Käufer dem Verkäufer einen Spediteur als Transportbesorger benennt; nach A 4 erfüllt der Verkäufer seine Verpflichtung zur Lieferung bereits mit der Übergabe der Ware an den Spediteur, der dann „another person" im Sinne von A 4 ist, und nicht erst in dem Moment, in dem der Spediteur das Transportgut dem von ihm beauftragten Frachtführer übergibt.

Im Übrigen kann zur Abgrenzung zwischen „carrier or another person", also Fracht- **320** führer und einer sonstigen Person (z. B. Spediteur) auf die bisherigen Ausführungen verwiesen werden (vgl. oben, T 2 2.1.3.).

- Grundlage des Warentransports ist der Frachtvertrag, der den Frachtführer verpflichtet, das Frachtgut zum Bestimmungsort zu befördern und dort an den Empfänger auszuliefern". Im Gegenzug ist der Absender verpflichtet, die vereinbarte Fracht (also das Entgelt für die Beförderung) zu bezahlen. Der Empfänger des Transportguts ist nicht Vertragspartei, sondern er ist als „Dritter" anzusehen, zu dessen Gunsten der Vertrag von Absender und Frachtführer abgeschlossen wird.

- Der Frachtvertrag bedarf keiner besonderen Form, sondern bedarf zu seiner Wirksamkeit lediglich zweier übereinstimmender Willenserklärungen zwischen Absender und Frachtführer – ein Frachtbrief dient dann nur als Beweisurkunde.

- Der Frachtführer kann gegenüber dem Absender einen Anspruch auf Ausstellung des Frachtbriefes geltend machen, muss es aber nicht. Die Angaben in einem Frachtbrief sind allesamt freiwillig.

- Der Frachtbrief versteht sich damit vor allem als Nachweis über das Verabredete, der einen Vereinbarungsstand und die Übernahme des Transportgutes dokumentieren soll und gleichzeitig die Weisungen an den Frachtführer enthält, wie er mit dem Frachtgut verfahren soll.

321 Wenn der Absender sein von ihm selber sowie vom Frachtführer unterzeichnetes Exemplar des Frachtbriefes an den Empfänger, dem Käufer der Ware, weitergibt, überträgt er damit zugleich sein Verfügungsrecht über das Frachtgut auf den Empfänger.

322 **PRAXISTIPP:**

Die Abgrenzung zwischen einem Frachtführer und einem Spediteur gelingt wie folgt:

Ein Frachtführer wie auch der Verfrachter von Seeschiffen ist zum Gütertransport verpflichtet, während der Spediteur lediglich die Verpflichtung übernimmt, die Versendung des Gutes für Rechnung des Versenders zu besorgen. Damit trifft den Spediteur keine Beförderungspflicht, sondern nur die Pflicht, die Beförderung zu organisieren.

323 Abgrenzungsschwierigkeiten und Auswirkungen vor allem auf die Haftungsproblematik gibt es immer dann, wenn ein Unternehmen sowohl Fracht- als auch Speditionsverträge abschließt.

- Da der Spediteur auch zum Selbsteintritt befugt ist (also bei Ausnutzung der vom Gesetz vorgesehenen Befugnis selber die Beförderung übernimmt), hat er hinsichtlich der Beförderung die Rechte und Pflichten eines Frachtführers oder Verfrachters. Damit ist es erforderlich, im Einzelfall zu prüfen, ob ein Fracht- oder ein Speditionsvertrag vorliegt. Hierzu gibt es verschiedene Einordnungshilfen (vgl. oben, T 2 2.1.3.).

- Zunächst ist die Verabredung der Geschäftspartner heranzuziehen. Wenn als Hauptleistung ein Transport, eine Transportzeit sowie weitere Einzelheiten des Transports bis hin zur Übernahme einer Obhutspflicht am Transportgut vereinbart wird, kann vom Abschluss eines Frachtvertrages ausgegangen werden. Dagegen sprechen die Vereinbarung einer Sammelversendung oder die Erteilung eines „Speditionsauftrages" für den Abschluss eines Speditionsvertrages.

- Auch die von den Geschäftspartnern verwendeten Dokumente können eine Hilfestellung für die Unterscheidung ermöglichen. Wird ein Frachtbrief verwendet und wird der mit der Beförderung Beauftragte als Frachtführer bezeichnet, ist die Lage klar. Gleiches gilt, wenn ein Konnossement zu den Dokumenten gehört. Dagegen spricht für einen Speditionsvertrag, wenn Speditionsformulare, -übernahmebescheinigungen, -frachtbriefe oder Speditionsversicherungspolicen usw. verwendet werden.

- Schließlich können sich Anhaltspunkte aus der tatsächlichen Abwicklung des Geschäfts ergeben, so dass bei einer Einzelfallbetrachtung sowie Auslegung der Willenserklärung der Charakter des Vertrages ermittelt werden kann.

Um die Voraussetzungen der Anwendbarkeit der Klausel FCA zu erfüllen, muss die **324** Transportperson also „Frachtführer" sein; soll ein „Spediteur" diese Funktion erfüllen, muss er dem vertraglichen Frachtführer gleichgestellt werden können. Er muss dann aufgrund des Frachtvertrages mit seinem Auftraggeber, durch den er die Verantwortung für den Transport des Gutes zum Bestimmungsort übernimmt, als vertraglicher Frachtführer tätig werden. Im Luft- und Seetransport, wie auch im multimodalen Transport, ist die Beförderungsverpflichtung des Spediteurs durch den Abschluss des Frachtvertrages sowie die Ausstellung eigener Luftfracht- oder Seefrachtbriefe (Konnossemente, FIATA Bill of Lading) erkennbar.

In der anglo-amerikanischen Welt, die kein eigenständiges Speditionsrecht kennt, **325** wird ein „freightforwarder" entweder als Vertreter („agent") im Namen des Versenders tätig, oder aber er übernimmt als Geschäftsherr („principal") selber die Verantwortung für den Transportauftrag.

1.2.3. Die Verpflichtungen im Einzelnen

A 1 Allgemeine Pflichten des Verkäufers
B 1 Allgemeine Pflichten des Käufers

Die Verpflichtungen der Geschäftspartner nach A 1 (Verkäuferpflichten) und B 1 **326** (Käuferpflichten) sind in allen 11 Incoterms® 2010 wörtlich identisch! Daher kann zu diesen Punkten auf die Hinweise zu EXW verwiesen werden (vgl. oben, T 3 1.1.3.).

A 2 Lizenzen, Genehmigungen, Sicherheitsüberprüfung und sonstige Formalitäten
B 2 Lizenzen, Genehmigungen, Sicherheitsüberprüfung und sonstige Formalitäten

Mit der Klausel FCA schuldet der Verkäufer dem Käufer die Freimachung der Ware **327** für den Export, also die Beschaffung der Ausfuhrbewilligung, anderer behördlicher Genehmigungen sowie die Erledigung der Zollabfertigung, und er hat dafür auch die Kosten zu tragen (A 2). Auf der anderen Seite stellt B 2 für den Käufer klar, dass dieser die entsprechende Import- und gegebenenfalls Durchfuhrabwicklung auf eigene Gefahr und Kosten wahrzunehmen hat. Alle diese Maßnahmen und Tätigkeiten sind selbstverständlich nur dann wahrzunehmen, wo sie „anwendbar" sind, also wenn Zollgrenzen überschritten werden, nicht aber innerhalb eines Binnenmarktes (z. B. der EU) oder einer Freihandelszone.

A 2 und B 2 sind klare Verpflichtungen, die die beiden Parteien jeweils gegenseitig **328** wahrzunehmen haben. Angesichts der Bedeutung der Dokumente, um die es hier geht, und mit deren Vorhandensein überhaupt erst eine Ausfuhr oder Einfuhr ermöglicht wird, ist eine Nichterfüllung der Pflichten nach A 2 und B 2 als Vertragspflichtverletzung im Sinne des Art. 30 CISG (Verkäuferpflicht) oder Art. 53 CISG (Käuferpflichten) anzusehen; die sich hieraus ergebenden Rechtsfolgen (Schadensersatz, Lieferbefreiung, Rücktrittsrecht o. ä.) bestimmen sich entweder aus dem für den Kaufvertrag vereinbarten geltenden Recht, nach den Regeln des UN-Kaufrechts (CISG) oder aber nach dem aus den Grundsätzen des IPR ermittelten, für den Vertrag anzuwendenden nationalen Recht.

329 Angesichts der Bedeutung dieser Pflichten müssen die Geschäftspartner (Verkäufer und Käufer) vor Abschluss des Kaufvertrages prüfen, in welcher Weise sie die Bedingungen nach A 2/B 2 zu erfüllen haben und ob sie dazu überhaupt in der Lage sein können. Ist erkennbar, dass die Erteilung einer Exportlizenz oder einer Einfuhrbewilligung außerhalb des Einflussbereiches des zur Beschaffung verpflichteten Partners steht, sollte dies bei Vereinbarung der Klausel FCA (Incoterms® 2010) mit *„vorbehaltlich Exportlizenz"* oder *„vorbehaltlich Einfuhrbewilligung"* deutlich gemacht werden.

A 3 Beförderungs- und Versicherungsvertrag
B 3 Beförderungs- und Versicherungsvertrag

Beförderungsvertrag

330 Die Klausel FCA erlegt dem Käufer in B 3 die Pflicht auf, sich um den *Transportvertrag* zu kümmern. Er hat daher den Transportvertrag ab Lieferort auf seine Kosten zu schließen. Dies ist in der Praxis nicht immer sinnvoll, wenn die branchenüblichen Gepflogenheiten, die ständige Übung zwischen den Geschäftspartnern oder schlicht die Zweckmäßigkeit dafür sprechen, den Beförderungsvertrag durch den Verkäufer abschließen zu lassen.

331 Der Käufer kann den Verkäufer direkt um Abschluss des Transportauftrages bitten. Denkbar ist aber auch, dass es in der Handelspraxis üblich ist und der Käufer nicht rechtzeitig eine gegenteilige Anweisung erteilt, dass in diesen Fällen der Verkäufer den Beförderungsvertrag zu den üblichen Bedingungen und auf Gefahr und Kosten des Käufers abschließen darf. Zu beachten ist, dass ein den Frachtauftrag erteilender Verkäufer damit Vertragspartner des Frachtvertrages und dem Frachtführer gegenüber zahlungspflichtig wird; er kann die entstandenen Kosten aber dem Käufer weiterbelasten. Hierin liegt durchaus ein gewisses Risiko, dass der Verkäufer nicht sicher wissen kann, ob der Käufer ihm die entstandenen Transportkosten auch tatsächlich ersetzen wird; daher darf er die Beauftragung des Transports (unverzüglich) ablehnen, wenn er den Transportvertrag nicht abschließen will. A 3 lit. a gibt daher dem Verkäufer grundsätzlich das Recht, es abzulehnen, den Beförderungsvertrag abzuschließen; in beiden von A 3 lit. a genannten Fällen muss der Verkäufer den Käufer jedoch unverzüglich davon unterrichten, dass er den Abschluss des Beförderungsvertrages ablehnt.

Versicherungsvertrag

332 Hinsichtlich des Versicherungsvertrages erlegen A 3 lit. b und B 3 lit. b keiner der Parteien eine Versicherungs*pflicht* auf, doch da die Ware ab dem Lieferort auf das Risiko des Käufers transportiert wird (dazu B 5), liegt es in seinem Interesse, das Transportrisiko zu versichern. Umgekehrt verpflichtet A 5 den Verkäufer dazu, alle Risiken des Transports bis zum Lieferort zu tragen, so dass der Verkäufer ein Interesse daran haben muss, bis zum Lieferort eine Transportversicherung zu haben. Daher werden im Grunde zwei Transportrisikoversicherungen benötigt: für den Verkäufer eine bis zum FCA-Lieferort, für den Käufer eine ab FCA-Lieferort. Dies ist jedoch kaum zweckmäßig, wenn im Schadensfall nicht genau feststellbar ist, in welchem Moment ein schädigendes Ereignis eingetreten ist und die Geschäftspartner letztlich darunter leiden, dass zwei eigenständige Versicherungen eine Versicherungspflicht mangels Beweisbarkeit eines Schadenseintritts ablehnen oder zumindest lange herauszögern. Sinnvoll ist es daher, für den gesamten Zeitraum des Gütertransports einen durchgehenden Versicherungsschutz zu vereinbaren und im Rahmen der Kaufpreisverhandlungen darüber zu sprechen, wie die zu zahlende Versicherungsprämie, die die den Vertrag abschließende Partei zu zahlen hat, sinnvoll geteilt werden kann.

A 4 Lieferung
B 4 Abnahme

Die Bestimmungen der Pflichten nach B 4 sind nur sehr geringfügig, die Pflichten nach A 4 daher etwas umfangreicher (gegenüber der Vorgängerversion) überarbeitet worden. Dabei ist es aber zu keinen gravierenden inhaltlichen Abänderungen gekommen. **333**

So ist der Verkäufer nach A 4 verpflichtet, die Ware in der Weise zu liefern, dass er sie dem Käufer an einem vereinbarten Punkt zur Verfügung stellt, der Käufer muss sie abnehmen bzw. abholen. Zu den Begriffen *„zur Verfügung stellen"*, *„Lieferung"* und *„Abnahme"* sind weiterführende Ausführungen gemacht worden (vgl. oben, T 2 2.1.5.). **334**

Auch der *„Lieferort"* („place of delivery") ist Bestandteil der Klausel in A 4 (vgl. oben, T 2 2.1.2). **335**

Zum *Lieferzeitpunkt* und der Heranziehung von Art. 33 CISG wurden ebenfalls bereits Erläuterungen gegeben (vgl. oben, T 2 2.2.1). **336**

A 4 enthält in Absatz 2 Lieferalternativen, indem er mit der Be- und Entladung zusammenhängende Übergabeschritte als maßgebliche Lieferungsmerkmale für die Abholung beim Verkäufer und für die Anlieferung beim Frachtführer festlegt. Danach unterscheiden A 4 Abs.2 lit. a und b wie folgt: **337**

- Liegt der benannte Ort am Ort des Verkäufers („seller's premises", als ein Ort des Verkäufers, der dessen Werk, Lager, Betriebsstätte, aber auch dessen Auslieferungslager bei einem Dritten usw. sein kann), ist die „delivery" abgeschlossen, wenn die Ware auf das vom Käufer bereitgestellte Beförderungsmittel verladen worden war.

- Liegt der benannte Ort nicht beim Verkäufer, ist die Lieferung dagegen abgeschlossen, wenn die Ware einer vom Käufer benannten (oder vom Verkäufer nach A 3 lit. a benannten) Person auf dem Beförderungsmittel des Verkäufers bereit zur Entladung zur Verfügung gestellt wird.

Die beiden Absätze unterscheiden also danach, wer die Verladung vornimmt: Verlädt der Verkäufer, ist die „delivery" erst mit Abschluss der Verladung erfüllt; verlädt dagegen der Frachtführer, ist die „delivery" mit der Bereitstellung zur Verladung erfüllt. **338**

Die in A 4 bezeichneten „Beförderungsmittel" verstehen sich im fahrzeugtechnischen Sinne, können daher zwar durchaus neben üblichen Fahrzeugen auch Sattelauflieger und Wechselbrücken, nicht aber bloße Container, die reine Transportbehäl- **339** ter sind, umfassen. Wenn ein Sattelauflieger als Beförderungsmittel ausreicht, kann die dort erfolgte Verladung bereits die „Lieferung" erfüllen, auch wenn der Frachtführer den Sattelauflieger noch gar nicht in seinen Besitz genommen hat!

A 5 Gefahrübergang
B 5 Gefahrübergang

340 Mit der erfolgten Lieferung im Sinne des A 4 (und mit Ausnahme der in B 5 genannten Sonderumstände) findet zeitgleich auch der Gefahrübergang für Verlust und Schäden am Transportgut auf den Käufer statt.

341 Der Käufer muss daher die Ware bezahlen (Preisgefahr), wenn sie nach Lieferung (A 4) beschädigt wird, verloren geht oder sonst wie abhanden kommt (Transportgefahr; hierzu auch Art. 66 CISG). Allerdings belässt A 9 einen Teil des Risikos (Verpackung usw.) beim Verkäufer, so dass dieser für die Schadensfolgen einer Sorgfaltspflichtverletzung bei unsachgemäßer und nicht transportgerechter Verpackung selber einzutreten hat. Auch letzterer Grundsatz folgt Art. 66 CISG: Danach wird der Käufer von der Wirkung des Gefahrübergangs befreit, wenn Untergang oder Beschädigung der Ware auf eine Handlung oder *Unterlassung des Verkäufers* zurückzuführen sind.

342 B 5 regelt, dass der Gefahrübergang mit dem Zeitpunkt der Lieferung (im Sinne von A 4) auf den Käufer erfolgt. Die Gefahr geht *vor* der Lieferung bereits mit Ablauf des vorgesehenen Lieferzeitpunkts oder der vereinbarten Lieferfrist auf den Käufer über, wenn er es versäumt, den Verkäufer mit den Informationen nach A 7 zu versehen, oder wenn der benannte Frachtführer die Ware nicht übernommen hat. Handelt es sich beim Transportgut um eine Gattungsware, musste die für den Käufer bestimmte Ware klar als Vertragsware spezifiziert und damit ausgesondert gewesen sein.

A 6 Kostenverteilung
B 6 Kostenverteilung

343 Mit der Lieferung (A 4) findet neben dem Gefahrübergang (A 5) auch der Kostenübergang vom Verkäufer auf den Käufer statt:

- Danach trägt der Verkäufer alle mit der Beförderung der Ware zusammenhängenden Kosten bis zum Lieferort einschließlich der Kosten der Zollformalitäten und die bei der Ausfuhr anfallenden Zölle, Steuern und Abgaben,

- während der Käufer alle Kosten ab der Lieferung tragen muss, also auch die Kosten der bei der Einfuhr (und gegebenenfalls Durchfuhr) anfallenden Zölle, Steuern und Abgaben sowie die Kosten der Zollformalitäten.

344 Dabei ist in A 6 lit. b und B 6 lit. c mit der Formulierung „falls anwendbar" klargestellt, dass die Verpflichtungen zur Export- und Importfreimachung entfallen, soweit sie (etwa in einer Freihandelszone oder in einem Binnenmarkt wie der EU) gegenstandslos sind.

Hafengebühren/Terminalgebühren

345 Für den Seetransport mit Containern sind bereits grundsätzliche Ausführungen gemacht worden (vgl. oben, T 2 1.2.7.). Die Klausel FCA bedeutet hinsichtlich der Kostenaufteilung, dass bei Lieferungen im FCL-Container („Full Container Load") neben der Seefracht auch noch die *„Terminal Handling Charges"* (THC) für die Container-

behandlung im Hafen an bzw. ab Schiff anfallen; diese gehen zu Lasten des Käufers. Zu den THC gehören im ausgehenden Verkehr das Entladen der FCL-Container von anliefernden Fahrzeugen, die Beförderung zu den Verladeplätzen, die Stapelung, Dokumentation usw.

Beim Stauen von Stückgut („Less than a Container Load"; LCL) entstehen neben der **346** Seefracht *LCL-Service Kosten* für das Packen des LCL-Gutes in den Container des Schiffes und das Verladen des LCL-Containers an oder auf das Schiff. Derartige Kosten sind vom Käufer zu tragen.

Wird die vom Verkäufer angelieferte Ware an einer Containerstation des Hafenter- **347** minals entgegen genommen und gegebenenfalls zwischengelagert, gehen entstehende *Kaigebühren* zu Lasten des Verkäufers.

Vom Käufer zu vertretene Versäumnisse

B 6 beschreibt in einer ausführlichen Auflistung die zusätzlichen Kosten, die durch **348** vom Käufer zu vertretene Versäumnisse zu dessen Lasten gehen. So muss der Käufer die Kosten tragen, die dadurch entstehen, dass

- er es (nach B 6 lit. b i) versäumt, den Frachtführer oder die sonstige Person zu benennen,

- oder (nach B 6 lit. b ii) es versäumt, die Ware im vereinbarten Zeitpunkt zu übernehmen

- oder er (nach B 6 lit. b iii) die Benachrichtigung gemäß B 7 ganz unterlässt

und in allen Fällen die Ware spezifiziert – oder als Gattungsware als für den Käufer bereits bestimmt, ausgesondert und damit konkretisiert – worden ist.

A 7 Benachrichtigung des Käufers
B 7 Benachrichtigung des Verkäufers

Nach A 7 ist der Verkäufer verpflichtet, den Käufer auf angemessene Weise zu be- **349** nachrichtigen, wenn die Ware an den Frachtführer übergeben wurde (vgl. oben, T 2 1.2.3.1. und 1.2.3.2.). Die Benachrichtigung („notice") dient dazu, die Ware zu versichern, ihre Inempfangnahme vorzubereiten oder über sie zu disponieren. Die Benachrichtigung ist „sufficient", also in der notwendigen Weise erfolgt, wenn sie den Käufer möglichst rasch, also auch unter Einsatz moderner Kommunikationsmittel, erreicht. Eine konkrete Aussage können die Incoterms® 2010 Regeln an dieser Stelle naturgemäß nicht treffen, da es schließlich im internationalen Geschäft branchen- und produktabhängig ist, nach welcher Art und Weise Benachrichtigungen erfolgen sollen oder müssen. Auch sind die Wege der Kommunikation (schriftlich, elektronisch usw.) zu berücksichtigen.

A 7 ist daher so zu verstehen, dass der Verkäufer jedenfalls die am besten geeignete **350** und schnellste Methode der Kommunikation nutzen sollte. Dies beinhaltet zugleich die Verantwortung des Verkäufers für etwaige Verzögerungen der Benachrichtigung, soweit sie seiner Sphäre zuzurechnen sind. Dies gilt beispielsweise für die Mitteilung des Umstands, dass der Frachtführer die Ware möglicherweise nicht zum vereinbarten Zeitpunkt abgeholt hat; diese Mitteilung soll dann sicherstellen, dass keine weiteren Belastungen des Käufers und damit zusammenhängende zusätzliche Kosten auftreten.

351 Umgekehrt muss der Käufer alles seinerseits Erforderliche tun, um dem Verkäufer die Gelegenheit zu geben, „rechtzeitig" zu benachrichtigen. Dazu muss er

- nach B 7 lit. b, sofern erforderlich, den Zeitpunkt und die Frist für die Warenlieferung, innerhalb derer der Transporteur die Ware entgegennehmen soll,

- nach B 7 lit. c die Transportart für die mit dem Transport betraute Person angeben

- und nach B 7 lit. d die Lieferstelle im benannten Ort mitteilen,

da es dabei um die FCA-Instruktion geht, ohne die der Verkäufer seine Lieferverpflichtung nicht einhalten kann. Die Pflicht zur Benennung des Frachtführers entfällt, wenn nach A 3 lit. a der Verkäufer die Auswahl und Beauftragung des Frachtführers (im Auftrag des Käufers oder entsprechend der branchenüblichen Übung) übernehmen sollte; in diesen Fällen hat der Käufer dann noch weitergehende Verpflichtungen gegenüber dem Verkäufer nach B 10 Absatz 3.

A 8 Lieferdokument
B 8 Liefernachweis

352 Die Überschrift A 8/B 8 der neuen Incoterms® 2010 ist deutlich gegenüber der Vorgängerversion von 2000 verkürzt worden und spricht nur noch vom „Lieferdokument" und dem „Liefernachweis" (vgl. oben, T 2 2.1.6.). Grundsätzlich gilt für die Incoterms® 2010, dass aus der großen Menge von im internationalen Geschäft üblichen Dokumenten (Transportdokumente, Rechnungen, Packlisten, Versicherungszertifikate, Ursprungszeugnisse u. v. a. m – es soll mehr als 200 „übliche" Dokumente geben) nur die Dokumente interessieren, die die Lieferung dokumentieren; hinzu kommen – je nach Bedarf und Forderung der jeweiligen Klausel – dann noch Versicherungsnachweise und etwaige für die Einfuhr und Ausfuhr notwendige Dokumente.

353 Da mithin die Lieferung und deren Erhalt durch den Käufer von großer Bedeutung sind, befassen sich die neuen Incoterms® 2010 Regeln von vornherein in A 8/B 8 nur noch mit dem Lieferdokument, und nicht mehr, wie noch in der Vorgängerversion, mit „Liefernachweis, Transportdokument oder entsprechender elektronischer Mitteilung". Zugleich berücksichtigt A 8, dass ein Transport auf verschiedene Arten durchgeführt werden kann, so dass zweckmäßigerweise nicht weiter differenziert wird und die Parteien durch die Lieferbedingung nicht weiter auf bestimmte Dokumente festgelegt werden. So besteht eine Verpflichtung des Verkäufers nach A 8 darin, dem Käufer auf seine Kosten und auf geeignete Weise nachzuweisen, dass er die Lieferung bewirkt hat.

354 Benötigt der Käufer ein Transportdokument, verpflichtet A 8 Absatz 2 den Verkäufer dazu, hierfür Unterstützung zu leisten. Dies kommt beispielsweise beim Seetransport in Seehäfen vor, wenn der Verkäufer bei Anlieferung eines FCL-Containers als Ablader eine Empfangsbestätigung erhält oder bei LCL-Gut einen Empfangsschein. Wird später ein Seefrachtvertrag abgeschlossen, benötigt der Käufer diese Empfangsbescheinigung, um vom Seefrachtführer das Transportdokument (gegen Rückgabe der Empfangsbescheinigung) zu erhalten; hier zeigt sich, dass der Verkäufer nach A 8 Absatz 2 Unterstützung leisten muss.

Andererseits benötigt der Verkäufer den Liefernachweis selber, wenn ihm nach A 3 **355** lit. a der Abschluss des Transportauftrags obliegt. In diesen Fällen ist das mittels Transportbeauftragung erhaltene Transportdokument (Konnossement oder Seefrachtbrief) gleichzeitig auch der Liefernachweis nach A 8.

- Wenn der Verkäufer wegen der Transportbeauftragung ein Konnossement erhalten hat, muss er dieses dem Käufer weiterreichen, da dieser es (als Inhaberpapier) für die Inempfangnahme der Ware benötigt. Kosten und Gefahr der Zusendung des Konnossements trägt der Käufer (vgl. B 10).

- Anders ist es beim Seefrachtbrief, der nur den Abschluss eines Seefrachtvertrages nachweist, aber kein Inhaberpapier ist. Die Übergabe der Ware im Bestimmungshafen erfolgt hier mit Hilfe eines Auslieferungspapiers, ohne dass es der Vorlage des Seefrachtbriefes bedarf. Der Verkäufer wird dem Käufer den Seefrachtbrief nur dann – im Sinne von A 8 Absatz 2 – überlassen, wenn der Käufer das Papier zu Beweis- oder Zahlungszwecken im Original benötigt.

A 9 Prüfung – Verpackung – Kennzeichnung
B 9 Prüfung der Ware

Prüfung

Soweit eine Prüfung der Qualität (durch Qualitätsprüfung, Messen, Wiegen oder **356** Zählen) der Ware für die Lieferung nach A 4 notwendig ist, muss der Verkäufer die hierfür entstandenen Kosten nach A 9 tragen.

Gleiches gilt für Kosten von Warenkontrollen vor der Verladung („pre-shipment in-**357** spection"), die aufgrund behördlicher Vorschriften des *Export*landes entstehen. Sind Warenkontrollen dagegen aufgrund von Vorschriften des *Import*landes durchzuführen, muss der Käufer die Kosten nach B 9 tragen.

Verpackung

Grundsätzlich muss der Verkäufer für eine transportgerechte Verpackung sorgen. **358** Aus den für das Frachtrecht bestehenden Regeln ergibt sich bereits grundsätzlich, dass es dem Absender obliegt, das Gut, soweit dessen Natur unter Berücksichtigung der vereinbarten Beförderung eine Verpackung erfordert, so zu verpacken, dass es vor Verlust und Beschädigung geschützt ist und dass auch dem Frachtführer keine Schäden entstehen. Dabei ist für die Verpackungsbedürftigkeit vor allem die Art der Güter, insbesondere ihre Empfindlichkeit, entscheidend. Daneben spielen auch die Umstände der vereinbarten Beförderung für die Verpackung eine wichtige Rolle. Ist es dagegen handelsüblich, dass eine bestimmte Ware nicht verpackt wird, dann muss der Verkäufer auch nicht für eine Verpackung sorgen.

Eine Verpackungspflicht wird dem Verkäufer nach A 9 nur auferlegt, wenn er die **359** Umstände des Transports (Transportart, Transportweg usw.) bereits zum Vertragsschluss kannte; dabei reicht eine standardmäßige Verpackung in der Regel aus, wie sich aus dem Umkehrschluss von A 9 Absatz 2 ergibt. Hat der Käufer den Verkäufer dagegen *vor* Vertragsabschluss von einem besonderen Verpackungserfordernis in Kenntnis gesetzt, muss der Verkäufer diese Anforderungen beachten und sie auf eigene Anforderungen erfüllen. Da die Benachrichtigung vor Vertragsschluss erfolgt sein muss, hat der Verkäufer noch Gelegenheit, dies bei seiner Preisgestaltung zu berücksichtigen.

Kennzeichnung

360 A 9 endet mit einem kurzen Hinweis auf eine Kennzeichnungspflicht auf der Verpackung. Dies entspricht dem allgemeinen frachtrechtlichen Konzept, wonach ein Versender gegenüber dem Frachtführer verpflichtet ist, das Frachtgut nicht nur ordnungsgemäß zu verpacken, sondern es auch ausreichend zu kennzeichnen, damit der Frachtführer seine Pflichten ordnungsgemäß erfüllen kann. Die Kennzeichnungspflicht umfasst daher Markierungen wie „Vorsicht Glas" oder „Vor Nässe schützen", aber auch Hinweise auf gefährliches Gut, die besonderer Hinweis- und Vorsorgepflichten bedingen.

A 10 Kostentragung bei Unterstützung mit Informationen
B 10 Kostentragung bei Unterstützung mit Informationen

361 Teilweise wurde auf die Verpflichtung des Verkäufers wie auch des Käufers schon unter A 2/B 2 und A 6/B 6 eingegangenen, soweit es um zusätzliche Pflichten im Zusammenhang mit der Ausfuhr, Einfuhr oder den Transport an den Bestimmungsort und die damit zusammenhängende Kostentragung geht. Ansonsten wurden A 10/B 10 gegenüber der Vorgängerversion der Incoterms® 2000 redaktionell weitgehend neu gefasst.

362 Die Neufassung legt nun ganz allgemein die Pflicht des Verkäufers fest, *auf Anfordern, Risiko und Kosten des Käufers* alles Notwendige zu tun oder zu beschaffen, was der Käufer für die Einfuhr und/oder den Transport zum Bestimmungsort an Dokumenten oder auch sicherheitsrelevanten Informationen benötigt. Da bereits in A 8 auf Lieferdokumente eingegangen wurde, versteht sich A 10 als Regelung zu *anderen* Dokumenten als die Liefernachweise und Transportdokumente, die nach A 8 erfasst werden und ist beispielsweise anwendbar für Ursprungszeugnisse, Konsulatspapiere usw., bei denen der Verkäufer auf Verlangen des Käufers und auf dessen Gefahr und Kosten zur Beschaffung Unterstützung leisten muss.

363 Der Käufer, so stellt B 10 klar, hat ein derartiges Begehren frühzeitig mitzuteilen, um dem Verkäufer das geeignete Handeln zu ermöglichen, und er hat für die hierdurch entstehenden Kosten aufzukommen.

364 Wenn der Verkäufer vom Käufer damit beauftragt wurde, sich um den Abschluss des Beförderungsvertrages zu kümmern (A 3 lit. a), dann hat der Käufer dem Verkäufer hierzu auf Kosten und Risiko der Verkäufers alle erforderlichen Informationen, sicherheitsrelevanten Hinweise und sonstigen Dokumente zu geben oder bei der Beschaffung Unterstützung zu leisten, die für den Beförderungsvertrag erforderlich sind. Der Ersatz der dem Verkäufer dadurch entstandenen Aufwendungen kann nach A 3 vom Verkäufer verlangt werden.

1.3. CPT (Frachtfrei – … benannter Bestimmungsort)

1.3.1. Vorbemerkung

Die Incoterms® 2010 Regeln zu CPT legen einige Grundsätze für ihre Anwendung **365** in der einleitenden Präambel fest. Danach kann sie

- für *jede* Transportform gewählt werden

- und eignet sich daher auch für den Einsatz *verschiedener Transportmittel* innerhalb eines Warentransports (multimodaler Transport).

Diese Klausel eignet sich für alle Geschäfte, bei denen die Ware auf Gefahr des Käufers, aber auf Kosten des Verkäufers zum benannten Bestimmungsort transportiert werden soll. Der Lieferort ist nicht fest bestimmt (z. B. ein Schiff in einem Verschiffungshafen), sondern er befindet sich dort, wo das Transportgut dem (ersten) Frachtführer übergeben wird. **366**

Frachtfrei/Frachtführer

„Frachtfrei" bedeutet, dass **367**

- der Verkäufer die Ware

- dem von ihm benannten Frachtführer oder einer anderen Person

- an einem Lieferort, sofern ein solcher vereinbart wurde, liefert und ihm die Ware übergibt,

- wobei der Verkäufer jedoch zusätzlich die Frachtkosten zu tragen hat, die erforderlich sind, um die Ware bis zum benannten Bestimmungsort zu befördern.

„Frachtführer" ist, wer sich durch einen Beförderungsvertrag verpflichtet, die Beförderung auf der Schiene, Straße, in der Luft, zur See, mit einem Binnenschiff oder in einer Kombination von Transportarten durchzuführen oder durchführen zu lassen. Zum Frachtführer in Abgrenzung zum Spediteur vgl. die grundlegenden Anmerkungen (vgl. oben, T 3 1.2.2.). **368**

Werden mehrere aufeinander folgende Frachtführer für die Beförderung zum benannten Bestimmungsort eingesetzt, geht die Gefahr auf den Käufer über, sobald die Ware dem *ersten* Frachtführer übergeben worden ist. Erster Frachtführer ist derjenige, der die Ware selbst oder durch einen Subunternehmer als erster übernimmt. Aufeinander folgende Frachtführer sind im internationalen Rechtsverkehr geläufig. So regelt beispielsweise Art. 34 CMR die Beförderung durch aufeinander folgende Frachtführer. Charakteristisch hierbei ist, dass der Absender den ersten Frachtführer mit der Beförderung des Gutes über eine Gesamtstrecke beauftragt und hierfür einen durchgehenden Frachtbrief ausstellt. Der erste Frachtführer befördert dann das Gut auf der ersten Teilstrecke und schließt im eigenen Namen und für eigene Rechnung mit einem nachfolgenden Frachtführer einen Frachtvertrag über die zweite Teilstrecke ab. Dadurch, dass der nachfolgende Frachtführer das Gut und den Frachtbrief übernimmt, tritt er in den ursprünglichen Frachtvertrag zwischen dem Absender und dem ersten Frachtführer ein. Die Frachtführer haften gesamtschuldnerisch, das heißt, beide schulden die gesamte Leistung, doch trägt nur jeder für sich für seine versprochene Beförderung zur Erfüllung bei. **369**

Lieferort

370 Die Klausel CPT weist zwei kritische Punkte auf, da der Gefahrübergang einerseits und die Kostentragungspflicht andererseits an verschiedenen Orten vom Verkäufer auf den Käufer stattfinden, beziehungsweise übergehen. Daher müssen Geschäftspartner und Vertragsparteien bei Einsatz der Klausel CPT unbedingt darauf achten, dass sie in ihrem Geschäftsabschluss bzw. bei Abschluss der Lieferbedingung

- den *Lieferort* genau bestimmen, da dies der Platz ist, an dem die Ware dem (ersten) Frachtführer übergeben wird und zugleich der Gefahrübergang vom Verkäufer auf den Käufer stattfindet

- und den *Bestimmungsort* genau bestimmen, da der Verkäufer diese präzise Angabe für den Abschluss des Beförderungsvertrages benötigt. Außerdem entscheidet der Bestimmungsort über den Kostenübergang zwischen den Parteien.

371 Die Klausel CPT zwingt eigentlich nicht dazu, einen Lieferort festzulegen, an dem die Ware dem Frachtführer übergeben wird (vgl. A 3 lit. a). Da sich die Klausel CPT für den multimodalen Transport (mit mehreren Frachtführern) eignet und damit dann auch mehrere Frachtführer für den Transport bis zum Bestimmungsort einsetzbar sind, legt CPT zugleich fest, dass der Gefahrübergang in dem Moment stattfindet, in dem das Transportgut dem *ersten* Frachtführer übergeben wird. Ist dafür kein exakter „Lieferort" von den Parteien im Kaufvertrag oder in der Lieferbedingung vorgegeben, liegt hier ein gewisses Missbrauchsrisiko, da es geradezu im Belieben des Verkäufers steht, selber festzulegen, an welchem Punkt das Transportgut auf den ersten Frachtführer übergeht und damit zugleich der Gefahrübergang von ihm selber auf den Käufer stattfindet. Daher empfiehlt es sich, einen Lieferort, der für CPT nicht zwingend ist, zumindest bei Nutzung mehrerer Frachtführer festzulegen.

Bestimmungsort

372 Die Klausel CPT sieht vor, dass der Verkäufer sich um den Transport zu einem vereinbarten Bestimmungsort kümmern muss (A 3), während den Käufer zu dieser Aufgabe keinerlei Verpflichtung trifft. Der Verkäufer muss daher auch die anfallenden Frachtkosten tragen, die er in seiner Preiskalkulation (Verkaufspreis) mit einberechnet.

373 Da während des Warentransports zusätzlich auch Umschlagsgebühren („terminal handling charges") anfallen können, kann es geschehen, dass derartige Kosten dem Käufer bei Abholung der Ware durch den Terminalumschlagsbetrieb in Rechnung gestellt werden, so dass er mit der Übernahme der Umschlagsgebühren auf diese Weise dann doch (einen Teil) der „Transportkosten" zu tragen hätte. Er würde damit zweimal belastet: einmal durch Bezahlung der „Transportkosten" über die Rechnung des Verkäufers aus dem Kaufvertrag und des Weiteren durch die Bezahlung der Umschlagsgebühren. Um diese Belastung des Käufers zu vermeiden, sollte der „Bestimmungsort" derartig präzise festgelegt werden, dass von Anfang an klar ist, dass der Verkäufer alle Kosten bis zum Erreichen des präzise festgelegten Bestimmungsortes zu tragen hat und der Käufer, sollte er mit Umschlagsgebühren belastet werden, diese vom Verkäufer zurückverlangen kann.

Freimachen

Die Klausel CPT 2010 sieht in A 6 vor, dass der Verkäufer die Ware für den Export **374** freizumachen hat, sofern überhaupt ein Export (und nicht etwa nur ein Binnenmarktsgeschäft oder ein Transport in einer Freihandelszone) ansteht. Hinsichtlich der Importfreimachung sowie etwaiger Zollformalitäten im Import trägt der Exporteur keine Verantwortung.

1.3.2. Richtige Anwendung

Die Klausel CPT ist sehr vielseitig einsetzbar. Zum einen ist sie von der Transportart **375** unabhängig und daher für alle denkbaren Transporte, auch mittels Container sowie multimodal, geeignet.

Hinsichtlich der Transportversicherung liegt es am Käufer, eine solche (bei Bedarf) ab- **376** zuschließen, A 3/B 3. Der Käufer wird dies grundsätzlich tun, da die Ware *ab Lieferort* auf Risiko des Käufers transportiert wird (B 5) und damit der deutlich größere Teil des Warentransports in einer Risikosphäre stattfindet. Wenn eine Transportversicherung abgeschlossen wird, deckt sie den gesamten Transport *ab Lieferort bis zum Erreichen des Bestimmungsortes* ab; CPT ist in diesen Fällen eine geeignete Grundlage.

Die Transportversicherung sollte aber möglichst auch das Transportrisiko abdecken, **377** das *bis* zum Lieferort entstehen kann – für diesen nur kurzen Transportweg und die kurze Transportzeit ab Ort des Verkäufers wäre der Verkäufer selber verantwortlich. Eine entsprechende interessengerechte Vereinbarung zwischen den Parteien kann vermeiden, dass zwei einzelne Versicherungen benötigt werden (bis Lieferort und ab Lieferort), so dass Versicherungsschutz durchgängig für den Gesamttransport von Haus zu Haus beantragt werden kann. Dies hilft zugleich zu vermeiden, dass ein Schadensereignis im Rahmen des Transports an irgendeiner Stelle eintritt und Streit entsteht, welche (Einzeltransportabschnitts-) Versicherung dafür nun verantwortlich wäre.

1.3.3. Die Verpflichtungen im Einzelnen

A 1 Allgemeine Pflichten des Verkäufers
B 1 Allgemeine Pflichten des Käufers

Die Verpflichtungen der Geschäftspartner nach A 1 (Verkäuferpflichten) und B 1 **378** (Käuferpflichten) sind in allen 11 Incoterms® 2010 wörtlich identisch! Daher kann zu diesen Punkten auf die Hinweise unter der Klausel EXW verwiesen werden (vgl. oben, T 3 1.1.3.).

A 2 Lizenzen, Genehmigungen, Sicherheitsüberprüfung und sonstige Formalitäten
B 2 Lizenzen, Genehmigungen, Sicherheitsüberprüfung und sonstige Formalitäten

Mit der Klausel CPT schuldet der Verkäufer dem Käufer die Freimachung der Ware **379** für den Export, also die Beschaffung der Ausfuhrbewilligung, anderer behördlicher Genehmigungen sowie die Erledigung der Zollabfertigung, und er hat dafür auch die Kosten zu tragen (A 2). Auf der anderen Seite stellt B 2 für den Käufer klar, dass dieser die entsprechende Import- und gegebenenfalls Durchfuhrabwicklung auf eigene Gefahr und Kosten wahrzunehmen hat. Alle diese Maßnahmen und Tätigkeiten sind selbstverständlich nur dann wahrzunehmen, wo sie „anwendbar" sind, also wenn

Zollgrenzen überschritten werden, nicht aber innerhalb eines Binnenmarktes (z. B. der EU) oder einer Freihandelszone.

380 A 2 und B 2 sind klare Verpflichtungen, die die beiden Parteien jeweils gegenseitig wahrzunehmen haben. Angesichts der Bedeutung der Dokumente, um die es hier geht, und mit deren Vorhandensein überhaupt erst eine Ausfuhr oder Einfuhr ermöglicht wird, ist eine Nichterfüllung der Pflichten nach A 2 und B 2 als Vertragspflichtverletzung im Sinne des Art. 30 CISG (Verkäuferpflicht) oder Art. 53 CISG (Käuferpflichten) anzusehen; die sich hieraus ergebenden Rechtsfolgen (Schadensersatz, Lieferbefreiung, Rücktrittsrecht o. ä.) bestimmen sich entweder aus dem für den Kaufvertrag vereinbarten geltenden Recht, nach den Regeln des UN-Kaufrechts (CISG) oder aber nach dem aus den Grundsätzen des IPR ermittelten, für den Vertrag anzuwendenden nationalen Recht.

381 Angesichts der Bedeutung dieser Pflichten müssen die Geschäftspartner (Verkäufer und Käufer) vor Abschluss des Kaufvertrages und damit einhergehender Festlegung der Incoterms® 2010 prüfen, in welcher Weise sie die Bedingungen nach A 2/B 2 zu erfüllen haben und ob sie dazu überhaupt in der Lage sein können. Ist erkennbar, dass die Erteilung einer Exportlizenz oder einer Einfuhrbewilligung außerhalb des Einflussbereiches des zur Beschaffung verpflichteten Partners steht, sollte dies bei Vereinbarung von CPT (Incoterms® 2010) *„vorbehaltlich Exportlizenz"* oder *„vorbehaltlich Einfuhrbewilligung"* deutlich gemacht werden.

A 3 Beförderungs- und Versicherungsvertrag
B 3 Beförderungs- und Versicherungsvertrag

382 Nach A 3 lit. a muss der Verkäufer sich um den Transportvertrag kümmern. Er muss den Beförderungsvertrag auf eigene Kosten entweder abschließen oder für seinen Abschluss sorgen, und zwar für eine Beförderung der Ware bis zu einem benannten Bestimmungsort oder, sofern entsprechend vereinbart, bis zu einem bestimmten Ort/Platz/Punkt an diesem Bestimmungsort. Ist keine besondere Lieferstelle am Bestimmungsort vereinbart und gibt es dafür auch keine Übung oder Praxis, darf der Verkäufer die nach seiner Ansicht bestgeeignete Ablieferungsstelle auswählen.

383 Der Beförderungsvertrag

- muss mit den vertragstypischen Inhaltsmerkmalen („usual terms") und den üblichen Beförderungsbedingungen (auf etwaige Haftungsausschlüsse, die branchen- oder transportüblich sind, achten!) ausgestattet sein
- und einen Transport auf der üblichen Transportroute („usual route")
- und in der üblichen Weise („in a customary manner") vorsehen.

384 Der Käufer hat keinerlei Verantwortung hinsichtlich des Beförderungsvertrages (B 3 lit. a).

385 Beide Parteien haben keine direkte Pflicht, einen Versicherungsvertrag abzuschließen, A 3 lit. b und B 3 lit. b. Wenn der Käufer jedoch eine Transportversicherung abschließen möchte, verpflichtet A 3 lit. b den Verkäufer dazu, den Käufer auf dessen Risiko und Kosten mit allen Informationen auszustatten, die dieser für den Abschluss einer Versicherung benötigt. Dazu gehören auch die Benachrichtigung über die Lieferung (A 7) und die Mitteilung über Transportdetails (im Sinne von A 10). Hinsichtlich der Versicherung des Gesamttransports siehe die grundlegende Anmerkung (vgl. oben, T 3 1.3.2.).

A 4 Lieferung
B 4 Abnahme

Die aktuelle Regelung zu CPT ist in A 4 hinsichtlich der Verkäuferpflichten gegenüber der Vorgängerversion der Incoterms® 2000 textlich verkürzt, da der frühere Hinweis auf mehrere aufeinander folgende Frachtführer entfallen ist; die Käuferpflicht in B 4 ist gleich geblieben. **386**

Der Verkäufer muss die Ware dem (ersten) Frachtführer in Übereinstimmung mit den Verpflichtungen nach dem Beförderungsvertrag (A 3) übergeben, und zwar zum vereinbarten Zeitpunkt oder innerhalb einer vereinbarten Frist. Der Übergabeort ist der „Lieferort, (vgl. oben, T 3 1.3.1.). **387**

Da es auf die *Rechtzeitigkeit der Lieferung* ausdrücklich ankommt, kann – insbesondere bei ausdrücklicher vertraglicher Vereinbarung einer exakten Frist oder eines exakten Zeitpunkts – auf Verabredung eines so genannten Fixgeschäfts im Sinne des § 376 Abs.1 HGB (vgl. auch §§ 919 bis 921 österr. ABGB) geschlossen werden, mit der Folge, dass der Käufer zum Rücktritt berechtigt oder zum Fordern von Schadensersatz wegen Nichterfüllung befugt sein könnte. Hier ist also auf die vertragliche Verabredung besondere Sorgfalt zu legen. **388**

Nach B 4 hat der Käufer nur die Pflicht zur Abnahme des Transportgutes am Bestimmungsort. Zugleich muss er nach B 4 anerkennen, wenn der Verkäufer die Ware dem ersten Frachtführer zum Transport übergeben hat (gemäß A 4), da dies für den Gefahrübergang von Bedeutung ist. **389**

A 5 Gefahrübergang
B 5 Gefahrübergang

Mit der erfolgten Lieferung im Sinne des A 4, und mit Ausnahme der in B 5 genannten Sonderumstände, findet zeitgleich auch der Gefahrübergang für Verlust und Schäden am Transportgut vom Verkäufer auf den Käufer statt. **390**

Der Käufer muss daher die Ware bezahlen (Preisgefahr), wenn sie nach Lieferung (A 4) beschädigt wird, verloren geht oder sonst wie abhanden kommt (Transportgefahr; hierzu auch Art. 66 CISG). Allerdings belässt A 9 einen Teil des Risikos (Verpackung usw.) beim Verkäufer, so dass dieser für die Schadensfolgen einer Sorgfaltspflichtverletzung bei unsachgemäßer und nicht transportgerechter Verpackung selber einzutreten hat. Auch letzterer Grundsatz folgt Art. 66 CISG: Danach wird der Käufer von der Wirkung des Gefahrübergangs befreit, wenn Untergang oder Beschädigung der Ware auf eine Handlung oder *Unterlassung des Verkäufers* zurückzuführen sind. **391**

B 5 regelt, dass der Gefahrübergang mit dem Zeitpunkt der Lieferung (im Sinne von A 4) auf den Käufer erfolgt. Die Gefahr geht aber schon *vor* der Lieferung (Übergabe an den Frachtführer) und zwar bereits mit Ablauf des vorgesehenen Lieferzeitpunkts oder der vereinbarten Lieferfrist auf den Käufer über, **392**

- wenn der Käufer es versäumt hat, den Verkäufer mit den Informationen nach A 7 zu versehen (also wenn der Käufer von dem ihm eingeräumten Recht, den

Versandzeitpunkt und/oder den Bestimmungsort nach B 7 festzulegen, keinen Gebrauch gemacht hat)

- und, wenn es sich beim Transportgut um eine Gattungsware handelt, die für den Käufer bestimmte Ware deutlich als Vertragsware spezifiziert und damit ausgesondert gewesen ist.

A 6 Kostenverteilung
B 6 Kostenverteilung

393 Die Kostenverteilung bei CPT ist komplex. A 6 unterteilt die den Verkäufer betreffenden Kosten in drei Kostenkategorien; B 6 beschreibt für den Käufer gleich fünf verschiedene Kostenansätze. Erkennbar wird bei A 6/B 6 wegen des häufigen Verweises auf den Beförderungsvertrag, dass dessen Vertragsbestimmungen hinsichtlich der Kostentragung unbedingt berücksichtigt werden müssen, da die Klausel CPT stets nachrangig zu den einzelvertraglich verabredeten Kostenklauseln zu verstehen ist.

Verkäuferkosten

394 Zum einen trägt der Verkäufer nach A 6 lit. a alle Kosten, die bis zur Lieferung an den Frachtführer anfallen (maßgeblicher Zeitpunkt nach A 4) mit Ausnahme der Kosten, die der Käufer nach B 6 übernehmen muss.

395 Ferner treffen den Verkäufer nach A 6 lit. b alle Kosten, die mit der Fracht entstehen sowie die Kosten, die nach A 3 lit. a (dazu oben, A 3) mit dem Beförderungsvertrag zusammenhängen einschließlich aller Kosten, die nach den Bestimmungen des Beförderungsvertrages vom Verkäufer für das Beladen sowie das spätere Entladen am Bestimmungsort zu zahlen sind.

396 Schließlich trägt der Verkäufer nach A 6 lit. c auch die Kosten der Ausfuhrabwicklung, also die mit der Ausfuhr entstehenden Abgaben, Steuern, Gebühren etc. sowie die Kosten, die bei einer Durchfuhr entstehen und nach den Bestimmungen des Beförderungsvertrages vom Verkäufer zu tragen sind.

Käuferkosten

397 Spiegelbildlich zu A 6 lit. a trifft den Käufer in B 6 lit. a die Kostentragungspflicht für alle Kosten, die nach der Lieferung an den Frachtführer und bis zur Ankunft am Bestimmungsort anfallen mit Ausnahme der Kosten der Ausfuhrabwicklung, die nach A 6 lit. c vom Verkäufer zu tragen sind.

398 B 6 lit. b erlegt dem Käufer auch die Kosten und Gebühren auf, die im Transit und bis zum Erreichen des Bestimmungsortes anfallen, sofern nicht der Beförderungsvertrag eine andere Kostenregelung trifft. Dasselbe gilt nach B 6 lit. c auch für die Entladekosten, die regelmäßig den Käufer treffen, sofern nicht der Beförderungsvertrag etwas anderes regelt. Im Seetransport, in dem Terminal Handling Charges und LCL Servicegebühren bei der Containerbehandlung, ferner Kaigebühren sowie weitere Kosten beim Löschen und Leichtern der Fracht entstehen, trägt der Käufer alle Kosten, soweit nicht der Beförderungsvertrag eine andere Regelung zur Kostentragung vornimmt.

399 Nach B 6 lit. d muss der Käufer auch die Kosten tragen, die dadurch entstehen, dass er eine rechtzeitige Benachrichtigung des Verkäufers hinsichtlich der Festlegung des Bestimmungsortes oder Entladeortes usw. nach B 7 versäumt. Schließlich trägt der

Käufer nach B 6 lit. e auch alle Kosten der Einfuhrabwicklung sowie eines Transits, sofern nicht der Beförderungsvertrag eine andere Kostenregelung trifft.

A 7 Benachrichtigung des Käufers
B 7 Benachrichtigung des Verkäufers

Der Verkäufer ist nach A 7 verpflichtet, den Käufer von der Lieferung an den Fracht- **400** führer zu benachrichtigen, so dass dieser die Ware für den Transport entsprechend versichern und ihren Empfang am Bestimmungsort entsprechend vorbereiten kann. Da der Käufer eine ganze Reihe von Maßnahmen bezüglich des Transportgutes ein- leiten muss (Versicherung, Disposition, Vorbereitung des Ankunfts- und Entladeplat- zes zur voraussichtlichen Ankunfts- und Entladezeit usw.), ist jegliche Benachrichti- gung des Käufers wichtig und der Verkäufer ist nach A 7 Absatz 2 verantwortlich, alles Notwendige (unverzüglich) zu tun, um den Käufer entsprechend informiert zu halten. Dies bedingt zugleich auch, dass der für die Benachrichtigung gewählte Kommunikationsweg der Eilbedürftigkeit der Benachrichtigung entspricht.

Da es im Ermessen des Käufers steht, den Zeitraum und den Zeitpunkt des Versands **401** sowie den Bestimmungsort und Abladeplatz festzulegen, ist er nach B 7 verpflichtet, den Verkäufer so rechtzeitig von seiner Entscheidung zu informieren, dass der Ver- käufer diese Vorgaben in üblicher Weise erfüllen kann.

A 8 Lieferdokument
B 8 Liefernachweis

Sofern es branchenüblich ist oder der Praxis entspricht oder aber vom Käufer ent- **402** sprechend ausbedungen wurde, muss der Verkäufer nach A 8 auf eigene Kosten „übliche" Transportdokumente im Sinne des nach A 3 lit. a vom Verkäufer abzu- schließenden Beförderungsvertrages beschaffen und dem Käufer zur Verfügung stellen. Vgl. zu den Transportdokumenten die einführenden Hinweise (vgl. oben, T 2 2.1.6.).

Im Gegenzug verpflichtet B 8 den Käufer dazu, die ihm vorgelegten Transportdoku- **403** mente anzunehmen, wenn sie den Vorgaben des Beförderungsvertrages entspre- chen.

A 9 Prüfung – Verpackung – Kennzeichnung
B 9 Prüfung der Ware

Prüfung

Soweit eine Prüfung der Qualität (durch Qualitätsprüfung, Messen, Wiegen oder **404** Zählen) der Ware für die Lieferung nach A 4 notwendig ist, muss der Verkäufer die hierfür entstandenen Kosten nach A 9 tragen.

Gleiches gilt für Kosten von Warenkontrollen vor der Verladung („pre-shipment in- **405** spection"), die aufgrund behördlicher Vorschriften des *Export*landes entstehen. Sind Warenkontrollen dagegen aufgrund von Vorschriften des *Import*landes durchzufüh- ren, muss der Käufer diese Kosten nach B 9 tragen.

Verpackung

406 Grundsätzlich muss der Verkäufer für eine transportgerechte Verpackung sorgen. Aus den für das Frachtrecht bestehenden Regeln ergibt sich bereits grundsätzlich, dass es dem Absender obliegt, das Gut, soweit dessen Natur unter Berücksichtigung der vereinbarten Beförderung eine Verpackung erfordert, so zu verpacken, dass es vor Verlust und Beschädigung geschützt ist und dass auch dem Frachtführer keine Schäden entstehen. Dabei ist für die Verpackungsbedürftigkeit vor allem die Art der Güter, insbesondere ihre Empfindlichkeit, entscheidend. Daneben spielen auch die Umstände der vereinbarten Beförderung für die Verpackung eine wichtige Rolle. Ist es dagegen handelsüblich, dass eine bestimmte Ware nicht verpackt wird, dann muss der Verkäufer auch nicht für eine Verpackung sorgen.

407 Eine Verpackungspflicht wird dem Verkäufer nach A 9 nur auferlegt, wenn er die Umstände des Transports (Transportart, Transportweg usw.) bereits zum Vertragsschluss kannte; dabei reicht eine standardmäßige Verpackung in der Regel aus, wie sich aus dem Umkehrschluss von A 9 Absatz 2 ergibt. Hat der Käufer den Verkäufer dagegen *vor* Vertragsabschluss von einem besonderen Verpackungserfordernis in Kenntnis gesetzt, muss der Verkäufer diese Anforderungen beachten und sie auf eigene Anforderungen erfüllen. Da die Benachrichtigung vor Vertragsschluss erfolgt sein muss, hat der Verkäufer noch Gelegenheit, dies bei seiner Preisgestaltung zu berücksichtigen.

Kennzeichnung

408 A 9 endet mit einem kurzen Hinweis auf eine Kennzeichnungspflicht auf der Verpackung. Dies entspricht dem allgemeinen frachtrechtlichen Konzept, wonach ein Versender gegenüber dem Frachtführer verpflichtet ist, das Frachtgut nicht nur ordnungsgemäß zu verpacken, sondern es auch ausreichend zu kennzeichnen, damit der Frachtführer seine Pflichten ordnungsgemäß erfüllen kann. Die Kennzeichnungspflicht umfasst daher Markierungen wie „Vorsicht Glas" oder „Vor Nässe schützen", aber auch Hinweise auf gefährliches Gut, die besonderer Hinweis- und Vorsorgepflichten bedingen.

A 10 Kostentragung bei Unterstützung mit Informationen
B 10 Kostentragung bei Unterstützung mit Informationen

409 A 10 legt die Pflicht des Verkäufers fest, *auf Anfordern, Risiko und Kosten des Käufers* alles Notwendige zu tun oder zu beschaffen, was der Käufer für die Einfuhr und/oder den Transport zum Bestimmungsort an Dokumenten oder auch sicherheitsrelevanten Informationen benötigt. Da bereits in A 8 auf Lieferdokumente eingegangen wurde, versteht sich A 10 als Regelung zu *anderen* Dokumenten als die Liefernachweise und Transportdokumente, die nach A 8 erfasst werden und ist beispielsweise anwendbar für Ursprungszeugnisse, Konsulatspapiere usw., bei denen der Verkäufer auf Verlangen des Käufers und auf dessen Gefahr und Kosten zur Beschaffung Unterstützung leisten muss.

410 Der Käufer, so stellt B 10 klar, hat ein derartiges Begehren frühzeitig mitzuteilen, um dem Verkäufer das geeignete Handeln zu ermöglichen, und er hat für die hierdurch entstehenden Kosten aufzukommen.

Wenn der Verkäufer vom Käufer damit beauftragt wurde, sich um den Abschluss des **411** Beförderungsvertrages zu kümmern (A 3 lit. a), dann hat der Käufer dem Verkäufer hierzu auf Kosten und Risiko der Verkäufers alle erforderlichen Informationen, sicherheitsrelevanten Hinweise und sonstigen Dokumente zu geben oder bei der Beschaffung Unterstützung zu leisten, die für den Beförderungsvertrag erforderlich sind. Der Ersatz der dem Verkäufer dadurch entstandenen Aufwendungen kann nach A 3 vom Verkäufer verlangt werden.

1.4. CIP (Frachtfrei versichert – ... benannter Bestimmungsort)

1.4.1. Vorbemerkung

412 Die Klausel CIP legt einige Grundsätze für ihre Anwendung in der einleitenden Präambel fest. Danach kann sie

- für jede Transportform gewählt werden

- und eignet sich daher auch für den Einsatz verschiedener Transportmittel innerhalb eines Warentransports (multimodaler Transport).

413 Diese Klausel eignet sich für alle Geschäfte, bei denen die Ware auf Gefahr des Käufers, aber auf Kosten des Verkäufers zum benannten Bestimmungsort transportiert werden soll. Der Lieferort ist nicht fest bestimmt (z. B. ein Schiff in einem Verschiffungshafen), sondern er befindet sich dort, wo das Transportgut dem (ersten) Frachtführer übergeben wird.

414 Anders als die Klausel CPT legt die Klausel CIP zusätzlich noch fest, dass den Verkäufer die Pflicht zur Versicherung der Transportware trifft. Eine weitergehende Regelung insbesondere bezogen auf den Umfang der Versicherungsdeckung trifft die Klausel aber nicht, da nur eine Minimumdeckung (beispielsweise nach Klausel C der „Institute Cargo Clauses" o. ä.) erforderlich ist.

415 Mit Ausnahme der Versicherungspflicht sind die beiden Klauseln CIP und CPT hinsichtlich der Verpflichtungen der Parteien in A 1 bis A 10 und B1 bis B 10 weitgehend identisch.

1.4.2. Richtige Anwendung

416 Die Klausel CIP ist dann die richtige Lieferbedingung für die Parteien, wenn *zusätzlich* zur in der Klausel CPT getroffenen Liefervereinbarung auch eine Regelung hinsichtlich der Versicherung getroffen werden soll und der Verkäufer dafür verantwortlich ist, auch die Transportversicherung gegen die vom Käufer getragene Gefahr des Verlusts oder der Beschädigung der Ware während der Beförderung zu beschaffen.

417 Trotzdem – und das stellt die Präambel in den Incoterms® 2010 Regeln zu CIP in ihrem dritten Absatz deutlich heraus – ist die Versicherungspflicht des Verkäufers mangels einer ausdrücklichen Vereinbarung hinsichtlich des Deckungsumfangs usw. nur auf ein Minimum an Versicherung beschränkt.

418 Das bedeutet, dass der Verkäufer bei CIP nur zur Versicherung mit einer Mindestdeckung verpflichtet ist, solange die Parteien in ihrem Vertrag nicht ausdrücklich etwas anderes vereinbart haben. Wenn der Käufer einen Versicherungsschutz mit höherer Deckung wünscht, muss er dies entweder ausdrücklich mit dem Verkäufer vereinbaren oder aber eigene zusätzliche Versicherungen abschließen.

1.4.3. Die Verpflichtungen im Einzelnen

A 1 Allgemeine Pflichten des Verkäufers
B 1 Allgemeine Pflichten des Käufers

419 Die Verpflichtungen der Geschäftspartner nach A 1 (Verkäuferpflichten) und B 1 (Käuferpflichten) sind in allen 11 Incoterms® 2010 wörtlich identisch! Daher kann zu diesen Punkten auf die Hinweise unter der Klausel EXW verwiesen werden (vgl. oben, T 3 1.1.3.).

A 2 Lizenzen, Genehmigungen, Sicherheitsüberprüfung und sonstige Formalitäten
B 2 Lizenzen, Genehmigungen, Sicherheitsüberprüfung und sonstige Formalitäten

Mit der Klausel CIP schuldet der Verkäufer dem Käufer die Freimachung der Ware **420** für den Export, also die Beschaffung der Ausfuhrbewilligung, anderer behördlicher Genehmigungen sowie die Erledigung der Zollabfertigung, und er hat dafür auch die Kosten zu tragen (A 2). Auf der anderen Seite stellt B 2 für den Käufer klar, dass dieser die entsprechende Import- und gegebenenfalls Durchfuhrabwicklung auf eigene Gefahr und Kosten wahrzunehmen hat. Alle diese Maßnahmen und Tätigkeiten sind selbstverständlich nur dann wahrzunehmen, wo sie „anwendbar" sind, also wenn Zollgrenzen überschritten werden, nicht aber innerhalb eines Binnenmarktes (z. B. der EU) oder einer Freihandelszone.

A 2 und B 2 sind klare Verpflichtungen, die die beiden Parteien jeweils gegenseitig **421** wahrzunehmen haben. Angesichts der Bedeutung der Dokumente, um die es hier geht, und mit deren Vorhandensein überhaupt erst eine Ausfuhr oder Einfuhr ermöglicht wird, ist eine Nichterfüllung der Pflichten nach A 2 und B 2 als Vertragspflichtverletzung im Sinne des Art. 30 CISG (Verkäuferpflicht) oder Art. 53 CISG (Käuferpflichten) anzusehen; die sich hieraus ergebenden Rechtsfolgen (Schadenersatz, Lieferbefreiung, Rücktrittsrecht o. ä.) bestimmen sich entweder aus dem für den Kaufvertrag vereinbarten geltenden Recht, nach den Regeln des UN-Kaufrechts (CISG) oder aber nach dem aus den Grundsätzen des IPR ermittelten, für den Vertrag anzuwendenden nationalen Recht.

Angesichts der Bedeutung dieser Pflichten müssen die Geschäftspartner (Verkäufer **422** und Käufer) vor Abschluss des Kaufvertrages und damit einhergehender Festlegung der Incoterms® 2010 prüfen, in welcher Weise sie die Bedingungen nach A 2/B 2 zu erfüllen haben und ob sie dazu überhaupt in der Lage sein können. Ist erkennbar, dass die Erteilung einer Exportlizenz oder einer Einfuhrbewilligung außerhalb des Einflussbereiches des zur Beschaffung verpflichteten Partners steht, sollte dies bei Vereinbarung der Klausel CIP (Incoterms® 2010) *„vorbehaltlich Exportlizenz"* oder *„vorbehaltlich Einfuhrbewilligung"* deutlich gemacht werden.

A 3 Beförderungs- und Versicherungsvertrag
B 3 Beförderungs- und Versicherungsvertrag

Beförderungsvertrag

Nach A 3 lit. a muss der Verkäufer sich um den Transportvertrag kümmern. Er muss **423** den Beförderungsvertrag auf eigene Kosten entweder abschließen oder für seinen Abschluss sorgen, und zwar für eine Beförderung der Ware bis zu einem benannten Bestimmungsort oder, sofern entsprechend vereinbart, bis zu einem bestimmten Ort/Platz/Punkt an diesem Bestimmungsort. Ist keine besondere Lieferstelle am Bestimmungsort vereinbart und gibt es dafür auch keine Übung oder Praxis, darf der Verkäufer die nach seiner Ansicht bestgeeignete Ablieferungsstelle auswählen.

424 Der Beförderungsvertrag

- muss mit den vertragstypischen Inhaltsmerkmalen („usual terms") und den üblichen Beförderungsbedingungen (auf etwaige Haftungsausschlüsse, die branchen- oder transportüblich sind, achten!) ausgestattet sein

- und einen Transport auf der üblichen Transportroute („usual route")

- und in der üblichen Weise („in a customary manner") vorsehen.

425 Der Käufer hat keinerlei Verantwortung hinsichtlich des Beförderungsvertrages (B 3 lit. a).

Versicherungsvertrag

426 Der Verkäufer muss auf seine Kosten eine Transportversicherung abschließen, die den Käufer oder eine andere Person mit versichertem Interesse an den Gütern berechtigt, direkt beim Versicherer Ansprüche geltend zu machen. Die Versicherung muss bei zuverlässigen Versicherern oder Versicherungsgesellschaften mit einwandfreiem Ruf abgeschlossen werden. Zur Transportversicherung vgl. auch die grundsätzlichen Anmerkungen (vgl. oben, T 2 1.2.5.).

427 Grundsätzlich haben die Parteien die Möglichkeit, den Umfang der Versicherung vertraglich zu vereinbaren. Fehlt eine solche Absprache, gibt A 3 lit. b in seinem ersten Abschnitt vor, dass eine Mindestdeckung gemäß Klausel C der „Institute Cargo Clauses" *oder einem ähnlichen Bedingungswerk* erforderlich ist. Die so genannten „Institute Cargo Clauses" sind die von der „International Underwriting Association of London" (IUA) herausgegebenen Versicherungsbedingungen, Policenformen und Transportversicherungsverträge, die vor allem im Seetransport und Landtransport nutzbar sind. Die „Institute Cargo Clauses" haben drei Kategorien:

- Klauseltyp „A" gewährt den umfangreichsten Versicherungsschutz („all risks"),

- Klauseltyp „B" versichert nur die in der Versicherungspolice ausdrücklich genannten Risiken („named perils", zum Beispiel Überbordspülen, Seewasserschäden, Totalverluste ganzer Kolli beim Laden und Löschen)

- und Klauseltyp „C" bietet" einen nur eingeschränkten Mindestschutz für bestimmte Schadensereignisse wie etwa Große Havarie, Feuer, Strandung, Seebeben usw.

Zusätzlich – und zuvor einzelvertraglich unter den Parteien ausbedungen – können vereinbart werden:

- „Institute War Clauses" (Kriegsklausel),

- „Institute Strike Clauses" (Streikklausel),

- „Malicious Damage Clauses" (für mutwillige Beschädigung oder Zerstörung),

- "Institute Commodity Trade Clauses" usw.

428 A 3 lit. b sieht in seinem zweiten Unterabschnitt vor, dass es auf Verlangen des Käufers und auf dessen Kosten möglich ist, den weitergehenden Versicherungsschutz nach Klauseltyp A oder B der „International Cargo Clauses" (oder ähnlicher Bedingungswerke) zu verabreden, so dass der Käufer einen weitreichenden Versicherungsschutz erreichen kann, wenn er dies möchte. Grundsätzlich muss die Mindestversicherung den Kaufpreis zuzüglich weiterer 10 Prozent abdecken, und sie muss in der Währung des Kaufvertrages erfolgen, A 3 lit. b dritter Unterabschnitt.

Werden Versicherungsverträge nicht auf der Basis der „Institute Cargo Clauses" ge- **429** schlossen, sieht A 3 lit. b die Möglichkeit vor, „any similar clauses" für den Abschluss eines Versicherungsvertrages zu Grunde zu legen. Ein ähnliches Bedingungswerk sind beispielsweise die von deutschen Transportversicherern genutzten DTV-Güterversicherungsbedingungen. Bei den „DTV-Güter 2000/2008" handelt es sich um eine unverbindliche Bekanntgabe von Versicherungsbedingungen des Gesamtverbandes der Deutschen Versicherungswirtschaft e.V.

Schließlich muss der Verkäufer dem Käufer die Versicherungspolice oder einen sons- **430** tigen Nachweis über den Versicherungsschutz übermitteln, und er muss dem Käufer jegliche Information über den Versicherungsschutz zugänglich machen, so dass der Käufer entscheiden kann, ob er zusätzlichen Versicherungsschutz wünscht oder eigenständig eindeckt.

A 4 Lieferung
B 4 Abnahme

Die Regel der Incoterms® 2010 zu CIP ist in A 4 hinsichtlich der Verkäuferpflichten **431** (gegenüber der Vorgängerversion der Incoterms® 2000) textlich verkürzt, da der frühere Hinweis auf mehrere aufeinander folgende Frachtführer entfallen ist; die Käuferpflicht in B 4 ist gleich geblieben.

Der Verkäufer muss die Ware dem (ersten) Frachtführer in Übereinstimmung mit den **432** Verpflichtungen nach dem Beförderungsvertrag (A 3) übergeben, und zwar zum vereinbarten Zeitpunkt oder innerhalb einer vereinbarten Frist. Der Übergabeort ist der „Lieferort" (vgl. oben, T 3 1.3.1.).

Da es auf die *Rechtzeitigkeit der Lieferung* ausdrücklich ankommt, kann – insbeson- **433** dere bei ausdrücklicher vertraglicher Vereinbarung einer exakten Frist oder eines exakten Zeitpunkts – auf Verabredung eines so genannten Fixgeschäfts im Sinne des § 376 Abs.1 HGB (vgl. auch §§ 919 bis 921 österr. ABGB) geschlossen werden, mit der Folge, dass der Käufer zum Rücktritt berechtigt oder zum Fordern von Schadensersatz wegen Nichterfüllung befugt sein könnte. Hier ist also auf die vertragliche Verabredung besondere Sorgfalt zu legen.

Nach B 4 hat der Käufer nur die Pflicht zur Abnahme des Transportgutes am Bestim- **434** mungsort. Zugleich muss er nach B 4 anerkennen, wenn der Verkäufer die Ware dem ersten Frachtführer zum Transport übergeben hat (gemäß A 4), da dies für den Gefahrübergang von Bedeutung ist.

A 5 Gefahrübergang
B 5 Gefahrübergang

Mit der erfolgten Lieferung im Sinne des A 4 (und mit Ausnahme der in B 5 genann- **435** ten Sonderumstände) findet zeitgleich auch der Gefahrübergang für Verlust und Schäden am Transportgut vom Verkäufer auf den Käufer statt.

Der Käufer muss daher die Ware bezahlen (Preisgefahr), wenn sie nach Lieferung **436** (A 4) beschädigt wird, verloren geht oder sonst wie abhanden kommt (Transportgefahr; hierzu auch Art. 66 CISG). Allerdings belässt A 9 einen Teil des Risikos (Verpackung usw.) beim Verkäufer, so dass dieser für die Schadensfolgen einer Sorgfaltspflichtverletzung bei unsachgemäßer und nicht transportgerechter Verpackung selber einzutreten hat. Auch letzterer Grundsatz folgt Art. 66 CISG: Danach wird der Käufer von der Wirkung des Gefahrübergangs befreit, wenn Untergang oder Beschädigung der Ware auf eine Handlung oder *Unterlassung des Verkäufers* zurückzuführen sind.

437 B 5 regelt, dass der Gefahrübergang mit dem Zeitpunkt der Lieferung (im Sinne von A 4) auf den Käufer erfolgt. Die Gefahr geht aber schon *vor* der Lieferung (Übergabe an den Frachtführer) und zwar bereits mit Ablauf des vorgesehenen Lieferzeitpunkts oder der vereinbarten Lieferfrist auf den Käufer über,

- wenn der Käufer es versäumt hat, den Verkäufer mit den Informationen nach A 7 zu versehen (also wenn der Käufer von dem ihm eingeräumten Recht, den Versandzeitpunkt und/oder den Bestimmungsort nach B 7 festzulegen, keinen Gebrauch gemacht hat)

- und, wenn es sich beim Transportgut um eine Gattungsware handelt, die für den Käufer bestimmte Ware deutlich als Vertragsware spezifiziert und damit ausgesondert gewesen ist.

A 6 Kostenverteilung
B 6 Kostenverteilung

438 Die Kostenverteilung der Klausel CIP ist komplex. A 6 unterteilt die den Verkäufer betreffenden Kosten in drei Kostenkategorien; B 6 beschreibt für den Käufer in B 6 gleich fünf verschiedene Kostenansätze. Erkennbar wird bei A 6/B 6 wegen des häufigen Verweises auf den Beförderungsvertrag, dass dessen Vertragsbestimmungen hinsichtlich der Kostentragung unbedingt berücksichtigt werden müssen, da die Klausel CPT stets nachrangig zu den einzelvertraglich verabredeten Kostenklauseln zu verstehen ist.

Verkäuferkosten

439 Zum einen trägt der Verkäufer nach A 6 lit. a alle Kosten, die bis zur Lieferung an den Frachtführer anfallen (maßgeblicher Zeitpunkt nach A 4) mit Ausnahme der Kosten, die der Käufer nach B 6 übernehmen muss.

440 Ferner treffen den Verkäufer nach A 6 lit. b alle Kosten, die mit der Fracht entstehen sowie die Kosten, die nach A 3 lit. a (dazu oben, A 3) mit dem Beförderungsvertrag zusammenhängen einschließlich aller Kosten, die nach den Bestimmungen des Beförderungsvertrages vom Verkäufer für das Beladen sowie das spätere Entladen am Bestimmungsort zu zahlen sind.

441 Des Weiteren hat der Verkäufer die Kosten für die Versicherung (nach A 3 lit. b) zu tragen.

442 Schließlich trägt der Verkäufer nach A 6 lit. d auch die Kosten der Ausfuhrabwicklung, also die mit der Ausfuhr entstehenden Abgaben, Steuern, Gebühren etc. sowie die Kosten, die bei einer Durchfuhr entstehen und nach den Bestimmungen des Beförderungsvertrages vom Verkäufer zu tragen sind.

Käuferkosten

Spiegelbildlich zu A 6 lit. a trifft den Käufer in B 6 lit. a die Kostentragungspflicht **443** für alle Kosten, die nach der Lieferung an den Frachtführer und bis zur Ankunft am Bestimmungsort anfallen mit Ausnahme der Kosten der Ausfuhrabwicklung, die nach A 6 lit. c vom Verkäufer zu tragen sind.

B 6 lit. b erlegt dem Käufer auch die Kosten und Gebühren auf, die im Transit und bis **444** zum Erreichen des Bestimmungsortes anfallen, sofern nicht der Beförderungsvertrag eine andere Kostenregelung trifft. Dasselbe gilt nach B 6 lit. c auch für die Entladekosten, die regelmäßig den Käufer treffen, sofern nicht der Beförderungsvertrag etwas anderes regelt. Im Seetransport, in dem Terminal Handling Charges und LCL Servicegebühren bei der Containerbehandlung, ferner Kaigebühren sowie weitere Kosten beim Löschen und Leichtern der Fracht entstehen, trägt der Käufer alle Kosten, soweit nicht der Beförderungsvertrag eine andere Regelung zur Kostentragung vornimmt.

Nach B 6 lit. d muss der Käufer auch die Kosten tragen, die dadurch entstehen, dass **445** er eine rechtzeitige Benachrichtigung des Verkäufers hinsichtlich der Festlegung des Bestimmungsortes oder Entladeortes usw. nach B 7 versäumt. Schließlich trägt der Käufer nach B 6 lit. e auch alle Kosten der Einfuhrabwicklung sowie eines Transits, sofern nicht der Beförderungsvertrag eine andere Kostenregelung trifft, und er ist nach B 6 lit. f dafür verantwortlich, zusätzliche Kosten von Versicherungsleistungen zu tragen, die er selber gewünscht beziehungsweise verlangt hat und die der Verkäufer seinem Wunsch (A 3 und B 3) entsprechend in den Versicherungsvertrag aufgenommen hat.

A 7 Benachrichtigung des Käufers
B 7 Benachrichtigung des Verkäufers

Der Verkäufer ist nach A 7 verpflichtet, den Käufer von der Lieferung an den Fracht- **446** führer zu benachrichtigen, so dass dieser die Ware für den Transport entsprechend versichern und ihren Empfang am Bestimmungsort entsprechend vorbereiten kann. Da der Käufer eine ganze Reihe von Maßnahmen bezüglich des Transportgutes einleiten muss (Versicherung, Disposition, Vorbereitung des Ankunfts- und Entladeplatzes zur voraussichtlichen Ankunfts- und Entladezeit usw.), ist jegliche Benachrichtigung des Käufers wichtig und der Verkäufer ist nach A 7 Absatz 2 verantwortlich, alles Notwendige (unverzüglich) zu tun, um den Käufer entsprechend informiert zu halten. Dies bedingt zugleich auch, dass der für die Benachrichtigung gewählte Kommunikationsweg der Eilbedürftigkeit der Benachrichtigung entspricht.

Da es im Ermessen des Käufers steht, den Zeitraum und den Zeitpunkt des Versands **447** sowie den Bestimmungsort und Abladeplatz festzulegen, ist er nach B 7 verpflichtet, den Verkäufer so rechtzeitig von seiner Entscheidung zu informieren, dass der Verkäufer diese Vorgaben in üblicher Weise erfüllen kann.

A 8 Lieferdokument
B 8 Liefernachweis

Sofern es branchenüblich ist oder der Praxis entspricht oder aber vom Käufer ent- **448** sprechend ausbedungen wurde, muss der Verkäufer nach A 8 auf eigene Kosten „übliche" Transportdokumente im Sinne des nach A 3 lit. a vom Verkäufer abzuschließenden Beförderungsvertrages beschaffen und dem Käufer zur Verfügung stellen. Vgl. zu den Transportdokumenten die einführenden Hinweise (vgl. oben, T 2 2.1.6.).

449 Im Gegenzug verpflichtet B 8 den Käufer dazu, die ihm vorgelegten Transportdokumente anzunehmen, wenn sie den Vorgaben des Beförderungsvertrages entsprechen.

A 9 Prüfung – Verpackung – Kennzeichnung
B 9 Prüfung der Ware

Prüfung

450 Soweit eine Prüfung der Qualität (durch Qualitätsprüfung, Messen, Wiegen oder Zählen) der Ware für die Lieferung nach A 4 notwendig ist, muss der Verkäufer die hierfür entstandenen Kosten nach A 9 tragen.

451 Gleiches gilt für Kosten von Warenkontrollen vor der Verladung („pre-shipment inspection"), die aufgrund behördlicher Vorschriften des *Export*landes entstehen. Sind Warenkontrollen dagegen aufgrund von Vorschriften des *Import*landes durchzuführen, muss der Käufer Kosten nach B 9 tragen.

Verpackung

452 Grundsätzlich muss der Verkäufer für eine transportgerechte Verpackung sorgen. Aus den für das Frachtrecht bestehenden Regeln ergibt sich bereits grundsätzlich, dass es dem Absender obliegt, das Gut, soweit dessen Natur unter Berücksichtigung der vereinbarten Beförderung eine Verpackung erfordert, so zu verpacken, dass es vor Verlust und Beschädigung geschützt ist und dass auch dem Frachtführer keine Schäden entstehen. Dabei ist für die Verpackungsbedürftigkeit vor allem die Art der Güter, insbesondere ihre Empfindlichkeit, entscheidend. Daneben spielen auch die Umstände der vereinbarten Beförderung für die Verpackung eine wichtige Rolle. Ist es dagegen handelsüblich, dass eine bestimmte Ware nicht verpackt wird, dann muss der Verkäufer auch nicht für eine Verpackung sorgen.

453 Eine Verpackungspflicht wird dem Verkäufer nach A 9 nur auferlegt, wenn er die Umstände des Transports (Transportart, Transportweg usw.) bereits zum Vertragsschluss kannte; dabei reicht eine standardmäßige Verpackung in der Regel aus, wie sich aus dem Umkehrschluss von A 9 Absatz 2 ergibt. Hat der Käufer den Verkäufer dagegen *vor* Vertragsabschluss von einem besonderen Verpackungserfordernis in Kenntnis gesetzt, muss der Verkäufer diese Anforderungen beachten und sie auf eigene Anforderungen erfüllen. Da die Benachrichtigung vor Vertragsschluss erfolgt sein muss, hat der Verkäufer noch Gelegenheit, dies bei seiner Preisgestaltung zu berücksichtigen.

Kennzeichnung

454 A 9 endet mit einem kurzen Hinweis auf eine Kennzeichnungspflicht auf der Verpackung. Dies entspricht dem allgemeinen frachtrechtlichen Konzept, wonach ein Versender gegenüber dem Frachtführer verpflichtet ist, das Frachtgut nicht nur ordnungsgemäß zu verpacken, sondern es auch ausreichend zu kennzeichnen, damit der Frachtführer seine Pflichten ordnungsgemäß erfüllen kann. Die Kennzeichnungspflicht umfasst daher Markierungen wie „Vorsicht Glas" oder „Vor Nässe schützen", aber auch Hinweise auf gefährliches Gut, die besonderer Hinweis- und Vorsorgepflichten bedingen.

A 10 Kostentragung bei Unterstützung mit Informationen
B 10 Kostentragung bei Unterstützung mit Informationen

A 10 legt die Pflicht des Verkäufers fest, *auf Anfordern, Risiko und Kosten des Käu-* **455** *fers* alles Notwendige zu tun oder zu beschaffen, was der Käufer für die Einfuhr und/ oder den Transport zum Bestimmungsort an Dokumenten oder auch sicherheitsrelevanten Informationen benötigt. Da bereits in A 8 auf Lieferdokumente eingegangen wurde, versteht sich A 10 als Regelung zu *anderen* Dokumenten als die Liefernachweise und Transportdokumente, die nach A 8 erfasst werden, und ist beispielsweise anwendbar für Ursprungszeugnisse, Konsulatspapiere usw., bei denen der Verkäufer auf Verlangen des Käufers und auf dessen Gefahr und Kosten zur Beschaffung Unterstützung leisten muss.

Der Käufer, so stellt B 10 klar, hat ein derartiges Begehren frühzeitig mitzuteilen, um **456** dem Verkäufer das geeignete Handeln zu ermöglichen, und er hat für die hierdurch entstehenden Kosten aufzukommen.

Wenn der Verkäufer vom Käufer damit beauftragt wurde, sich um den Abschluss des **457** Beförderungsvertrages zu kümmern (A 3 lit. a), dann hat der Käufer dem Verkäufer hierzu auf Kosten und Risiko des Verkäufers alle erforderlichen Informationen, sicherheitsrelevanten Hinweise und sonstigen Dokumente zu geben oder bei der Beschaffung Unterstützung zu leisten, die für den Beförderungsvertrag erforderlich sind. Der Ersatz der dem Verkäufer dadurch entstandenen Aufwendungen kann nach A 3 vom Verkäufer verlangt werden.

1.5. DAT (Geliefert ab Terminal – ... benanntes Terminal im Hafen oder am Bestimmungsort)

1.5.1. Vorbemerkungen

458 Die Klausel DAT ist (gemeinsam mit der nachfolgend [1.6.] behandelten Klausel DAP) völlig neu in die Textfassung der Incoterms® 2010 aufgenommen worden. Beide, Klauseln DAT wie DAP, stehen künftig anstelle der nunmehr weggefallenen bisherigen Incoterms® 2000 DAF, DES, DEQ und DDU, die sie zum Teil ersetzen, zum Teil aber auch an neue Anforderungen des Marktes und der Abwicklung anpassen und somit inhaltlich ergänzen. Zum Verständnis kurz die Regelungen der „alten" Incoterms® 2000:

- DAF: hier schuldete der Verkäufer zur Ausfuhr freigemachte Ware, die dem Käufer am benannten Ort vor der Grenze zur Verfügung zu stellen war.

- DES: hier hatte der Verkäufer zur Ausfuhr freigemachte Ware in einem Bestimmungshafen des Bestimmungslandes zur Verfügung zu stellen, ohne die Einfuhr abwickeln zu müssen.

- DEQ: Der Verkäufer war danach verpflichtet, dem Käufer am Kai des Bestimmungshafens zum Export freigemachte Ware zur Verfügung zu stellen. Die gesamte Einfuhrabfertigung und -Verzollung oblag dem Käufer.

- DDU: die erst 1990 in die damaligen Incoterms 1990 neu aufgenommene Klausel verpflichtete den Verkäufer, dem Käufer an einem Ort in einem Bestimmungsland zur Verfügung zu stellen. Die Erledigung der Einfuhrformalitäten und -Verzollung oblag dem Käufer.

459 Der Wegfall einiger dieser Klauseln war bei der Vorbereitung der neuen Incoterms® 2010 nicht unstreitig; so gab es zum Beispiel im Hinblick auf die nunmehr gestrichene Klausel DEQ das Argument, dass DEQ bei überdimensionierter Ladung (ODC, „over dimensioned cargo") oder besonders schwerer Last (HL, „heavy lifts") eine sinnvolle Anwendungsgrundlage hatte.

460 Die Klausel DAT der Incoterms® 2010 legt einige Grundsätze für ihre Anwendung in der einleitenden Präambel fest. Danach kann sie

- für *jede* Transportform gewählt werden

- und eignet sich daher auch für den Einsatz *verschiedener Transportmittel* innerhalb eines Warentransports (multimodaler Transport).

461 Diese Klausel eignet sich für alle Geschäfte,

- in denen der Verkäufer die Ware nach Abladung vom Transportmittel

dem Käufer an einem benannten Terminal

- in einem benannten Bestimmungshafen oder an einem benannten Bestimmungsort

- zur Verfügung stellt.

- Bis zu diesem Moment trägt der Verkäufer alle Kosten und Gefahren,

- und er muss die Ware – soweit anwendbar – für den Export freimachen, jedoch keine Verantwortung hinsichtlich der Importabwicklung und -verzollung tragen.

Da eine Terminanlage durchaus größere Ausmaße haben kann, wird durch die Prä- **462** ambel der Incoterms® 2010 zu DAT empfohlen, den präzisen Übergabepunkt am/ im Terminal des Bestimmungshafens oder Bestimmungsortes festzulegen und diesen Übergabepunkt auch im Transportvertrag exakt zu bestimmen.

1.5.2. Richtige Anwendung

Die neue Klausel DAT geht davon aus, dass ein Transportgut an einem Terminal oder **463** einer Terminalanlage ab- bzw. umgeladen wird und dass der Verkäufer bis zu diesem Moment neben den Kosten auch die Sachgefahr tragen muss. Diese Klausel, die von einem Bestimmungsort beziehungsweise Bestimmungshafen ausgeht, ist damit eine so genannte „Ankunftsklausel".

Die Klausel DAT ist immer dann die richtige Lieferbedingung, wenn eigentlich auch **464** die Klausel FCA oder CPT anwendbar wäre, der Käufer jedoch weder Gefahr und Kosten des Transports (wie bei FCA) noch die Gefahr allein (wie bei CPT) tragen will, sondern die gesamten Gefahren und Kosten bis zum Bestimmungsort zu Lasten des Verkäufers gehen sollen. Der Kosten- und Gefahrübergang am (Ablade-/Umlade-)Terminal im Bestimmungsland werden diesem Begehr des Käufers gerecht.

Wenn die Parteien erreichen wollen, dass der Verkäufer darüber hinaus gehend auch **465** zusätzlich noch die Kosten und Gefahren tragen soll, bis die Ware vom Terminal aus noch zu einem anderen Platz/Ort transportiert wurde, sollte anstelle von DAT die Klausel DAP oder DDP vereinbart werden, da diese beiden Klauseln den Kosten- und Gefahrenübergang noch ein Stück weiter Richtung Importeur verlagern.

Anders als die früheren Klauseln DES, die sich auf Seeschiff- und Binnenschiffstrans- **466** porte stützte und nicht für die Containerverschiffung geeignet war, sowie DEQ, die ebenfalls nur für See- und Binnenschiffstransporte einsetzbar war, richtet sich die Klausel DAT an alle Transportarten und auch an den multimodalen Transport.

1.5.3. Die Verpflichtungen im Einzelnen

A 1 Allgemeine Pflichten des Verkäufers
B 1 Allgemeine Pflichten des Käufers

Die Verpflichtungen der Geschäftspartner nach A 1 (Verkäuferpflichten) und B 1 **467** (Käuferpflichten) sind in allen 11 Incoterms® 2010 wörtlich identisch! Daher kann zu diesen Punkten auf die Hinweise unter der Klausel EXW verwiesen werden (vgl. oben, T 3 1.1.3.).

A 2 Lizenzen, Genehmigungen, Sicherheitsüberprüfung und sonstige Formalitäten
B 2 Lizenzen, Genehmigungen, Sicherheitsüberprüfung und sonstige Formalitäten

Der Verkäufer schuldet nach A 2 die exportfreie Ware und muss gegebenenfalls auch **468** den Transit durch ein Drittland abwickeln, sofern dieser vor dem Moment der Lieferung (A 4) erfolgt. Dem Käufer obliegt nach B 2 die Einfuhrabwicklung.

Mit der Klausel DAT schuldet der Verkäufer dem Käufer die Freimachung der Ware **469** für den Export, also die Beschaffung der Ausfuhrbewilligung, anderer behördlicher Genehmigungen sowie die Erledigung der Zollabfertigung, und er hat dafür auch die Kosten zu tragen (A 2). Auf der anderen Seite stellt B 2 für den Käufer klar, dass dieser die entsprechende Import- und, falls ein Transit nach der „Lieferung" erfolgt, gegebenenfalls Durchfuhrabwicklung auf eigene Gefahr und Kosten wahrzunehmen hat. Alle diese Maßnahmen und Tätigkeiten sind selbstverständlich nur dann wahrzunehmen, wo sie „anwendbar" sind, also wenn Zollgrenzen überschritten werden, nicht aber innerhalb eines Binnenmarktes (z. B. der EU) oder einer Freihandelszone.

470 A 2 und B 2 sind klare Verpflichtungen, die die beiden Parteien jeweils gegenseitig wahrzunehmen haben. Angesichts der Bedeutung der Dokumente, um die es hier geht, und mit deren Vorhandensein überhaupt erst eine Ausfuhr oder Einfuhr ermöglicht wird, ist eine Nichterfüllung der Pflichten nach A 2 und B 2 als Vertragspflichtverletzung im Sinne des Art. 30 CISG (Verkäuferpflicht) oder Art. 53 CISG (Käuferpflichten) anzusehen; die sich hieraus ergebenden Rechtsfolgen (Schadenersatz, Lieferbefreiung, Rücktrittsrecht o. ä.) bestimmen sich entweder aus dem für den Kaufvertrag vereinbarten geltenden Recht, nach den Regeln des UN-Kaufrechts (CISG) oder aber nach dem aus den Grundsätzen des IPR ermittelten, für den Vertrag anzuwendenden nationalen Recht.

471 Angesichts der Bedeutung dieser Pflichten müssen die Geschäftspartner (Verkäufer und Käufer) vor Abschluss des Kaufvertrages und damit einhergehender Festlegung der Incoterms® 2010 prüfen, in welcher Weise sie die Bedingungen nach A 2/B 2 zu erfüllen haben und ob sie dazu überhaupt in der Lage sein können. Ist erkennbar, dass die Erteilung einer Exportlizenz oder einer Einfuhrbewilligung außerhalb des Einflussbereiches des zur Beschaffung verpflichteten Partners steht, sollte dies bei Vereinbarung der Klausel DAT (Incoterms® 2010) „vorbehaltlich Exportlizenz" oder „vorbehaltlich Einfuhrbewilligung" deutlich gemacht werden.

A 3 Beförderungs- und Versicherungsvertrag
B 3 Beförderungs- und Versicherungsvertrag

472 Nach A 3 lit. a muss der Verkäufer sich um den Transportvertrag kümmern. Er muss den Beförderungsvertrag auf eigene Kosten entweder abschließen oder für seinen Abschluss sorgen, und zwar für eine Beförderung der Ware bis zu einem benannten Terminal in einem benannten Bestimmungshafen oder an einem benannten Bestimmungsort. Ist kein besonderes Terminal vereinbart und gibt es dafür auch keine Übung oder Praxis, darf der Verkäufer das nach seiner Ansicht bestgeeignete Terminal in einem Bestimmungshafen oder an einem Bestimmungsort auswählen.

473 Der Käufer hat keinerlei Verantwortung hinsichtlich des Beförderungsvertrages (B 3 lit. a).

474 Beide Parteien haben keine direkte Pflicht, einen Versicherungsvertrag abzuschließen, A 3 lit. b und B 3 lit. b. Wenn der Käufer jedoch eine Transportversicherung abschließen möchte, verpflichtet A 3 lit. b den Verkäufer dazu, den Käufer auf dessen Risiko und Kosten mit allen Informationen auszustatten, die dieser für den Abschluss einer Versicherung benötigt. Dazu gehören auch die Benachrichtigung über die Lieferung (A 7) und die Mitteilung über Transportdetails (im Sinne von A 10). Hinsichtlich der Versicherung des Gesamttransports siehe die grundlegende Anmerkung (vgl. oben, T 3 1.3.2.).

A 4 Lieferung
B 4 Abnahme

Der Ort der Lieferung/Zurverfügungstellung nach A 4 ist das benannte Terminal im benannten Hafen oder am benannten Bestimmungsort (im Sinne von A 3 lit. a), so dass der Verkäufer die Entladung des Transportgutes vom Transportmittel auf eigene Kosten und Gefahr veranlassen muss; ferner muss er dem Käufer die Ware zur Abholung zur Verfügung stellen. **475**

Dies bedingt zugleich, dass der Verkäufer dem Käufer auch die zur Abholung benötigten Dokumente zur Verfügung stellen muss (vgl. A 8), so dass der Käufer die Ware in Besitz nehmen oder weiter über sie verfügen kann. Der Käufer muss die Ware abnehmen (B 4). **476**

A 5 Gefahrübergang
B 5 Gefahrübergang

Mit der erfolgten Lieferung am Terminal im Sinne des A 4 (und mit Ausnahme der in B 5 genannten Sonderumstände) findet zeitgleich auch der Gefahrübergang für Verlust und Schäden am Transportgut vom Verkäufer auf den Käufer statt. **477**

Der Käufer muss daher die Ware bezahlen (Preisgefahr), wenn sie nach Lieferung am benannten Terminal (A 4) beschädigt wird, verloren geht oder sonst wie abhanden kommt (Transportgefahr; hierzu auch Art. 66 CISG). Allerdings belässt A 9 einen Teil des Risikos (Verpackung usw.) beim Verkäufer, so dass dieser für die Schadensfolgen einer Sorgfaltspflichtverletzung bei unsachgemäßer und nicht transportgerechter Verpackung selber einzutreten hat. Auch letzterer Grundsatz folgt Art. 66 CISG: danach wird der Käufer von der Wirkung des Gefahrübergangs befreit, wenn Untergang oder Beschädigung der Ware auf eine Handlung oder *Unterlassung des Verkäufers* zurückzuführen sind. **478**

B 5 regelt, dass der Gefahrübergang mit dem Zeitpunkt der Lieferung (im Sinne von A 4) auf den Käufer erfolgt. Hierzu gibt es nach B 5 zwei Ausnahmen: **479**

- Die Gefahr geht aber schon vor der Lieferung am Terminal – und zwar bereits mit Ablauf des vorgesehenen Lieferzeitpunkts oder der vereinbarten Lieferfrist auf den Käufer über, wenn der Käufer es versäumt hat, den Verkäufer mit den Informationen nach A 7 zu versehen (also wenn der Käufer von dem ihm eingeräumten Recht, den Versandzeitpunkt und/oder den Bestimmungsort nach B 7 festzulegen, keinen Gebrauch gemacht hat).

- Der Käufer trägt alle Gefahren, wenn er seine Verpflichtung aus B 2 hinsichtlich der Einfuhrformalitäten versäumt hat.

Für beide Fälle der Gefahrtragung des Käufers gilt, dass eine Gattungsware bereits als für den Käufer bestimmte Ware spezifiziert und damit ausgesondert gewesen sein muss. **480**

A 6 Kostenverteilung
B 6 Kostenverteilung

Der Verkäufer trägt **481**

- die Transportkosten nach A 3 lit. a und die Entladekosten am Terminal (vgl. A 4)

- sowie alle sonstigen Kosten der Ware bis zu deren ordnungsgemäßen „Lieferung" am Terminal im Sinne von A 4, soweit sie nicht nach B 6 vom Käufer zu tragen sind (z. B. Einfuhrzölle), A 6 lit. a

- und nach A 6 lit. b die Kosten der Ausfuhrabfertigung und die Ausfuhrabgaben sowie – falls solche anfallen – die Kosten eines Transits.

482 Der Käufer trägt alle Kosten, die nach der „Lieferung am Terminal" nach A 4 anfallen, also die Kosten, die *nach* Zurverfügungstellung des Transportgutes am Terminal entstehen.

- Hierzu gehören die nach Abladung anfallenden Kosten für den Anschlusstransport oder Lagerkosten (B 6 lit. a),

- sowie zusätzliche Kosten, die wegen Nichterfüllung der Verpflichtung nach B 2 entstehen (Wahrnehmung der Einfuhrformalitäten, Importlizenzen, Sicherheitsinformationen und Importverzollung) bzw. wegen Nichtabnahme oder Nichtbekanntgabe von Lieferort und -zeit (nach B 7) entstehen (B 6 lit. b). Bei Gattungswaren ist die Konkretisierung erforderlich.

- und Kosten der Einfuhrformalitäten und Importverzollung, soweit diese überhaupt anfallen (B 6 lit. c).

A 7 Benachrichtigung des Käufers
B 7 Benachrichtigung des Verkäufers

483 Der Verkäufer ist nach A 7 verpflichtet, den Käufer von der Lieferung am Terminal zu benachrichtigen, so dass dieser sich entsprechend auf ihren Empfang am Terminal im Bestimmungshafen oder am Bestimmungsort vorbereiten kann.

484 Da es im Ermessen des Käufers steht, den Zeitraum und den Zeitpunkt der Lieferung am Terminal festzulegen, ist er nach B 7 verpflichtet, den Verkäufer so rechtzeitig von seiner Entscheidung zu informieren, dass der Verkäufer diese Vorgaben in üblicher Weise erfüllen kann.

A 8 Lieferdokument
B 8 Liefernachweis

485 Entsprechend der Verpflichtung des Verkäufers nach A 4, dem Käufer die Entgegennahme der Transportware am Terminal zu ermöglichen, muss er dem Käufer auch auf seine, des Verkäufers Kosten das Dokument zukommen lassen, das diesen zur Entgegennahme des Beförderungsgutes am Terminal berechtigt. Im Seetransport können dies ein Konnossement oder ein Seefrachtbrief sein, im Binnenschiffstransport ein Ladeschein, im Eisenbahn-, Straßen- und Luftverkehr ein Frachtbrief usw.

486 Der Käufer muss diesen Liefernachweis annehmen, B 8.

A 9 Prüfung – Verpackung – Kennzeichnung
B 9 Prüfung der Ware

Prüfung

487 Soweit eine Prüfung der Qualität (durch Qualitätsprüfung, Messen, Wiegen oder Zählen) der Ware für die Lieferung nach A 4 notwendig ist, muss der Verkäufer die hierfür entstandenen Kosten nach A 9 tragen.

Gleiches gilt für Kosten von Warenkontrollen vor der Verladung („pre-shipment in- **488** spection"), die aufgrund behördlicher Vorschriften des *Export*landes entstehen.

Sind Warenkontrollen dagegen aufgrund von Vorschriften des *Import*landes durch- **489** zuführen, muss der Käufer diese Kosten nach B 9 tragen.

Verpackung

Grundsätzlich muss der Verkäufer für eine transportgerechte Verpackung sorgen. **490** Aus den für das Frachtrecht bestehenden Regeln ergibt sich bereits grundsätzlich, dass es dem Absender obliegt, das Gut, soweit dessen Natur unter Berücksichtigung der vereinbarten Beförderung eine Verpackung erfordert, so zu verpacken, dass es vor Verlust und Beschädigung geschützt ist und dass auch dem Frachtführer keine Schäden entstehen. Dabei ist für die Verpackungsbedürftigkeit vor allem die Art der Güter, insbesondere ihre Empfindlichkeit, entscheidend. Daneben spielen auch die Umstände der vereinbarten Beförderung für die Verpackung eine wichtige Rolle. Ist es dagegen handelsüblich, dass eine bestimmte Ware nicht verpackt wird, dann muss der Verkäufer auch nicht für eine Verpackung sorgen.

Eine Verpackungspflicht wird dem Verkäufer nach A 9 nur auferlegt, wenn er die **491** Umstände des Transports (Transportart, Transportweg usw.) bereits zum Vertrags- schluss kannte; dabei reicht eine standardmäßige Verpackung in der Regel aus, wie sich aus dem Umkehrschluss von A 9 Absatz 2 ergibt. Hat der Käufer den Verkäufer dagegen *vor* Vertragsabschluss von einem besonderen Verpackungserfordernis in Kenntnis gesetzt, muss der Verkäufer diese Anforderungen beachten und sie auf ei- gene Anforderungen erfüllen. Da die Benachrichtigung vor Vertragsschluss erfolgt sein muss, hat der Verkäufer noch Gelegenheit, dies bei seiner Preisgestaltung zu be- rücksichtigen.

Kennzeichnung

A 9 endet mit einem kurzen Hinweis auf eine Kennzeichnungspflicht auf der Verpa- **492** ckung. Dies entspricht dem allgemeinen frachtrechtlichen Konzept, wonach ein Ver- sender gegenüber dem Frachtführer verpflichtet ist, das Frachtgut nicht nur ord- nungsgemäß zu verpacken, sondern es auch ausreichend zu kennzeichnen, damit der Frachtführer seine Pflichten ordnungsgemäß erfüllen kann.

A 10 Kostentragung bei Unterstützung mit Informationen
B 10 Kostentragung bei Unterstützung mit Informationen

A 10 legt die Pflicht des Verkäufers fest, *auf Anfordern, Risiko und Kosten des Käu-* **493** *fers* alles Notwendige zu tun oder zu beschaffen, was der Käufer für die Einfuhr und oder den Transport zum Bestimmungsort an Dokumenten oder auch sicherheitsrele- vanten Informationen benötigt. Da bereits in A 8 auf Lieferdokumente eingegangen wurde, versteht sich A 10 als Regelung zu *anderen* Dokumenten als die Liefernach- weise und Transportdokumente, die nach A 8 erfasst werden und ist beispielsweise anwendbar für Ursprungszeugnisse, Konsulatspapiere usw., bei denen der Verkäufer auf Verlangen des Käufers und auf dessen Gefahr und Kosten zur Beschaffung Un- terstützung leisten muss.

Der Käufer, so stellt B 10 klar, hat ein derartiges Begehren frühzeitig mitzuteilen, um **494** dem Verkäufer das geeignete Handeln zu ermöglichen, und er hat für die hierdurch entstehenden Kosten aufzukommen.

495 Wenn der Verkäufer vom Käufer damit beauftragt wurde, sich um den Abschluss des Beförderungsvertrages zu kümmern (A 3 lit. a), dann hat der Käufer dem Verkäufer hierzu auf Kosten und Risiko der Verkäufers alle erforderlichen Informationen, sicherheitsrelevanten Hinweise und sonstigen Dokumente zu geben oder bei der Beschaffung Unterstützung zu leisten, die für den Beförderungsvertrag erforderlich sind. Der Ersatz der dem Verkäufer dadurch entstandenen Aufwendungen kann nach A 3 vom Verkäufer verlangt werden.

1.6. DAP (Geliefert am – ... benannter Bestimmungsort)

1.6.1. Vorbemerkungen

Die Klausel DAP ist neu in die Klauselsammlung aufgenommen worden (vgl. oben, **496** T 3 1.5.1.). Sie legt einige Grundsätze für ihre Anwendung in der einleitenden Präambel der Incoterms® 2010 Regeln fest. Danach kann sie

*   für *jede* Transportform gewählt werden

*   und eignet sich daher auch für den Einsatz *verschiedener Transportmittel* innerhalb eines Warentransports (multimodaler Transport).

Diese Klausel eignet sich für alle Geschäfte, **497**

*   in denen der Verkäufer die Ware

*   dem Käufer an einem benannten Bestimmungsort

*   bereit zur Abladung

*   zur Verfügung stellt.

*   Bis zu diesem Moment trägt der Verkäufer alle Kosten und Gefahren,

*   und er muss die Ware – soweit anwendbar – für den Export freimachen, jedoch keine Verantwortung hinsichtlich der Importabwicklung und -verzollung tragen.

Da ein Bestimmungsort eine zu vage Beschreibung des Platzes ist, an dem Kosten **498** und Gefahr auf den Käufer übergehen sollen, wird durch die Präambel der Incoterms® 2010 zu DAP empfohlen, den präzisen Übergabepunkt am Bestimmungsort festzulegen und diesen Übergabepunkt auch im Transportvertrag exakt zu bestimmen.

Die Klausel DAP sieht in A 4 vor, dass der Verkäufer die Ware unabgeladen zu liefern **499** hat. Trotzdem kann es nach den Bestimmungen des Beförderungsvertrages vorgesehen sein, dass die Beförderung erst mit dem Abladen endet und die durch die Erfüllung des gesamten Beförderungsvertrages (Transport und Abladung) entstehenden Kosten durch den Verkäufer (als Vertragspartner des Frachtunternehmers) zu tragen sind. Die Kosten der Abladung sind dann vom Verkäufer zu tragen; sie können vom Grundsatz her nur dann an den Käufer weiter gegeben werden, wenn dies schon in der Lieferbedingung des Grundvertrages (des Kaufvertrages) entsprechend vereinbart wurde.

1.6.2. Richtige Anwendung

Die neue Klauseln DAP geht davon aus, dass ein Transportgut bis zu einem Platz an **500** einem Bestimmungsort geliefert wird und dass der Verkäufer bis zu diesem Moment neben den Kosten auch die Sachgefahr tragen muss. Die Klausel DAP ist damit eine so genannte „Ankunftsklausel".

Die Klausel DAP ist immer dann die richtige Lieferbedingung, wenn eigentlich auch **501** die Klauseln FCA oder CPT anwendbar wäre, der Käufer jedoch weder Gefahr und Kosten des Transports (wie bei FCA) noch die Gefahr allein (wie bei CPT) tragen will, sondern die gesamte Gefahren und Kosten bis zum Bestimmungsort zu Lasten des Verkäufers gehen sollen. Der Kosten- und Gefahrübergang mit Erreichen eines Platzes am Bestimmungsort werden diesem Begehr des Käufers gerecht.

502 Wenn die Parteien erreichen wollen, dass der Verkäufer die Kosten und Gefahren nur solange tragen soll, bis die Ware ein Terminal (zum Beispiel zur Umladung) erreicht hat, bevor Sie an einen anderen Platz/Ort weiter transportiert wird, sollte anstelle von DAP die Klausel DAT vereinbart werden (vgl. oben, T 3 1.5).

503 Anders als die früheren Klauseln DES, die sich auf Seeschiff- und Binnenschiffstransporte stützte und nicht für die Containerverschiffung geeignet war, sowie DEQ, die ebenfalls nur für See- und Binnenschiffstransporte einsetzbar war, richtet sich die Klausel DAP an alle Transportarten und auch an den multimodalen Transport.

1.6.3. Die Verpflichtungen im Einzelnen

A 1 Allgemeine Pflichten des Verkäufers
B 1 Allgemeine Pflichten des Käufers

504 Die Verpflichtungen der Geschäftspartner nach A 1 (Verkäuferpflichten) und B 1 (Käuferpflichten) sind in allen 11 Incoterms® 2010 wörtlich identisch! Daher kann zu diesen Punkten auf die Hinweise unter der Klausel EXW verwiesen werden (vgl. oben, T 3 1.1.3.).

A 2 Lizenzen, Genehmigungen, Sicherheitsüberprüfung und sonstige Formalitäten
B 2 Lizenzen, Genehmigungen, Sicherheitsüberprüfung und sonstige Formalitäten

505 Der Verkäufer schuldet nach A 2 die exportfreie Ware und muss gegebenenfalls auch den Transit durch ein Drittland abwickeln, sofern dieser vor dem Moment der Lieferung (A 4) erfolgt. Dem Käufer obliegt nach B 2 die Einfuhrabwicklung.

506 Mit der Klausel DAP schuldet der Verkäufer dem Käufer die Freimachung der Ware für den Export, also die Beschaffung der Ausfuhrbewilligung, anderer behördlicher Genehmigungen sowie die Erledigung der Zollabfertigung, und er hat dafür auch die Kosten zu tragen (A 2). Auf der anderen Seite stellt B 2 für den Käufer klar, dass dieser die entsprechende Import- und, falls ein Transit nach der „Lieferung" erfolgt, gegebenenfalls Durchfuhrabwicklung auf eigene Gefahr und Kosten wahrzunehmen hat. Alle diese Maßnahmen und Tätigkeiten sind selbstverständlich nur dann wahrzunehmen, wo sie „anwendbar" sind, also wenn Zollgrenzen überschritten werden, nicht aber innerhalb eines Binnenmarktes (z. B. der EU) oder einer Freihandelszone.

507 A 2 und B 2 sind Verpflichtungen, die die beiden Parteien jeweils gegenseitig wahrzunehmen haben. Angesichts der Bedeutung der Dokumente, um die es hier geht, und mit deren Vorhandensein überhaupt erst eine Ausfuhr oder Einfuhr ermöglicht wird, ist eine Nichterfüllung der Pflichten nach A 2 und B 2 als Vertragspflichtverletzung im Sinne des Art. 30 CISG (Verkäuferpflicht) oder Art. 53 CISG (Käuferpflichten) anzusehen; die sich hieraus ergebenden Rechtsfolgen (Schadensersatz, Lieferbefreiung, Rücktrittsrecht o.ä.) bestimmen sich entweder aus dem für den Kaufvertrag vereinbarten geltenden Recht, nach den Regeln des UN-Kaufrechts (CISG) oder aber nach dem aus den Grundsätzen des IPR ermittelten, für den Vertrag anzuwendenden nationalen Recht.

508 Angesichts der Bedeutung dieser Pflichten müssen die Geschäftspartner (Verkäufer und Käufer) vor Abschluss des Kaufvertrages und damit einhergehender Festlegung der Incoterms® 2010 prüfen, in welcher Weise sie die Bedingungen nach A 2/B 2 zu erfüllen haben und ob sie dazu überhaupt in der Lage sein können. Ist erkennbar, dass die Erteilung einer Exportlizenz oder einer Einfuhrbewilligung außerhalb des

Einflussbereiches des zur Beschaffung verpflichteten Partners steht, sollte dies bei Vereinbarung der Klausel DAP (Incoterms® 2010) *„vorbehaltlich Exportlizenz"* oder *„vorbehaltlich Einfuhrbewilligung"* deutlich gemacht werden.

A 3 Beförderungs- und Versicherungsvertrag
B 3 Beförderungs- und Versicherungsvertrag

Nach A 3 lit. a muss der Verkäufer sich um den Transportvertrag kümmern. Er muss **509** den Beförderungsvertrag auf eigene Kosten entweder abschließen oder für seinen Abschluss sorgen, und zwar für eine Beförderung der Ware bis zu einem benannten Bestimmungsort oder bis an einen genau bezeichneten Platz am benannten Bestimmungsort. Ist kein besonderer Platz oder keine konkrete Stelle vereinbart und gibt es dafür auch keine Übung oder Praxis, darf der Verkäufer den nach seiner Ansicht bestgeeigneten Platz an einem Bestimmungsort auswählen.

Der Käufer hat keinerlei Verantwortung hinsichtlich des Beförderungsvertrages (B 3 **510** lit. a).

Beide Parteien haben keine direkte Pflicht, einen Versicherungsvertrag abzuschlie- **511** ßen, A 3 lit. b und B 3 lit. b. Wenn der Käufer jedoch eine Transportversicherung abschließen möchte, verpflichtet A 3 lit. b den Verkäufer dazu, den Käufer auf dessen Risiko und Kosten mit allen Informationen auszustatten, die dieser für den Abschluss einer Versicherung benötigt. Dazu gehören auch die Benachrichtigung über die Lieferung (A 7) und die Mitteilung über Transportdetails (im Sinne von A 10). Hinsichtlich der Versicherung des Gesamttransports siehe die grundlegende Anmerkung (vgl. oben, T 3 1.3.2.).

A 4 Lieferung
B 4 Abnahme

Der Verkäufer erfüllt seine Lieferverpflichtung nach A 4 dadurch, dass er dem Käufer **512** das Transportgut am vereinbarten Lieferpunkt zu einem vereinbarten Liefertermin oder innerhalb einer bestimmten Lieferfrist auf dem Transportmittel zum Abladen bereitstellt, so dass der Käufer über die Ware verfügen kann.

Dies bedingt zugleich, dass der Verkäufer dem Käufer auch die zur Abnahme benö- **513** tigten Dokumente zur Verfügung stellen muss (vgl. A 8), so dass der Käufer die Ware in Besitz nehmen oder weiter über sie verfügen kann. Der Käufer muss die Ware abnehmen (B 4).

A 5 Gefahrübergang
B 5 Gefahrübergang

Mit der erfolgten Lieferung am Bestimmungsort im Sinne des A 4 (und mit Aus- **514** nahme der in B 5 genannten Sonderumstände) findet zeitgleich auch der Gefahrübergang für Verlust und Schäden am Transportgut vom Verkäufer auf den Käufer statt.

Der Käufer muss daher die Ware bezahlen, wenn sie nach Lieferung (A 4) beschädigt **515** wird, verloren geht oder sonst wie abhanden kommt (Transportgefahr; hierzu auch Art. 66 CISG).

B 5 regelt, dass der Gefahrübergang mit dem Zeitpunkt der Lieferung (im Sinne von **516** A 4) auf den Käufer erfolgt. Hierzu gibt es nach B 5 zwei Ausnahmen:

517 Die Gefahr geht aber schon vor der Lieferung am benannten Bestimmungsort – und zwar bereits mit Ablauf des vorgesehenen Lieferzeitpunkts oder der vereinbarten Lieferfrist – auf den Käufer über, wenn der Käufer es versäumt hat, den Verkäufer mit den Informationen nach A 7 zu versehen (also wenn der Käufer von dem ihm eingeräumten Recht, den Versandzeitpunkt und/oder den Bestimmungsort nach B 7 festzulegen, keinen Gebrauch gemacht hat).

518 Der Käufer trägt alle Gefahren, wenn er seine Verpflichtung aus B 2 hinsichtlich der Einfuhrformalitäten versäumt hat.

519 Für beide Fälle der Gefahrtragung des Käufers gilt, dass eine Gattungsware bereits als für den Käufer bestimmte Ware spezifiziert und damit ausgesondert gewesen sein muss.

A 6 Kostenverteilung
B 6 Kostenverteilung

520 Der Verkäufer trägt

- die Transportkosten nach A 3 lit. a (vgl. A 4)

- sowie alle sonstigen Kosten der Ware bis zu deren ordnungsgemäßen „Lieferung" im Sinne von A 4, soweit sie nicht nach B 6 vom Käufer zu tragen sind (z. B. Einfuhrzölle), A 6 lit. a

- nach A 6 lit. b die Entladekosten am Bestimmungsort, sofern den Verkäufer diese Kostentragungspflicht nach den Bestimmungen des Beförderungsvertrages treffen und er – *mangels* anderweitiger Verabredung mit dem Käufer im Rahmen der Lieferbedingung des Warenkaufvertrages – diese nicht an den Käufer weitergeben kann,

- und nach A 6 lit. c die Kosten der Ausfuhrabfertigung und die Ausfuhrabgaben sowie – falls solche anfallen – die Kosten eines Transits.

521 Der Käufer trägt alle Kosten, die nach der Lieferung am Bestimmungsort (A 4) anfallen, also die Kosten, die *nach* Zurverfügungstellung des Transportgutes am benannten Bestimmungsort entstehen.

- Hierzu gehören die für die Abladung des Beförderungsgutes anfallenden Kosten, soweit diese nicht aufgrund des Transportvertrages vom Verkäufer zu tragen sind (B 6 lit. b),

- Kosten für die Einfuhrformalitäten und Importverzollung, soweit diese anfallen (B 6 lit. c)

- sowie zusätzliche Kosten, die wegen Nichterfüllung der Verpflichtung nach B 2 entstehen (Wahrnehmung der Einfuhrformalitäten, Importlizenzen, Sicherheitsinformationen und Importverzollung) bzw. Nichtabnahme oder Nichtbekanntgabe von Lieferort und -zeit (nach B 7) entstehen (B 6 lit. d). Bei Gattungswaren ist die Konkretisierung erforderlich.

A 7 Benachrichtigung des Käufers
B 7 Benachrichtigung des Verkäufers

522 Der Verkäufer ist nach A 7 verpflichtet, den Käufer von der Lieferung am benannten Bestimmungsort auf geeignete Weise zu benachrichtigen, so dass dieser sich entsprechend auf ihren Empfang am Bestimmungsort vorbereiten kann.

Da es im Ermessen des Käufers steht, den Zeitraum und den Zeitpunkt der Lieferung **523** am benannten Bestimmungsort festzulegen, ist er nach B 7 verpflichtet, den Verkäufer so rechtzeitig von seiner Entscheidung zu informieren, dass der Verkäufer diese Vorgaben in üblicher Weise erfüllen kann.

A 8 Lieferdokument
B 8 Liefernachweis

Entsprechend der Verpflichtung des Verkäufers nach A 4, dem Käufer die Entgegen- **524** nahme der Transportware zu ermöglichen, muss er dem Käufer auch auf seine, des Verkäufers Kosten das Dokument zukommen lassen, das diesen zur Entgegennahme des Beförderungsgutes berechtigt. Im Seetransport können dies ein Konnossement oder ein Seefrachtbrief sein, im Binnenschiffstransport ein Ladeschein, im Eisenbahn-, Straßen- und Luftverkehr ein Frachtbrief usw.

Der Käufer muss diesen Liefernachweis annehmen, B 8. **525**

A 9 Prüfung – Verpackung – Kennzeichnung
B 9 Prüfung der Ware

Prüfung

Soweit eine Prüfung der Qualität (durch Qualitätsprüfung, Messen, Wiegen oder **526** Zählen) der Ware für die Lieferung nach A 4 notwendig ist, muss der Verkäufer hierfür entstandene Kosten nach A 9 tragen. Gleiches gilt für Kosten von Warenkontrollen vor der Verladung („pre-shipment inspection"), die aufgrund behördlicher Vorschriften des *Export*landes entstehen. – Sind Warenkontrollen dagegen aufgrund von Vorschriften des *Import*landes durchzuführen, muss der Käufer entstandenen Kosten nach B 9 tragen.

Verpackung und Markierung

Grundsätzlich muss der Verkäufer für eine transportgerechte Verpackung und geeig- **527** nete Markierung sorgen. Vgl. hierzu die weiteren Hinweise bei A 9/B 9 der Klausel DAT (vgl. oben, T 3 1.5.3.).

A 10 Kostentragung bei Unterstützung mit Informationen
B 10 Kostentragung bei Unterstützung mit Informationen

A 10 legt die Pflicht des Verkäufers fest, *auf Anfordern, Risiko und Kosten des Käu-* **528** *fers* alles Notwendige zu tun oder zu beschaffen, was der Käufer für die Einfuhr und/ oder den Transport zum Bestimmungsort an Dokumenten oder auch sicherheitsrelevanten Informationen benötigt. Da bereits in A 8 auf Lieferdokumente eingegangen wurde, versteht sich A 10 als Regelung zu *anderen* Dokumenten als die Liefernachweise und Transportdokumente, die nach A 8 erfasst werden und ist beispielsweise anwendbar für Ursprungszeugnisse, Konsulatspapiere usw., bei denen der Verkäufer auf Verlangen des Käufers und auf dessen Gefahr und Kosten zur Beschaffung Unterstützung leisten muss.

Der Käufer, so stellt B 10 klar, hat ein derartiges Begehren frühzeitig mitzuteilen, um **529** dem Verkäufer das geeignete Handeln zu ermöglichen, und er hat für die hierdurch entstehenden Kosten aufzukommen.

530 Wenn der Verkäufer vom Käufer damit beauftragt wurde, sich um den Abschluss des Beförderungsvertrages zu kümmern (A 3 lit. a), dann hat der Käufer dem Verkäufer hierzu auf Kosten und Risiko der Verkäufers alle erforderliche Informationen, sicherheitsrelevanten Hinweise und sonstigen Dokumente zu geben oder bei der Beschaffung Unterstützung zu leisten, die für den Beförderungsvertrag erforderlich sind. Der Ersatz der dem Verkäufer dadurch entstandenen Aufwendungen kann nach A 3 vom Verkäufer verlangt werden.

1.7. DDP (Geliefert verzollt – … benannter Bestimmungsort)

1.7.1. Vorbemerkungen

Die Klausel DDP stellt an den Exporteur/Verkäufer die größten Anforderungen und **531** erlegt ihm angesichts aller anderen Lieferbedingungen die umfangreichsten Pflichten und Verantwortungen auf, während die Klausel für den Importeur/Käufer im Vergleich zu den anderen Lieferbedingungen maximale Vorteile bietet.

Die Klausel DDP legt einige Grundsätze für ihre Anwendung in der einleitenden Prä- **532** ambel der Incoterms® 2010 Regeln fest. Danach kann sie

- für *jede* Transportform gewählt werden

- und eignet sich daher auch für den Einsatz *verschiedener Transportmittel* innerhalb eines Warentransports (multimodaler Transport).

Diese Klausel eignet sich für alle Geschäfte, **533**

- in denen der Verkäufer die Ware

- auf eigene Gefahr und Kosten

- dem Käufer an einem benannten Bestimmungsort

- zur Verfügung stellt.

- und alle Ausfuhr- und Einfuhrformalitäten zu erledigen und alle Ausfuhr- und Einfuhrabgaben zu zahlen hat, sofern diese entstehen.

1.7.2. Richtige Anwendung

Die Klausel DDP geht davon aus, dass den Verkäufer hinsichtlich der Gefahr- und **534** Kostentragung die Maximalanforderung trifft. Sie ist daher für den Verkäufer besonders nachteilig, für den Käufer dagegen besonders vorteilhaft. Diese Klausel, die von einem Bestimmungsort beziehungsweise Bestimmungshafen ausgeht, ist damit eine so genannte „Ankunftsklausel".

Die Klausel DDP sieht in A 4 vor, dass der Verkäufer die Ware unabgeladen zu liefern **535** hat. Trotzdem kann es nach den Bestimmungen des Beförderungsvertrages vorgesehen sein, dass die Beförderung erst mit dem Abladen endet und die durch die Erfüllung des gesamten Beförderungsvertrages (Transport und Abladung) entstehenden Kosten durch den Verkäufer als Vertragspartner des Frachtunternehmers zu tragen sind. Die Kosten der Abladung sind dann vom Verkäufer zu tragen; sie können vom Grundsatz her nur dann an den Käufer weiter gegeben werden, wenn dies schon in der Lieferbedingung des Grundvertrages (des Kaufvertrages) entsprechend vereinbart wurde.

Schwierigkeiten in der praktischen Anwendung kann das Erhalten einer Einfuhrbe- **536** willigung (zum Beispiel für Nichtgebietsansässige) sein. Ebenfalls für Nichtansässige stellt sich die Frage, ob hinsichtlich der Einfuhrabgaben Erstattungen möglich sind (wie beispielsweise bei der Einfuhrumsatzsteuer). Es empfiehlt sich daher, auch bei Verwendung der weit reichenden Klausel DDP zusätzliche Vereinbarungen zwischen den Parteien zu treffen, wenn diese genannten oder ähnliche Punkte eine Rolle spielen und damit eine zusätzliche Vereinbarung sinnvoll erscheint. – Sofern es für die Abwicklung des Geschäfts praktikabler ist, wenn der Käufer die Einfuhrformalitäten vornimmt, kommt eine gegenüber DDP bevorzugte Anwendung der Klausel DAP in Betracht.

1.7.3. Die Verpflichtungen im Einzelnen

A 1 Allgemeine Pflichten des Verkäufers
B 1 Allgemeine Pflichten des Käufers

537 Die Verpflichtungen der Geschäftspartner nach A 1 (Verkäuferpflichten) und B 1 (Käuferpflichten) sind in allen 11 Incoterms® 2010 wörtlich identisch! Daher kann zu diesen Punkten auf die Hinweise unter der Klausel EXW verwiesen werden (vgl. oben, T 3 1.1.3.).

A 2 Lizenzen, Genehmigungen, Sicherheitsüberprüfung und sonstige Formalitäten
B 2 Lizenzen, Genehmigungen, Sicherheitsüberprüfung und sonstige Formalitäten

538 Der Verkäufer schuldet nach A 2 die Lieferung einer für Export und Import freigemachten Ware und muss gegebenenfalls auch den Transit durch ein Drittland abwickeln. Dem Käufer obliegt nach B 2 die Unterstützung des Verkäufers – als reine Hilfeleistung, sofern der Verkäufer eine Unterstützung benötigt, etwa für das Beantragung einer Einfuhrgenehmigung oder anderer Dokumente, die für den Import oder aber auch für den Transit der Ware erforderlich sind. Die Erfüllung aller Formalitäten sowie das Vorliegen aller benötigten Dokumente sind die Voraussetzung für die ordnungsgemäße Erfüllung der Lieferpflicht nach A 4.

539 Alle Maßnahmen und Tätigkeiten (bezüglich Export- und Importformalitäten) sind nur dann wahrzunehmen, wo sie „anwendbar" sind, also wenn Zollgrenzen überschritten werden, nicht aber innerhalb eines Binnenmarktes (z. B. der EU) oder einer Freihandelszone.

A 3 Beförderungs- und Versicherungsvertrag
B 3 Beförderungs- und Versicherungsvertrag

540 Nach A 3 lit. a muss der Verkäufer sich um den Transportvertrag kümmern. Er muss den Beförderungsvertrag auf eigene Kosten entweder abschließen oder für seinen Abschluss sorgen, und zwar für eine Beförderung der Ware bis zu einem benannten Bestimmungsort. Ist kein besonderer Platz am Bestimmungsort vereinbart und gibt es dafür auch keine Übung oder Praxis, darf der Verkäufer den nach seiner Ansicht bestgeeigneten Platz an einem Bestimmungsort auswählen.

541 Der Käufer hat keinerlei Verantwortung hinsichtlich des Beförderungsvertrages (B 3 lit. a).

542 Beide Parteien haben keine direkte Pflicht, einen Versicherungsvertrag abzuschließen, A 3 lit. b und B 3 lit. b. Wenn der Verkäufer, der das gesamte Transportrisiko trägt, jedoch eine Transportversicherung abschließen möchte, verpflichtet A 3 lit. b den Verkäufer dazu, den Käufer mit allen Informationen auszustatten, die dieser für den Abschluss einer Versicherung benötigt. Sollte der Käufer seinerseits eine Versicherung abschließen wollen, muss der Verkäufer ihn hierbei auf eigene Kosten und Risiken unterstützen. Dazu gehören auch die Benachrichtigung über die Lieferung (A 7) und die Mitteilung über Transportdetails (im Sinne von A 10).

A 4 Lieferung
B 4 Abnahme

Der Ort der Lieferung/Zurverfügungstellung nach A 4 ist der benannte Platz am be- **543**
nannten Bestimmungsort (im Sinne von A 3 lit. a), so dass der Verkäufer das Transportgut auf dem Transportmittel bereit zur Entladung liefern muss; die Entladung
muss der Käufer auf eigene Kosten und Gefahr veranlassen.

Dies bedingt zugleich, dass der Verkäufer dem Käufer auch die zur Abholung benö- **544**
tigten Dokumente zur Verfügung stellen muss (vgl. A 8), so dass der Käufer die Ware
in Besitz nehmen oder weiter über sie verfügen kann. Der Käufer muss die Ware abnehmen (B 4).

A 5 Gefahrübergang
B 5 Gefahrübergang

Mit der erfolgten Lieferung (also bis zum Moment der Zurverfügungstellung der **545**
Ware) am Bestimmungsort im Sinne des A 4 und mit Ausnahme der in B 5 genann-
ten Sonderumstände findet zeitgleich auch der Gefahrübergang für Verlust und
Schäden am Transportgut vom Verkäufer auf den Käufer statt.

Der Käufer muss daher die Ware bezahlen, wenn sie nach Lieferung (im Sinne von A **546**
4) beschädigt wird, verloren geht oder sonst wie abhanden kommt (Transportgefahr;
hierzu auch Art. 66 CISG).

B 5 regelt, dass der Gefahrübergang mit dem Zeitpunkt der Lieferung (im Sinne von **547**
A 4) auf den Käufer erfolgt. Hierzu gibt es nach B 5 zwei Ausnahmen:

- Die Gefahr geht aber schon vor der Lieferung am benannten Bestimmungsort –
  und zwar bereits mit Ablauf des vorgesehenen Lieferzeitpunkts oder der vereinbarten Lieferfrist – auf den Käufer über, wenn der Käufer es versäumt hat, den
  Verkäufer mit den Informationen nach A 7 zu versehen (also wenn der Käufer
  von dem ihm eingeräumten Recht, den Versandzeitpunkt und/oder den Bestimmungsort nach B 7 festzulegen, keinen Gebrauch gemacht hat).

- Der Käufer trägt alle Gefahren, wenn er seine Verpflichtung aus B 2 hinsichtlich
  der Einfuhrformalitäten versäumt hat.

Für beide Fälle der Gefahrtragung des Käufers gilt, dass eine Gattungsware bereits **548**
als für den Käufer bestimmte Ware spezifiziert und damit ausgesondert gewesen
sein muss.

A 6 Kostenverteilung
B 6 Kostenverteilung

Der Verkäufer trägt **549**

- die Transportkosten nach A 3 lit. a (vgl. A 4)

- sowie alle sonstigen Kosten der Ware bis zu deren ordnungsgemäßen „Lieferung" im Sinne von A 4, soweit sie nicht nach B 6 vom Käufer zu tragen sind
  (z. B. Einfuhrzölle), A 6 lit. a

- nach A 6 lit. b auch die Entladekosten am Bestimmungsort, aber nur dann, wenn
  den Verkäufer diese Kostentragungspflicht nach den Bestimmungen des Beförderungsvertrages treffen und er – *mangels* anderweitiger Verabredung mit dem

Käufer im Rahmen der Lieferbedingung des Warenkaufvertrages – diese nicht an den Käufer weitergeben kann,

- und nach A 6 lit. c die Kosten der Einfuhr- und Ausfuhrabfertigung, der Einfuhr- und Ausfuhrabgaben sowie – falls solche anfallen – die Kosten eines Transits.

550 Der Käufer trägt alle Kosten, die nach der Lieferung am Bestimmungsort (A 4) anfallen, also die Kosten, die *nach* Zurverfügungstellung des Transportgutes am benannten Bestimmungsort entstehen.

- Hierzu gehören die für die Abladung des Beförderungsgutes anfallenden Kosten, soweit diese nicht aufgrund des Transportvertrages vom Verkäufer zu tragen sind (B 6 lit. b),

- sowie zusätzliche Kosten, die wegen Nichterfüllung der Verpflichtung nach B 2 entstehen (Wahrnehmung der Einfuhrformalitäten, Importlizenzen, Sicherheitsinformationen und Importverzollung) bzw. wegen Nichtabnahme oder Nichtbekanntgabe von Lieferort und -zeit (nach B 7) entstehen (B 6 lit. c). Bei Gattungswaren ist die Konkretisierung erforderlich.

A 7 Benachrichtigung des Käufers
B 7 Benachrichtigung des Verkäufers

551 Der Verkäufer ist nach A 7 verpflichtet, den Käufer von der Lieferung am benannten Bestimmungsort auf geeignete Weise zu benachrichtigen, so dass dieser sich entsprechend auf ihren Empfang am Bestimmungsort vorbereiten kann.

552 Da es im Ermessen des Käufers steht, den Zeitraum und den Zeitpunkt der Lieferung am benannten Bestimmungsort festzulegen, ist er nach B 7 verpflichtet, den Verkäufer so rechtzeitig von seiner Entscheidung zu informieren, dass der Verkäufer diese Vorgaben in üblicher Weise erfüllen kann.

A 8 Lieferdokument
B 8 Liefernachweis

553 Entsprechend der Verpflichtung des Verkäufers nach A 4, dem Käufer die Entgegennahme der Transportware zu ermöglichen, muss er dem Käufer auch auf seine, des Verkäufers Kosten das Dokument zukommen lassen, das diesen zur Entgegennahme des Beförderungsgutes berechtigt. Im Seetransport können dies ein Konnossement oder ein Seefrachtbrief sein, im Binnenschiffstransport ein Ladeschein, im Eisenbahn-, Straßen- und Luftverkehr ein Frachtbrief usw.

554 Der Käufer muss diesen Liefernachweis annehmen, B 8.

A 9 Prüfung – Verpackung – Kennzeichnung
B 9 Prüfung der Ware

Prüfung

555 Soweit eine Prüfung der Qualität (durch Qualitätsprüfung, Messen, Wiegen oder Zählen) der Ware für die Lieferung nach A 4 notwendig ist, muss der Verkäufer hierfür entstandene Kosten nach A 9 tragen. Gleiches gilt für Kosten von Warenkontrollen vor der Verladung („pre-shipment inspection"), die aufgrund behördlicher Vorschriften des *Export*landes entstehen. Sind Warenkontrollen dagegen aufgrund von

Vorschriften des *Import*landes durchzuführen, muss der Käufer entstandene Kosten nach B 9 tragen.

Verpackung und Markierung

Grundsätzlich muss der Verkäufer für eine transportgerechte Verpackung und geeig-   **556**
nete Markierung sorgen. Vgl. hierzu die weiteren Hinweise bei A 9/B 9 der Klausel
DAT (vgl. oben, T 3 1.5.3.).

A 10 Kostentragung bei Unterstützung mit Informationen
B 10 Kostentragung bei Unterstützung mit Informationen

A 10 legt die Pflicht des Verkäufers fest, *auf Anfordern, Risiko und Kosten des Käu-*   **557**
fers alles Notwendige zu tun oder zu beschaffen, was der Käufer für die Einfuhr und/
oder den Transport zum Bestimmungsort an Dokumenten oder auch sicherheitsrelevanten Informationen benötigt. Da bereits in A 8 auf Lieferdokumente eingegangen
wurde, versteht sich A 10 als Regelung zu *anderen* Dokumenten als die Liefernachweise und Transportdokumente, die nach A 8 erfasst werden und ist beispielsweise
anwendbar für Ursprungszeugnisse, Konsulatspapiere usw., bei denen der Verkäufer
auf Verlangen des Käufers und auf dessen Gefahr und Kosten zur Beschaffung Unterstützung leisten muss.

Der Käufer, so stellt B 10 klar, hat ein derartiges Begehren frühzeitig mitzuteilen, um   **558**
dem Verkäufer das geeignete Handeln zu ermöglichen, und er hat für die hierdurch
entstehenden Kosten aufzukommen.

Wenn der Verkäufer vom Käufer damit beauftragt wurde, sich um den Abschluss des   **559**
Beförderungsvertrages zu kümmern (A 3 lit. a), dann hat der Käufer dem Verkäufer
hierzu auf Kosten und Risiko der Verkäufers alle erforderliche Informationen, sicherheitsrelevanten Hinweise und sonstigen Dokumente zu geben oder bei der Beschaffung Unterstützung zu leisten, die für den Beförderungsvertrag erforderlich sind. Der
Ersatz der dem Verkäufer dadurch entstandenen Aufwendungen kann nach A 3 vom
Verkäufer verlangt werden.

2. Klauseln für den Seeschiffs- und Binnenschiffstransport

560 Die Incoterms® 2010 haben in ihrem Klauselkatalog vier Lieferbedingungen, die sich nicht für alle Transportarten und/oder multimodalen Transport eignen, sondern die ausdrücklich auf den Transport mittels Seeschiff oder Binnenschiff ausgerichtet sind. Die Klauseln gehören den Kategorien der F- und C-Klauseln an und sind:

- **FAS ... benannter Verschiffungshafen**
- **FOB ... benannter Verschiffungshafen**
- **CFR ... benannter Bestimmungshafen**
- **CIF ... benannter Bestimmungshafen**

Eignung von FAS und FOB im Containerverkehr

561 Im Schiffsverkehr werden häufig auch Container transportiert, so dass die Überlegung aufkommt, ob sich die speziell für den Schiffstransport einsetzbaren Incoterms® 2010 überhaupt eignen, zumal der Schiffstransport inzwischen in großen Teilen mit Hilfe von Containern durchgeführt wird. In der Praxis ist beispielsweise die Klausel FCA besser geeignet als die Klausel FOB oder FAS, wie nachstehend bei Behandlung der einzelnen Klauselarten noch näher beschrieben wird. Grund dafür, dass FOB und FAS sich im Containerverkehr weniger oder gar nicht eignen, ist, dass (mit Ausnahme einer Containerverladung auf ein *konventionelles* Frachtschiff) die Verpflichtung des Verkäufers nicht erfüllbar ist, „die Ware an Bord des vom Käufer benannten Seeschiffs zu liefern". Der Hauptgrund dafür ist, dass die Lieferung *„im Verschiffungshafen"* erfolgt, Container aber tatsächlich schon vorher an einem Terminal abgeladen und in fremde Obhut übergeben werden.

562 Die Lieferung von Containern *an Bord* eines Containerschiffes (oder längsseits) wird immer vom Seefrachtführer beeinflusst, da der Verkäufer selber seine Containerlieferung immer nur bis zum Verladeterminal im oder beim Verschiffungshafen durchführen und beeinflussen kann, während die Terminals von Reedereien, Hafenumschlagsbetrieben oder Kaibetrieben unterhalten werden.

563 Im Seetransport werden diese Betriebe zur Abwicklung von Containerverkehr im Auftrage des Seefrachtführers wie folgt tätig:

- Bei FCL- Containern (*„full container load"*) nehmen die Betriebe diese *fertig gepackten Container* an (zum Beispiel Übernahme vom anliefernden LKW, Weitertransport zu einem Stellplatz und kurzfristige Lagerung dort, bis der Container mittels Ladekrans am Terminal auf das Seeschiff/Containerschiff verladen wird),

- während sie bei kleineren Stückguttransporten, wenn ein Container nur teilbeladen ist und durch weitere Waren aufgefüllt wird (LCL- Gut, „less than a container load") sie das Stückgut in Container stauen, die Container dann auf dem Terminalgelände zwischenlagern, sie zum Stellplatz verbringen und schließlich die gefüllten Container an Bord des Seeschiffs verladen.

564 Da damit der Verkäufer seine Lieferung nicht bis „an Bord" oder „längsseits Schiff" erbringen kann, sondern die Ware bereits vorher an den Frachtführer übergibt, eignen sich im Containerverkehr die Klauseln FOB und FAS nicht, sondern es ist stattdessen beispielsweise die Klausel FCA vorzuziehen.

Eignung von CFR und CIF im Containerverkehr

Diese Schwierigkeiten gibt es beim Einsatz der Klauseln CFR und CIF nicht in dem **565** Ausmaß. Immer, wenn eine Containerschiffung von FCL- Containern oder LCL- Gütern erfolgt und die Klauseln CFR oder CIF eingesetzt werden, weisen die Lieferbedingungen auf einen „benannten *Bestimmungshafen*" (und nicht, wie bei FOB oder FAS, auf einen „Verschiffungshafen" hin). In beiden Fällen kommt es also darauf an, dass der FCL- oder LCL- Container im Bestimmungshafen an den Käufer zur Weiterbeförderung zu übergeben ist oder aber die Ware im Bestimmungshafen zur Ablieferung an den Käufer aus dem Container entladen werden muss. Die entsprechenden Pflichten des Verkäufers zum Abschluss des Beförderungsvertrages (A 3) und die Kostenregelung (A 6) zeigen dies. Nur hinsichtlich der Problematik im Verschiffungshafen (Lieferung an Bord, Gefahrübergang) bestehen dieselben Schwierigkeiten wie oben für FAS und FOB beschrieben, doch hindert dies nicht die grundsätzliche Anwendbarkeit der Klausel CFR und CIF im Containerverkehr.

Im Folgenden werden diese Themen bei Beschreibung der einzelnen für den Schiffs- **566** transport geeigneten Incoterms® 2010 noch weiter vertieft.

2.1. FAS (Frei Längsseite Schiff – ... benannter Verschiffungshafen)

2.1.1. Vorbemerkungen

567 Die Klausel FAS ist eine traditionelle Lieferbedingung, die im herkömmlichen Seetransport oder Binnenschiffstransport eingesetzt wird, sich jedoch nicht für den Containerverkehr per Schiff eignet. Vgl. hierzu die generellen Anmerkungen (vgl. oben, T 3 1.2.). Damit ist der Anwendungsbereich für die Klausel FAS auf Seefracht, die nicht in Containern transportiert wird, bezogen, also ausgerichtet auf Stückgut oder Massengüter, die auf „normalen" Frachtschiffen transportiert werden.

568 Bei der Klausel FAS muss der Verkäufer die Ware im Verschiffungshafen längsseits an einem Transportschiff anliefern, was

- von der Uferseite her gesehen ein Abliefern am Kai sein kann, an dem das Schiff liegt

- und von der Wasserseite her gesehen beispielsweise durch ein Feederschiff oder ein sonstiges Zubringerschiff geschehen kann, das sich wasserseitig längsseits des Transportschiffes befindet.

569 Die Incoterms® 2010 Regeln legen zu der Klausel FAS einige Grundsätze für ihre Anwendung in der einleitenden Präambel fest. Danach kann sie

- für eine Transportform mit Seeschiff oder Binnenschiff gewählt werden;

- für den Einsatz *verschiedener Transportmittel* (multimodaler Transport) ist sie nicht geeignet (vgl. oben, T 2 1.2.3.2.).

2.1.2. Richtige Anwendung

570 Diese Klausel eignet sich für alle Geschäfte,

- in denen der Verkäufer die Ware dem Käufer

- auf eigene Gefahr und Kosten

- längsseits eines Schiffes in einem benannten Verschiffungshafen

- zur Verfügung stellt.

- und alle Ausfuhrformalitäten zu erledigen und alle Ausfuhrabgaben zu zahlen hat, sofern diese entstehen.

571 Der Gefahrübergabe findet in dem Moment statt, in dem

- entweder die Lieferung „längsseits des Schiffes" im Verschiffungshafen erfolgt

- oder die derart gelieferte Ware für die Beschaffung besorgt wurde. Dies bezieht sich auf mehrere hintereinander geschaltete Verkäufe in einer Verkaufskette („string sales").

572 Erfolgt eine Lieferung in einem Container, passt die Klausel FAS nicht; stattdessen sollte auf die Klausel FCA zurückgegriffen werden.

2.1.3. Die Verpflichtungen im Einzelnen

A 1 Allgemeine Pflichten des Verkäufers
B 1 Allgemeine Pflichten des Käufers

Die Verpflichtungen der Geschäftspartner nach A 1 (Verkäuferpflichten) und B 1 **573**
(Käuferpflichten) sind in allen 11 Incoterms® 2010 wörtlich identisch! Daher kann
zu diesen Punkten auf die Hinweise unter der Klausel EXW verwiesen werden (vgl.
oben, T 3 1.1.3.).

A 2 Lizenzen, Genehmigungen, Sicherheitsüberprüfung und sonstige Formalitäten
B 2 Lizenzen, Genehmigungen, Sicherheitsüberprüfung und sonstige Formalitäten

Mit der Klausel FAS wird festgelegt, dass der Verkäufer die für den Export freige- **574**
machte Ware schuldet. Daher muss der Verkäufer nach A 2 die Exportformalitäten
erledigen (Beschaffen der Ausfuhrbewilligung und Vornahme sonstiger Formalitäten
und der Zollabfertigung, soweit für den Export erforderlich), während es Aufgabe
des Käufers ist, sich um die Einfuhrabwicklung und um die Abwicklung eines Transits
zu kümmern, soweit eine Durchfuhr in Frage kommt.

Die Erfüllung aller Formalitäten sowie das Vorliegen aller benötigten Dokumente **575**
sind die Voraussetzung für die ordnungsgemäße Erfüllung der Lieferpflicht nach A
4. Angesichts der Bedeutung der Dokumente, um die es hier geht, und mit deren
Vorhandensein überhaupt erst eine Ausfuhr oder Einfuhr ermöglicht wird, ist eine
Nichterfüllung der Pflichten nach A 2 und B 2 als Vertragspflichtverletzung im Sinne
des Art. 30 CISG (Verkäuferpflicht) oder Art. 53 CISG (Käuferpflichten) anzusehen;
die sich hieraus ergebenden Rechtsfolgen (Schadensersatz, Lieferbefreiung, Rücktrittsrecht o.ä.) bestimmen sich entweder aus dem für den Kaufvertrag vereinbarten
geltenden Recht, nach den Regeln des UN-Kaufrechts (CISG) oder aber nach dem
aus den Grundsätzen des IPR ermittelten, für den Vertrag anzuwendenden nationalen Recht.

Angesichts der Bedeutung dieser Pflichten müssen die Geschäftspartner (Verkäufer **576**
und Käufer) vor Abschluss des Kaufvertrages und damit einhergehender Festlegung
der Klausel FAS prüfen, in welcher Weise sie die Bedingungen nach A 2/B 2 zu erfüllen haben und ob sie dazu überhaupt in der Lage sein können. Ist erkennbar, dass
die Erteilung einer Exportlizenz oder einer Einfuhrbewilligung außerhalb des Einflussbereiches des zur Beschaffung verpflichteten Partners steht, sollte dies bei Vereinbarung der Klausel FAS (Incoterms® 2010) *„vorbehaltlich Exportlizenz"* oder
„vorbehaltlich Einfuhrbewilligung" deutlich gemacht werden.

Alle Maßnahmen und Tätigkeiten (bezüglich Export- und Importformalitäten) sind **577**
nur dann wahrzunehmen, wo sie „anwendbar" sind, also wenn Zollgrenzen überschritten werden, nicht aber innerhalb eines Binnenmarktes (z. B. der EU) oder einer
Freihandelszone.

A 3 Beförderungs- und Versicherungsvertrag
B 3 Beförderungs- und Versicherungsvertrag

Beförderungsvertrag

Die Klausel FAS erlegt dem Käufer in B 3 die Pflicht auf, sich um den *Transportvertrag* **578**
mit einem See- oder Binnenschiff zu kümmern. Er hat daher den Transportvertrag ab

Lieferort (längsseits Schiff) auf seine Kosten zu schließen. Dies ist in der Praxis nicht immer sinnvoll, wenn die branchenüblichen Gepflogenheiten, die ständige Übung zwischen den Geschäftspartnern oder schlicht die Zweckmäßigkeit dafür sprechen, den Beförderungsvertrag durch den Verkäufer abschließen zu lassen.

579 Der Käufer kann den Verkäufer direkt um Abschluss des Transportauftrags bitten. Denkbar ist aber auch, dass es in der Handelspraxis üblich ist und der Käufer nicht rechtzeitig eine gegenteilige Anweisung erteilt, dass in diesen Fällen der Verkäufer den Beförderungsvertrag zu den üblichen Bedingungen und auf Gefahr und Kosten des Käufers abschließen darf. Zu beachten ist, dass ein den Frachtauftrag erteilender Verkäufer damit Vertragspartner des Frachtvertrages und dem Frachtführer gegenüber zahlungspflichtig wird; er kann die entstandenen Kosten aber dem Käufer weiterbelasten. Hierin liegt durchaus ein gewisses Risiko, dass der Verkäufer nicht sicher wissen kann, ob der Käufer ihm die entstandenen Transportkosten auch tatsächlich ersetzen wird; daher darf er die Beauftragung des Transports (unverzüglich) ablehnen, wenn er den Transportvertrag nicht abschließen will. A 3 lit. a gibt daher dem Verkäufer grundsätzlich das Recht, es abzulehnen, den Beförderungsvertrag abzuschließen; in beiden von A 3 lit. a genannten Fällen muss der Verkäufer den Käufer jedoch unverzüglich davon unterrichten, dass er den Abschluss des Beförderungsvertrages ablehnt.

Versicherungsvertrag

580 Hinsichtlich des Versicherungsvertrages erlegen A 3 lit. b und B 3 lit. b keiner der Parteien eine Versicherungs*pflicht* auf, doch da die Ware ab dem Lieferort auf das Risiko des Käufers transportiert wird (dazu B 5), liegt es in seinem Interesse, das Transportrisiko zu versichern. Umgekehrt verpflichtet A 5 den Verkäufer dazu, alle Risiken des Transports bis zum Lieferort zu tragen, so dass der Verkäufer ein Interesse daran haben muss, bis zum Lieferort eine Transportversicherung zu haben. Daher werden im Grunde zwei Transportrisikoversicherungen benötigt: für den Verkäufer eine bis zum FAS- Lieferort, für den Käufer eine ab FAS- Lieferort. Dies ist jedoch kaum zweckmäßig, wenn im Schadensfall nicht genau feststellbar ist, in welchem Moment ein schädigendes Ereignis eingetreten ist und die Geschäftspartner letztlich darunter leiden, dass zwei eigenständige Versicherungen eine Versicherungspflicht mangels Beweisbarkeit eines Schadenseintritts ablehnen oder zumindest lange herauszögern. Sinnvoll ist es daher, für den gesamten Zeitraum des Gütertransports einen durchgehenden Versicherungsschutz zu vereinbaren und im Rahmen der Kaufpreisverhandlungen darüber zu sprechen, wie die zu zahlende Versicherungsprämie, die die den Vertrag abschließende Partei zu zahlen hat, sinnvoll geteilt werden kann.

A 4 Lieferung
B 4 Abnahme

581 Der Verkäufer ist nach A 4 verpflichtet,

- entweder durch Bereitstellung längsseits des vom Käufer benannten Schiffs an der Ladestelle, die vom Käufer im benannten Verschiffungshafen anzugeben ist, zu liefern, falls angegeben,

- oder er hat die derart gelieferte Ware (z. B. bei Kettengeschäften/„string sales", etwa im Rohstoffgeschäft) zu besorgen.

In beiden Fällen hat der Verkäufer die Ware zum vereinbarten Termin oder innerhalb **582** der vereinbarten Frist und in der im Hafen üblichen Weise zu liefern. Transportgut ist in der Weise anzuliefern, dass es ohne Weiteres mit den Transporteinrichtungen (der Schiffes, des Hafens, der Kaianlage) auf das Schiff verladen werden kann; das Verladen an sich, auch die unmittelbare Vorbereitung dazu gehört nicht zur Klausel FAS, die nur die „Bereitstellung" verlangt, sondern kann für die etwas weiterführende Aufgabe der Klausel FOB (Verladung…) von Bedeutung sein.

A 4 enthält in Absatz 2 Lieferalternativen, wie folgt: **583**

- Falls keine bestimmte Ladestelle durch den Käufer angegeben worden ist, kann der Verkäufer die für seine Zwecke am besten geeignete Stelle innerhalb des benannten Verschiffungshafens auswählen.

- Falls die Parteien vereinbart haben, dass die Lieferung innerhalb einer Frist stattfinden soll, hat der Käufer die Möglichkeit den Zeitpunkt innerhalb der Frist zu wählen.

A 5 Gefahrübergang
B 5 Gefahrübergang

Mit der erfolgten Lieferung im Sinne des A 4 und (mit Ausnahme der in B 5 genann- **584** ten Sonderumstände) findet zeitgleich auch der Gefahrübergang für Verlust und Schäden am Transportgut auf den Käufer statt.

Der Käufer muss daher die Ware bezahlen (Preisgefahr), wenn sie nach Lieferung (A **585** 4) beschädigt wird, verloren geht oder sonst wie abhanden kommt (Transportgefahr; hierzu auch Art. 66 CISG). Allerdings belässt A 9 einen Teil des Risikos (Verpackung usw.) beim Verkäufer, so dass dieser für die Schadensfolgen einer Sorgfaltspflichtverletzung bei unsachgemäßer und nicht transportgerechter Verpackung selber einzutreten hat. Auch letzterer Grundsatz folgt Art. 66 CISG: danach wird der Käufer von der Wirkung des Gefahrübergangs befreit, wenn Untergang oder Beschädigung der Ware auf eine Handlung oder *Unterlassung des Verkäufers* zurückzuführen sind.

B 5 regelt, dass der Gefahrübergang mit dem Zeitpunkt der Lieferung (im Sinne von **586** A 4) auf den Käufer erfolgt. Die Gefahr geht *vor* der Lieferung bereits mit Ablauf des vorgesehenen Lieferzeitpunkts oder der vereinbarten Lieferfrist auf den Käufer über, wenn er es versäumt, den Verkäufer mit den Informationen nach B 7 (Schiffsname, Ladeplatz, und Lieferzeit, falls nötig) zu versehen, oder (nach B 5 lit. b) wenn das Schiff nicht rechtzeitig eintrifft, die Ware nicht übernimmt oder das Verladen vorzeitig vor dem durch B 7 festgesetzten Zeitpunkt einstellt. Handelt es sich beim Transportgut allerdings um eine Gattungsware, musste die für den Käufer bestimmte Ware klar als Vertragsware spezifiziert und damit ausgesondert gewesen sein.

A 6 Kostenverteilung
B 6 Kostenverteilung

Mit der Bereitstellung an der Längsseite des Schiffes (A 4) findet neben dem Gefahr- **587** übergang (A 5) auch der Kostenübergang vom Verkäufer auf den Käufer statt:

- Danach trägt der Verkäufer alle mit der Beförderung der Ware zusammenhängenden Kosten *bis zum Lieferort* einschließlich der Kosten der Zollformalitäten und die bei der Ausfuhr anfallenden Zölle, Steuern und Abgaben, sofern diese anfallen;

- während der Käufer alle Kosten *ab der Lieferung* tragen muss, also auch die Kosten der bei der Einfuhr (und gegebenenfalls Durchfuhr) anfallenden Zölle, Steuern und Abgaben sowie die Kosten der Zollformalitäten.

588 Dabei ist in A 6 lit. b und B 6 lit. c mit der Formulierung „falls anwendbar" klargestellt, dass die Verpflichtungen zur Export- und Importfreimachung entfallen, soweit sie (etwa in einer Freihandelszone oder in einem Binnenmarkt wie etwa der EU) gegenstandslos sind.

Vom Käufer zu vertretene Versäumnisse

589 B 6 lit. b beschreibt in einer ausführlichen Auflistung die zusätzlichen Kosten, die durch vom Käufer zu vertretene Versäumnisse zu dessen Lasten gehen. So muss der Käufer die Kosten tragen, die dadurch entstehen, dass

- der Käufer die angemessene Benachrichtigung gemäß B 7 unterlässt, oder
- das vom Käufer bezeichnete Schiff nicht rechtzeitig eintrifft, oder die Ware nicht übernehmen kann, oder schon vor dem gemäß B 7 mitgeteilten Zeitpunkt keine Ladung mehr annimmt,

und in allen Fällen die Ware spezifiziert – oder als Gattungsware als für den Käufer bereits bestimmt, ausgesondert und damit konkretisiert – worden ist.

A 7 Benachrichtigung des Käufers
B 7 Benachrichtigung des Verkäufers

590 Nach A 7 muss der Verkäufer auf Gefahr und Kosten des Käufers den Käufer in angemessener Weise darüber zu informieren, dass entweder die Ware gemäß A 4 geliefert worden ist oder aber dass das Schiff die Ware nicht innerhalb der vereinbarten Frist geladen hat.

591 Umgekehrt muss nach B 7 der Käufer dem Verkäufer in angemessener Weise den Namen des Schiffs, den Ladeplatz und, falls erforderlich, die gewählte Lieferzeit innerhalb der vereinbarten Frist angeben, damit der Verkäufer in der Lage ist, seiner Lieferverpflichtung nachzukommen.

A 8 Lieferdokument
B 8 Liefernachweis

592 Nach A 8 besteht eine Verpflichtung des Verkäufers darin, dem Käufer auf seine Kosten und auf geeignete Weise nachzuweisen, dass er die Lieferung bewirkt hat. Sofern sich keine anderen Anhaltspunkte ergeben, die auf ein bestimmtes Lieferdokument schließen lassen, muss der Verkäufer dem Käufer das übliche Dokument („usual proof") zum Nachweis der erbrachten Lieferung beschaffen.

- Wird die Ware auf dem Landweg an das Schiff herangebracht und am Kai (landseitig) geliefert, dann ist das übliche Dokument der Kaiempfangsschein;
- wird die Ware wasserseitig angeliefert, nutzt man einen Bordempfangsschein.

593 Benötigt der Käufer ein Transportdokument, verpflichtet A 8 Absatz 2 den Verkäufer dazu, hierfür Unterstützung zu leisten. Dies kommt beispielsweise beim Seetransport in Seehäfen vor, wenn der Verkäufer bei Anlieferung eines FCL- Containers als Ablader eine *Empfangsbestätigung* erhält oder bei LCL- Gut einen *Empfangsschein*. Wird später ein Seefrachtvertrag abgeschlossen, benötigt der Käufer diese Empfangsbescheinigung, um vom Seefrachtführer das Transportdokument (gegen Rückgabe der Empfangsbescheinigung) zu erhalten; hier zeigt sich, dass der Verkäufer nach A 8 Absatz 2 Unterstützung leisten muss.

Andererseits benötigt der Verkäufer den Liefernachweis selber, wenn ihm nach A 3 **594** lit. a der Abschluss des Transportauftrags obliegt. In diesen Fällen ist das mittels Transportbeauftragung erhaltene Transportdokument (Konnossement oder Seefrachtbrief) gleichzeitig auch der Liefernachweis nach A 8.

• Wenn der Verkäufer wegen der Transportbeauftragung ein *Konnossement* erhalten hat, muss er dieses dem Käufer weiterreichen, da dieser es (als Inhaberpapier) für die Inempfangnahme der Ware benötigt. Kosten und Gefahr der Zusendung des Konnossements trägt der Käufer (vgl. B 10).

• Anders ist es beim *Seefrachtbrief*, der nur den Abschluss eines Seefrachtvertrages nachweist, aber kein Inhaberpapier ist. Die Übergabe der Ware im Bestimmungshafen erfolgt hier mit Hilfe eines Auslieferungspapiers, ohne dass es der Vorlage des Seefrachtbriefes bedarf. Der Verkäufer wird dem Käufer den Seefrachtbrief nur dann – im Sinne von A 8 Absatz 2 – überlassen, wenn der Käufer das Papier zu Beweis- oder Zahlungszwecken im Original benötigt.

A 9 Prüfung – Verpackung – Kennzeichnung
B 9 Prüfung der Ware

Prüfung

Soweit eine Prüfung der Qualität (durch Qualitätsprüfung, Messen, Wiegen oder **595** Zählen) der Ware für die Lieferung nach A 4 notwendig ist, muss der Verkäufer die hierfür entstandenen Kosten nach A 9 tragen.

Gleiches gilt für Kosten von Warenkontrollen vor der Verladung („pre-shipment in- **596** spection"), die aufgrund behördlicher Vorschriften des *Export*landes entstehen. Sind Warenkontrollen dagegen aufgrund von Vorschriften des *Import*landes durchzuführen, muss der Käufer die Kosten nach B 9 tragen.

Verpackung

Grundsätzlich muss der Verkäufer für eine transportgerechte Verpackung sorgen. **597** Aus den für das Frachtrecht bestehenden Regeln ergibt sich bereits grundsätzlich, dass es dem Absender obliegt, das Gut, soweit dessen Natur unter Berücksichtigung der vereinbarten Beförderung eine Verpackung erfordert, so zu verpacken, dass es vor Verlust und Beschädigung geschützt ist und dass auch dem Frachtführer keine Schäden entstehen. Dabei ist für die Verpackungsbedürftigkeit vor allem die Art der Güter, insbesondere ihre Empfindlichkeit, entscheidend. Daneben spielen auch die Umstände der vereinbarten Beförderung für die Verpackung eine wichtige Rolle. Ist es dagegen handelsüblich, dass eine bestimmte Ware nicht verpackt wird, dann muss der Verkäufer auch nicht für eine Verpackung sorgen.

Eine Verpackungspflicht wird dem Verkäufer nach A 9 nur auferlegt, wenn er die **598** Umstände des Transports (Transportart, Transportweg usw.) bereits zum Vertragsschluss kannte; dabei reicht eine standardmäßige Verpackung in der Regel aus, wie sich aus dem Umkehrschluss von A 9 Abs. 2 ergibt. Hat der Käufer den Verkäufer dagegen *vor* Vertragsabschluss von einem besonderen Verpackungserfordernis in

Kenntnis gesetzt, muss der Verkäufer diese Anforderungen beachten und sie auf eigene Anforderungen erfüllen. Da die Benachrichtigung vor Vertragsschluss erfolgt sein muss, hat der Verkäufer noch Gelegenheit, dies bei seiner Preisgestaltung zu berücksichtigen.

Kennzeichnung

599 A 9 endet mit einem kurzen Hinweis auf eine Kennzeichnungspflicht auf der Verpackung. Dies entspricht dem allgemeinen frachtrechtlichen Konzept, wonach ein Versender gegenüber dem Frachtführer verpflichtet ist, das Frachtgut nicht nur ordnungsgemäß zu verpacken, sondern es auch ausreichend zu kennzeichnen, damit der Frachtführer seine Pflichten ordnungsgemäß erfüllen kann. Die Kennzeichnungspflicht umfasst daher Markierungen wie „Vorsicht Glas" oder „Vor Nässe schützen", aber auch Hinweise auf gefährliches Gut, die besondere Hinweis- und Vorsorgepflichten bedingen (vgl. oben, T 2 2.1.8.2.).

A 10 Kostentragung bei Unterstützung mit Informationen
B 10 Kostentragung bei Unterstützung mit Informationen

600 A 10 legt die Pflicht des Verkäufers fest, *auf Anfordern, Risiko und Kosten des Käufers* alles Notwendige zu tun oder zu beschaffen, was der Käufer für die Einfuhr und/oder den Transport zum Bestimmungsort an Dokumenten oder auch sicherheitsrelevanten Informationen benötigt. Da bereits in A 8 auf Lieferdokumente eingegangen wurde, versteht sich A 10 als Regelung zu *anderen* Dokumenten als die Liefernachweise und Transportdokumente, die nach A 8 erfasst werden und ist beispielsweise anwendbar für Ursprungszeugnisse, Konsulatspapiere usw., bei denen der Verkäufer auf Verlangen des Käufers und auf dessen Gefahr und Kosten zur Beschaffung Unterstützung leisten muss.

601 Der Käufer, so stellt B 10 klar, hat dem Verkäufer rechtzeitig alle geforderten Sicherheitsinformationen mitzuteilen, so dass der Verkäufer die Verpflichtungen entsprechend A10 erfüllen kann, und er hat für die hierdurch entstehenden Kosten aufzukommen.

602 Wenn der Verkäufer vom Käufer damit beauftragt wurde, sich um den Abschluss des Beförderungsvertrages zu kümmern (A 3 lit. a), dann hat der Käufer dem Verkäufer hierzu auf Kosten und Risiko der Verkäufers alle erforderliche Informationen, sicherheitsrelevanten Hinweise und sonstigen Dokumente zu geben oder bei der Beschaffung Unterstützung zu leisten, die für den Beförderungsvertrag erforderlich sind. Der Ersatz der dem Verkäufer dadurch entstandenen Aufwendungen kann nach A 3 vom Verkäufer verlangt werden.

2.2. FOB (Frei an Bord – ... benannter Verschiffungshafen)

2.2.1. Vorbemerkungen

Die Klausel FOB ist eine traditionelle Lieferbedingung. Im Grunde ist sie vergleichbar **603** mit einer FCA-Klausel, die sich speziell und eigenständig für den Schiffstransport entwickelt hat. Sie wird unverändert im herkömmlichen Seetransport oder Binnenschiffstransport eingesetzt, eignet sich jedoch nicht für den Containerverkehr per Schiff (wenn die Ware dem Frachtführer übergeben wird, bevor sie sich auf dem Schiff befindet, z. B. bei Containern, die üblicherweise am Terminal angeliefert werden), so dass in diesen Fällen die Klausel FCA zu bevorzugen ist (vgl. oben, T 3 2.).

Wird die Klausel FOB trotz dieser Schwierigkeiten dennoch für den Transport eines **604** Containers genutzt, kann der Gefahrübergang auf den Käufer erst stattfinden, wenn der Container *an Bord eines Schiffes verladen* wurde. Es ist dann das Risiko des Verkäufers, der den Container bereits früher (nämlich bei Abnahme am Terminal) an den Frachtführer übergibt und damit die unmittelbare Sachherrschaft über den Container aufgibt und die Kontrolle über die im Container beförderte Ware verliert.

Damit ist der richtige Anwendungsbereich für die Klausel FOB auf Seefracht, die **605** *nicht* in Containern transportiert wird, beschränkt, also ausgerichtet auf Stückgut oder Massengüter, die auf „normalen" Frachtschiffen transportiert werden.

Die Incoterms® 2010 Regeln zu FOB legen einige Grundsätze für ihre Anwendung **606** in der einleitenden Präambel fest. Danach kann sie

- für eine Transportform mit Seeschiff oder Binnenschiff gewählt werden;
- für den Einsatz *verschiedener Transportmittel* (multimodaler Transport) ist sie nicht geeignet (vgl. oben, T 2 1.2.3.2.).

2.2.2. Richtige Anwendung

Diese Klausel eignet sich für alle Geschäfte, **607**

- in denen der Verkäufer die von ihm für den Export freigemachte Ware (sofern anwendbar)
- *an Bord* des vom Käufer benannten Schiffs im benannten Verschiffungshafen *liefert*
- oder er die bereits derart für die Verschiffung gelieferte Ware besorgt oder bereitstellt. Der Hinweis „bereitstellen" bezieht sich hier auf mehrere hintereinander geschaltete Verkäufe in einer Verkaufskette („string sales"), die insbesondere im Rohstoffhandel vorkommen.
- Die Gefahr des Verlusts oder der Beschädigung der Ware geht vom Verkäufer auf den Käufer über, wenn die Ware an Bord des Schiffs gelangt.
- Ab dem Moment der Lieferung trägt der Käufer auch alle Kosten.
- Der Verkäufer trägt keine Pflicht, die Ware zur Einfuhr freizumachen, Einfuhrzölle zu zahlen oder Einfuhrzollformalitäten zu erledigen.

2.2.3. Die Verpflichtungen im Einzelnen

A 1 Allgemeine Pflichten des Verkäufers
B 1 Allgemeine Pflichten des Käufers

608 Die Verpflichtungen der Geschäftspartner nach A 1 (Verkäuferpflichten) und B 1 (Käuferpflichten) sind in allen 11 Incoterms® 2010 wörtlich identisch! Daher kann zu diesen Punkten auf die Hinweise unter der Klausel 2010 EXW verwiesen werden (vgl. oben, T 3 1.1.3.).

A 2 Lizenzen, Genehmigungen, Sicherheitsüberprüfung und sonstige Formalitäten
B 2 Lizenzen, Genehmigungen, Sicherheitsüberprüfung und sonstige Formalitäten

609 Mit der Klausel FOB wird in A 2 festgelegt, dass der Verkäufer exportfreie Ware liefern muss. Daher hat er, soweit anwendbar, auf eigene Gefahr und Kosten die Ausfuhrbewilligung oder anderen behördliche Genehmigungen zu beschaffen sowie alle Zollformalitäten zu erledigen, die für die Ausfuhr erforderlich sind.

610 Auf der anderen Seite stellt B 2 für den Käufer klar, dass dieser die entsprechende Import- und gegebenenfalls Durchfuhrabwicklung auf eigene Gefahr und Kosten wahrzunehmen hat. Alle diese Maßnahmen und Tätigkeiten sind selbstverständlich nur dann wahrzunehmen, wo sie „anwendbar" sind, also wenn Zollgrenzen überschritten werden, nicht aber innerhalb eines Binnenmarktes (z. B. der EU) oder einer Freihandelszone.

611 A 2 und B 2 sind Verpflichtungen, die die beiden Parteien jeweils gegenseitig wahrzunehmen haben. Angesichts der Bedeutung der Dokumente, um die es hier geht, und mit deren Vorhandensein überhaupt erst eine Ausfuhr oder Einfuhr ermöglicht wird, ist eine Nichterfüllung der Pflichten nach A 2 und B 2 als Vertragspflichtverletzung im Sinne des Art. 30 CISG (Verkäuferpflicht) oder Art. 53 CISG (Käuferpflichten) anzusehen; die sich hieraus ergebenden Rechtsfolgen (Schadensersatz, Lieferbefreiung, Rücktrittsrecht o.ä.) bestimmen sich entweder aus dem für den Kaufvertrag vereinbarten geltenden Recht, nach den Regeln des UN-Kaufrechts (CISG) oder aber nach dem aus den Grundsätzen des IPR ermittelten, für den Vertrag anzuwendenden nationalen Recht.

612 Angesichts der Bedeutung dieser Pflichten müssen die Geschäftspartner (Verkäufer und Käufer) vor Abschluss des Kaufvertrages und damit einhergehender Festlegung der Incoterms® 2010 prüfen, in welcher Weise sie die Bedingungen nach A 2/B 2 zu erfüllen haben und ob sie dazu überhaupt in der Lage sein können. Ist erkennbar, dass die Erteilung einer Exportlizenz oder einer Einfuhrbewilligung außerhalb des Einflussbereiches des zur Beschaffung verpflichteten Partners steht, sollte dies bei Vereinbarung der Klausel FOB (Incoterms® 2010) *„vorbehaltlich Exportlizenz"* oder *„vorbehaltlich Einfuhrbewilligung"* deutlich gemacht werden.

A 3 Beförderungs- und Versicherungsvertrag
B 3 Beförderungs- und Versicherungsvertrag

Beförderungsvertrag

613 Die Klausel FOB erlegt dem Käufer in B 3 die Pflicht auf, sich um den *Transportvertrag* zu kümmern. Er hat daher den Transportvertrag ab Lieferort auf seine Kosten abzuschließen. Dies ist in der Praxis nicht immer sinnvoll, wenn die branchenüblichen Gepflogenheiten, die ständige Übung zwischen den Geschäftspartnern oder schlicht die Zweckmäßigkeit dafür sprechen, den Beförderungsvertrag durch den Verkäufer abschließen zu lassen.

Entweder bittet der Käufer den Verkäufer um Abschluss des Transportauftrags. **614** Denkbar ist auch, dass es in der Handelspraxis üblich ist und der Käufer nicht rechtzeitig eine gegenteilige Anweisung erteilt, dass in diesen Fällen der Verkäufer den Beförderungsvertrag zu den üblichen Bedingungen und auf Gefahr und Kosten des Käufers abschließen darf. Zu beachten ist, dass ein den Frachtauftrag erteilender Verkäufer damit Vertragspartner des Frachtvertrags wird und dem Frachtführer gegenüber zahlungspflichtig wird; er kann die entstandenen Kosten aber dem Käufer weiterbelasten. Hierin liegt durchaus ein gewisses Risiko, dass der Verkäufer nicht sicher wissen kann, ob der Käufer ihm die entstandenen Transportkosten auch tatsächlich ersetzen wird; daher darf er die Beauftragung des Transport (unverzüglich) ablehnen, wenn er den Transportvertrag nicht abschließen will. A 3 lit. a gibt daher dem Verkäufer grundsätzlich das Recht, es abzulehnen, den Beförderungsvertrag abzuschließen; in beiden von A 3 lit. a genannten Fällen muss der Verkäufer den Käufer jedoch unverzüglich davon unterrichten, dass er den Abschluss des Beförderungsvertrages ablehnt.

Versicherungsvertrag

Hinsichtlich des Versicherungsvertrags erlegen A 3 lit. b und B 3 lit. b keiner der Par- **615** teien eine Versicherungs*pflicht* auf, doch da die Ware ab dem Lieferort auf das Risiko des Käufers transportiert wird (dazu B 5), liegt es in seinem Interesse, das Transportrisiko zu versichern. Umgekehrt verpflichtet A 5 den Verkäufer dazu, alle Risiken des Transports bis zum Lieferort zu tragen, so dass der Verkäufer ein Interesse daran haben muss, bis zum Lieferort eine Transportversicherung zu haben. Daher werden im Grunde zwei Transportrisikoversicherungen benötigt: für den Verkäufer eine bis zum FOB-Lieferort, für den Käufer eine ab FOB-Lieferort. Dies ist jedoch kaum zweckmäßig, wenn im Schadensfall nicht genau feststellbar ist, in welchem Moment ein schädigendes Ereignis eingetreten ist und die Geschäftspartner letztlich darunter leiden, dass zwei eigenständige Versicherungen eine Versicherungspflicht mangels Beweisbarkeit eines Schadenseintritts ablehnen oder zumindest lange herauszögern. Sinnvoll ist es daher, für den gesamten Zeitraum des Gütertransports einen durchgehenden Versicherungsschutz zu vereinbaren und im Rahmen der Kaufpreisverhandlungen darüber zu sprechen, wie die zu zahlende Versicherungsprämie, die die den Vertrag abschließende Partei zu zahlen hat, sinnvoll geteilt werden kann.

A 4 Lieferung
B 4 Abnahme

Die Verkäuferpflichten nach A 4 sind in der Neufassung der Klausel FOB inhaltlich **616** leicht abgeändert. Der Verkäufer

- hat die Ware zu liefern, entweder indem er sie an Bord des vom Käufer benannten Schiffs an der vom Käufer bestimmten Ladestelle (falls angegeben) im benannten Verschiffungshafen verbringt. Damit geht die Klausel FOB in ihrer Lieferpflicht ein Stück weiter als die Klausel FAS, bei der die Lieferung längsseits eines Schiffs zu erfolgen hat; die Klausel FOB verlangt ein Verladen an Bord.

- Alternativ kann vom Verkäufer verlangt werden, dass er eine derartige Lieferung der Ware besorgt.

- In beiden Fällen hat der Verkäufer die Ware zum vereinbarten Zeitpunkt oder innerhalb der vereinbarten Frist zu liefern. Hier ist zu prüfen, ob die vorgegebene Lieferzeit das gesamte Geschäft zu einem Fixgeschäft macht. Da es auf die *Rechtzeitigkeit der Lieferung* ausdrücklich ankommen kann, kann – insbesondere bei ausdrücklicher vertraglicher Vereinbarung einer exakten Frist/eines exakten Zeitpunkts auf Verabredung eines so genannten Fixgeschäfts im Sinne des § 376 Abs.1 HGB (vgl. auch §§ 919 bis 921 österr. ABGB) geschlossen werden, mit der Folge, dass der Käufer zum Rücktritt berechtigt oder zum Fordern von Schadensersatz wegen Nichterfüllung befugt sein könnte. Hier ist also auf die vertragliche Verabredung besondere Sorgfalt zu legen.

- Der Verkäufer hat gegebenenfalls in der *im Hafen üblichen Weise* zu liefern. Sieht der Hafenbrauch beispielsweise vor, dass die Ware bereits an Land entgegen genommen wird, gehen spätere Ladekosten ab dem Übernahmeplatz zu Lasten der Seefracht, so dass der Verkäufer hierfür dann nicht mehr verantwortlich ist.

- Falls keine bestimmte Ladestelle durch den Käufer angegeben worden ist, kann der Verkäufer die für seine Zwecke am besten geeignete Stelle innerhalb des benannten Verschiffungshafens auswählen.

617 Der Käufer hat nach B 4 die Ware abzunehmen, wenn sie wie in A4 vorgesehen geliefert worden ist.

A 5 Gefahrübergang
B 5 Gefahrübergang

618 Mit der erfolgten Lieferung im Sinne des A 4 (und mit Ausnahme der in B 5 genannten Sonderumstände des Verlusts oder der Beschädigung) findet zeitgleich auch der Gefahrübergang für Verlust und Schäden am Transportgut auf den Käufer statt. Eine Besonderheit der neu formulierten Klausel FOB besteht darin, dass „das Überschreiten der Schiffsreling" („passing the ship's rail") nicht mehr ausdrücklich festgeschrieben ist. Stattdessen wird die „Lieferung nach A 4" vorausgesetzt, also die *Verladung an Bord eines Schiffes*. Die Gefahr des Verlusts oder der Beschädigung der Ware geht damit über, wenn die Ware an Bord des Schiffs gelangt, also im Ladevorgang auf die Planken gesetzt oder auf dem Ladedeck abgesetzt wird.

619 B 5 regelt, dass der Gefahrübergang mit dem Zeitpunkt der Lieferung (im Sinne von A 4) auf den Käufer erfolgt.

Die Gefahr geht *vor* der Lieferung auf den Käufer über, wenn

- Der Käufer die nach B 7 nötige Benachrichtigung über das bezeichnete Schiff unterlässt (B 5 lit. a),

- oder nach B 5 lit. b das vom Käufer benannte Schiff nicht rechtzeitig eintrifft, um es dem Verkäufer zu ermöglichen seine Pflichten entsprechend A 4 zu erfüllen, oder das Schiff die Ware nicht übernehmen kann, oder es schon vor der gemäß B 7 festgesetzten Zeit keine Ladung mehr annimmt.

620 Der Gefahrübergang auf den Käufer findet dann bereits mit Ablauf des vorgesehenen Lieferzeitpunkts oder der vereinbarten Lieferfrist (vgl. A 7) statt. Handelt es sich beim Transportgut um eine Gattungsware, musste die für den Käufer bestimmte Ware klar als Vertragsware spezifiziert und damit ausgesondert gewesen sein.

A 6 Kostenverteilung
B 6 Kostenverteilung

Nach A 6 muss der Verkäufer folgende Kosten tragen: **621**

- alle die Ware betreffenden Kosten bis diese gemäß A 4 geliefert worden ist, ausgenommen solcher Kosten, die wie in B 6 vorgesehen, vom Käufer zu tragen sind. Hierzu zählen alle Kosten des Vortransports, der Umschlagsgebühren, der Verladung sowie des Seehafenspediteurs.

- Falls anwendbar, trägt der Verkäufer auch alle Kosten, die im Zusammenhang mit für die Ausfuhr notwendigen Zollformalitäten anfallen sowie Zölle, Steuern und andere Abgaben.

Die Kostenpflichten des Käufers sind nach B 6 recht umfangreich wie folgt festgelegt: **622**

- Der Käufer trägt alle die Ware betreffenden Kosten von dem Zeitpunkt an, in dem sie wie in A 4 vorgesehen, geliefert worden ist, ausgenommen (falls anwendbar) der Kosten der für die Ausfuhr notwendigen Zollformalitäten sowie alle Zölle, Steuern und andere Abgaben, die im Zusammenhang mit der Ausfuhr wie in A 6 (b) bezeichnet, entstehen;

- sowie alle zusätzlichen Kosten, die entweder dadurch entstehen, dass

  - (i) der Käufer die angemessene Benachrichtigung gemäß B 7 unterlässt, oder

  - (ii) das vom Käufer bezeichnete Schiff nicht rechtzeitig eintrifft, oder die Ware nicht übernehmen kann, oder schon vor der gemäß B 7 mitgeteilten Zeit keine Ladung mehr annimmt

und dabei immer vorausgesetzt, dass eine Gattungsware bereits hinreichend konkretisiert worden ist.

- Schließlich, und sofern anwendbar, trägt der Käufer alle Zölle, Steuern und andere Abgaben sowie Kosten der Zollformalitäten, die bei der Einfuhr der Ware und bei ihrem Transport durch jedes Land anfallen.

Erkennbar ist, dass die Formulierung in B 6 sich inhaltlich stark anlehnt an B 5 (Gefahrübergang). Die Gründe, die zum Gefahrübergang vom Verkäufer an den Käufer führen (B 5), weil der Verkäufer durch von ihm nicht zu vertretene Umstände die Ware nicht vertragsgerecht an Bord des Schiffes liefern kann, führen zugleich dazu, dass der Käufer alle hierdurch verursachten zusätzlichen Kosten, wie etwa Lagerkosten für zusätzliches Lagern der Ware usw. der für ihn bestimmten Warensendung, auch selber tragen muss. **623**

A 7 Benachrichtigung des Käufers
B 7 Benachrichtigung des Verkäufers

Nach A 7 ist der Verkäufer verpflichtet, den Käufer auf angemessene Weise zu benachrichtigen, dass entweder die Ware gemäß A4 geliefert worden ist oder, dass das Schiff die Ware nicht innerhalb der vereinbarten Frist geladen hat. Die Benachrichti- **624** gung ist „sufficient", also in der notwendigen Weise erfolgt, wenn sie den Käufer möglichst rasch, also auch unter Einsatz moderner Kommunikationsmittel erreicht. Eine konkrete Aussage können die Incoterms® 2010 Regeln an dieser Stelle naturgemäß nicht treffen, da es schließlich im internationalen Geschäft branchen- und produktabhängig ist, nach welcher Art und Weise Benachrichtigungen erfolgen sollen oder müssen. Auch sind die Wege der Kommunikation (schriftlich, elektronisch usw.) zu berücksichtigen.

625 Umgekehrt muss der Käufer dem Verkäufer in angemessener Weise den Namen des Schiffs, den Ladeplatz und, falls erforderlich, die gewählte Lieferzeit innerhalb der vereinbarten Frist angeben.

A 8 Lieferdokument
B 8 Liefernachweis

626 Die Überschrift zu A 8/B 8 der neuen Incoterms® 2010 Regeln ist deutlich gegenüber der Vorgängerversion von 2000 verkürzt worden und spricht nur noch vom „Lieferdokument" und dem „Liefernachweis". Hierzu sind umfangreiche Vorbemerkungen gemacht worden (vgl. oben, T 2 2.1.6.). Grundsätzlich gilt für die Incoterms® 2010 Regeln, dass aus der großen Menge von im internationalen Geschäft üblichen Dokumenten (Transportdokumente, Rechnungen, Packlisten, Versicherungszertifikate, Ursprungszeugnisse u.v.a.m, es soll mehr als 200 „übliche" Dokumente geben) nur die Dokumente interessieren, die die Lieferung dokumentieren; hinzu kommen – je nach Bedarf und Forderung der jeweiligen Incoterms® 2010, dann noch Versicherungsnachweise und etwaige für die Einfuhr/Ausfuhr notwendige Dokumente.

627 Da mithin die Lieferung und deren Erhalt durch den Käufer von großer Bedeutung sind, befassen sich die neuen Incoterms® 2010 Regeln von vornherein in A 8/B 8 nur noch mit dem Lieferdokument, und nicht mehr, wie noch in der Vorgängerversion, mit „Liefernachweis, Transportdokument oder entsprechender elektronischer Mitteilung". Zugleich berücksichtigt A 8, dass ein Transport auf verschiedene Arten durchgeführt werden kann, so dass zweckmäßigerweise nicht weiter differenziert wird und die Parteien durch die Lieferbedingung nicht weiter auf bestimmte Dokumente festgelegt werden. So besteht eine Verpflichtung des Verkäufers nach A 8 darin, dem Käufer auf seine Kosten und auf geeignete Weise nachzuweisen, dass er die Lieferung bewirkt hat.

Der Käufer hat nach B 8 den erbrachten Liefernachweis anzunehmen.

628 Benötigt der Käufer ein Transportdokument, verpflichtet A 8 Abs. 2 den Verkäufer dazu, hierfür Unterstützung zu leisten. Dies kommt beispielsweise beim Seetransport in Seehäfen vor, wenn der Verkäufer bei Anlieferung eines FCL- Containers als Ablader eine *Empfangsbestätigung* erhält oder bei LCL- Gut einen *Empfangsschein*. Wird später ein Seefrachtvertrag abgeschlossen, benötigt der Käufer diese Empfangsbescheinigung, um vom Seefrachtführer das Transportdokument (gegen Rückgabe der Empfangsbescheinigung) zu erhalten; hier zeigt sich, dass der Verkäufer nach A 8 Abs. 2 Unterstützung leisten muss.

629 Andererseits benötigt der Verkäufer den Liefernachweis selber, wenn ihm nach A 3 lit. a der Abschluss des Transportauftrags obliegt. In diesen Fällen ist das mittels Transportbeauftragung erhaltene Transportdokument (Konnossement oder Seefrachtbrief) gleichzeitig auch der Liefernachweis nach A 8.

Wenn der Verkäufer wegen der Transportbeauftragung ein *Konnossement* erhalten hat, muss er dieses dem Käufer weiterreichen, da dieser es (als Inhaberpapier) für die Inempfangnahme der Ware benötigt. Kosten und Gefahr der Zusendung des Konnossements trägt der Käufer (vgl. B 10). **630**

Anders ist es beim *Seefrachtbrief*, der nur den Abschluss eines Seefrachtvertrages nachweist, aber kein Inhaberpapier ist. Die Übergabe der Ware im Bestimmungshafen erfolgt hier mit Hilfe eines Auslieferungspapiers, ohne dass es der Vorlage des Seefrachtbriefes bedarf. Der Verkäufer wird dem Käufer den Seefrachtbrief nur dann – im Sinne von A 8 Abs. 2 – überlassen, wenn der Käufer das Papier zu Beweis- oder Zahlungszwecken im Original benötigt. **631**

A 9 Prüfung – Verpackung – Kennzeichnung
B 9 Prüfung der Ware

Prüfung

Soweit eine Prüfung der Qualität (durch Qualitätsprüfung, Messen, Wiegen oder Zählen) der Ware für die Lieferung nach A 4 notwendig ist, muss der Verkäufer die hierfür entstandenen Kosten nach A 9 tragen. **632**

Gleiches gilt für Kosten von Warenkontrollen vor der Verladung („pre-shipment inspection"), die aufgrund behördlicher Vorschriften des *Export*landes entstehen. Sind Warenkontrollen dagegen aufgrund von Vorschriften des *Import*landes durchzuführen, muss der Käufer die Kosten nach B 9 tragen. **633**

Verpackung

Grundsätzlich muss der Verkäufer für eine transportgerechte Verpackung sorgen. Aus den für das Frachtrecht bestehenden Regeln ergibt sich bereits grundsätzlich, dass es dem Absender obliegt, das Gut, soweit dessen Natur unter Berücksichtigung der vereinbarten Beförderung eine Verpackung erfordert, so zu verpacken, dass es vor Verlust und Beschädigung geschützt ist und dass auch dem Frachtführer keine Schäden entstehen. Dabei ist für die Verpackungsbedürftigkeit vor allem die Art der Güter, insbesondere ihre Empfindlichkeit, entscheidend. Daneben spielen auch die Umstände der vereinbarten Beförderung für die Verpackung eine wichtige Rolle. Ist es dagegen handelsüblich, dass eine bestimmte Ware nicht verpackt wird, dann muss der Verkäufer auch nicht für eine Verpackung sorgen. **634**

Eine Verpackungspflicht wird dem Verkäufer nach A 9 nur auferlegt, wenn er die Umstände des Transports (Transportart, Transportweg usw.) bereits zum Vertragsschluss kannte; dabei reicht eine standardmäßige Verpackung in der Regel aus, wie sich aus dem Umkehrschluss von A 9 Abs. 2 ergibt. Hat der Käufer den Verkäufer dagegen *vor* Vertragsabschluss von einem besonderen Verpackungserfordernis in Kenntnis gesetzt, muss der Verkäufer diese Anforderungen beachten und sie auf eigene Anforderungen erfüllen. Da die Benachrichtigung vor Vertragsschluss erfolgt sein muss, hat der Verkäufer noch Gelegenheit, dies bei seiner Preisgestaltung zu berücksichtigen. **635**

Kennzeichnung

636 A 9 endet mit einem kurzen Hinweis auf eine Kennzeichnungspflicht auf der Verpackung. Dies entspricht dem allgemeinen frachtrechtlichen Konzept, wonach ein Versender gegenüber dem Frachtführer verpflichtet ist, das Frachtgut nicht nur ordnungsgemäß zu verpacken, sondern es auch ausreichend zu kennzeichnen, damit der Frachtführer seine Pflichten ordnungsgemäß erfüllen kann. Die Kennzeichnungspflicht umfasst daher Markierungen wie „Vorsicht Glas" oder „Vor Nässe schützen", aber auch Hinweise auf gefährliches Gut, die besonderer Hinweis- und Vorsorgepflichten bedingen (vgl. oben, T 2 2.1.8.2.).

A 10 Kostentragung bei Unterstützung mit Informationen
B 10 Kostentragung bei Unterstützung mit Informationen

637 A 10 legt die Pflicht des Verkäufers fest, *auf Anfordern, Risiko und Kosten des Käufers* alles Notwendige zu tun oder zu beschaffen, was der Käufer für die Einfuhr und/oder den Transport zum Bestimmungsort an Dokumenten oder auch sicherheitsrelevanten Informationen benötigt. Da bereits in A 8 auf Lieferdokumente eingegangen wurde, versteht sich A 10 als Regelung zu *anderen* Dokumenten als die Liefernachweise und Transportdokumente, die nach A 8 erfasst werden und ist beispielsweise anwendbar für Ursprungszeugnisse, Konsulatspapiere usw., bei denen der Verkäufer auf Verlangen des Käufers und auf dessen Gefahr und Kosten zur Beschaffung Unterstützung leisten muss.

638 Der Käufer, so stellt B 10 klar, hat ein derartiges Begehren frühzeitig mitzuteilen, um dem Verkäufer das geeignete Handeln zu ermöglichen, und er hat für die hierdurch entstehenden Kosten aufzukommen.

639 Wenn der Verkäufer vom Käufer damit beauftragt wurde, sich um den Abschluss des Beförderungsvertrages zu kümmern (A 3 lit. a), dann hat der Käufer dem Verkäufer hierzu (auf Kosten und Risiko der Verkäufers) alle erforderliche Informationen, sicherheitsrelevanten Hinweise und sonstigen Dokumente zu geben oder bei der Beschaffung Unterstützung zu leisten, die für den Beförderungsvertrag erforderlich sind. Der Ersatz der dem Verkäufer dadurch entstandenen Aufwendungen kann nach A 3 vom Verkäufer verlangt werden.

2.3. CFR (Kosten und Fracht – … benannter Bestimmungshafen)

2.3.1. Vorbemerkungen

Die Klausel CFR ist ausschließlich für den Transport mit Seeschiffen oder Binnenschiffen geeignet. Sie wird unverändert im *herkömmlichen* Seetransport oder Binnenschiffstransport eingesetzt, eignet sich für den Containerverkehr per Schiff nur ausnahmsweise (dazu unten 2.3.2.). Die Klausel CFR entspricht – mit Ausnahme des Bestandteils zur Versicherung in CIF – der Klausel CIF. **640**

„Kosten und Fracht" bedeutet, dass **641**

- der Verkäufer die Ware an Bord des Schiffs liefert

- oder die Ware in einem bereits für den Bestimmungsort verschiffungsbereiten Zustand zu besorgt. Dabei ist allen C- Klauseln (also CPT, CIP, CFR, CIF) der Incoterms® 2010 gemeinsam, dass der Verkäufer seine Lieferpflicht erfüllt, wenn er die Ware dem Frachtführer in der gemäß der gewählten Klausel bestimmten Weise übergibt und nicht, wenn die Ware den Käufer am Bestimmungsort erreicht.

- Die Gefahr des Verlusts oder der Beschädigung der Ware geht über, wenn die Ware an Bord des Schiffs gelangt. Auch in dieser Klausel ist der früher übliche Zusatz „Überschreiten der Schiffsreling" entfallen, so dass es nun auf die Verladung an Bord (Abstellen auf dem Deck) ankommt.

- Der Verkäufer hat den Beförderungsvertrag abzuschließen oder zu „besorgen". (Das „Besorgen" eines verschiffungsbereiten Zustands (oben, 2.Punkt) sowie das „Besorgen" eines Beförderungsvertrages ist auf hintereinander geschaltete Käufe in einer Geschäftskette abgestellt („string sales"), wie sie vor allem im Rohstoffhandel vorkommen),

- und der Verkäufer muss die Kosten und die Fracht, die für die Beförderung der Ware zum benannten Bestimmungshafen erforderlich sind, tragen.

2.3.2. Richtige Anwendung

Die Klausel CFR kann unangebracht sein, wenn die Ware dem Frachtführer übergeben wird, bevor sie sich auf dem Schiff befindet, z. B. bei containerisierter Ware, welche üblicherweise schon zeitlich früher am Terminal geliefert wird. Unter solchen Umständen sollte die Klausel CPT verwendet werden. **642**

Den Parteien wird geraten, den vereinbarten Bestimmungshafen so genau wie möglich zu bezeichnen, da die Kosten bis zu diesem Punkt zu Lasten des Verkäufers gehen. Dem Verkäufer wird geraten, die Beförderungsverträge im Hinblick auf die so getroffene Wahl präzise abschließen (vgl. oben, T 2 2.1.2.). **643**

An sich sollen die Klauseln CFR und CIF im Containertransportverkehr nicht eingesetzt werden. Passen können sie dennoch unter der engen Voraussetzung, dass die im Container befindliche Ware im Bestimmungshafen zum Zweck der Ablieferung an den Käufer aus dem Container entladen werden muss oder auch dann, wenn der volle Container dem Käufer im Bestimmungshafen zur Weiterbeförderung übergeben wird. **644**

2.3.3. Die Verpflichtungen im Einzelnen

A 1 Allgemeine Pflichten des Verkäufers
B 1 Allgemeine Pflichten des Käufers

645 Die Verpflichtungen der Geschäftspartner nach A 1 (Verkäuferpflichten) und B 1 (Käuferpflichten) sind in allen 11 Incoterms® 2010 wörtlich identisch! Daher kann zu diesen Punkten auf die Hinweise unter der Klausel EXW verwiesen werden (vgl. oben, T 3 1.1.3.).

A 2 Lizenzen, Genehmigungen, Sicherheitsüberprüfung und sonstige Formalitäten
B 2 Lizenzen, Genehmigungen, Sicherheitsüberprüfung und sonstige Formalitäten

646 Mit der Klausel CFR wird in A 2 festgelegt, dass der Verkäufer exportfreie Ware liefern muss. Daher hat er, soweit anwendbar, auf eigene Gefahr und Kosten die Ausfuhrbewilligung oder anderen behördliche Genehmigungen zu beschaffen sowie alle Zollformalitäten zu erledigen, die für die Ausfuhr erforderlich sind.

647 Auf der anderen Seite stellt B 2 für den Käufer klar, dass dieser die entsprechende Import- und gegebenenfalls Durchfuhrabwicklung auf eigene Gefahr und Kosten wahrzunehmen hat. Alle diese Maßnahmen und Tätigkeiten sind selbstverständlich nur dann wahrzunehmen, wo sie „anwendbar" sind, also wenn Zollgrenzen überschritten werden, nicht aber innerhalb eines Binnenmarktes (z. B. der EU) oder einer Freihandelszone.

648 A 2 und B 2 sind Verpflichtungen, die die beiden Parteien jeweils gegenseitig wahrzunehmen haben. Angesichts der Bedeutung der Dokumente, um die es hier geht, und mit deren Vorhandensein überhaupt erst eine Ausfuhr oder Einfuhr ermöglicht wird, ist eine Nichterfüllung der Pflichten nach A 2 und B 2 als Vertragspflichtverletzung im Sinne des Art. 30 CISG (Verkäuferpflicht) oder Art. 53 CISG (Käuferpflichten) anzusehen; die sich hieraus ergebenden Rechtsfolgen (Schadensersatz, Lieferbefreiung, Rücktrittsrecht o.ä.) bestimmen sich entweder aus dem für den Kaufvertrag vereinbarten geltenden Recht, nach den Regeln des UN-Kaufrechts (CISG) oder aber nach dem aus den Grundsätzen des IPR ermittelten, für den Vertrag anzuwendenden nationalen Recht.

649 Angesichts der Bedeutung dieser Pflichten müssen die Geschäftspartner (Verkäufer und Käufer) vor Abschluss des Kaufvertrages und damit einhergehender Festlegung der Incoterms® 2010 prüfen, in welcher Weise sie die Bedingungen nach A 2/B 2 zu erfüllen haben und ob sie dazu überhaupt in der Lage sein können. Ist erkennbar, dass die Erteilung einer Exportlizenz oder einer Einfuhrbewilligung außerhalb des Einflussbereiches des zur Beschaffung verpflichteten Partners steht, sollte dies bei Vereinbarung der Klausel CFR (Incoterms® 2010) *„vorbehaltlich Exportlizenz"* oder *„vorbehaltlich Einfuhrbewilligung"* deutlich gemacht werden.

A 3 Beförderungs- und Versicherungsvertrag
B 3 Beförderungs- und Versicherungsvertrag

650 Der Verkäufer muss

- einen Vertrag über die Beförderung der Ware
- von der vereinbarten Lieferstellstelle am benannten Bestimmungsort (sofern ein solcher Punkt angegeben wurde)

- bis zum benannten Bestimmungshafen oder (falls vereinbart) irgendeiner Stelle in diesem Hafen
- abschließen oder besorgen.

Der Beförderungsvertrag muss **651**

- zu den üblichen Bedingungen
- auf Kosten des Verkäufers abgeschlossen werden
- und muss die Beförderung auf dem üblichen Weg
- mit einem Schiff der Bauart, die normalerweise für den Transport der verkauften Warenart verwendet wird,

gewährleisten.

Der Käufer hat hinsichtlich des Beförderungsvertrages keine Pflichten. **652**

Hinsichtlich des Versicherungsvertrages trifft den Verkäufer keine Pflicht, doch muss **653** er dem Käufer durch Benachrichtigung im Sinne von A 7 und weitere Informationen (nach A 10) ermöglichen, eine geeignete Transportversicherung abzuschließen, sofern dieser eine Versicherung abschließen möchte.

A 4 Lieferung
B 4 Abnahme

Die Verkäuferpflichten nach A 4 sind in der Neufassung der Klausel CFR inhaltlich **654** leicht abgeändert. Der Verkäufer

- hat die Ware zu liefern, entweder indem er sie an Bord des Schiffs verbringt
- oder indem er die derart gelieferte Ware besorgt.
- In beiden Fällen hat der Verkäufer die Ware zum vereinbarten Zeitpunkt oder innerhalb der vereinbarten Frist zu liefern. Hier ist zu prüfen, ob die vorgegebene Lieferzeit das gesamte Geschäft zu einem Fixgeschäft macht. Da es auf die *Rechtzeitigkeit der Lieferung* ausdrücklich ankommen kann, kann – insbesondere bei ausdrücklicher vertraglicher Vereinbarung einer exakten Frist oder eines exakten Zeitpunkts auf Verabredung eines so genannten Fixgeschäfts im Sinne des § 376 Abs.1 HGB (vgl. auch §§ 919 bis 921 österr. ABGB) geschlossen werden, mit der Folge, dass der Käufer zum Rücktritt berechtigt oder zum Fordern von Schadensersatz wegen Nichterfüllung befugt sein könnte. Hier ist also auf die vertragliche Verabredung besondere Sorgfalt zu legen.

Der Verkäufer hat gegebenenfalls in der *im Hafen üblichen Weise* zu liefern. **655**

Der Käufer hat nach B 4 die Ware im Bestimmungshafen vom Seefrachtführer abzu- **656** nehmen, wenn sie wie in A 4 vorgesehen geliefert worden ist. Die in der Vorgängerversion der Incoterms® 2000 enthaltene Pflicht zur „Anerkennung" der Ware ist entfallen.

A 5 Gefahrübergang
B 5 Gefahrübergang

Der Verkäufer trägt alle Gefahren des Verlusts oder der Beschädigung der Ware, bis **657** sie gemäß A 4 geliefert worden ist, mit Ausnahme des Verlusts oder der Beschädigung unter den Umständen, wie sie in B 5 beschrieben sind.

658 Der Käufer hat alle Gefahren des Verlusts oder der Beschädigung der Ware von dem Zeitpunkt an zu tragen, in dem sie wie in A4 vorgesehen, geliefert worden ist. Falls der Käufer die Benachrichtigung gemäß B7 unterlässt, hat er alle Gefahren des Verlusts oder der Beschädigung der Ware von dem für die Abnahme vereinbarten Zeitpunkt oder vom Ablauf der vereinbarten Lieferfrist an zu tragen, vorausgesetzt, dass die Ware als die vertraglich vereinbarte Ware kenntlich gemacht wurde. Gemeint ist hier die Situation, dass die Geschäftspartner zuvor verabredet hatten, dass der Käufer berechtigt sein sollte, den Zeitpunkt der Verschiffung der Ware und/oder den Bestimmungshafen festzulegen. Dies muss er (nach B 7) so rechtzeitig tun, dass der Verkäufer in die Lage versetzt wird, den Zeitpunkt der Verschiffung auch einzuhalten. Gelingt dies nicht, weil der Käufer die rechtzeitige Benachrichtigung versäumt, verlegt B 5 lit. b den Zeitpunkt des Gefahrübergangs auf den Moment des verabredeten Abnahmezeitpunkts.

A 6 Kostenverteilung
B 6 Kostenverteilung

Verkäufer

659 Der Verkäufer hat zu tragen

* alle die Ware betreffenden Kosten, bis diese gemäß A 4 (*An-Bord-Lieferung*, wie bei FOB) geliefert worden ist, ausgenommen solcher Kosten, die (wie in B 6 vorgesehen) vom Käufer zu tragen sind,

* die *Fracht* und alle anderen aus A 3 entstehenden Kosten einschließlich der Kosten der *Verladung* der Ware an Bord und alle *Ausladung*skosten im vereinbarten Entladungshafen, die nach dem Beförderungsvertrag vom Verkäufer zu tragen sind. Ein- und Ausladungskosten sind übliche Bestimmungen in Seefrachtverträgen, nach deren „liner terms" die Kosten des Be- und Entladens der Fracht zugerechnet werden, so dass den Verkäufer bei seiner Kalkulation nicht nur die reine Fracht berücksichtigen muss, sondern auch die durch das Be- und Entladen sowie gegebenenfalls Tariferhöhungen bei der Fracht.

660 Sofern anwendbar, treffen den Verkäufer die Kosten der für die Ausfuhr notwendigen Zollformalitäten sowie alle Zölle, Steuern und andere Abgaben, die bei der *Ausfuhr* anfallen, und die Kosten für den *Transit* durch jedes Land, soweit diese nach dem Beförderungsvertrag vom Verkäufer zu tragen sind.

Käufer

661 Die Kostenpflichten des Käufers sind nach B 6 recht umfangreich wie folgt festgelegt:

* Der Käufer trägt alle die Ware betreffenden Kosten von dem Zeitpunkt an, in dem sie wie in A 4 vorgesehen, geliefert worden ist, ausgenommen (falls anwendbar) der Kosten der für die *Ausfuhr* notwendigen Zollformalitäten sowie alle Zölle, Steuern und andere Abgaben, die im Zusammenhang mit der Ausfuhr wie in A 6 (b) bezeichnet entstehen;

* falls anwendbar, alle Zölle, Steuern und andere Abgaben sowie die Kosten der Zollformalitäten, die bei der *Einfuhr* der Ware und (soweit nicht im Beförderungsvertrag enthalten) bei dem *Transit* durch jedes Land anfallen (B 6 lit. e).

- Ferner treffen den Käufer alle die Ware betreffenden Kosten und Gebühren während des Transports bis zu ihrer Ankunft im Bestimmungshafen, es sei denn solche Kosten und Gebühren gehen gemäß dem Beförderungsvertrag zu Lasten des Verkäufers (B 6 lit. b)

- sowie die Kosten für die Löschung und Leichterung und die Kaigebühren, sofern diese Kosten und Gebühren nach dem Beförderungsvertrag nicht vom Verkäufer zu tragen sind (B 6 lit. c).

Der Käufer muss schließlich auch alle zusätzlichen Kosten tragen, die dadurch ent- **662** stehen, dass er *von dem für den Versand vereinbarten Zeitpunkt* oder vom Ablauf der hierfür vereinbarten Frist an die Benachrichtigung gemäß B 7 unterlassen hat. Dieser Absatz gilt für den Fall, dass die Geschäftspartner vereinbart hatten, dass der Käufer berechtigt sein sollte, den Zeitpunkt der Verschiffung der Ware und/oder den Bestimmungshafen festzulegen. Nach B 7 muss der Käufer dann die erforderliche Benachrichtigung so rechtzeitig vornehmen, dass der Verkäufer in die Lage versetzt wird, den Zeitpunkt der Verschiffung einzuhalten. Macht der Käufer dies nicht, wird der Moment des Gefahrübergangs durch B 6 lit. d fingiert und festgelegt. Dabei wird allerdings vorausgesetzt, dass eine Gattungsware bereits hinreichend konkretisiert worden war.

A 7 Benachrichtigung des Käufers
B 7 Benachrichtigung des Verkäufers

Nach A 7 ist der Verkäufer verpflichtet, den Käufer auf angemessene Weise zu be- **663** nachrichtigen, um es dem Käufer zu ermöglichen, die Maßnahmen zu treffen, die üblicherweise erforderlich sind, um dem Käufer die Übernahme der Ware zu ermöglichen.

Umgekehrt muss der Käufer den Verkäufer in angemessener Weise benachrichtigen, **664** wenn er berechtigt ist, den Zeitpunkt der Abnahme innerhalb einer vereinbarten Frist und/oder die Abnahmestelle der Ware innerhalb des benannten Bestimmungsortes zu bestimmen.

A 8 Lieferdokument
B 8 Liefernachweis

Nach A 8 besteht eine Verpflichtung des Verkäufers darin, dem Käufer auf seine Kos- **665** ten und auf geeignete Weise nachzuweisen, dass er die *Lieferung* bewirkt hat. Dies geschieht zwar eigentlich durch jedes beliebige Lieferdokument. Im Hinblick auf den Wortlaut von A 8 ist jedoch eher davon auszugehen, dass es hier üblicherweise um einen Liefernachweis geht, der durch ein Transportdokument (wie etwa ein Konnossement) erbracht wird.

Der Käufer hat nach B 8 den erbrachten Liefernachweis in Form eines Transportdo- **666** kuments anzunehmen.

Wenn der Verkäufer wegen der Transportbeauftragung ein *Konnossement* erhalten **667** hat, muss er dieses dem Käufer weiterreichen, da dieser es (als Inhaberpapier) für die Inempfangnahme der Ware benötigt. Kosten und Gefahr der Zusendung des Konnossements trägt der Käufer (vgl. B 10). Die Anforderungen, die A 8 an das Transportdokument stellt, lauten im Detail:

- Das Transportdokument muss über die vertraglich vereinbarte Ware lauten,

- ein innerhalb der für die Verschiffung vereinbarten Frist liegendes Datum tragen,

- den Käufer berechtigen, die Herausgabe der Ware im Bestimmungshafen von dem Frachtführer zu verlangen,

- und mangels anderer Vereinbarung dem Käufer ermöglichen, die Ware während des Transports an einen nachfolgenden Käufer durch Übertragung des Dokuments oder durch Mitteilung an den Frachtführer zu verkaufen.

668 Eine derartige Voraussetzung erfüllt das Konnossement, das als begebbares Dokument in mehreren Originalen ausgestellt wird. Es muss dem Käufer als vollständiger Satz übergeben werden, A 8 Abs. 3. – Ein Seefrachtbrief kann die Anforderungen von A 8 nur erfüllen, wenn keine Veräußerung schwimmender Ware vorgesehen ist, da der Seefrachtbrief kein Inhaberpapier ist und damit nicht in der Lage ist, ein Eigentumsrecht nachzuweisen und einen Eigentumsübergang an Ware zu bewirken.

A 9 Prüfung – Verpackung – Kennzeichnung
B 9 Prüfung der Ware

Prüfung

669 Soweit eine Prüfung der Qualität (durch Qualitätsprüfung, Messen, Wiegen oder Zählen) der Ware für die Lieferung nach A 4 notwendig ist, muss der Verkäufer die hierfür entstandenen Kosten nach A 9 tragen.

670 Gleiches gilt für Kosten von Warenkontrollen vor der Verladung („pre-shipment inspection"), die aufgrund behördlicher Vorschriften des *Export*landes entstehen. Sind Warenkontrollen dagegen aufgrund von Vorschriften des *Import*landes durchzuführen, muss der Käufer die Kosten nach B 9 tragen.

Verpackung

671 Grundsätzlich muss der Verkäufer für eine transportgerechte Verpackung sorgen. Aus den für das Frachtrecht bestehenden Regeln ergibt sich bereits grundsätzlich, dass es dem Absender obliegt, das Gut, soweit dessen Natur unter Berücksichtigung der vereinbarten Beförderung eine Verpackung erfordert, so zu verpacken, dass es vor Verlust und Beschädigung geschützt ist und dass auch dem Frachtführer keine Schäden entstehen. Dabei ist für die Verpackungsbedürftigkeit vor allem die Art der Güter, insbesondere ihre Empfindlichkeit, entscheidend. Daneben spielen auch die Umstände der vereinbarten Beförderung für die Verpackung eine wichtige Rolle. Ist es dagegen handelsüblich, dass eine bestimmte Ware nicht verpackt wird, dann muss der Verkäufer auch nicht für eine Verpackung sorgen.

672 Eine Verpackungspflicht wird dem Verkäufer nach A 9 nur auferlegt, wenn er die Umstände des Transports (Transportart, Transportweg usw.) bereits zum Vertragsschluss kannte; dabei reicht eine standardmäßige Verpackung in der Regel aus, wie sich aus dem Umkehrschluss von A 9 Absatz 2 ergibt. Hat der Käufer den Verkäufer dagegen *vor* Vertragsabschluss von einem besonderen Verpackungserfordernis in Kenntnis gesetzt, muss der Verkäufer diese Anforderungen beachten und sie auf eigene Anforderungen erfüllen. Da die Benachrichtigung vor Vertragsschluss erfolgt sein muss, hat der Verkäufer noch Gelegenheit, dies bei seiner Preisgestaltung zu berücksichtigen.

Kennzeichnung

A 9 endet mit einem kurzen Hinweis auf eine Kennzeichnungspflicht auf der Verpa- **673**
ckung. Dies entspricht dem allgemeinen frachtrechtlichen Konzept, wonach ein Versender gegenüber dem Frachtführer verpflichtet ist, das Frachtgut nicht nur ordnungsgemäß zu verpacken, sondern es auch ausreichend zu kennzeichnen, damit
der Frachtführer seine Pflichten ordnungsgemäß erfüllen kann (vgl. oben, T 2
2.1.8.2.).

A 10 Kostentragung bei Unterstützung mit Informationen
B 10 Kostentragung bei Unterstützung mit Informationen

A 10 legt die Pflicht des Verkäufers fest, *auf Anfordern, Risiko und Kosten des Käu-* **674**
fers alles Notwendige zu tun oder zu beschaffen, was der Käufer für die Einfuhr und/
oder den Transport zum endgültigen Bestimmungsort an Dokumenten oder (auch
sicherheitsrelevanten) Informationen benötigt. Da bereits in A 8 auf Lieferdokumente eingegangen wurde, versteht sich A 10 als Regelung zu *anderen* Dokumenten als die Liefernachweise und Transportdokumente, die nach A 8 erfasst werden
und ist beispielsweise anwendbar für Ursprungszeugnisse, Konsulatspapiere usw.,
bei denen der Verkäufer auf Verlangen des Käufers und auf dessen Gefahr und Kosten zur Beschaffung Unterstützung leisten muss.

Der Käufer, so stellt B 10 klar, hat ein derartiges Begehren frühzeitig mitzuteilen, um **675**
dem Verkäufer das geeignete Handeln zu ermöglichen, und er hat für die hierdurch
entstehenden Kosten aufzukommen.

2.4. CIF (Kosten, Versicherung und Fracht – ... benannter Bestimmungshafen)

2.4.1. Vorbemerkungen

676 Die Klausel CFR ist ausschließlich für den Transport mit Seeschiffen oder Binnenschiffen geeignet. Sie wird unverändert im *herkömmlichen* Seetransport oder Binnenschiffstransport eingesetzt, eignet sich für den Containerverkehr per Schiff nur ausnahmsweise (vgl. unten, 2.3.2.). Die Klausel CIF entspricht – zuzüglich des in CIF enthaltenen Bestandteils zur Versicherung – der Klausel CFR, so dass diesbezüglich auf die gesamte vorstehenden Kommentierung in 2.3. verwiesen wird.

2.4.2. Richtige Anwendung

677 Soll eine Lieferbedingung gefunden werden, bei der die Grundsätze der Klausel FOB um die vom Verkäufer zu tragenden Fracht- und Versicherungskosten ergänzt werden, erreicht man den Regelungsinhalt der Klausel CIF.

678 Also ist die Klausel CIF dann richtig eingesetzt, wenn

- der Verkäufer die Ware an Bord des Schiffs liefert oder die bereits derart gelieferte Ware besorgt.

- Zudem geht die Gefahr des Verlusts oder der Beschädigung der Ware über, wenn die Ware *an Bord* des Schiffs gelangt.

- Der Verkäufer hat den Beförderungsvertrag abzuschließen und die Kosten und die Fracht, die für die Beförderung der Ware zum benannten Bestimmungshafen erforderlich sind, zu tragen.

- Zusätzlich muss der Verkäufer einen Versicherungsvertrag abschließen, der den Käufer vor der Gefahr des Verlusts oder der Beschädigung der Ware während des Transports schützt. Allerdings ist der Verkäufer nur verpflichtet, eine Versicherung mit Mindestdeckung abzuschließen. Sollte der Käufer einen höheren Versicherungsschutz wünschen, müsste er dieses entweder ausdrücklich mit dem Verkäufer vereinbaren oder eigene zusätzliche Versicherungsvorkehrungen treffen.

2.4.3. Die Verpflichtungen im Einzelnen

679 Aufgrund der weitgehenden Übereinstimmungen der Klausel CIF mit der Klausel CFR wird auf die einzelne Kommentierung der Abschnitte A 1 bis A 10 und B 1 bis B 10 unter 2.3. verwiesen.

A 3 Beförderungs- und Versicherungsvertrag
B 3 Beförderungs- und Versicherungsvertrag

680 Es verbleibt daher bei einer näheren Betrachtung ausschließlich des Punktes A 3 lit. b (Verpflichtung zum Abschluss eines Versicherungsvertrages).

681 Der Verkäufer hat auf eigene Kosten eine Transportversicherung zumindest entsprechend der Mindestdeckung, wie in den Regeln der „Institute Cargo Clauses" („Institute of London Underwriters") oder einem ähnlichen Bedingungswerk vorgeschrieben, abzuschließen. Gedacht ist dabei an die in Clause C der „Institute Cargo Clauses" niedergelegte Mindestdeckung. Daher sieht A 3 lit. b in der weiteren

Niederlegung der Verkäuferpflichten vor, dass der Verkäufer auf Verlangen des Käufers und unter dem Vorbehalt, dass der Käufer jegliche erforderlichen Informationen zur Verfügung stellt, die der Verkäufer verlangt, auf Kosten des Käufers eine zusätzliche Versicherung beschaffen muss, die möglichst eine Deckung entsprechend den Bestimmungen (A) oder (B) der „Institute Cargo Clauses" („Institute of London Underwriters") oder einem ähnlichen Bedingungswerk folgt.

Die Versicherung muss der Verkäufer bei zuverlässigen Versicherern oder Versicherungsgesellschaften abzuschließen, und sie muss den Käufer oder jede andere Person mit einem Versicherungsinteresse an der Ware berechtigen, Ansprüche direkt bei dem Versicherer geltend zu machen. **682**

Anhang:

Offizielles Regelwerk der Internationalen Handelskammer (ICC)

ICC Rules for the Use of Domestic
and International Trade Terms

Incoterms® 2010

by the International Chamber of Commerce (ICC)

Die Regeln der ICC zur Auslegung
nationaler und internationaler
Handelsklauseln

Entry into force on 1st January 2011
Gültig ab 1. Januar 2011

English-German version / englisch-deutsche Ausgabe

English (original text) / German (translation)
englisch (Originaltext) / deutsch (Übersetzung)

The Incoterms® 2010 have been approved by the International Chamber of Commerce (ICC) in English. Should
the German translation be inconsistent with the original
English version, then the English version has priority.

Die Incoterms® 2010 sind von der Internationalen Handelskammer (ICC) in englisch verabschiedet worden. Sollte
die deutsche Übersetzung zur englischen Fassung im
Widerspruch stehen, so hat die englische Version Vorrang.

International Chamber of Commerce
The world business organization

CONTENTS

INCOTERMS® 2010

Rules for any mode or modes of transport

Rules for sea and inland waterway transport

2

INHALTSVERZEICHNIS

INCOTERMS® 2010

3

4

FOREWORD

By Rajat Gupta, ICC Chairman

The global economy has given businesses broader access than ever before to markets all over the world. Goods are sold in more countries, in larger quantities, and in greater variety. But as the volume and complexity of global sales increase, so do possibilities for misunderstandings and costly disputes when sale contracts are not adequately drafted.

The Incoterms® rules, the ICC rules on the use of domestic and international trade terms, facilitate the conduct of global trade. Reference to an Incoterms® 2010 rule in a sale contract clearly defines the parties' respective obligations and reduces the risk of legal complications.

Since the creation of the Incoterms rules by ICC in 1936, this globally accepted contractual standard has been regularly updated to keep pace with the development of international trade. The Incoterms® 2010 rules take account of the continued spread of customs-free zones, the increased use of electronic communications in business transactions, heightened concern about security in the movement of goods and changes in transport practices. Incoterms® 2010 updates and consolidates the 'delivered' rules, reducing the total number of rules from 13 to 11, and offers a simpler and clearer presentation of all the rules. Incoterms® 2010 is also the first version of the Incoterms rules to make all references to buyers and sellers gender-neutral.

The broad expertise of ICC's Commission on International Commercial Practice, whose membership is drawn from all parts of the world and all trade sectors, ensures that the Incoterms® 2010 rules respond to business needs everywhere.

ICC would like to express its gratitude to the members of the Commission, chaired by Fabio Bortolotti (Italy), to the Drafting Group, which comprised Charles Debattista (Co-Chair, UK), Christoph Martin Radtke (Co-Chair, France), Jens Bredow (Germany), Johnny Herre (Sweden), David Lowe (UK), Lauri Railas (Finland), Frank Reynolds (US), and Miroslav Subert (Czech Republic), and to Asko Raty (Finland) for assistance with the images depicting the 11 rules.

5

153

6

154

INTRODUCTION

The Incoterms® [1] rules explain a set of three-letter trade terms reflecting business-to-business practice in contracts for the sale of goods. The Incoterms rules describe mainly the tasks, costs and risks involved in the delivery of goods from sellers to buyers.

How to use the Incoterms® 2010 rules

1. Incorporate the Incoterms® 2010 rules into your contract of sale

If you want the Incoterms® 2010 rules to apply to your contract, you should make this clear in the contract, through such words as, "[*the chosen Incoterms rule including the named place, followed by*] Incoterms® 2010".

2. Choose the appropriate Incoterms rule

The chosen Incoterms rule needs to be appropriate to the goods, to the means of their transport, and above all to whether the parties intend to put additional obligations, for example such as the obligation to organize carriage or insurance, on the seller or on the buyer. The Guidance Note to each Incoterms rule contains information that is particularly helpful when making this choice. Whichever Incoterms rule is chosen, the parties should be aware that the interpretation of their contract may well be influenced by customs particular to the port or place being used.

3. Specify your place or port as precisely as possible

The chosen Incoterms rule can work only if the parties name a place or port, and will work best if the parties specify the place or port as precisely as possible.

A good example of such precision would be:

"FCA 38 Cours Albert 1er, Paris, France Incoterms® 2010".

Under the Incoterms rules Ex Works (EXW), Free Carrier (FCA), Delivered at Terminal (DAT), Delivered at Place (DAP), Delivered Duty Paid (DDP), Free Alongside Ship (FAS), and Free on Board (FOB), the named place is the place where delivery takes place and where risk passes from the seller to the buyer. Under the Incoterms rules Carriage Paid To (CPT), Carriage and Insurance Paid To (CIP), Cost and Freight (CFR) and Cost, Insurance and Freight (CIF), the named place differs from the place of delivery. Under these four

---

[1]   "Incoterms" is a registered trademark of the International Chamber of Commerce.

7

Incoterms rules, the named place is the place of destination to which carriage is paid. Indications as to place or destination can helpfully be further specified by stating a precise point in that place or destination in order to avoid doubt or argument.

4. Remember that Incoterms rules do not give you a complete contract of sale

Incoterms rules *do* say which party to the sale contract has the obligation to make carriage or insurance arrangements, when the seller delivers the goods to the buyer, and which costs each party is responsible for. Incoterms rules, however, say nothing about the price to be paid or the method of its payment. Neither do they deal with the transfer of ownership of the goods, or the consequences of a breach of contract. These matters are normally dealt with through express terms in the contract of sale or in the law governing that contract. The parties should be aware that mandatory local law may override any aspect of the sale contract, including the chosen Incoterms rule.

Main features of the Incoterms® 2010 rules

1. Two new Incoterms rules – DAT and DAP – have replaced the Incoterms 2000 rules DAF, DES, DEQ and DDU

The number of Incoterms rules has been reduced from 13 to 11. This has been achieved by substituting two new rules that may be used irrespective of the agreed mode of transport – DAT, Delivered at Terminal, and DAP, Delivered at Place – for the Incoterms 2000 rules DAF, DES, DEQ and DDU.

Under both new rules, delivery occurs at a named destination: in DAT, at the buyer's disposal unloaded from the arriving vehicle (as under the former DEQ rule); in DAP, likewise at the buyer's disposal, but ready for unloading (as under the former DAF, DES and DDU rules).

The new rules make the Incoterms 2000 rules DES and DEQ superfluous. The named terminal in DAT may well be in a port, and DAT can therefore safely be used in cases where the Incoterms 2000 rule DEQ once was. Likewise, the arriving "vehicle" under DAP may well be a ship and the named place of destination may well be a port: consequently, DAP can safely be used in cases where the Incoterms 2000 rule DES once was. These new rules, like their predecessors, are "delivered", with the seller bearing all the costs (other than those related to import clearance, where applicable) and risks involved in bringing the goods to the named place of destination.

8

2. Classification of the 11 Incoterms® 2010 rules

The 11 Incoterms® 2010 rules are presented in two distinct classes:

RULES FOR ANY MODE OR MODES OF TRANSPORT

EXW	Ex Works
FCA	Free Carrier
CPT	Carriage paid to
CIP	Carriage and Insurance paid to
DAT	Delivered at Terminal
DAP	Delivered at Place
DDP	Delivered Duty paid

RULES FOR SEA AND INLAND WATERWAY TRANSPORT

FAS	Free alongside Ship
FOB	Free on Board
CFR	Cost and Freight
CIF	Cost, Insurance and Freight

The first class includes the seven Incoterms® 2010 rules that can be used irrespective of the mode of transport selected and irrespective of whether one or more than one mode of transport is employed. EXW, FCA, CPT, CIP, DAT, DAP and DDP belong to this class. They can be used even when there is no maritime transport at all. It is important to remember, however, that these rules *can* be used in cases where a ship *is* used for part of the carriage.

In the second class of Incoterms® 2010 rules, the point of delivery and the place to which the goods are carried to the buyer are *both* ports, hence the label "sea and inland waterway" rules. FAS, FOB, CFR and CIF belong to this class. Under the last three Incoterms rules, all mention of the ship's rail as the point of delivery has been omitted in preference for the goods being delivered when they are "on board" the vessel. This more closely reflects modern commercial reality and avoids the rather dated image of the risk swinging to and fro across an imaginary perpendicular line.

3. Rules for domestic and international trade

Incoterms rules have traditionally been used in *international* sale contracts where goods pass across national borders. In various areas of the world, however, trade blocs, like the European Union, have made border formalities between different countries less significant. Consequently, the subtitle of the Incoterms® 2010 rules formally recognizes that they are available for application to both international and domestic sale contracts. As a result, the Incoterms® 2010 rules clearly state in a number of places that the obligation to comply with export/import formalities exists only where applicable.

Two developments have persuaded ICC that a movement in this direction is timely. Firstly, traders commonly use Incoterms rules for purely domestic sale contracts. The second reason is the greater willingness in the United States to use Incoterms rules in domestic trade rather than the former Uniform Commercial Code shipment and delivery terms.

4. Guidance Notes

Before each Incoterms® 2010 rule you will find a Guidance Note. The Guidance Notes explain the fundamentals of each Incoterms rule, such as when it should be used, when risk passes, and how costs are allocated between seller and buyer. The Guidance Notes are not part of the actual Incoterms® 2010 rules, but are intended to help the user accurately and efficiently steer towards the appropriate Incoterms rule for a particular transaction.

5. Electronic communication

Previous versions of Incoterms rules have specified those documents that could be replaced by EDI messages. Articles **A1/B1** of the Incoterms® 2010 rules, however, now give electronic means of communication the same effect as paper communication, as long as the parties so agree or where customary. This formulation facilitates the evolution of new electronic procedures throughout the lifetime of the Incoterms® 2010 rules.

6. Insurance cover

The Incoterms® 2010 rules are the first version of the Incoterms rules since the revision of the Institute Cargo Clauses and take account of alterations made to those clauses. The Incoterms® 2010 rules place information duties relating to insurance in articles **A3/B3**, which deal with contracts of carriage and insurance. These provisions have been moved from the more generic articles found in articles **A10/B10** of the Incoterms 2000 rules. The language in

10

articles **A3/B3** relating to insurance has also been altered with a view to clarifying the parties' obligations in this regard.

7. Security-related clearances and information required for such clearances

There is heightened concern nowadays about security in the movement of goods, requiring verification that the goods do not pose a threat to life or property for reasons other than their inherent nature. Therefore, the Incoterms® 2010 rules have allocated obligations between the buyer and seller to obtain or to render assistance in obtaining security-related clearances, such as chain-of-custody information, in articles **A2/B2** and **A10/B10** of various Incoterms rules.

8. Terminal handling charges

Under Incoterms rules CPT, CIP, CFR, CIF, DAT, DAP, and DDP, the seller must make arrangements for the carriage of the goods to the agreed destination. While the freight is paid by the seller, it is actually paid *for* by the buyer as freight costs are normally included by the seller in the total selling price. The carriage costs will sometimes include the costs of handling and moving the goods within port or container terminal facilities and the carrier or terminal operator may well charge these costs to the buyer who receives the goods. In these circumstances, the buyer will want to avoid paying for the same service twice: once to the seller as part of the total selling price and once independently to the carrier or the terminal operator. The Incoterms® 2010 rules seek to avoid this happening by clearly allocating such costs in articles **A6/B6** of the relevant Incoterms rules.

9. String sales

In the sale of commodities, as opposed to the sale of manufactured goods, cargo is frequently sold several times during transit "down a string". When this happens, a seller in the middle of the string does not "ship" the goods because these have already been shipped by the first seller in the string. The seller in the middle of the string therefore performs its obligations towards its buyer not by shipping the goods, but by "procuring" goods that have been shipped. For clarification purposes, Incoterms® 2010 rules include the obligation to "procure goods shipped" as an alternative to the obligation to ship goods in the relevant Incoterms rules.

11

159

Variants of Incoterms rules

Sometimes the parties want to alter an Incoterms rule. The Incoterms® 2010 rules do not prohibit such alteration, but there are dangers in so doing. In order to avoid any unwelcome surprises, the parties would need to make the intended effect of such alterations extremely clear in their contract. Thus, for example, if the allocation of costs in the Incoterms® 2010 rules is altered in the contract, the parties should also clearly state whether they intend to vary the point at which the risk passes from seller to buyer.

Status of this introduction

This introduction gives general information on the use and interpretation of the Incoterms® 2010 rules, but does not form part of those rules.

Explanation of terms used in the Incoterms® 2010 rules

As in the Incoterms 2000 rules, the seller's and buyer's obligations are presented in mirror fashion, reflecting under column A the seller's obligations and under column B the buyer's obligations. These obligations can be carried out personally by the seller or the buyer or sometimes, subject to terms in the contract or the applicable law, through intermediaries such as carriers, freight forwarders or other persons nominated by the seller or the buyer for a specific purpose.

The text of the Incoterms® 2010 rules is meant to be self-explanatory. However, in order to assist users the following text sets out guidance as to the sense in which selected terms are used throughout the document.

Carrier: For the purposes of the Incoterms® 2010 rules, the carrier is the party with whom carriage is contracted.

Customs formalities: These are requirements to be met in order to comply with any applicable customs regulations and may include documentary, security, information or physical inspection obligations.

Delivery: This concept has multiple meanings in trade law and practice, but in the Incoterms® 2010 rules, it is used to indicate where the risk of loss of or damage to the goods passes from the seller to the buyer.

Delivery document: This phrase is now used as the heading to article **A8**. It means a document used to prove that delivery has occurred. For many of the Incoterms® 2010 rules, the delivery document is a transport document or corresponding electronic record. However, with EXW, FCA, FAS and FOB, the delivery document may simply be a receipt. A delivery document may also have other functions, for example as part of the mechanism for payment.

Electronic record or procedure: A set of information constituted of one or more electronic messages and, where applicable, being functionally equivalent with the corresponding paper document.

Packaging: This word is used for different purposes:

1. The packaging of the goods to comply with any requirements under the contract of sale.

2. The packaging of the goods so that they are fit for transportation.

3. The stowage of the packaged goods within a container or other means of transport.

In the Incoterms® 2010 rules, packaging means both the first and second of the above. The Incoterms® 2010 rules do not deal with the parties' obligations for stowage within a container and therefore, where relevant, the parties should deal with this in the sale contract.

13

162

RULES

FOR ANY MODE

OR MODES

OF TRANSPORT

15

16

164

EXW
EX WORKS

EXW *(insert named place of delivery)* Incoterms® 2010

GUIDANCE NOTE

This rule may be used irrespective of the mode of transport selected and may also be used where more than one mode of transport is employed. It is suitable for domestic trade, while FCA is usually more appropriate for international trade.

"Ex Works" means that the seller delivers when it places the goods at the disposal of the buyer at the seller's premises or at another named place (i.e., works, factory, warehouse, etc.). The seller does not need to load the goods on any collecting vehicle, nor does it need to clear the goods for export, where such clearance is applicable.

The parties are well advised to specify as clearly as possible the point within the named place of delivery, as the costs and risks to that point are for the account of the seller. The buyer bears all costs and risks involved in taking the goods from the agreed point, if any, at the named place of delivery.

EXW represents the minimum obligation for the seller. The rule should be used with care as:

a. The seller has no obligation to the buyer to load the goods, even though in practice the seller may be in a better position to do so. If the seller does load the goods, it does so at the buyer's risk and expense. In cases where the seller is in a better position to load the goods, FCA, which obliges the seller to do so at its own risk and expense, is usually more appropriate.

b. A buyer who buys from a seller on an EXW basis for export needs to be aware that the seller has an obligation to provide only such assistance as the buyer may require to effect that export: the seller is not bound to organize the export clearance. Buyers are therefore well advised not to use EXW if they cannot directly or indirectly obtain export clearance.

c. The buyer has limited obligations to provide to the seller any information regarding the export of the goods. However, the seller may need this information for e.g., taxation or reporting purposes.

17

A   THE SELLER'S OBLIGATIONS

A1 **General obligations of the seller**
The seller must provide the goods and the commercial invoice in conformity with the contract of sale and any other evidence of conformity that may be required by the contract.

Any document referred to in **A1–A10** may be an equivalent electronic record or procedure if agreed between the parties or customary.

A2 **Licences, authorizations, security clearances and other formalities**
Where applicable, the seller must provide the buyer, at the buyer's request, risk and expense, assistance in obtaining any export licence, or other official authorization necessary for the export of the goods.

Where applicable, the seller must provide, at the buyer's request, risk and expense, any information in the possession of the seller that is required for the security clearance of the goods.

A3 **Contracts of carriage and insurance**
a. Contract of carriage
The seller has no obligation to the buyer to make a contract of carriage.

b. Contract of insurance
The seller has no obligation to the buyer to make a contract of insurance. However, the seller must provide the buyer, at the buyer's request, risk, and expense (if any), with information that the buyer needs for obtaining insurance.

A4 **Delivery**
The seller must deliver the goods by placing them at the disposal of the buyer at the agreed point, if any, at the named place of delivery, not loaded on any collecting vehicle. If no specific point has been agreed within the named place of delivery, and if there are several points available, the seller may select the point that best suits its purpose. The seller must deliver the goods on the agreed date or within the agreed period.

B   THE BUYER'S OBLIGATIONS

B1   **General obligations of the buyer**
     The buyer must pay the price of the goods as provided in the contract of sale.

     Any document referred to in **B1–B10** may be an equivalent electronic record or procedure if agreed between the parties or customary.

B2   **Licences, authorizations, security clearances and other formalities**
     Where applicable, it is up to the buyer to obtain, at its own risk and expense, any export and import licence or other official authorization and carry out all customs formalities for the export of the goods.

B3   **Contracts of carriage and insurance**
     a. Contract of carriage
     The buyer has no obligation to the seller to make a contract of carriage.

     b. Contract of insurance
     The buyer has no obligation to the seller to make a contract of insurance.

B4   **Taking delivery**
     The buyer must take delivery of the goods when **A4** and **A7** have been complied with.

A   THE SELLER'S OBLIGATIONS

EXW

EX WORKS

A5   Transfer of risks

The seller bears all risks of loss of or damage to the goods until they have been delivered in accordance with **A4** with the exception of loss or damage in the circumstances described in **B5**.

A6   Allocation of costs

The seller must pay all costs relating to the goods until they have been delivered in accordance with **A4**, other than those payable by the buyer as envisaged in **B6**.

A7   Notices to the buyer

The seller must give the buyer any notice needed to enable the buyer to take delivery of the goods.

A8   Delivery document

The seller has no obligation to the buyer.

20

EXW

EX WORKS

B5   Transfer of risks

The buyer bears all risks of loss of or damage to the goods from the time they have been delivered as envisaged in **A4**.

If the buyer fails to give notice in accordance with **B7**, then the buyer bears all risks of loss of or damage to the goods from the agreed date or the expiry date of the agreed period for delivery, provided that the goods have been clearly identified as the contract goods.

B6   Allocation of costs

The buyer must:

a. pay all costs relating to the goods from the time they have been delivered as envisaged in **A4**;

b. pay any additional costs incurred by failing either to take delivery of the goods when they have been placed at its disposal or to give appropriate notice in accordance with **B7**, provided that the goods have been clearly identified as the contract goods;

c. pay, where applicable, all duties, taxes and other charges, as well as the costs of carrying out customs formalities payable upon export; and

d. reimburse all costs and charges incurred by the seller in providing assistance as envisaged in **A2**.

B7   Notices to the seller

The buyer must, whenever it is entitled to determine the time within an agreed period and/or the point of taking delivery within the named place, give the seller sufficient notice thereof.

B8   Proof of delivery

The buyer must provide the seller with appropriate evidence of having taken delivery.

A   THE SELLER'S OBLIGATIONS

EXW

EX WORKS

A9   Checking – packaging – marking

The seller must pay the costs of those checking operations (such as checking quality, measuring, weighing, counting) that are necessary for the purpose of delivering the goods in accordance with **A4**.

The seller must, at its own expense, package the goods, unless it is usual for the particular trade to transport the type of goods sold unpackaged. The seller may package the goods in the manner appropriate for their transport, unless the buyer has notified the seller of specific packaging requirements before the contract of sale is concluded. Packaging is to be marked appropriately.

A10   Assistance with information and related costs

The seller must, where applicable, in a timely manner, provide to or render assistance in obtaining for the buyer, at the buyer's request, risk and expense, any documents and information, including security-related information, that the buyer needs for the export and/or import of the goods and/or for their transport to the final destination.

170

B9   Inspection of goods

The buyer must pay the costs of any mandatory pre-shipment inspection, including inspection mandated by the authorities of the country of export.

EXW

EX WORKS

B10   Assistance with information and related costs

The buyer must, in a timely manner, advise the seller of any security information requirements so that the seller may comply with **A10**.

The buyer must reimburse the seller for all costs and charges incurred by the seller in providing or rendering assistance in obtaining documents and information as envisaged in **A10**.

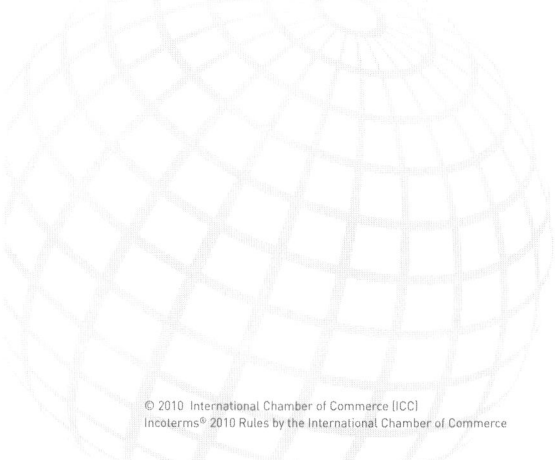

23

24

FCA
FREE CARRIER

FCA *(insert named place of delivery)* Incoterms® 2010

FCA

GUIDANCE NOTE

This rule may be used irrespective of the mode of transport selected and may also be used where more than one mode of transport is employed.

"Free Carrier" means that the seller delivers the goods to the carrier or another person nominated by the buyer at the seller's premises or another named place. The parties are well advised to specify as clearly as possible the point within the named place of delivery, as the risk passes to the buyer at that point.

If the parties intend to deliver the goods at the seller's premises, they should identify the address of those premises as the named place of delivery. If, on the other hand, the parties intend the goods to be delivered at another place, they must identify a different specific place of delivery.

FCA requires the seller to clear the goods for export, where applicable. However, the seller has no obligation to clear the goods for import, pay any import duty or carry out any import customs formalities.

25

A   THE SELLER'S OBLIGATIONS

A1   General obligations of the seller
The seller must provide the goods and the commercial invoice in conformity with the contract of sale and any other evidence of conformity that may be required by the contract.

Any document referred to in **A1–A10** may be an equivalent electronic record or procedure if agreed between the parties or customary.

A2   Licences, authorizations, security clearances and other formalities
Where applicable, the seller must obtain, at its own risk and expense, any export licence or other official authorization and carry out all customs formalities necessary for the export of the goods.

A3   Contracts of carriage and insurance
a. Contract of carriage
The seller has no obligation to the buyer to make a contract of carriage. However, if requested by the buyer or if it is commercial practice and the buyer does not give an instruction to the contrary in due time, the seller may contract for carriage on usual terms at the buyer's risk and expense. In either case, the seller may decline to make the contract of carriage and, if it does, shall promptly notify the buyer.

b. Contract of insurance
The seller has no obligation to the buyer to make a contract of insurance. However, the seller must provide the buyer, at the buyer's request, risk, and expense (if any), with information that the buyer needs for obtaining insurance.

B THE BUYER'S OBLIGATIONS

B1 **General obligations of the buyer**

The buyer must pay the price of the goods as provided in the contract of sale.

Any document referred to in **B1–B10** may be an equivalent electronic record or procedure if agreed between the parties or customary.

B2 **Licences, authorizations, security clearances and other formalities**

Where applicable, it is up to the buyer to obtain, at its own risk and expense, any import licence or other official authorization and carry out all customs formalities for the import of the goods and for their transport through any country.

B3 **Contracts of carriage and insurance**

a. Contract of carriage

The buyer must contract at its own expense for the carriage of the goods from the named place of delivery, except when the contract of carriage is made by the seller as provided for in **A3 a**.

b. Contract of insurance

The buyer has no obligation to the seller to make a contract of insurance.

27

FCA

FREE CARRIER

FCA

FREE CARRIER

A4   Delivery

The seller must deliver the goods to the carrier or another person nominated by the buyer at the agreed point, if any, at the named place on the agreed date or within the agreed period.

Delivery is completed:

a. If the named place is the seller's premises, when the goods have been loaded on the means of transport provided by the buyer.

b. In any other case, when the goods are placed at the disposal of the carrier or another person nominated by the buyer on the seller's means of transport ready for unloading.

If no specific point has been notified by the buyer under **B7 d** within the named place of delivery, and if there are several points available, the seller may select the point that best suits its purpose.

Unless the buyer notifies the seller otherwise, the seller may deliver the goods for carriage in such a manner as the quantity and/or nature of the goods may require.

A5   Transfer of risks

The seller bears all risks of loss of or damage to the goods until they have been delivered in accordance with **A4**, with the exception of loss or damage in the circumstances described in **B5**.

B4   Taking delivery

The buyer must take delivery of the goods when they have been delivered as envisaged in **A4**.

B5   Transfer of risks

The buyer bears all risks of loss of or damage to the goods from the time they have been delivered as envisaged in **A4**.

If

a. the buyer fails in accordance with **B7** to notify the nomination of a carrier or another person as envisaged in **A4** or to give notice; or

b. the carrier or person nominated by the buyer as envisaged in **A4** fails to take the goods into its charge,

then, the buyer bears all risks of loss of or damage to the goods:

i.   from the agreed date, or in the absence of an agreed date,

ii.   from the date notified by the seller under **A7** within the agreed period; or, if no such date has been notified,

iii. from the expiry date of any agreed period for delivery,

provided that the goods have been clearly identified as the contract goods.

FCA
FREE CARRIER

29

A   THE SELLER'S OBLIGATIONS

A6   Allocation of costs

The seller must pay

a. all costs relating to the goods until they have been delivered in accordance with **A4**, other than those payable by
the buyer as envisaged in **B6**; and

b. where applicable, the costs of customs formalities
necessary for export, as well as all duties, taxes, and other
charges payable upon export.

A7   Notices to the buyer

The seller must, at the buyer's risk and expense, give the
buyer sufficient notice either that the goods have been delivered in accordance with **A4** or that the carrier or another
person nominated by the buyer has failed to take the goods
within the time agreed.

A8   Delivery document

The seller must provide the buyer, at the seller's expense,
with the usual proof that the goods have been delivered in
accordance with **A4**.

The seller must provide assistance to the buyer, at the buyer's
request, risk and expense, in obtaining a transport document.

FCA

FREE CARRIER

B6 Allocation of costs

The buyer must pay

a. all costs relating to the goods from the time they have been delivered as envisaged in **A4**, except, where applicable, the costs of customs formalities necessary for export, as well as all duties, taxes, and other charges payable upon export as referred to in **A6 b**;

b. any additional costs incurred, either because:
   i. the buyer fails to nominate a carrier or another person as envisaged in **A4**, or
   ii. the carrier or person nominated by the buyer as envisaged in **A4** fails to take the goods into its charge, or
   iii. the buyer has failed to give appropriate notice in accordance with **B7**,

   provided that the goods have been clearly identified as the contract goods; and

c. where applicable, all duties, taxes and other charges as well as the costs of carrying out customs formalities payable upon import of the goods and the costs for their transport through any country.

B7 Notices to the seller

The buyer must notify the seller of

a. the name of the carrier or another person nominated as envisaged in **A4** within sufficient time as to enable the seller to deliver the goods in accordance with that article;

b. where necessary, the selected time within the period agreed for delivery when the carrier or person nominated will take the goods;

c. the mode of transport to be used by the person nominated; and

d. the point of taking delivery within the named place.

B8 Proof of delivery

The buyer must accept the proof of delivery provided as envisaged in **A8**.

31

A   THE SELLER'S OBLIGATIONS

A9   Checking – packaging – marking

The seller must pay the costs of those checking operations (such as checking quality, measuring, weighing, counting) that are necessary for the purpose of delivering the goods in accordance with **A4**, as well as the costs of any pre-shipment inspection mandated by the authority of the country of export.

The seller must, at its own expense, package the goods, unless it is usual for the particular trade to transport the type of goods sold unpackaged. The seller may package the goods in the manner appropriate for their transport, unless the buyer has notified the seller of specific packaging require-ments before the contract of sale is concluded. Packaging is to be marked appropriately.

A10   Assistance with information and related costs

The seller must, where applicable, in a timely manner, provide to or render assistance in obtaining for the buyer, at the buyer's request, risk and expense, any documents and information, including security-related information, that the buyer needs for the import of the goods and/or for their transport to the final destination.

The seller must reimburse the buyer for all costs and charges incurred by the buyer in providing or rendering assistance in obtaining documents and information as envisaged in **B10**.

FCA

FREE CARRIER

FCA

FREE CARRIER

B9   Inspection of goods

The buyer must pay the costs of any mandatory pre-shipment inspection, except when such inspection is mandated by the authorities of the country of export.

B10   Assistance with information and related costs

The buyer must, in a timely manner, advise the seller of any security information requirements so that the seller may comply with **A10**.

The buyer must reimburse the seller for all costs and charges incurred by the seller in providing or rendering assistance in obtaining documents and information as envisaged in **A10**.

The buyer must, where applicable, in a timely manner, provide to or render assistance in obtaining for the seller, at the seller's request, risk and expense, any documents and information, including security-related information, that the seller needs for the transport and export of the goods and for their transport through any country.

34

182

CPT
CARRIAGE PAID TO

CPT *(insert named place of destination)* Incoterms® 2010

CPT

GUIDANCE NOTE

This rule may be used irrespective of the mode of transport selected and may also be used where more than one mode of transport is employed.

"Carriage Paid To" means that the seller delivers the goods to the carrier or another person nominated by the seller at an agreed place (if any such place is agreed between the parties) and that the seller must contract for and pay the costs of carriage necessary to bring the goods to the named place of destination.

When CPT, CIP, CFR or CIF are used, the seller fulfils its obligation to deliver when it hands the goods over to the carrier and not when the goods reach the place of destination.

This rule has two critical points, because risk passes and costs are transferred at different places. The parties are well advised to identify as precisely as possible in the contract both the place of delivery, where the risk passes to the buyer, and the named place of destination to which the seller must contract for the carriage. If several carriers are used for the carriage to the agreed destination and the parties do not agree on a specific point of delivery, the default position is that risk passes when the goods have been delivered to the first carrier at a point entirely of the seller's choosing and over which the buyer has no control. Should the parties wish the risk to pass at a later stage (e.g., at an ocean port or airport), they need to specify this in their contract of sale.

The parties are also well advised to identify as precisely as possible the point within the agreed place of destination, as the costs to that point are for the account of the seller. The seller is advised to procure contracts of carriage that match this choice precisely. If the seller incurs costs under its contract of carriage related to unloading at the named place of destination, the seller is not entitled to recover such costs from the buyer unless otherwise agreed between the parties.

36

CPT requires the seller to clear the goods for export, where applicable. However, the seller has no obligation to clear the goods for import, pay any import duty or carry out any import customs formalities.

A   THE SELLER'S OBLIGATIONS

A1   General obligations of the seller

The seller must provide the goods and the commercial invoice in conformity with the contract of sale and any other evidence of conformity that may be required by the contract.

Any document referred to in **A1–A10** may be an equivalent electronic record or procedure if agreed between the parties or customary.

A2   Licences, authorizations, security clearances and other formalities

Where applicable, the seller must obtain, at its own risk and expense, any export licence or other official authorization and carry out all customs formalities necessary for the export of the goods, and for their transport through any country prior to delivery.

A3   Contracts of carriage and insurance

a. Contract of carriage

The seller must contract or procure a contract for the carriage of the goods from the agreed point of delivery, if any, at the place of delivery to the named place of destination or, if agreed, any point at that place. The contract of carriage must be made on usual terms at the seller's expense and provide for carriage by the usual route and in a customary manner. If a specific point is not agreed or is not determined by practice, the seller may select the point of delivery and the point at the named place of destination that best suit its purpose.

b. Contract of insurance

The seller has no obligation to the buyer to make a contract of insurance. However, the seller must provide the buyer, at the buyer's request, risk, and expense (if any), with information that the buyer needs for obtaining insurance.

A4   Delivery

The seller must deliver the goods by handing them over to the carrier contracted in accordance with **A3** on the agreed date or within the agreed period.

B THE BUYER'S OBLIGATIONS

B1 **General obligations of the buyer**

The buyer must pay the price of the goods as provided in the contract of sale.

Any document referred to in **B1–B10** may be an equivalent electronic record or procedure if agreed between the parties or customary.

B2 **Licences, authorizations, security clearances and other formalities**

Where applicable, it is up to the buyer to obtain, at its own risk and expense, any import licence or other official authorization and carry out all customs formalities for the import of the goods and for their transport through any country.

B3 **Contracts of carriage and insurance**

a. Contract of carriage

The buyer has no obligation to the seller to make a contract of carriage.

b. Contract of insurance

The buyer has no obligation to the seller to make a contract of insurance. However, the buyer must provide the seller, upon request, with the necessary information for obtaining insurance.

B4 **Taking delivery**

The buyer must take delivery of the goods when they have been delivered as envisaged in **A4** and receive them from the carrier at the named place of destination.

CPT

CARRIAGE PAID TO

A   THE SELLER'S OBLIGATIONS

A5   Transfer of risks

The seller bears all risks of loss of or damage to the goods until they have been delivered in accordance with **A4**, with the exception of loss or damage in the circumstances described in **B5**.

A6   Allocation of costs

The seller must pay

a. all costs relating to the goods until they have been delivered in accordance with **A4**, other than those payable by the buyer as envisaged in **B6**;

b. the freight and all other costs resulting from **A3 a**, including the costs of loading the goods and any charges for unloading at the place of destination that were for the seller's account under the contract of carriage; and

c. where applicable, the costs of customs formalities necessary for export, as well as all duties, taxes and other charges payable upon export, and the costs for their transport through any country that were for the seller's account under the contract of carriage.

A7   Notices to the buyer

The seller must notify the buyer that the goods have been delivered in accordance with **A4**.

The seller must give the buyer any notice needed in order to allow the buyer to take measures that are normally necessary to enable the buyer to take the goods.

CPT

CARRIAGE PAID TO

CPT — CARRIAGE PAID TO

B5 Transfer of risks

The buyer bears all risks of loss of or damage to the goods from the time they have been delivered as envisaged in **A4**.

If the buyer fails to give notice in accordance with **B7**, it must bear all risks of loss of or damage to the goods from the agreed date or the expiry date of the agreed period for delivery, provided that the goods have been clearly identified as the contract goods.

B6 Allocation of costs

The buyer must, subject to the provisions of **A3 a**, pay

a. all costs relating to the goods from the time they have been delivered as envisaged in **A4**, except, where applicable, the costs of customs formalities necessary for export, as well as all duties, taxes, and other charges payable upon export as referred to in **A6 c**;

b. all costs and charges relating to the goods while in transit until their arrival at the agreed place of destination, unless such costs and charges were for the seller's account under the contract of carriage;

c. unloading costs, unless such costs were for the seller's account under the contract of carriage;

d. any additional costs incurred if the buyer fails to give notice in accordance with **B7**, from the agreed date or the expiry date of the agreed period for dispatch, provided that the goods have been clearly identified as the contract goods; and

e. where applicable, all duties, taxes and other charges, as well as the costs of carrying out customs formalities payable upon import of the goods and the costs for their transport through any country, unless included within the cost of the contract of carriage.

B7 Notices to the seller

The buyer must, whenever it is entitled to determine the time for dispatching the goods and/or the named place of destination or the point of receiving the goods within that place, give the seller sufficient notice thereof.

41

A   THE SELLER'S OBLIGATIONS

A8   Delivery document

If customary or at the buyer's request, the seller must provide the buyer, at the seller's expense, with the usual transport document[s] for the transport contracted in accordance with **A3**.

This transport document must cover the contract goods and be dated within the period agreed for shipment. If agreed or customary, the document must also enable the buyer to claim the goods from the carrier at the named place of destination and enable the buyer to sell the goods in transit by the transfer of the document to a subsequent buyer or by notification to the carrier.

When such a transport document is issued in negotiable form and in several originals, a full set of originals must be presented to the buyer.

A9   Checking – packaging – marking

The seller must pay the costs of those checking operations (such as checking quality, measuring, weighing, counting) that are necessary for the purpose of delivering the goods in accordance with **A4**, as well as the costs of any pre-shipment inspection mandated by the authority of the country of export.

The seller must, at its own expense, package the goods, unless it is usual for the particular trade to transport the type of goods sold unpackaged. The seller may package the goods in the manner appropriate for their transport, unless the buyer has notified the seller of specific packaging requirements before the contract of sale is concluded. Packaging is to be marked appropriately.

A10   Assistance with information and related costs

The seller must, where applicable, in a timely manner, provide to or render assistance in obtaining for the buyer, at the buyer's request, risk and expense, any documents and information, including security-related information, that the buyer needs for the import of the goods and/or for their transport to the final destination.

The seller must reimburse the buyer for all costs and charges incurred by the buyer in providing or rendering assistance in obtaining documents and information as envisaged in **B10**.

42

B8   Proof of delivery

The buyer must accept the transport document provided as envisaged in **A8** if it is in conformity with the contract.

B9   Inspection of goods

The buyer must pay the costs of any mandatory pre-shipment inspection, except when such inspection is mandated by the authorities of the country of export.

B10   Assistance with information and related costs

The buyer must, in a timely manner, advise the seller of any security information requirements so that the seller may comply with **A10**.

The buyer must reimburse the seller for all costs and charges incurred by the seller in providing or rendering assistance in obtaining documents and information as envisaged in **A10**.

The buyer must, where applicable, in a timely manner, provide to or render assistance in obtaining for the seller, at the seller's request, risk and expense, any documents and information, including security-related information, that the seller needs for the transport and export of the goods and for their transport through any country.

44

CIP
CARRIAGE AND INSURANCE PAID TO

CIP *(insert named place of destination)* Incoterms® 2010

GUIDANCE NOTE

This rule may be used irrespective of the mode of transport selected and may also be used where more than one mode of transport is employed.

"Carriage and Insurance Paid to" means that the seller delivers the goods to the carrier or another person nominated by the seller at an agreed place (if any such place is agreed between the parties) and that the seller must contract for and pay the costs of carriage necessary to bring the goods to the named place of destination.

The seller also contracts for insurance cover against the buyer's risk of loss of or damage to the goods during the carriage. The buyer should note that under CIP the seller is required to obtain insurance only on minimum cover. Should the buyer wish to have more insurance protection, it will need either to agree as much expressly with the seller or to make its own extra insurance arrangements.

When CPT, CIP, CFR or CIF are used, the seller fulfils its obligation to deliver when it hands the goods over to the carrier and not when the goods reach the place of destination.

This rule has two critical points, because risk passes and costs are transferred at different places. The parties are well advised to identify as precisely as possible in the contract both the place of delivery, where the risk passes to the buyer, and the named place of destination to which the seller must contract for carriage. If several carriers are used for the carriage to the agreed destination and the parties do not agree on a specific point of delivery, the default position is that risk passes when the goods have been delivered to the first carrier at a point entirely of the seller's choosing and over which the buyer has no control. Should the parties wish the risk to pass at a later stage (e.g., at an ocean port or an airport), they need to specify this in their contract of sale.

45

46

194

The parties are also well advised to identify as precisely as possible the point within the agreed place of destination, as the costs to that point are for the account of the seller. The seller is advised to procure contracts of carriage that match this choice precisely. If the seller incurs costs under its contract of carriage related to unloading at the named place of destination, the seller is not entitled to recover such costs from the buyer unless otherwise agreed between the parties.

CIP requires the seller to clear the goods for export, where applicable. However, the seller has no obligation to clear the goods for import, pay any import duty or carry out any import customs formalities.

CIP

A THE SELLER'S OBLIGATIONS

A1 General obligations of the seller

The seller must provide the goods and the commercial invoice in conformity with the contract of sale and any other evidence of conformity that may be required by the contract.

Any document referred to in **A1–A10** may be an equivalent electronic record or procedure if agreed between the parties or customary.

A2 Licences, authorizations, security clearances and other formalities

Where applicable, the seller must obtain, at its own risk and expense, any export licence or other official authorization and carry out all customs formalities necessary for the export of the goods and for their transport through any country prior to delivery.

A3 Contracts of carriage and insurance

a. Contract of carriage

The seller must contract or procure a contract for the carriage of the goods from the agreed point of delivery, if any, at the place of delivery to the named place of destination or, if agreed, any point at that place. The contract of carriage must be made on usual terms at the seller's expense and provide for carriage by the usual route and in a customary manner. If a specific point is not agreed or is not determined by practice, the seller may select the point of delivery and the point at the named place of destination that best suit its purpose.

b. Contract of insurance

The seller must obtain at its own expense cargo insurance complying at least with the minimum cover as provided by Clauses (C) of the Institute Cargo Clauses (LMA/IUA) or any similar clauses. The insurance shall be contracted with underwriters or an insurance company of good repute and entitle the buyer, or any other person having an insurable interest in the goods, to claim directly from the insurer.

When required by the buyer, the seller shall, subject to the buyer providing any necessary information requested by the seller, provide at the buyer's expense any additional

B   THE BUYER'S OBLIGATIONS

B1   **General obligations of the buyer**
The buyer must pay the price of the goods as provided in the contract of sale.

Any document referred to in **B1–B10** may be an equivalent electronic record or procedure if agreed between the parties or customary.

B2   **Licences, authorizations, security clearances and other formalities**
Where applicable, it is up to the buyer to obtain, at its own risk and expense, any import licence or other official authorization and carry out all customs formalities for the import of the goods and for their transport through any country.

B3   **Contracts of carriage and insurance**
a. Contract of carriage
The buyer has no obligation to the seller to make a contract of carriage.

b. Contract of insurance
The buyer has no obligation to the seller to make a contract of insurance. However, the buyer must provide the seller, upon request, with any information necessary for the seller to procure any additional insurance requested by the buyer as envisaged in **A3 b**.

CIP

CARRIAGE AND INSURANCE PAID TO

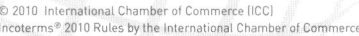

49

cover, if procurable, such as cover as provided by Clauses (A) or (B) of the Institute Cargo Clauses (LMA/IUA) or any similar clauses, and/or cover complying with the Institute War Clauses and/or Institute Strikes Clauses (LMA/IUA) or any similar clauses.

The insurance shall cover, at a minimum, the price provided in the contract plus 10% (i.e., 110%) and shall be in the currency of the contract.

The insurance shall cover the goods from the point of delivery set out in **A4** and **A5** to at least the named place of destination.

The seller must provide the buyer with the insurance policy or other evidence of insurance cover.

Moreover, the seller must provide the buyer, at the buyer's request, risk, and expense (if any), with information that the buyer needs to procure any additional insurance.

A4   Delivery

The seller must deliver the goods by handing them over to the carrier contracted in accordance with **A3** on the agreed date or within the agreed period.

A5   Transfer of risks

The seller bears all risks of loss of or damage to the goods until they have been delivered in accordance with **A4**, with the exception of loss or damage in the circumstances described in **B5**.

A6   Allocation of costs

The seller must pay

a. all costs relating to the goods until they have been delivered in accordance with **A4**, other than those payable by the buyer as envisaged in **B6**;

CARRIAGE AND INSURANCE PAID TO   CIP

B4   Taking delivery

The buyer must take delivery of the goods when they have been delivered as envisaged in **A4** and receive them from the carrier at the named place of destination.

B5   Transfer of risks

The buyer bears all risks of loss of or damage to the goods from the time they have been delivered as envisaged in **A4**.

If the buyer fails to give notice in accordance with **B7**, it must bear all risks of loss of or damage to the goods from the agreed date or the expiry date of the agreed period for delivery, provided that the goods have been clearly identified as the contract goods.

B6   Allocation of costs

The buyer must, subject to the provisions of **A3 a**, pay

a.   all costs relating to the goods from the time they have been delivered as envisaged in **A4**, except, where applicable, the costs of customs formalities necessary for export, as well as all duties, taxes and other charges payable upon export as referred to in **A6 d**;

51

b. the freight and all other costs resulting from **A3 a**, including the costs of loading the goods and any charges for unloading at the place of destination that were for the seller's account under the contract of carriage;

c. the costs of insurance resulting from **A3 b**; and

d. where applicable, the costs of customs formalities necessary for export, as well as all duties, taxes and other charges payable upon export, and the costs for their transport through any country that were for the seller's account under the contract of carriage.

A7   Notices to the buyer

The seller must notify the buyer that the goods have been delivered in accordance with **A4**.

The seller must give the buyer any notice needed in order to allow the buyer to take measures that are normally necessary to enable the buyer to take the goods.

A8   Delivery document

If customary or at the buyer's request, the seller must provide the buyer, at the seller's expense, with the usual transport document[s] for the transport contracted in accordance with **A3**.

This transport document must cover the contract goods and be dated within the period agreed for shipment. If agreed or customary, the document must also enable the buyer to claim the goods from the carrier at the named place of destination and enable the buyer to sell the goods in transit by the transfer of the document to a subsequent buyer or by notification to the carrier.

b. all costs and charges relating to the goods while in transit until their arrival at the agreed place of destination, unless such costs and charges were for the seller's account under the contract of carriage;

c. unloading costs, unless such costs were for the seller's account under the contract of carriage;

d. any additional costs incurred if it fails to give notice in accordance with **B7**, from the agreed date or the expiry date of the agreed period for dispatch, provided that the goods have been clearly identified as the contract goods;

e. where applicable, all duties, taxes and other charges as well as the costs of carrying out customs formalities payable upon import of the goods and the costs for their transport through any country, unless included within the cost of the contract of carriage; and

f. the costs of any additional insurance procured at the buyer's request under **A3** and **B3**.

B7 Notices to the seller

The buyer must, whenever it is entitled to determine the time for dispatching the goods and/or the named place of destination or the point of receiving the goods within that place, give the seller sufficient notice thereof.

B8 Proof of delivery

The buyer must accept the transport document provided as envisaged in **A8** if it is in conformity with the contract.

A   THE SELLER'S OBLIGATIONS

When such a transport document is issued in negotiable form and in several originals, a full set of originals must be presented to the buyer.

A9   Checking – packaging – marking

The seller must pay the costs of those checking operations (such as checking quality, measuring, weighing, counting) that are necessary for the purpose of delivering the goods in accordance with **A4** as well as the costs of any pre-shipment inspection mandated by the authority of the country of export.

The seller must, at its own expense, package the goods, unless it is usual for the particular trade to transport the type of goods sold unpackaged. The seller may package the goods in the manner appropriate for their transport, unless the buyer has notified the seller of specific packaging require-ments before the contract of sale is concluded. Packaging is to be marked appropriately.

A10   Assistance with information and related costs

The seller must, where applicable, in a timely manner, provide to or render assistance in obtaining for the buyer, at the buyer's request, risk and expense, any documents and information, including security-related information, that the buyer needs for the import of the goods and/or for their transport to the final destination.

The seller must reimburse the buyer for all costs and charges incurred by the buyer in providing or rendering assistance in obtaining documents and information as envisaged in **B10**.

CARRIAGE AND INSURANCE PAID TO   CIP

B9   **Inspection of goods**

The buyer must pay the costs of any mandatory pre-ship-ment inspection, except when such inspection is mandated by the authorities of the country of export.

B10   **Assistance with information and related costs**

The buyer must, in a timely manner, advise the seller of any security information requirements so that the seller may comply with **A10**.

The buyer must reimburse the seller for all costs and charges incurred by the seller in providing or rendering assistance in obtaining documents and information as envisaged in **A10**.

The buyer must, where applicable, in a timely manner, provide to or render assistance in obtaining for the seller, at the seller's request, risk and expense, any documents and information, including security related information, that the seller needs for the transport and export of the goods and for their transport through any country.

CIP

CARRIAGE AND INSURANCE PAID TO

56

204

DAT
DELIVERED AT TERMINAL

DAT *(insert named terminal at port or place of destination)* Incoterms® 2010

GUIDANCE NOTE

This rule may be used irrespective of the mode of transport selected and may also be used where more than one mode of transport is employed.

"Delivered at Terminal" means that the seller delivers when the goods, once unloaded from the arriving means of transport, are placed at the disposal of the buyer at a named terminal at the named port or place of destination. "Terminal" includes any place, whether covered or not, such as a quay, warehouse, container yard or road, rail or air cargo terminal. The seller bears all risks involved in bringing the goods to and unloading them at the terminal at the named port or place of destination.

The parties are well advised to specify as clearly as possible the terminal and, if possible, a specific point within the terminal at the agreed port or place of destination, as the risks to that point are for the account of the seller. The seller is advised to procure a contract of carriage that matches this choice precisely.

Moreover, if the parties intend the seller to bear the risks and costs involved in transporting and handling the goods from the terminal to another place, then the DAP or DDP rules should be used.

DAT requires the seller to clear the goods for export, where applicable. However, the seller has no obligation to clear the goods for import, pay any import duty or carry out any import customs formalities.

A THE SELLER'S OBLIGATIONS

A1 **General obligations of the seller**

The seller must provide the goods and the commercial invoice in conformity with the contract of sale and any other evidence of conformity that may be required by the contract.

Any document referred to in **A1–A10** may be an equivalent electronic record or procedure if agreed between the parties or customary.

A2 **Licences, authorizations, security clearances and other formalities**

Where applicable, the seller must obtain, at its own risk and expense, any export licence and other official authorization and carry out all customs formalities necessary for the export of the goods and for their transport through any country prior to delivery.

A3 **Contracts of carriage and insurance**

a. Contract of carriage

The seller must contract at its own expense for the carriage of the goods to the named terminal at the agreed port or place of destination. If a specific terminal is not agreed or is not determined by practice, the seller may select the terminal at the agreed port or place of destination that best suits its purpose.

b. Contract of insurance

The seller has no obligation to the buyer to make a contract of insurance. However, the seller must provide the buyer, at the buyer's request, risk, and expense (if any), with information that the buyer needs for obtaining insurance.

A4 **Delivery**

The seller must unload the goods from the arriving means of transport and must then deliver them by placing them at the disposal of the buyer at the named terminal referred to in **A3 a** at the port or place of destination on the agreed date or within the agreed period.

DAT
DELIVERED AT TERMINAL

B THE BUYER'S OBLIGATIONS

B1 General obligations of the buyer

The buyer must pay the price of the goods as provided in the contract of sale.

Any document referred to in **B1–B10** may be an equivalent electronic record or procedure if agreed between the parties or customary.

B2 Licences, authorizations, security clearances and other formalities

Where applicable, the buyer must obtain, at its own risk and expense, any import licence or other official authorization and carry out all customs formalities for the import of the goods.

B3 Contracts of carriage and insurance

a. Contract of carriage
The buyer has no obligation to the seller to make a contract of carriage.

b. Contract of insurance
The buyer has no obligation to the seller to make a contract of insurance. However, the buyer must provide the seller, upon request, with the necessary information for obtaining insurance.

B4 Taking delivery

The buyer must take delivery of the goods when they have been delivered as envisaged in **A4**.

DAT

DELIVERED AT TERMINAL

59

A   THE SELLER'S OBLIGATIONS

A5   **Transfer of risks**

The seller bears all risks of loss of or damage to the goods until they have been delivered in accordance with **A4** with the exception of loss or damage in the circumstances described in **B5**.

A6   **Allocation of costs**

The seller must pay

a. in addition to costs resulting from **A3 a**, all costs relating to the goods until they have been delivered in accordance with **A4**, other than those payable by the buyer as envisaged in **B6**; and

b. where applicable, the costs of customs formalities necessary for export as well as all duties, taxes and other charges payable upon export and the costs for their transport through any country, prior to delivery in accordance with **A4**.

A7   **Notices to the buyer**

The seller must give the buyer any notice needed in order to allow the buyer to take measures that are normally necessary to enable the buyer to take delivery of the goods.

A8   **Delivery document**

The seller must provide the buyer, at the seller's expense, with a document enabling the buyer to take delivery of the goods as envisaged in **A4/B4**.

208

B5   Transfer of risks

The buyer bears all risks of loss of or damage to the goods from the time they have been delivered as envisaged in **A4**.

If
a. the buyer fails to fulfil its obligations in accordance with **B2**, then it bears all resulting risks of loss of or damage to the goods; or

b. the buyer fails to give notice in accordance with **B7**, then it bears all risks of loss of or damage to the goods from the agreed date or the expiry date of the agreed period for delivery,

provided that the goods have been clearly identified as the contract goods.

B6   Allocation of costs

The buyer must pay
a. all costs relating to the goods from the time they have been delivered as envisaged in **A4**;

b. any additional costs incurred by the seller if the buyer fails to fulfil its obligations in accordance with **B2**, or to give notice in accordance with **B7**, provided that the goods have been clearly identified as the contract goods; and

c. where applicable, the costs of customs formalities as well as all duties, taxes and other charges payable upon import of the goods.

B7   Notices to the seller

The buyer must, whenever it is entitled to determine the time within an agreed period and/or the point of taking delivery at the named terminal, give the seller sufficient notice thereof.

B8   Proof of delivery

The buyer must accept the delivery document provided as envisaged in **A8**.

DAT

DELIVERED AT TERMINAL

61

A   THE SELLER'S OBLIGATIONS

A9   Checking – packaging – marking

The seller must pay the costs of those checking operations (such as checking quality, measuring, weighing, counting) that are necessary for the purpose of delivering the goods in accordance with **A4**, as well as the costs of any pre-shipment inspection mandated by the authority of the country of export.

The seller must, at its own expense, package the goods, unless it is usual for the particular trade to transport the type of goods sold unpackaged. The seller may package the goods in the manner appropriate for their transport, unless the buyer has notified the seller of specific packaging requirements before the contract of sale is concluded. Packaging is to be marked appropriately.

A10   Assistance with information and related costs

The seller must, where applicable, in a timely manner, provide to or render assistance in obtaining for the buyer, at the buyer's request, risk and expense, any documents and information, including security-related information, that the buyer needs for the import of the goods and/or for their transport to the final destination.

The seller must reimburse the buyer for all costs and charges incurred by the buyer in providing or rendering assistance in obtaining documents and information as envisaged in **B10**.

DAT

DELIVERED AT TERMINAL

B9   Inspection of goods

The buyer must pay the costs of any mandatory pre-shipment inspection, except when such inspection is mandated by the authorities of the country of export.

B10   Assistance with information and related costs

The buyer must, in a timely manner, advise the seller of any security information requirements so that the seller may comply with **A10**.

The buyer must reimburse the seller for all costs and charges incurred by the seller in providing or rendering assistance in obtaining documents and information as envisaged in **A10**.

The buyer must, where applicable, in a timely manner, provide to or render assistance in obtaining for the seller, at the seller's request, risk and expense, any documents and information, including security-related information, that the seller needs for the transport and export of the goods and for their transport through any country.

DAT

DELIVERED AT TERMINAL

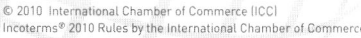

63

211

64

DAP
DELIVERED AT PLACE

DAP *(insert named place of destination)* Incoterms® 2010

GUIDANCE NOTE

This rule may be used irrespective of the mode of transport selected and may also be used where more than one mode of transport is employed.

"Delivered at Place" means that the seller delivers when the goods are placed at the disposal of the buyer on the arriving means of transport ready for unloading at the named place of destination. The seller bears all risks involved in bringing the goods to the named place.

The parties are well advised to specify as clearly as possible the point within the agreed place of destination, as the risks to that point are for the account of the seller. The seller is advised to procure contracts of carriage that match this choice precisely. If the seller incurs costs under its contract of carriage related to unloading at the place of destination, the seller is not entitled to recover such costs from the buyer unless otherwise agreed between the parties.

DAP requires the seller to clear the goods for export, where applicable. However, the seller has no obligation to clear the goods for import, pay any import duty or carry out any import customs formalities. If the parties wish the seller to clear the goods for import, pay any import duty and carry out any import customs formalities, the DDP term should be used.

65

213

A THE SELLER'S OBLIGATIONS

A1 General obligations of the seller

The seller must provide the goods and the commercial invoice in conformity with the contract of sale and any other evidence of conformity that may be required by the contract.

Any document referred to in **A1–A10** may be an equivalent electronic record or procedure if agreed between the parties or customary.

A2 Licences, authorizations, security clearances and other formalities

Where applicable, the seller must obtain, at its own risk and expense, any export licence and other official authorization and carry out all customs formalities necessary for the export of the goods and for their transport through any country prior to delivery.

A3 Contracts of carriage and insurance

a. Contract of carriage

The seller must contract at its own expense for the carriage of the goods to the named place of destination or to the agreed point, if any, at the named place of destination. If a specific point is not agreed or is not determined by practice, the seller may select the point at the named place of destination that best suits its purpose.

b. Contract of insurance

The seller has no obligation to the buyer to make a contract of insurance. However, the seller must provide the buyer, at the buyer's request, risk, and expense (if any), with information that the buyer needs for obtaining insurance.

A4 Delivery

The seller must deliver the goods by placing them at the disposal of the buyer on the arriving means of transport ready for unloading at the agreed point, if any, at the named place of destination on the agreed date or within the agreed period.

© 2010 International Chamber of Commerce (ICC)
Incoterms® 2010 Rules by the International Chamber of Commerce

214

B   THE BUYER'S OBLIGATIONS

B1 **General obligations of the buyer**
The buyer must pay the price of the goods as provided in the contract of sale.

Any document referred to in **B1–B10** may be an equivalent electronic record or procedure if agreed between the parties or customary.

B2 **Licences, authorizations, security clearances and other formalities**
Where applicable, the buyer must obtain, at its own risk and expense, any import licence or other official authorization and carry out all customs formalities for the import of the goods.

B3 **Contracts of carriage and insurance**
a. Contract of carriage
The buyer has no obligation to the seller to make a contract of carriage.

b. Contract of insurance
The buyer has no obligation to the seller to make a contract of insurance. However, the buyer must provide the seller, upon request, with the necessary information for obtaining insurance.

B4 **Taking delivery**
The buyer must take delivery of the goods when they have been delivered as envisaged in **A4**.

DAP

DELIVERED AT PLACE

215

A   THE SELLER'S OBLIGATIONS

A5   Transfer of risks

The seller bears all risks of loss of or damage to the goods until they have been delivered in accordance with **A4**, with the exception of loss or damage in the circumstances described in **B5**.

A6   Allocation of costs

The seller must pay

a. in addition to costs resulting from **A3 a**, all costs relating to the goods until they have been delivered in accordance with **A4**, other than those payable by the buyer as envisaged in **B6**;

b. any charges for unloading at the place of destination that were for the seller's account under the contract of carriage; and

c. where applicable, the costs of customs formalities necessary for export as well as all duties, taxes and other charges payable upon export and the costs for their transport through any country, prior to delivery in accordance with **A4**.

A7   Notices to the buyer

The seller must give the buyer any notice needed in order to allow the buyer to take measures that are normally necessary to enable the buyer to take delivery of the goods.

B5   Transfer of risks

The buyer bears all risks of loss of or damage to the goods from the time they have been delivered as envisaged in **A4**.

If
a. the buyer fails to fulfil its obligations in accordance with **B2**, then it bears all resulting risks of loss of or damage to the goods; or

b. the buyer fails to give notice in accordance with **B7**, then it bears all risks of loss of or damage to the goods from the agreed date or the expiry date of the agreed period for delivery,

provided that the goods have been clearly identified as the contract goods.

B6   Allocation of costs

The buyer must pay
a. all costs relating to the goods from the time they have been delivered as envisaged in **A4**;

b. all costs of unloading necessary to take delivery of the goods from the arriving means of transport at the named place of destination, unless such costs were for the seller's account under the contract of carriage;

c. any additional costs incurred by the seller if the buyer fails to fulfil its obligations in accordance with **B2** or to give notice in accordance with **B7**, provided that the goods have been clearly identified as the contract goods; and

d. where applicable, the costs of customs formalities, as well as all duties, taxes and other charges payable upon import of the goods.

B7   Notices to the seller

The buyer must, whenever it is entitled to determine the time within an agreed period and/or the point of taking delivery within the named place of destination, give the seller sufficient notice thereof.

DAP

DELIVERED AT PLACE

A   THE SELLER'S OBLIGATIONS

A8   **Delivery document**
The seller must provide the buyer, at the seller's expense, with a document enabling the buyer to take delivery of the goods as envisaged in **A4/B4**.

A9   **Checking – packaging – marking**
The seller must pay the costs of those checking operations (such as checking quality, measuring, weighing, counting) that are necessary for the purpose of delivering the goods in accordance with **A4**, as well as the costs of any pre-shipment inspection mandated by the authority of the country of export.

The seller must, at its own expense, package the goods, unless it is usual for the particular trade to transport the type of goods sold unpackaged. The seller may package the goods in the manner appropriate for their transport, unless the buyer has notified the seller of specific packaging requirements before the contract of sale is concluded. Packaging is to be marked appropriately.

A10   **Assistance with information and related costs**
The seller must, where applicable, in a timely manner, provide to or render assistance in obtaining for the buyer, at the buyer's request, risk and expense, any documents and information, including security-related information, that the buyer needs for the import of the goods and/or for their transport to the final destination.

The seller must reimburse the buyer for all costs and charges incurred by the buyer in providing or rendering assistance in obtaining documents and information as envisaged in **B10**.

DAP

DELIVERED AT PLACE

218

B8   Proof of delivery

The buyer must accept the delivery document provided as envisaged in **A8**.

B9   Inspection of goods

The buyer must pay the costs of any mandatory pre-shipment inspection, except when such inspection is mandated by the authorities of the country of export.

DAP

DELIVERED AT PLACE

B10   Assistance with information and related costs

The buyer must, in a timely manner, advise the seller of any security information requirements so that the seller may comply with **A10**.

The buyer must reimburse the seller for all costs and charges incurred by the seller in providing or rendering assistance in obtaining documents and information as envisaged in **A10**.

The buyer must, where applicable, in a timely manner, provide to or render assistance in obtaining for the seller, at the seller's request, risk and expense, any documents and information, including security-related information, that the seller needs for the transport and export of the goods and for their transport through any country.

220

DDP

DELIVERED DUTY PAID

DDP *(insert named place of destination)* Incoterms® 2010

GUIDANCE NOTE

This rule may be used irrespective of the mode of transport selected and may also be used where more than one mode of transport is employed.

"Delivered Duty Paid" means that the seller delivers the goods when the goods are placed at the disposal of the buyer, cleared for import on the arriving means of transport ready for unloading at the named place of destination. The seller bears all the costs and risks involved in bringing the goods to the place of destination and has an obligation to clear the goods not only for export but also for import, to pay any duty for both export and import and to carry out all customs formalities.

DDP represents the maximum obligation for the seller.

The parties are well advised to specify as clearly as possible the point within the agreed place of destination, as the costs and risks to that point are for the account of the seller. The seller is advised to procure contracts of carriage that match this choice precisely. If the seller incurs costs under its contract of carriage related to unloading at the place of destination, the seller is not entitled to recover such costs from the buyer unless otherwise agreed between the parties.

The parties are well advised not to use DDP if the seller is unable directly or indirectly to obtain import clearance.

If the parties wish the buyer to bear all risks and costs of import clearance, the DAP rule should be used.

Any VAT or other taxes payable upon import are for the seller's account unless expressly agreed otherwise in the sales contract.

73

221

A   THE SELLER'S OBLIGATIONS

A1   General obligations of the seller

The seller must provide the goods and the commercial invoice in conformity with the contract of sale and any other evidence of conformity that may be required by the contract.

Any document referred to in **A1–A10** may be an equivalent electronic record or procedure if agreed between the parties or customary.

A2   Licences, authorizations, security clearances and other formalities

Where applicable, the seller must obtain, at its own risk and expense, any export and import licence and other official authorization and carry out all customs formalities necessary for the export of the goods, for their transport through any country and for their import.

A3   Contracts of carriage and insurance

a. Contract of carriage

The seller must contract at its own expense for the carriage of the goods to the named place of destination or to the agreed point, if any, at the named place of destination. If a specific point is not agreed or is not determined by practice, the seller may select the point at the named place of destination that best suits its purpose.

b. Contract of insurance

The seller has no obligation to the buyer to make a contract of insurance. However, the seller must provide the buyer, at the buyer's request, risk, and expense (if any), with information that the buyer needs for obtaining insurance.

A4   Delivery

The seller must deliver the goods by placing them at the disposal of the buyer on the arriving means of transport ready for unloading at the agreed point, if any, at the named place of destination on the agreed date or within the agreed period.

DELIVERED DUTY PAID

DDP

74

B   THE BUYER'S OBLIGATIONS

B1   **General obligations of the buyer**
The buyer must pay the price of the goods as provided in the contract of sale.

Any document referred to in **B1–B10** may be an equivalent electronic record or procedure if agreed between the parties or customary.

B2   **Licences, authorizations, security clearances and other formalities**
Where applicable, the buyer must provide assistance to the seller, at the seller's request, risk and expense, in obtaining any import licence or other official authorization for the import of the goods.

B3   **Contracts of carriage and insurance**
a. Contract of carriage
The buyer has no obligation to the seller to make a contract of carriage.

b. Contract of insurance
The buyer has no obligation to the seller to make a contract of insurance. However, the buyer must provide the seller, upon request, with the necessary information for obtaining insurance.

B4   **Taking delivery**
The buyer must take delivery of the goods when they have been delivered as envisaged in **A4**.

DDP

DELIVERED DUTY PAID

A   THE SELLER'S OBLIGATIONS

A5   Transfer of risks

The seller bears all risks of loss of or damage to the goods until they have been delivered in accordance with **A4**, with the exception of loss or damage in the circumstances described in **B5**.

A6   Allocation of costs

The seller must pay

a.   in addition to costs resulting from **A3 a**, all costs relating to the goods until they have been delivered in accordance with **A4**, other than those payable by the buyer as envisaged in **B6**;

b.   any charges for unloading at the place of destination that were for the seller's account under the contract of carriage; and

c.   where applicable, the costs of customs formalities necessary for export and import as well as all duties, taxes and other charges payable upon export and import of the goods, and the costs for their transport through any country prior to delivery in accordance with **A4**.

A7   Notices to the buyer

The seller must give the buyer any notice needed in order to allow the buyer to take measures that are normally necessary to enable the buyer to take delivery of the goods.

A8   Delivery document

The seller must provide the buyer, at the seller's expense, with a document enabling the buyer to take delivery of the goods as envisaged in **A4/B4**.

DDP

DELIVERED DUTY PAID

B5 **Transfer of risks**

The buyer bears all risks of loss of or damage to the goods from the time they have been delivered as envisaged in **A4**.

If

a. the buyer fails to fulfil its obligations in accordance with **B2**, then it bears all resulting risks of loss of or damage to the goods; or

b. the buyer fails to give notice in accordance with **B7**, then it bears all risks of loss of or damage to the goods from the agreed date or the expiry date of the agreed period for delivery,

provided that the goods have been clearly identified as the contract goods.

B6 **Allocation of costs**

The buyer must pay

a. all costs relating to the goods from the time they have been delivered as envisaged in **A4**;

b. all costs of unloading necessary to take delivery of the goods from the arriving means of transport at the named place of destination, unless such costs were for the seller's account under the contract of carriage; and

c. any additional costs incurred if it fails to fulfil its obligations in accordance with **B2** or to give notice in accordance with **B7**, provided that the goods have been clearly identified as the contract goods.

B7 **Notices to the seller**

The buyer must, whenever it is entitled to determine the time within an agreed period and/or the point of taking delivery within the named place of destination, give the seller sufficient notice thereof.

B8 **Proof of delivery**

The buyer must accept the proof of delivery provided as envisaged in **A8**.

DDP

DELIVERED DUTY PAID

© 2010 International Chamber of Commerce (ICC)
Incoterms® 2010 Rules by the International Chamber of Commerce

A   THE SELLER'S OBLIGATIONS

A9   **Checking – packaging – marking**
The seller must pay the costs of those checking operations (such as checking quality, measuring, weighing, counting) that are necessary for the purpose of delivering the goods in accordance with **A4**, as well as the costs of any pre-shipment inspection mandated by the authority of the country of export or of import.

The seller must, at its own expense, package the goods, unless it is usual for the particular trade to transport the type of goods sold unpackaged. The seller may package the goods in the manner appropriate for their transport, unless the buyer has notified the seller of specific packaging requirements before the contract of sale is concluded. Packaging is to be marked appropriately.

A10   **Assistance with information and related costs**
The seller must, where applicable, in a timely manner, provide to or render assistance in obtaining for the buyer, at the buyer's request, risk and expense, any documents and information, including security-related information, that the buyer needs for the transport of the goods to the final destination, where applicable, from the named place of destination.

The seller must reimburse the buyer for all costs and charges incurred by the buyer in providing or rendering assistance in obtaining documents and information as envisaged in **B10**.

DDP

DELIVERED DUTY PAID

B9 **Inspection of goods**

The buyer has no obligation to the seller to pay the costs of any mandatory pre-shipment inspection mandated by the authority of the country of export or of import.

B10 **Assistance with information and related costs**

The buyer must, in a timely manner, advise the seller of any security information requirements so that the seller may comply with **A10**.

The buyer must reimburse the seller for all costs and charges incurred by the seller in providing or rendering assistance in obtaining documents and information as envisaged in **A10**.

The buyer must, where applicable, in a timely manner, provide to or render assistance in obtaining for the seller, at the seller's request, risk and expense, any documents and information, including security-related information, that the seller needs for the transport, export and import of the goods and for their transport through any country.

DDP

DELIVERED DUTY PAID

RULES FOR SEA AND INLAND WATERWAY TRANSPORT

81

82

FAS
FREE ALONGSIDE SHIP

FAS *(insert named port of shipment)* Incoterms® 2010

GUIDANCE NOTE

This rule is to be used only for sea or inland waterway transport.

"Free Alongside Ship" means that the seller delivers when the goods are placed alongside the vessel (e.g., on a quay or a barge) nominated by the buyer at the named port of shipment. The risk of loss of or damage to the goods passes when the goods are alongside the ship, and the buyer bears all costs from that moment onwards.

The parties are well advised to specify as clearly as possible the loading point at the named port of shipment, as the costs and risks to that point are for the account of the seller and these costs and associated handling charges may vary according to the practice of the port.

The seller is required either to deliver the goods alongside the ship or to procure goods already so delivered for shipment. The reference to "procure" here caters for multiple sales down a chain ('string sales'), particularly common in the commodity trades.

Where the goods are in containers, it is typical for the seller to hand the goods over to the carrier at a terminal and not alongside the vessel. In such situations, the FAS rule would be inappropriate, and the FCA rule should be used.

FAS requires the seller to clear the goods for export, where applicable. However, the seller has no obligation to clear the goods for import, pay any import duty or carry out any import customs formalities.

FAS

83

A   THE SELLER'S OBLIGATIONS

A1   **General obligations of the seller**
The seller must provide the goods and the commercial invoice in conformity with the contract of sale and any other evidence of conformity that may be required by the contract.

Any document referred to in **A1–A10** may be an equivalent electronic record or procedure if agreed between the parties or customary.

A2   **Licences, authorizations, security clearances and other formalities**
Where applicable, the seller must obtain, at its own risk and expense, any export licence or other official authorization and carry out all customs formalities necessary for the export of the goods.

A3   **Contracts of carriage and insurance**
a. Contract of carriage
The seller has no obligation to the buyer to make a contract of carriage. However, if requested by the buyer or if it is commercial practice and the buyer does not give an instruction to the contrary in due time, the seller may contract for carriage on usual terms at the buyer's risk and expense. In either case, the seller may decline to make the contract of carriage and, if it does, shall promptly notify the buyer.

b. Contract of insurance
The seller has no obligation to the buyer to make a contract of insurance. However, the seller must provide the buyer, at the buyer's request, risk, and expense (if any), with information that the buyer needs for obtaining insurance.

A4   **Delivery**
The seller must deliver the goods either by placing them alongside the ship nominated by the buyer at the loading point, if any, indicated by the buyer at the named port of shipment or by procuring the goods so delivered. In either case, the seller must deliver the goods on the agreed date or within the agreed period and in the manner customary at the port.

If no specific loading point has been indicated by the buyer, the seller may select the point within the named port of

FAS

FREE ALONGSIDE SHIP

B   THE BUYER'S OBLIGATIONS

B1   **General obligations of the buyer**

The buyer must pay the price of the goods as provided in the contract of sale.

Any document referred to in **B1–B10** may be an equivalent electronic record or procedure if agreed between the parties or customary.

B2   **Licences, authorizations, security clearances and other formalities**

Where applicable, it is up to the buyer to obtain, at its own risk and expense, any import licence or other official authorization and carry out all customs formalities for the import of the goods and for their transport through any country.

B3   **Contracts of carriage and insurance**

a. Contract of carriage

The buyer must contract, at its own expense for the carriage of the goods from the named port of shipment, except where the contract of carriage is made by the seller as provided for in **A3 a**.

b. Contract of insurance

The buyer has no obligation to the seller to make a contract of insurance.

B4   **Taking delivery**

The buyer must take delivery of the goods when they have been delivered as envisaged in **A4**.

FAS

FREE ALONGSIDE SHIP

85

shipment that best suits its purpose. If the parties have agreed that delivery should take place within a period, the buyer has the option to choose the date within that period.

A5   Transfer of risks

The seller bears all risks of loss of or damage to the goods until they have been delivered in accordance with **A4** with the exception of loss or damage in the circumstances described in **B5**.

A6   Allocation of costs

The seller must pay

a. all costs relating to the goods until they have been delivered in accordance with **A4**, other than those payable by the buyer as envisaged in **B6**; and

b. where applicable, the costs of customs formalities necessary for export as well as all duties, taxes and other charges payable upon export.

B5   **Transfer of risks**

The buyer bears all risks of loss of or damage to the goods from the time they have been delivered as envisaged in **A4**.

If

a. the buyer fails to give notice in accordance with **B7**; or

b. the vessel nominated by the buyer fails to arrive on time, or fails to take the goods or closes for cargo earlier than the time notified in accordance with **B7**;

then the buyer bears all risks of loss of or damage to the goods from the agreed date or the expiry date of the agreed period for delivery, provided that the goods have been clearly identified as the contract goods.

B6   **Allocation of costs**

The buyer must pay

a. all costs relating to the goods from the time they have been delivered as envisaged in **A4**, except, where applicable, the costs of customs formalities necessary for export as well as all duties, taxes, and other charges payable upon export as referred to in **A6 b**;

b. any additional costs incurred, either because:
   i.   the buyer has failed to give appropriate notice in accordance with **B7**, or
   ii. the vessel nominated by the buyer fails to arrive on time, is unable to take the goods, or closes for cargo earlier than the time notified in accordance with **B7**,

   provided that the goods have been clearly identified as the contract goods; and

c. where applicable, all duties, taxes and other charges, as well as the costs of carrying out customs formalities payable upon import of the goods and the costs for their transport through any country.

FAS

FREE ALONGSIDE SHIP

A THE SELLER'S OBLIGATIONS

A7 Notices to the buyer

The seller must, at the buyer's risk and expense, give the buyer sufficient notice either that the goods have been delivered in accordance with **A4** or that the vessel has failed to take the goods within the time agreed.

A8 Delivery document

The seller must provide the buyer, at the seller's expense, with the usual proof that the goods have been delivered in accordance with **A4**.

Unless such proof is a transport document, the seller must provide assistance to the buyer, at the buyer's request, risk and expense, in obtaining a transport document.

A9 Checking – packaging – marking

The seller must pay the costs of those checking operations (such as checking quality, measuring, weighing, counting) that are necessary for the purpose of delivering the goods in accordance with **A4**, as well as the costs of any pre-shipment inspection mandated by the authority of the country of export.

The seller must, at its own expense, package the goods, unless it is usual for the particular trade to transport the type of goods sold unpackaged. The seller may package the goods in the manner appropriate for their transport, unless the buyer has notified the seller of specific packaging requirements before the contract of sale is concluded. Packaging is to be marked appropriately.

A10 Assistance with information and related costs

The seller must, where applicable, in a timely manner, provide to or render assistance in obtaining for the buyer, at the buyer's request, risk and expense, any documents and information, including security-related information, that the buyer needs for the import of the goods and/or for their transport to the final destination.

The seller must reimburse the buyer for all costs and charges incurred by the buyer in providing or rendering assistance in obtaining documents and information as envisaged in **B10**.

FAS

FREE ALONGSIDE SHIP

B7   **Notices to the seller**
The buyer must give the seller sufficient notice of the vessel name, loading point and, where necessary, the selected delivery time within the agreed period.

B8   **Proof of delivery**
The buyer must accept the proof of delivery provided as envisaged in **A8**.

B9   **Inspection of goods**
The buyer must pay the costs of any mandatory pre-shipment inspection, except when such inspection is mandated by the authorities of the country of export.

B10   **Assistance with information and related costs**
The buyer must, in a timely manner, advise the seller of any security information requirements so that the seller may comply with **A10**.

The buyer must reimburse the seller for all costs and charges incurred by the seller in providing or rendering assistance in obtaining documents and information as envisaged in **A10**.

The buyer must, where applicable, in a timely manner, provide to or render assistance in obtaining for the seller, at the seller's request, risk and expense, any documents and information, including security-related information, that the seller needs for the transport and export of the goods and for their transport through any country.

© 2010 International Chamber of Commerce (ICC)
Incoterms® 2010 Rules by the International Chamber of Commerce

89

FAS

FREE ALONGSIDE SHIP

237

90

FOB
FREE ON BOARD

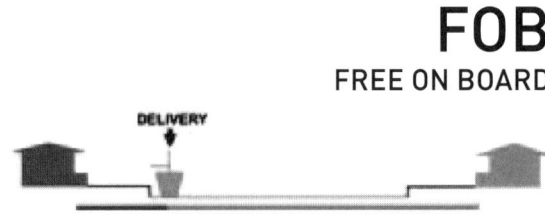

FOB *(insert named port of shipment)* Incoterms® 2010

GUIDANCE NOTE

This rule is to be used only for sea or inland waterway transport.

"Free on Board" means that the seller delivers the goods on board the vessel nominated by the buyer at the named port of shipment or procures the goods already so delivered. The risk of loss of or damage to the goods passes when the goods are on board the vessel, and the buyer bears all costs from that moment onwards.

The seller is required either to deliver the goods on board the vessel or to procure goods already so delivered for shipment. The reference to "procure" here caters for multiple sales down a chain ('string sales'), particularly common in the commodity trades.

FOB may not be appropriate where goods are handed over to the carrier before they are on board the vessel, for example goods in containers, which are typically delivered at a terminal. In such situations, the FCA rule should be used.

FOB requires the seller to clear the goods for export, where applicable. However, the seller has no obligation to clear the goods for import, pay any import duty or carry out any import customs formalities.

FOB

91

239

A THE SELLER'S OBLIGATIONS

A1 General obligations of the seller

The seller must provide the goods and the commercial invoice in conformity with the contract of sale and any other evidence of conformity that may be required by the contract.

Any document referred to in **A1–A10** may be an equivalent electronic record or procedure if agreed between the parties or customary.

A2 Licences, authorizations, security clearances and other formalities

Where applicable, the seller must obtain, at its own risk and expense, any export licence or other official authorization and carry out all customs formalities necessary for the export of the goods.

A3 Contracts of carriage and insurance

a. Contract of carriage

The seller has no obligation to the buyer to make a contract of carriage. However, if requested by the buyer or if it is commercial practice and the buyer does not give an instruction to the contrary in due time, the seller may contract for carriage on usual terms at the buyer's risk and expense. In either case, the seller may decline to make the contract of carriage and, if it does, shall promptly notify the buyer.

b. Contract of insurance

The seller has no obligation to the buyer to make a contract of insurance. However, the seller must provide the buyer, at the buyer's request, risk, and expense (if any), with information that the buyer needs for obtaining insurance.

FOB

FREE ON BOARD

B THE BUYER'S OBLIGATIONS

B1 **General obligations of the buyer**
The buyer must pay the price of the goods as provided in the contract of sale.

Any document referred to in **B1–B10** may be an equivalent electronic record or procedure if agreed between the parties or customary.

B2 **Licences, authorizations, security clearances and other formalities**
Where applicable, it is up to the buyer to obtain, at its own risk and expense, any import licence or other official authorization and carry out all customs formalities for the import of the goods and for their transport through any country.

B3 **Contracts of carriage and insurance**
a. Contract of carriage
The buyer must contract, at its own expense for the carriage of the goods from the named port of shipment, except where the contract of carriage is made by the seller as provided for in **A3 a.**

b. Contract of insurance
The buyer has no obligation to the seller to make a contract of insurance.

A   THE SELLER'S OBLIGATIONS

A4   Delivery

The seller must deliver the goods either by placing them on board the vessel nominated by the buyer at the loading point, if any, indicated by the buyer at the named port of shipment or by procuring the goods so delivered. In either case, the seller must deliver the goods on the agreed date or within the agreed period and in the manner customary at the port.

If no specific loading point has been indicated by the buyer, the seller may select the point within the named port of shipment that best suits its purpose.

A5   Transfer of risks

The seller bears all risks of loss of or damage to the goods until they have been delivered in accordance with **A4** with the exception of loss or damage in the circumstances described in **B5**.

FOB

FREE ON BOARD

242

B4   **Taking delivery**
The buyer must take delivery of the goods when they have been delivered as envisaged in **A4**.

B5   **Transfer of risks**
The buyer bears all risks of loss of or damage to the goods from the time they have been delivered as envisaged in **A4**.

If
a. the buyer fails to notify the nomination of a vessel in accordance with **B7**; or

b. the vessel nominated by the buyer fails to arrive on time to enable the seller to comply with **A4**, is unable to take the goods, or closes for cargo earlier than the time notified in accordance with **B7**;

then, the buyer bears all risks of loss of or damage to the goods:
i.   from the agreed date, or in the absence of an agreed date,
ii. from the date notified by the seller under **A7** within the agreed period, or, if no such date has been notified,
iii. from the expiry date of any agreed period for delivery,

provided that the goods have been clearly identified as the contract goods.

FOB

FREE ON BOARD

A   THE SELLER'S OBLIGATIONS

A6   **Allocation of costs**
The seller must pay

a.   all costs relating to the goods until they have been delivered in accordance with **A4**, other than those payable by the buyer as envisaged in **B6**; and

b.   where applicable, the costs of customs formalities necessary for export, as well as all duties, taxes and other charges payable upon export.

A7   **Notices to the buyer**
The seller must, at the buyer's risk and expense, give the buyer sufficient notice either that the goods have been delivered in accordance with **A4** or that the vessel has failed to take the goods within the time agreed.

A8   **Delivery document**
The seller must provide the buyer, at the seller's expense, with the usual proof that the goods have been delivered in accordance with **A4**.

Unless such proof is a transport document, the seller must provide assistance to the buyer, at the buyer's request, risk and expense, in obtaining a transport document.

FOB

FREE ON BOARD

B6   **Allocation of costs**
The buyer must pay
a. all costs relating to the goods from the time they have been delivered as envisaged in **A4**, except, where applicable, the costs of customs formalities necessary for export, as well as all duties, taxes and other charges payable upon export as referred to in **A6 b**;

b. any additional costs incurred, either because:
  i. the buyer has failed to give appropriate notice in accordance with **B7**, or
  ii. the vessel nominated by the buyer fails to arrive on time, is unable to take the goods, or closes for cargo earlier than the time notified in accordance with **B7**,

provided that the goods have been clearly identified as the contract goods; and

c. where applicable, all duties, taxes and other charges, as well as the costs of carrying out customs formalities payable upon import of the goods and the costs for their transport through any country.

B7   **Notices to the seller**
The buyer must give the seller sufficient notice of the vessel name, loading point and, where necessary, the selected delivery time within the agreed period.

B8   **Proof of delivery**
The buyer must accept the proof of delivery provided as envisaged in **A8**.

FOB

FREE ON BOARD

97

A9   Checking – packaging – marking

The seller must pay the costs of those checking operations (such as checking quality, measuring, weighing, counting) that are necessary for the purpose of delivering the goods in accordance with **A4**, as well as the costs of any pre-shipment inspection mandated by the authority of the country of export.

The seller must, at its own expense, package the goods, unless it is usual for the particular trade to transport the type of goods sold unpackaged. The seller may package the goods in the manner appropriate for their transport, unless the buyer has notified the seller of specific packaging requirements before the contract of sale is concluded. Packaging is to be marked appropriately.

A10   Assistance with information and related costs

The seller must, where applicable, in a timely manner, provide to or render assistance in obtaining for the buyer, at the buyer's request, risk and expense, any documents and information, including security-related information, that the buyer needs for the import of the goods and/or for their transport to the final destination.

The seller must reimburse the buyer for all costs and charges incurred by the buyer in providing or rendering assistance in obtaining documents and information as envisaged in **B10**.

FOB

FREE ON BOARD

B9   Inspection of goods

The buyer must pay the costs of any mandatory pre-shipment inspection, except when such inspection is mandated by the authorities of the country of export.

B10   Assistance with information and related costs

The buyer must, in a timely manner, advise the seller of any security information requirements so that the seller may comply with **A10**.

The buyer must reimburse the seller for all costs and charges incurred by the seller in providing or rendering assistance in obtaining documents and information as envisaged in **A10**.

The buyer must, where applicable, in a timely manner, provide to or render assistance in obtaining for the seller, at the seller's request, risk and expense, any documents and information, including security-related information, that the seller needs for the transport and export of the goods and for their transport through any country.

FOB

FREE ON BOARD

247

CFR
COST AND FREIGHT

CFR *(insert named port of destination)* Incoterms® 2010

GUIDANCE NOTE

This rule is to be used only for sea or inland waterway transport.

"Cost and Freight" means that the seller delivers the goods on board the vessel or procures the goods already so delivered. The risk of loss of or damage to the goods passes when the goods are on board the vessel. The seller must contract for and pay the costs and freight necessary to bring the goods to the named port of destination.

When CPT, CIP, CFR or CIF are used, the seller fulfils its obligation to deliver when it hands the goods over to the carrier in the manner specified in the chosen rule and not when the goods reach the place of destination.

This rule has two critical points, because risk passes and costs are transferred at different places. While the contract will always specify a destination port, it might not specify the port of shipment, which is where risk passes to the buyer. If the shipment port is of particular interest to the buyer, the parties are well advised to identify it as precisely as possible in the contract.

The parties are well advised to identify as precisely as possible the point at the agreed port of destination, as the costs to that point are for the account of the seller. The seller is advised to procure contracts of carriage that match this choice precisely. If the seller incurs costs under its contract of carriage related to unloading at the specified point at the port of destination, the seller is not entitled to recover such costs from the buyer unless otherwise agreed between the parties.

The seller is required either to deliver the goods on board the vessel or to procure goods already so delivered for shipment to the destination. In addition, the seller is required either to make a contract of carriage or to procure such a contract. The reference to

CFR

"procure" here caters for multiple sales down a chain ('string sales'), particularly common in the commodity trades.

CFR may not be appropriate where goods are handed over to the carrier before they are on board the vessel, for example goods in containers, which are typically delivered at a terminal. In such circumstances, the CPT rule should be used.

CFR requires the seller to clear the goods for export, where applicable. However, the seller has no obligation to clear the goods for import, pay any import duty or carry out any import customs formalities.

CFR

103

251

A   THE SELLER'S OBLIGATIONS

A1   **General obligations of the seller**
The seller must provide the goods and the commercial invoice in conformity with the contract of sale and any other evidence of conformity that may be required by the contract.

Any document referred to in **A1–A10** may be an equivalent electronic record or procedure if agreed between the parties or customary.

A2   **Licences, authorizations, security clearances and other formalities**
Where applicable, the seller must obtain, at its own risk and expense, any export licence or other official authorization and carry out all customs formalities necessary for the export of the goods.

A3   **Contracts of carriage and insurance**
   a. Contract of carriage
   The seller must contract or procure a contract for the carriage of the goods from the agreed point of delivery, if any, at the place of delivery to the named port of destination or, if agreed, any point at that port. The contract of carriage must be made on usual terms at the seller's expense and provide for carriage by the usual route in a vessel of the type normally used for the transport of the type of goods sold.

   b. Contract of insurance
   The seller has no obligation to the buyer to make a contract of insurance. However, the seller must provide the buyer, at the buyer's request, risk, and expense (if any), with information that the buyer needs for obtaining insurance.

A4   **Delivery**
The seller must deliver the goods either by placing them on board the vessel or by procuring the goods so delivered. In either case, the seller must deliver the goods on the agreed date or within the agreed period and in the manner customary at the port.

252

B THE BUYER'S OBLIGATIONS

B1 **General obligations of the buyer**
The buyer must pay the price of the goods as provided in the contract of sale.

Any document referred to in **B1–B10** may be an equivalent electronic record or procedure if agreed between the parties or customary.

B2 **Licences, authorizations, security clearances and other formalities**
Where applicable, it is up to the buyer to obtain, at its own risk and expense, any import licence or other official authorization and carry out all customs formalities for the import of the goods and for their transport through any country.

B3 **Contracts of carriage and insurance**
a. Contract of carriage
   The buyer has no obligation to the seller to make a contract of carriage.

b. Contract of insurance
   The buyer has no obligation to the seller to make a contract of insurance. However, the buyer must provide the seller, upon request, with the necessary information for obtaining insurance.

B4 **Taking delivery**
The buyer must take delivery of the goods when they have been delivered as envisaged in **A4** and receive them from the carrier at the named port of destination.

CFR

COST AND FREIGHT

A5   **Transfer of risks**

The seller bears all risks of loss of or damage to the goods until they have been delivered in accordance with **A4**, with the exception of loss or damage in the circumstances described in **B5**.

A6   **Allocation of costs**

The seller must pay

a. all costs relating to the goods until they have been delivered in accordance with **A4**, other than those payable by the buyer as envisaged in **B6**;

b. the freight and all other costs resulting from **A3 a**, including the costs of loading the goods on board and any charges for unloading at the agreed port of discharge that were for the seller's account under the contract of carriage; and

c. where applicable, the costs of customs formalities necessary for export as well as all duties, taxes and other charges payable upon export, and the costs for their transport through any country that were for the seller's account under the contract of carriage.

A7   **Notices to the buyer**

The seller must give the buyer any notice needed in order to allow the buyer to take measures that are normally necessary to enable the buyer to take the goods.

B5   Transfer of risks

The buyer bears all risks of loss of or damage to the goods from the time they have been delivered as envisaged in **A4**.

If the buyer fails to give notice in accordance with **B7**, then it bears all risks of loss of or damage to the goods from the agreed date or the expiry date of the agreed period for shipment, provided that the goods have been clearly identified as the contract goods.

B6   Allocation of costs

The buyer must, subject to the provisions of **A3 a**, pay

a. all costs relating to the goods from the time they have been delivered as envisaged in **A4**, except, where applicable, the costs of customs formalities necessary for export as well as all duties, taxes, and other charges payable upon export as referred to in **A6 c**;

b. all costs and charges relating to the goods while in transit until their arrival at the port of destination, unless such costs and charges were for the seller's account under the contract of carriage;

c. unloading costs including lighterage and wharfage charges, unless such costs and charges were for the seller's account under the contract of carriage;

d. any additional costs incurred if it fails to give notice in accordance with **B7**, from the agreed date or the expiry date of the agreed period for shipment, provided that the goods have been clearly identified as the contract goods; and

e. where applicable, all duties, taxes and other charges, as well as the costs of carrying out customs formalities payable upon import of the goods and the costs for their transport through any country unless included within the cost of the contract of carriage.

B7   Notices to the seller

The buyer must, whenever it is entitled to determine the time for shipping the goods and/or the point of receiving the goods within the named port of destination, give the seller sufficient notice thereof.

CFR

COST AND FREIGHT

A   THE SELLER'S OBLIGATIONS

A8   **Delivery document**

The seller must, at its own expense, provide the buyer without delay with the usual transport document for the agreed port of destination.

This transport document must cover the contract goods, be dated within the period agreed for shipment, enable the buyer to claim the goods from the carrier at the port of destination and, unless otherwise agreed, enable the buyer to sell the goods in transit by the transfer of the document to a subsequent buyer or by notification to the carrier.

When such a transport document is issued in negotiable form and in several originals, a full set of originals must be presented to the buyer.

A9   **Checking – packaging – marking**

The seller must pay the costs of those checking operations (such as checking quality, measuring, weighing, counting) that are necessary for the purpose of delivering the goods in accordance with **A4**, as well as the costs of any pre-shipment inspection mandated by the authority of the country of export.

The seller must, at its own expense, package the goods, unless it is usual for the particular trade to transport the type of goods sold unpackaged. The seller may package the goods in the manner appropriate for their transport, unless the buyer has notified the seller of specific packaging requirements before the contract of sale is concluded. Packaging is to be marked appropriately.

A10   **Assistance with information and related costs**

The seller must, where applicable, in a timely manner, provide to or render assistance in obtaining for the buyer, at the buyer's request, risk and expense, any documents and information, including security-related information, that the buyer needs for the import of the goods and/or for their transport to the final destination.

The seller must reimburse the buyer for all costs and charges incurred by the buyer in providing or rendering assistance in obtaining documents and information as envisaged in **B10**.

CFR

COST AND FREIGHT

B8   Proof of delivery

The buyer must accept the transport document provided as envisaged in **A8** if it is in conformity with the contract.

B9   Inspection of goods

The buyer must pay the costs of any mandatory pre-shipment inspection, except when such inspection is mandated by the authorities of the country of export.

B10   Assistance with information and related costs

The buyer must, in a timely manner, advise the seller of any security information requirements so that the seller may comply with **A10**.

The buyer must reimburse the seller for all costs and charges incurred by the seller in providing or rendering assistance in obtaining documents and information as envisaged in **A10**.

The buyer must, where applicable, in a timely manner, provide to or render assistance in obtaining for the seller, at the seller's request, risk and expense, any documents and information, including security-related information, that the seller needs for the transport and export of the goods and for their transport through any country.

CFR

COST AND FREIGHT

110

CIF
COST INSURANCE AND FREIGHT

CIF *(insert named port of destination)* Incoterms® 2010

GUIDANCE NOTE

This rule is to be used only for sea or inland waterway transport.

"Cost, Insurance and Freight" means that the seller delivers the goods on board the vessel or procures the goods already so delivered. The risk of loss of or damage to the goods passes when the goods are on board the vessel. The seller must contract for and pay the costs and freight necessary to bring the goods to the named port of destination.

The seller also contracts for insurance cover against the buyer's risk of loss of or damage to the goods during the carriage. The buyer should note that under CIF the seller is required to obtain insurance only on minimum cover. Should the buyer wish to have more insurance protection, it will need either to agree as much expressly with the seller or to make its own extra insurance arrangements.

When CPT, CIP, CFR, or CIF are used, the seller fulfils its obligation to deliver when it hands the goods over to the carrier in the manner specified in the chosen rule and not when the goods reach the place of destination.

This rule has two critical points, because risk passes and costs are transferred at different places. While the contract will always specify a destination port, it might not specify the port of shipment, which is where risk passes to the buyer. If the shipment port is of particular interest to the buyer, the parties are well advised to identify it as precisely as possible in the contract.

The parties are well advised to identify as precisely as possible the point at the agreed port of destination, as the costs to that point are for the account of the seller. The seller is advised to procure contracts of carriage that match this choice precisely. If the seller incurs costs under its contract of carriage related to unloading at the

CIF

111

112

specified point at the port of destination, the seller is not entitled to recover such costs from the buyer unless otherwise agreed between the parties.

The seller is required either to deliver the goods on board the vessel or to procure goods already so delivered for shipment to the destination. In addition the seller is required either to make a contract of carriage or to procure such a contract. The reference to "procure" here caters for multiple sales down a chain ('string sales'), particularly common in the commodity trades.

CIF may not be appropriate where goods are handed over to the carrier before they are on board the vessel, for example goods in containers, which are typically delivered at a terminal. In such circumstances, the CIP rule should be used.

CIF requires the seller to clear the goods for export, where applicable. However, the seller has no obligation to clear the goods for import, pay any import duty or carry out any import customs formalities.

CIF

A THE SELLER'S OBLIGATIONS

A1 General obligations of the seller

The seller must provide the goods and the commercial invoice in conformity with the contract of sale and any other evidence of conformity that may be required by the contract.

Any document referred to in **A1–A10** may be an equivalent electronic record or procedure if agreed between the parties or customary.

A2 Licences, authorizations, security clearances and other formalities

Where applicable, the seller must obtain, at its own risk and expense, any export licence or other official authorization and carry out all customs formalities necessary for the export of the goods.

A3 Contracts of carriage and insurance

a. Contract of carriage

The seller must contract or procure a contract for the carriage of the goods from the agreed point of delivery, if any, at the place of delivery to the named port of destination or, if agreed, any point at that port. The contract of carriage must be made on usual terms at the seller's expense and provide for carriage by the usual route in a vessel of the type normally used for the transport of the type of goods sold.

b. Contract of insurance

The seller must obtain, at its own expense, cargo insurance complying at least with the minimum cover provided by Clauses (C) of the Institute Cargo Clauses (LMA/IUA) or any similar clauses. The insurance shall be contracted with underwriters or an insurance company of good repute and entitle the buyer, or any other person having an insurable interest in the goods, to claim directly from the insurer.

When required by the buyer, the seller shall, subject to the buyer providing any necessary information requested by the seller, provide at the buyer's expense any additional cover, if procurable, such as cover as provided by Clauses (A) or (B) of the Institute Cargo Clauses (LMA/IUA) or any similar clauses and/or cover complying with the

COST INSURANCE AND FREIGHT

CIF

B   THE BUYER'S OBLIGATIONS

B1   **General obligations of the buyer**
The buyer must pay the price of the goods as provided in the contract of sale.

Any document referred to in **B1–B10** may be an equivalent electronic record or procedure if agreed between the parties or customary.

B2   **Licences, authorizations, security clearances and other formalities**
Where applicable, it is up to the buyer to obtain, at its own risk and expense, any import licence or other official authorization and carry out all customs formalities for the import of the goods and for their transport through any country.

B3   **Contracts of carriage and insurance**
   a. Contract of carriage
     The buyer has no obligation to the seller to make a contract of carriage.

   b. Contract of insurance
     The buyer has no obligation to the seller to make a contract of insurance. However, the buyer must provide the seller, upon request, with any information necessary for the seller to procure any additional insurance requested by the buyer as envisaged in **A3 b**.

COST INSURANCE AND FREIGHT

CIF

115

263

Institute War Clauses and/or Institute Strikes Clauses (LMA/IUA) or any similar clauses.

The insurance shall cover, at a minimum, the price provided in the contract plus 10% (i.e., 110%) and shall be in the currency of the contract.

The insurance shall cover the goods from the point of delivery set out in **A4** and **A5** to at least the named port of destination.

The seller must provide the buyer with the insurance policy or other evidence of insurance cover.

Moreover, the seller must provide the buyer, at the buyer's request, risk, and expense (if any), with information that the buyer needs to procure any additional insurance.

A4   Delivery

The seller must deliver the goods either by placing them on board the vessel or by procuring the goods so delivered. In either case, the seller must deliver the goods on the agreed date or within the agreed period and in the manner customary at the port.

A5   Transfer of risks

The seller bears all risks of loss of or damage to the goods until they have been delivered in accordance with **A4**, with the exception of loss or damage in the circumstances described in **B5**.

COST INSURANCE AND FREIGHT

CIF

B4   **Taking delivery**

The buyer must take delivery of the goods when they have been delivered as envisaged in **A4** and receive them from the carrier at the named port of destination.

B5   **Transfer of risks**

The buyer bears all risks of loss of or damage to the goods from the time they have been delivered as envisaged in **A4**.

If the buyer fails to give notice in accordance with **B7**, then it bears all risks of loss of or damage to the goods from the agreed date or the expiry date of the agreed period for shipment, provided that the goods have been clearly identified as the contract goods.

COST INSURANCE AND FREIGHT

CIF

265

A6   **Allocation of costs**

The seller must pay

a. all costs relating to the goods until they have been delivered in accordance with **A4**, other than those payable by the buyer as envisaged in **B6**;

b. the freight and all other costs resulting from **A3 a**, including the costs of loading the goods on board and any charges for unloading at the agreed port of discharge that were for the seller's account under the contract of carriage;

c. the costs of insurance resulting from **A3 b**; and

d. where applicable, the costs of customs formalities necessary for export, as well as all duties, taxes and other charges payable upon export, and the costs for their transport through any country that were for the seller's account under the contract of carriage.

A7   **Notices to the buyer**

The seller must give the buyer any notice needed in order to allow the buyer to take measures that are normally necessary to enable the buyer to take the goods.

COST INSURANCE AND FREIGHT

CIF

B6   Allocation of costs

The buyer must, subject to the provisions of **A3 a**, pay

a. all costs relating to the goods from the time they have been delivered as envisaged in **A4**, except, where applicable, the costs of customs formalities necessary for export, as well as all duties, taxes and other charges payable upon export as referred to in **A6 d**;

b. all costs and charges relating to the goods while in transit until their arrival at the port of destination, unless such costs and charges were for the seller's account under the contract of carriage;

c. unloading costs including lighterage and wharfage charges, unless such costs and charges were for the seller's account under the contract of carriage;

d. any additional costs incurred if it fails to give notice in accordance with **B7**, from the agreed date or the expiry date of the agreed period for shipment, provided that the goods have been clearly identified as the contract goods;

e. where applicable, all duties, taxes and other charges, as well as the costs of carrying out customs formalities payable upon import of the goods and the costs for their transport through any country, unless included within the cost of the contract of carriage; and

f. the costs of any additional insurance procured at the buyer's request under **A3 b** and **B3 b**.

B7   Notices to the seller

The buyer must, whenever it is entitled to determine the time for shipping the goods and/or the point of receiving the goods within the named port of destination, give the seller sufficient notice thereof.

COST INSURANCE AND FREIGHT

CIF

A8   Delivery document

The seller must, at its own expense, provide the buyer without delay with the usual transport document for the agreed port of destination.

This transport document must cover the contract goods, be dated within the period agreed for shipment, enable the buyer to claim the goods from the carrier at the port of destination and, unless otherwise agreed, enable the buyer to sell the goods in transit by the transfer of the document to a subsequent buyer or by notification to the carrier.

When such a transport document is issued in negotiable form and in several originals, a full set of originals must be presented to the buyer.

A9   Checking – packaging – marking

The seller must pay the costs of those checking operations (such as checking quality, measuring, weighing, counting) that are necessary for the purpose of delivering the goods in accordance with **A4**, as well as the costs of any pre-shipment inspection mandated by the authority of the country of export.

The seller must, at its own expense, package the goods, unless it is usual for the particular trade to transport the type of goods sold unpackaged. The seller may package the goods in the manner appropriate for their transport, unless the buyer has notified the seller of specific packaging requirements before the contract of sale is concluded. Packaging is to be marked appropriately.

A10   Assistance with information and related costs

The seller must, where applicable, in a timely manner, provide to or render assistance in obtaining for the buyer, at the buyer's request, risk and expense, any documents and information, including security-related information, that the buyer needs for the import of the goods and/or for their transport to the final destination.

The seller must reimburse the buyer for all costs and charges incurred by the buyer in providing or rendering assistance in obtaining documents and information as envisaged in **B10**.

COST INSURANCE AND FREIGHT

CIF

B8   Proof of delivery

The buyer must accept the transport document provided as envisaged in **A8** if it is in conformity with the contract.

B9   Inspection of goods

The buyer must pay the costs of any mandatory pre-shipment inspection, except when such inspection is mandated by the authorities of the country of export.

B10   Assistance with information and related costs

The buyer must, in a timely manner, advise the seller of any security information requirements so that the seller may comply with **A10**.

The buyer must reimburse the seller for all costs and charges incurred by the seller in providing or rendering assistance in obtaining documents and information as envisaged in **A10**.

The buyer must, where applicable, in a timely manner, provide to or render assistance in obtaining for the seller, at the seller's request, risk and expense, any documents and information, including security-related information, that the seller needs for the transport and export of the goods and for their transport through any country.

COST INSURANCE AND FREIGHT

CIF

121

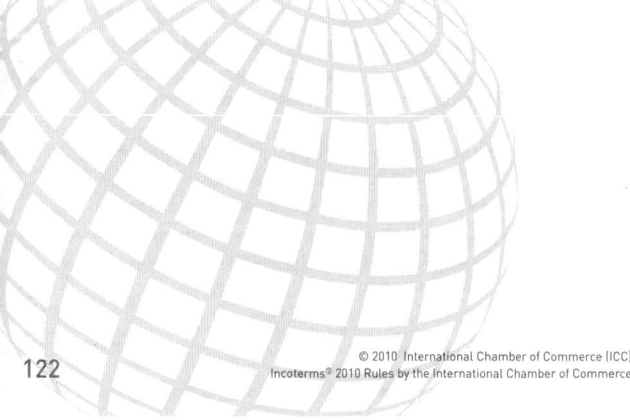

270

APPENDIX

123

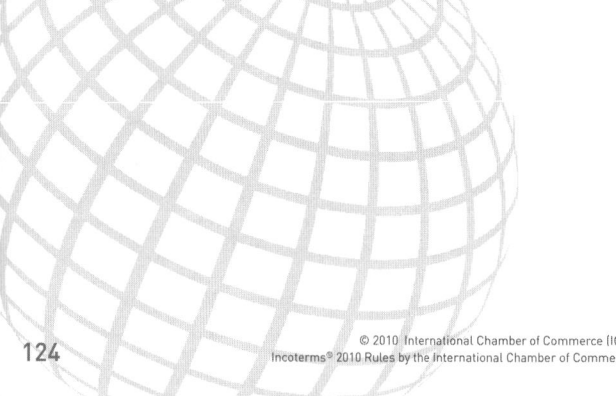

124

272

ICC AT A GLANCE

ICC is the world business organization, a representative body that speaks with authority on behalf of enterprises from all sectors in every part of the world.

The fundamental mission of ICC is to promote trade and investment across frontiers and help business corporations meet the challenges and opportunities of globalization. Its conviction that trade is a powerful force for peace and prosperity dates from the organization's origins early in the last century. The small group of far-sighted business leaders who founded ICC called themselves "the merchants of peace".

Because its member companies and associations are themselves engaged in international business, ICC has unrivalled authority in making rules that govern the conduct of business across borders. Although these rules are voluntary, they are observed in countless thousands of transactions every day and have become part of the fabric of international trade.

ICC also provides essential services, foremost among them the ICC International Court of Arbitration, the world's leading arbitral institution. Another service is the World Chambers Federation, ICC's worldwide network of chambers of commerce, fostering interaction and exchange of chamber best practice.

Business leaders and experts drawn from the ICC membership establish the business stance on broad issues of trade and investment policy as well as on vital technical and sectoral subjects. These include financial services, information technologies, telecommunications, marketing ethics, the environment, transportation, competition law and intellectual property.

ICC enjoys a close working relationship with the United Nations and other intergovernmental organizations, including the World Trade Organization, the G20 and the G8.

ICC was founded in 1919. Today it groups thousands of member companies and associations from over 120 countries. National committees work with their members to address the concerns of business in their countries and convey to their governments the business views formulated by ICC.

For more information, please visit **www.iccwbo.org**.

125

273

ICC DISPUTE RESOLUTION

Incorporating one or more of the Incoterms® rules into a contract does not in itself constitute an agreement to use ICC dispute resolution services. Contracting parties that wish to resort to one or more of these services in the event of a dispute should reach a specific and clear agreement to that effect. For this purpose, ICC offers suggested and standard clauses that parties may incorporate into their contracts. Failing this, parties should agree on the use of ICC rules in an exchange of correspondence.

ICC offers an array of services to help parties overcome disputes arising from international trade. These services respond to different needs and different situations. Each is governed by a set of rules defining a neutral procedure capable of accommodating cultural, linguistic and legal diversity, as well as the specificities of given sectors and activities.

Arbitration, administered by the ICC International Court of Arbitration, generally leads to a binding decision issued by a tribunal of one or three arbitrators. The decision is widely enforceable because of the legal recognition arbitration enjoys in almost all the world's trading nations.

Amicable dispute resolution embraces various methods of dispute resolution that seek a settlement by consensual means. The neutral third party and the parties to the dispute decide on the settlement technique to be used, which may be mediation, neutral evaluation, a mini-trial or a combination of different techniques.

Dispute boards are ongoing bodies set up for the duration of a contract to resolve disputes as and when they arise during the life of the contract. Different types of dispute boards are available, depending on the powers the parties wish to grant to the members of the board and the force of their determinations.

Expertise consists of engaging a specialist to give an opinion on a matter requiring specialist knowledge and skills, such as technical, financial or legal know-how. The services offered range from the search for a suitable expert to the complete administration of the expert's mission. A specific service called DOCDEX is offered for disputes relating to documentary credits, bank-to-bank reimbursements, collections and guarantees.

For further information, including all rules and clauses, visit our dispute resolution pages at **www.iccwbo.org**.

Incoterms® 2010
by the International Chamber of Commerce (ICC)

Die Regeln der ICC zur Auslegung nationaler und internationaler Handelsklauseln

Gültig ab 1. Januar 2011

Die Incoterms® 2010 sind von der Internationalen Handelskammer (ICC) in englisch verabschiedet worden. Sollte
die deutsche Übersetzung zur englischen Fassung im
Widerspruch stehen, so hat die englische Version Vorrang.

International Chamber of Commerce
The world business organization

276

VORWORT

von Rajat Gupta, Präsident der ICC

Die Globalisierung der Wirtschaft eröffnet Unternehmen in einem bisher nicht gekannten Ausmaß den Zugang zu den weltweiten Märkten. Der internationale Handel nimmt stetig an Volumen und Vielfalt, aber auch an Komplexität zu. Kaufverträge müssen diese Entwicklung entsprechend abbilden, um Missverständnissen und kostenintensiven Streitigkeiten vorzubeugen.

Die Incoterms® Regeln, das offizielle Regelwerk der ICC zur Auslegung nationaler und internationaler Handelsklauseln, erleichtern die Durchführung des weltweiten Handels. Durch den Verweis auf die Incoterms® 2010 werden in einem Kaufvertrag die Pflichten der Parteien eindeutig festgelegt und das Risiko rechtlicher Komplikationen vermindert.

Seit der Schaffung der Incoterms® Regeln durch die ICC im Jahre 1936 wurde dieses weltweit anerkannte Standardwerk regelmäßig überarbeitet, um mit den Entwicklungen im internationalen Handel Schritt zu halten. Die Incoterms® 2010 Regeln berücksichtigen die weitere Ausdehnung von Freihandelszonen, den wachsenden Einsatz elektronischer Kommunikationsmittel bei Geschäftsabwicklungen, das erhöhte Bedürfnis nach Sicherheit im Warenverkehr und Veränderungen bei den Transporttechniken. Die Incoterms® 2010 modernisieren und konsolidieren die „Geliefert"- Regeln, verringern die Anzahl von vorher 13 auf nunmehr 11 Klauseln und bieten eine einfachere und klarere Präsentation aller Klauseln. Incoterms® 2010 ist die erste Fassung der Incoterms® Regeln, in der die Begriffe „Verkäufer" und „Käufer" geschlechtsneutral formuliert sind.*

Die umfassende Sachkenntnis der ICC-Kommission für Internationale Handelspraxis, die sich aus Mitgliedern aus allen Teilen der Welt und allen Branchen zusammensetzt, stellt sicher, dass die Incoterms® 2010 den Ansprüchen der Wirtschaft weltweit gerecht werden.

Die ICC möchte den Mitgliedern der Kommission unter Vorsitz von Fabio Bortolotti (Italien) ihren Dank ausdrücken, genauso wie der Incoterms® 2010 Drafting Group, die sich zusammensetzte

---

* Zur leichteren Lesbarkeit werden in der deutschen Übersetzung die Begriffe „Verkäufer" und „Käufer" verwendet, womit Verkäuferinnen/Verkäufer und Käuferinnen/Käufer gemeint sind.

129

VORWORT

aus Charles Debattista (Co-Vorsitzender, Großbritannien), Christoph Martin Radtke (Co-Vorsitzender, Frankreich), Jens Bredow (Deutschland), Johnny Herre (Schweden), David Lowe (Großbritannien), Lauri Railas (Finnland), Frank Reynolds (USA) und Miroslav Subert (Tschechische Republik). Darüber hinaus danken wir Asko Raty (Finnland) für die Piktogramme.

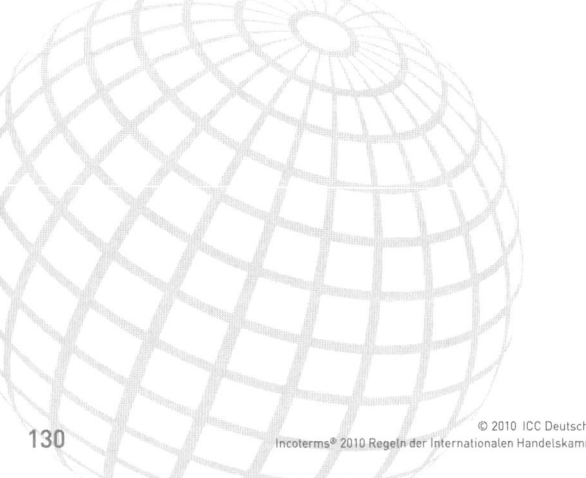

278

EINFÜHRUNG

Die Incoterms®[1] Regeln dienen der Auslegung einer Reihe von (mit drei Buchstaben abgekürzten) Klauseln, durch die B2B-Handelspraktiken im Kaufvertrag abgebildet werden. Die Incoterms® Regeln beschreiben im Wesentlichen die Pflichten, Kosten und Gefahren, die mit der Lieferung der Ware vom Verkäufer zum Käufer verbunden sind.

Auslegungshinweise für die Incoterms® 2010 Regeln

1. Beziehen Sie die Incoterms® 2010 Regeln ausdrücklich in Ihren Kaufvertrag ein

Wenn Sie möchten, dass die Incoterms® 2010 Regeln für Ihren Kaufvertrag gelten sollen, müssen Sie dies in Ihrem Vertrag deutlich machen, z. B. mit der Formulierung „*[die gewählte Incoterms® Klausel einschließlich des benannten Ortes, gefolgt von]* Incoterms® 2010".

2. Wählen Sie die geeignete Incoterms® Klausel

Bei der Wahl der richtigen Incoterms® Klausel ist zunächst zu beachten, dass sie für Ware und Beförderungsmittel geeignet sein muss; darüber hinaus muss sie alle weiteren Pflichten, die der Verkäufer oder Käufer übernehmen soll, richtig abbilden, wie z. B. wer für die Organisation des Transports oder den Abschluss einer Versicherung verantwortlich sein soll. Der Anwendungshinweis für jede Incoterms® Klausel beinhaltet hilfreiche Informationen, die insbesondere die Auswahl der geeigneten Klausel erleichtern. Die Parteien sollten unabhängig von der verwendeten Incoterms® Klausel stets beachten, dass die Auslegung ihres Vertrags auch von den Gebräuchen des jeweiligen Hafens oder Ortes abhängen kann.

3. Benennen Sie Ihren Ort oder Hafen so genau wie möglich

Die gewählte Incoterms® Klausel kann nur dann ihren Zweck erfüllen, wenn die Parteien einen Ort oder Hafen so genau wie möglich benennen.

Ein gutes Beispiel für eine genaue Definition wäre:

„FCA 38 Cours Albert 1er, Paris, France Incoterms® 2010".

Bei Verwendung der Incoterms® Klauseln „Ab Werk" (EXW), „Frei Frachtführer" (FCA), „Geliefert Terminal" (DAT), „Geliefert benannter Ort" (DAP), „Geliefert verzollt" (DDP), „Frei Längsseite Schiff" (FAS) und „Frei an Bord" (FOB) ist der benannte Ort jener Ort, an dem die Lieferung stattfindet und die Gefahr vom Verkäufer auf den Käu-

---

[1] „Incoterms" ist eine eingetragene Marke der Internationalen Handelskammer (ICC).

fer übergeht. Bei Verwendung der Incoterms® Klauseln „Frachtfrei"
(CPT), „Frachtfrei versichert" (CIP), „Kosten und Fracht" (CFR), und
„Kosten, Versicherung und Fracht" (CIF) weicht der benannte Ort
vom Lieferort ab. Bei diesen vier Klauseln ist der benannte Ort jener
Bestimmungsort, bis zu dem die Fracht bezahlt wird. Es kann hilf-
reich sein, innerhalb eines Ortes oder Bestimmungsortes eine präzise
Stelle zu bestimmen, um Zweifel und Streitigkeiten zu vermeiden.

4. Denken Sie daran, dass die Incoterms® Regeln keinen vollständigen Kaufvertrag beinhalten

Die Incoterms® Regeln legen fest, welche Partei des Kaufvertrags die
Verpflichtung hat, einen Beförderungs- oder Versicherungsvertrag
abzuschließen, wenn der Verkäufer an den Käufer liefert, und welche
Kosten jede Partei zu tragen hat. Die Incoterms® Regeln sagen hin-
gegen nichts über den Kaufpreis oder die Zahlungsabwicklung aus.
Sie behandeln auch nicht den Eigentumsübergang der Ware oder die
Rechtsfolgen eines Vertragsbruches. Diese Angelegenheiten werden
normalerweise durch ausdrückliche Vereinbarungen im Kaufver-
trag oder durch das diesem Vertrag zugrunde liegende Recht geregelt.
Den Parteien sollte bewusst sein, dass das zwingende nationale Recht
bestimmte Aspekte des Kaufvertrags, einschließlich der gewählten
Incoterms® Klausel, außer Kraft setzen kann.

Hauptmerkmale der Incoterms® 2010 Klauseln

1. Zwei neue Incoterms® Klauseln – DAT und DAP – haben die Incoterms® 2000 Klauseln DAF, DES, DEQ und DDU ersetzt

Die Anzahl der Incoterms® Klauseln wurde von 13 auf 11 reduziert.
Dieses wurde durch die Aufnahme von zwei neuen Klauseln – DAT,
„Geliefert Terminal", und DAP, „Geliefert benannter Ort" – erreicht.
Beide können unabhängig von der vereinbarten Transportart ver-
wendet werden und ersetzen die Incoterms® 2000 Klauseln DAF,
DES, DEQ und DDU.

Bei Verwendung der beiden neuen Klauseln findet die Lieferung am
benannten Bestimmungsort statt: bei DAT, indem die Ware dem
Käufer vom ankommenden Beförderungsmittel entladen zur Verfügung gestellt wird (entsprechend der früheren DEQ-Klausel); bei
DAP, indem die Ware dem Käufer entladebereit zur Verfügung gestellt wird (entsprechend den alten DAF-, DES- und DDU- Klauseln).

Die neuen Regeln machen die Incoterms® 2000 Klauseln DES und
DEQ überflüssig. Bei Verwendung von DAT kann sich der benannte
Terminal auch in einem Hafen befinden, weshalb DAT nunmehr

gleichermaßen in den Fällen verwendet werden kann, in denen zuvor die DEQ-Klausel nach den Incoterms® 2000 verwendet wurde. Gleichermaßen kann das ankommende Beförderungsmittel nach DAP ein Schiff und der benannte Bestimmungsort ein Hafen sein: Folglich kann DAP gleichermaßen in den Fällen verwendet werden, in denen früher DES Incoterms® 2000 verwendet wurde. Nach diesen neuen Regeln, wie schon bei ihren Vorgängern, bedeutet „geliefert", dass der Verkäufer alle Kosten (ausgenommen solcher, die mit einer gegebenenfalls erforderlichen Einfuhrgenehmigung verbunden sind) und alle mit der Beförderung der Ware bis zum benannten Bestimmungsort verbundenen Gefahren trägt.

2. Einteilung der 11 Incoterms® 2010 Klauseln

Die 11 Incoterms® 2010 Klauseln sind in zwei unterschiedliche Kategorien aufgeteilt:

KLAUSELN FÜR ALLE TRANSPORTARTEN

EXW	Ab Werk
FCA	Frei Frachtführer
CPT	Frachtfrei
CIP	Frachtfrei versichert
DAT	Geliefert Terminal
DAP	Geliefert benannter Ort
DDP	Geliefert verzollt

KLAUSELN FÜR DEN SEE- UND BINNENSCHIFFS-TRANSPORT

FAS	Frei Längsseite Schiff
FOB	Frei an Bord
CFR	Kosten und Fracht
CIF	Kosten, Versicherung und Fracht

Die erste Kategorie enthält die sieben Incoterms® 2010 Klauseln, die unabhängig von der gewählten Transportart und unabhängig davon, ob mehr als eine Transportart eingesetzt wird, verwendet werden können. EXW, FCA, CPT, CIP, DAT, DAP und DDP zählen zu dieser Kategorie. Sie können auch dann verwendet werden, wenn kein Seetransport stattfindet. Es ist jedoch wichtig festzuhalten, dass diese Klauseln durchaus verwendet werden können, wenn ein Schiff für einen Transportabschnitt genutzt wird.

In der zweiten Kategorie der Incoterms® 2010 Klauseln sind sowohl der Ort der Lieferung als auch der Ort, bis zu welchem die Ware zum Käufer befördert wird, Häfen, weshalb diese Klauseln als „See- und Binnenschiffsklauseln" bezeichnet werden. FAS, FOB, CFR und CIF gehören in diese Kategorie. In den letzten drei Incoterms® Klauseln wurde die Regelung, wonach die Schiffsreling der Lieferort ist, zugunsten der Bestimmung aufgegeben, dass die Ware geliefert ist, sobald sie sich „an Bord" des Schiffs befindet. Dies spiegelt die moderne Wirklichkeit im Handelsgeschäft genauer wider und vermeidet das veraltete Bild, wonach eine Gefahr über einer gedachten senkrechten Linie hin und her schwebt.

3. Klauseln für den nationalen und internationalen Handel

Die Incoterms® Klauseln wurden traditionell bei *internationalen* Kaufverträgen verwendet, bei denen die Ware nationale Grenzen überschreitet. In verschiedenen Teilen der Welt haben jedoch Freihandelszonen, wie etwa die Europäische Union, die Bedeutung der Grenzformalitäten zwischen verschiedenen Staaten erkennbar verringert. Konsequenterweise weist das Cover der Incoterms® 2010 Regeln ausdrücklich darauf hin, dass diese sowohl in internationalen als auch nationalen Kaufverträgen angewendet werden können. Die Incoterms® 2010 Regeln sind daher so zu verstehen, dass die Verpflichtung zur Erledigung von Aus- und Einfuhrformalitäten nur soweit besteht, als eine solche auch tatsächlich erforderlich ist.

Zwei Entwicklungen haben die ICC davon überzeugt, dass ein Schritt in diese Richtung zeitgemäß ist. Erstens verwenden Kaufleute die Incoterms® Klauseln häufig in ausschließlich inländischen Kaufverträgen. Der zweite Grund ist das verstärkte Interesse in den Vereinigten Staaten, die Incoterms® Klauseln im nationalen Handel zu verwenden und sie den früheren Schifffahrts- und Lieferklauseln des Uniform Commercial Code vorzuziehen.

4. Anwendungshinweise

Vor jeder einzelnen Incoterms® 2010 Klausel finden Sie einen Anwendungshinweis. Die Anwendungshinweise erklären die wesentlichen Inhalte jeder Incoterms® Klausel, beispielsweise wann eine bestimmte Klausel verwendet werden sollte, wann die Gefahr übergeht und wie die Kosten zwischen Verkäufer und Käufer verteilt sind. Die Anwendungshinweise sind kein Bestandteil der eigentlichen Incoterms® 2010 Regeln, vielmehr sind sie dazu gedacht, den Anwender präzise und rasch zu der für ein bestimmtes Geschäft geeigneten Incoterms® Klausel zu leiten.

5. Elektronische Kommunikation

Frühere Versionen der Incoterms® Regeln haben jene Dokumente genau bezeichnet, welche durch elektronische Mitteilungen ersetzt werden konnten. Die Artikel **A1/B1** der Incoterms® 2010 Regeln stellen nun jedoch die elektronische Kommunikation der Kommunikation in Papierform gleich, sofern die Parteien dies vereinbaren oder es handelsüblich ist. Diese Formulierung vereinfacht die Entwicklung von neuen elektronischen Abläufen während der gesamten Geltungsdauer der Incoterms® 2010 Regeln.

6. Versicherungsdeckung

Die Incoterms® 2010 Regeln sind die erste neue Fassung der Incoterms® Regeln seit der Revision der Institute Cargo Clauses und berücksichtigen die Veränderungen in diesen Bestimmungen. Die Incoterms® 2010 Regeln ordnen Informationspflichten im Hinblick auf die Versicherung den Artikeln **A3/B3** zu, die die Beförderungs- und Versicherungsverträge behandeln. Diese Bestimmungen wurden aus den allgemeinen „Sonstige Verpflichtungen" der Artikel **A10/B10** der Incoterms® 2000 Regeln herausgenommen. Der Wortlaut der Artikel **A3/B3** im Hinblick auf die Versicherung ist gleichfalls verändert worden, um die Verpflichtungen der Parteien genauer zu definieren.

7. Sicherheitsrelevante Freigaben und hierfür benötigte Informationen

Es gibt heute eine zunehmende Besorgnis über die Sicherheit im Warentransport. Dies macht den Nachweis erforderlich, dass von der Ware keine Gefahr für Leben oder Sachwerte ausgeht, die über das von Natur aus übliche Maß hinausgeht. Daher haben die Incoterms® 2010 Regeln die Verpflichtungen zwischen Käufer und Verkäufer betreffend Erlangung bzw. Unterstützung bei der Erlangung von sicherheitsrelevanten Freigaben in den Artikeln **A2/B2** und **A10/B10** einiger Incoterms® Regeln neu aufgeteilt, beispiels weise hinsichtlich Informationen über die Überwachungskette.

8. Hafenumschlagsgebühren

Nach den Incoterms® Klauseln CPT, CIP, CFR, CIF, DAT, DAP und DDP hat der Verkäufer die Beförderung der Ware zum vereinbarten Bestimmungsort zu organisieren. Frachtkosten werden zwar vom Verkäufer bezahlt, tatsächlich übernimmt sie jedoch der Käufer, da sie üblicherweise im Endverkaufspreis des Verkäufers enthalten sind. Die Beförderungskosten enthalten in manchen Fällen die Kosten für den Umschlag und die Bewegung der Ware innerhalb von Hafen- oder Containerterminalanlagen. Der Frachtführer oder Terminalbetreiber wird diese Kosten möglicherweise dem Käufer berechnen, der die Ware entgegennimmt. Unter diesen Umständen wird der Käufer daran interessiert sein, eine doppelte Zahlung für ein und dieselbe Leistung zu vermeiden, zunächst an den Verkäufer als Teil des Gesamtkaufpreises und noch einmal separat an den Frachtführer oder den Terminalbetreiber. Die Incoterms® 2010 Regeln suchen dies durch eine klare Verteilung solcher Kosten in Artikel **A6/B6** der betreffenden Incoterms® Klauseln zu vermeiden.

9. Verkaufsketten

Im Gegensatz zum Verkauf von Industriegütern werden Rohstoffe häufig während des Transports in einer Verkaufskette mehrmals weiterveräußert. In solchen Fällen „versendet" ein Verkäufer in der Mitte der Kette nicht die Ware, da diese bereits von dem ersten Verkäufer in der Kette versandt wurde. Der Verkäufer in der Mitte der Kette erfüllt deswegen seine Verpflichtungen gegenüber seinem Käufer nicht durch die Versendung der Ware, sondern durch das „Verschaffen" der bereits versandten Ware. Zur Klarstellung schließen die Incoterms® 2010 Regeln die Verpflichtung zur „Verschaffung versandter Ware" als Alternative zu der Verpflichtung ein, die Ware nach den betreffenden Incoterms® Klauseln tatsächlich zu versenden.

Abänderungen von Incoterms® Klauseln

Manchmal möchten die Parteien eine Incoterms® Klausel abändern. Die Incoterms® 2010 Regeln verbieten eine solche Abänderung nicht, jedoch ergeben sich daraus Gefahren. Um unliebsame Überraschungen zu vermeiden, sollten die Parteien die beabsichtigte Wirkung einer solchen Abänderung sehr genau in ihrem Vertrag deutlich machen. Wenn beispielsweise die Verteilung der Kosten in den Incoterms® 2010 Regeln vertraglich abgeändert wird, sollten die Parteien auch klarstellen, ob sie gleichzeitig beabsichtigen, die Stelle des Übergangs der Gefahr vom Verkäufer auf den Käufer abzuändern.

Bedeutung dieser Einführung

Diese Einleitung bietet allgemeine Informationen darüber, wie die Incoterms® 2010 Regeln zu verwenden und interpretieren sind. Sie bildet jedoch keinen Bestandteil dieses Regelwerks.

Erläuterung der in den Incoterms® 2010 Regeln verwendeten Begriffe

Wie in den Incoterms® 2000 Regeln werden die Verkäufer- und Käuferpflichten spiegelbildlich dargestellt. Rubrik **A** beinhaltet die Verpflichtungen des Verkäufers und Rubrik **B** die Verpflichtungen des Käufers. Diese Verpflichtungen können persönlich vom Verkäufer oder Käufer erfüllt werden oder manchmal, unter Berücksichtigung der Bestimmungen des Vertrags oder des anwendbaren Rechts, durch beauftragte Dritte wie Frachtführer, Spediteure oder andere vom Verkäufer oder Käufer für einen bestimmten Zweck benannte Personen.

Der Text der Incoterms® 2010 Regeln versteht sich als selbsterklärend. Um Anwendern gleichwohl Hilfestellung zu leisten, erläutert der folgende Text, wie ausgewählte Begriffe in den Regeln verwendet werden.

Frachtführer: Im Rahmen der Incoterms® 2010 Regeln ist unter einem Frachtführer jene Partei zu verstehen, mit der der Frachtvertrag geschlossen wurde.

Zollformalitäten: Diese Anforderungen sind zur Einhaltung anwendbarer zollrechtlicher Bestimmungen zu erfüllen und können Verpflichtungen zu schriftlicher Dokumentation, Sicherheitsleistungen, Informationsbereitstellung oder Warenkontrolle enthalten.

Lieferung: Dieser Begriff hat im Handelsrecht und in der Handelspraxis mehrere Bedeutungen. Die Incoterms® 2010 Regeln jedoch bezeichnen damit den Ort, an dem die Gefahr des Verlustes oder der Beschädigung der Ware vom Verkäufer auf den Käufer übergeht.

Transportdokument: Dieser Ausdruck wird nunmehr als Überschrift von Artikel **A8** verwendet. Es handelt sich um ein Dokument, das beweist, dass die Lieferung stattgefunden hat. In vielen der Incoterms® 2010 Regeln handelt es sich bei dem Transportdokument um einen Liefernachweis oder einen entsprechenden elektronischen Nachweis. Bei den Klauseln EXW, FCA, FAS und FOB kann es sich jedoch bei dem Transportdokument lediglich um eine Empfangsbestätigung handeln. Ein Transportdokument kann auch weitere Funktionen haben, wie z. B. Teil der Zahlungsabwicklung sein.

Elektronischer Beleg oder Verfahren: Ein Satz von Informationen, bestehend aus einer oder mehreren elektronischen Nachrichten und, falls zutreffend, funktionsgemäß gleichbedeutend mit dem entsprechenden Dokument in Papierform.

Verpackung: Dieser Begriff wird für verschiedene Zwecke verwendet:

1. die Verpackung der Ware entsprechend den vertraglichen Vereinbarungen
2. die Verpackung der Ware, so dass diese transportfähig ist
3. das Verstauen der verpackten Ware innerhalb eines Containers oder innerhalb eines anderen Transportmittels.

Die Incoterms® 2010 Regeln verstehen unter Verpackung sowohl den Inhalt von Punkt 1 als auch Punkt 2. Die Incoterms® 2010 Regeln behandeln nicht die Verpflichtungen der Parteien zur Verstauung innerhalb eines Containers. Daher sollten die Parteien gegebenenfalls Entsprechendes in den Kaufvertrag aufnehmen.

KLAUSELN

FÜR ALLE

TRANSPORTARTEN

287

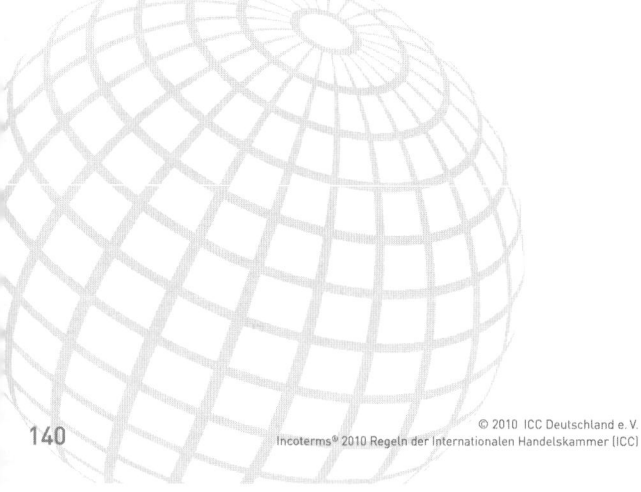

EXW
AB WERK

EXW *(fügen Sie den benannten Lieferort ein)* Incoterms® 2010

ANWENDUNGSHINWEIS

Diese Klausel kann unabhängig von der gewählten Transportart verwendet werden, auch dann, wenn mehr als eine Transportart zum Einsatz kommt. Sie eignet sich für den nationalen Warenhandel, für den internationalen Handel ist hingegen FCA üblicherweise besser geeignet.

„Ab Werk" bedeutet, dass der Verkäufer liefert, wenn er die Ware dem Käufer beim Verkäufer oder an einem anderen benannten Ort (z. B. Werk, Fabrik, Lager usw.) zur Verfügung stellt. Der Verkäufer muss die Ware weder auf ein abholendes Transportmittel verladen, noch muss er sie zur Ausfuhr freimachen, falls dies erforderlich sein sollte.

Die Parteien sind gut beraten, die Stelle innerhalb des benannten Lieferortes so präzise wie möglich zu bezeichnen, da der Verkäufer die Kosten und Gefahren bis zu dieser Stelle zu tragen hat. Der Käufer trägt alle Kosten und Gefahren, die bei der Übernahme der Ware an der gegebenenfalls vereinbarten Stelle am benannten Lieferort entstehen.

EXW stellt die Mindestverpflichtung für den Verkäufer dar. Die Klausel sollte mit Vorsicht angewendet werden, da.

a. der Verkäufer gegenüber dem Käufer keine Verpflichtung hat, die Ware zu verladen, selbst wenn der Verkäufer in der Praxis dazu besser in der Lage wäre. Falls der Verkäufer die Ware verlädt, tut er dieses auf Gefahr und Kosten des Käufers. In Fällen, in denen der Verkäufer besser in der Lage ist, die Ware zu verladen, ist es meist sinnvoller, die FCA-Klausel zu verwenden, da sie den Verkäufer verpflichtet, auf seine Gefahr und Kosten zu verladen.

b. ein Käufer, der von einem Verkäufer auf EXW-Basis zur Ausfuhr kauft, sich bewusst sein sollte, dass der Verkäufer gegenüber

141

290

EXW

dem Käufer nicht verpflichtet ist, die Ware für die Ausfuhr freizumachen. Er ist lediglich verpflichtet, den Käufer so zu unterstützen, dass dieser die Ausfuhr durchführen kann. Käufer sind daher gut beraten, EXW nicht zu verwenden, wenn es ihnen nicht möglich ist, direkt oder indirekt die Ausfuhrabfertigung vorzunehmen.

c. der Käufer gegenüber dem Verkäufer nur eine eingeschränkte Verpflichtung hat, diesem Informationen hinsichtlich der Ausfuhr der Ware zur Verfügung zu stellen, obwohl es sein kann, dass der Verkäufer diese Informationen z.B. aus steuerlichen Gründen oder aufgrund von Meldepflichten benötigt.

A VERPFLICHTUNGEN DES VERKÄUFERS

A1 Allgemeine Verpflichtungen des Verkäufers

Der Verkäufer hat die Ware und die Handelsrechnung in Übereinstimmung mit dem Kaufvertrag bereitzustellen und jeden sonstigen vertraglich vereinbarten Konformitätsnachweis zu erbringen.

Jedes Dokument, auf das in **A1–A10** Bezug genommen wird, kann auch ein entsprechender elektronischer Beleg oder ein entsprechendes elektronisches Verfahren sein, wenn dies zwischen den Parteien vereinbart oder üblich ist.

A2 Lizenzen, Genehmigungen, Sicherheitsfreigaben und andere Formalitäten

Falls zutreffend, hat der Verkäufer den Käufer auf dessen Verlangen, Gefahr und Kosten bei der Beschaffung der Ausfuhrgenehmigung oder anderer behördlicher Genehmigungen, die für die Ausfuhr der Ware erforderlich sind, zu unterstützen.

Falls zutreffend, hat der Verkäufer auf Verlangen, Gefahr und Kosten des Käufers diesem alle ihm vorliegenden Informationen, die für die Sicherheitsfreigabe der Ware erforderlich sind, zur Verfügung zu stellen.

A3 Beförderungs- und Versicherungsverträge

a. Beförderungsvertrag

Der Verkäufer hat gegenüber dem Käufer keine Verpflichtung, einen Beförderungsvertrag abzuschließen.

b. Versicherungsvertrag

Der Verkäufer hat gegenüber dem Käufer keine Verpflichtung, einen Versicherungsvertrag abzuschließen. Jedoch hat der Verkäufer dem Käufer auf dessen Verlangen, Gefahr und (gegebenenfalls entstehende) Kosten jene Informationen zur Verfügung zu stellen, die der Käufer für den Abschluss einer Versicherung benötigt.

© 2010 ICC Deutschland e. V.
Incoterms® 2010 Regeln der Internationalen Handelskammer (ICC)

292

B   VERPFLICHTUNGEN DES KÄUFERS

B1   Allgemeine Verpflichtungen des Käufers
Der Käufer hat den im Kaufvertrag genannten Preis der Ware zu zahlen.

Jedes Dokument, auf das in **B1–B10** Bezug genommen wird, kann auch ein entsprechender elektronischer Beleg oder ein entsprechendes elektronisches Verfahren sein, wenn dies zwischen den Parteien vereinbart oder üblich ist.

B2   Lizenzen, Genehmigungen, Sicherheitsfreigaben und andere Formalitäten
Falls zutreffend, obliegt es dem Käufer, auf eigene Gefahr und Kosten die Aus- und Einfuhrgenehmigung oder andere behördliche Genehmigungen zu beschaffen sowie alle Zollformalitäten für die Ausfuhr der Ware zu erledigen.

B3   Beförderungs- und Versicherungsverträge
a. Beförderungsvertrag
   Der Käufer hat gegenüber dem Verkäufer keine Verpflichtung, einen Beförderungsvertrag abzuschließen.

b. Versicherungsvertrag
   Der Käufer hat gegenüber dem Verkäufer keine Verpflichtung, einen Versicherungsvertrag abzuschließen.

EXW

AB WERK

A   VERPFLICHTUNGEN DES VERKÄUFERS

EXW

AB WERK

A4   Lieferung

Der Verkäufer hat die Ware zu liefern, indem er sie dem Käufer am genannten Lieferort an der gegebenenfalls vereinbarten Stelle zur Verfügung stellt, jedoch ohne Verladung auf das abholende Beförderungsmittel. Wurde am benannten Lieferort keine bestimmte Stelle vereinbart und kommen mehrere Stellen in Betracht, kann der Verkäufer die Stelle auswählen, die für den Zweck am besten geeignet ist. Der Verkäufer hat die Ware zum vereinbarten Zeitpunkt oder innerhalb des vereinbarten Zeitraums zu liefern.

A5   Gefahrenübergang

Der Verkäufer trägt bis zur Lieferung gemäß **A4** alle Gefahren des Verlustes oder der Beschädigung der Ware, mit Ausnahme von Verlust oder Beschädigung unter den in **B5** beschriebenen Umständen.

A6   Kostenverteilung

Der Verkäufer hat alle die Ware betreffenden Kosten zu tragen bis diese gemäß **A4** geliefert worden ist, ausgenommen solcher Kosten, die vom Käufer wie in **B6** vorgesehen zu tragen sind.

294

B4   Übernahme

Der Käufer muss die Ware übernehmen, wenn **A4** und **A7** entsprochen worden ist.

B5   Gefahrenübergang

Der Käufer trägt alle Gefahren des Verlustes oder der Beschädigung der Ware ab dem Zeitpunkt, an dem sie wie in **A4** vorgesehen geliefert worden ist.

Falls der Käufer es unterlässt, gemäß **B7** zu benachrichtigen, trägt der Käufer alle Gefahren des Verlustes oder der Beschädigung der Ware ab dem vereinbarten Lieferzeitpunkt oder ab Ablauf des vereinbarten Lieferzeitraums, vorausgesetzt, die Ware ist eindeutig als die vertragliche Ware kenntlich gemacht worden.

B6   Kostenverteilung

Der Käufer hat:

a. alle die Ware betreffenden Kosten ab dem Zeitpunkt der Lieferung wie in **A4** vorgesehen zu tragen;

b. alle zusätzlichen Kosten zu tragen, die entweder dadurch entstanden sind, dass die ihm zur Verfügung gestellte Ware nicht übernommen worden oder keine Benachrichtigung gemäß **B7** erfolgt ist, vorausgesetzt, die Ware ist eindeutig als die vertragliche Ware kenntlich gemacht worden;

c. falls zutreffend, alle Zölle, Steuern und andere Abgaben sowie die bei der Ausfuhr fälligen Kosten der Zollformalitäten zu tragen; und

d. alle dem Verkäufer durch die in **A2** vorgesehene Unterstützung entstandenen Kosten und Abgaben zu erstatten.

A   VERPFLICHTUNGEN DES VERKÄUFERS

EXW

AB WERK

A7   Benachrichtigungen an den Käufer

Der Verkäufer hat den Käufer über alles Nötige zu benachrichtigen, damit dieser die Ware übernehmen kann.

A8   Transportdokument

Der Verkäufer hat gegenüber dem Käufer keine Verpflichtung.

A9   Prüfung – Verpackung – Kennzeichnung

Der Verkäufer hat die Kosten jener Prüfvorgänge (wie Qualitätsprüfung, Messen, Wiegen und Zählen) zu tragen, die notwendig sind, um die Ware gemäß **A4** zu liefern.

Der Verkäufer hat auf eigene Kosten die Ware zu verpacken, es sei denn, es ist handelsüblich, die jeweilige Art der verkauften Ware unverpackt zu transportieren. Der Verkäufer kann die Ware in der für ihren Transport geeigneten Weise verpacken, es sei denn, der Käufer hat den Verkäufer vor Vertragsschluss über spezifische Verpackungsanforderungen in Kenntnis gesetzt. Die Verpackung ist in geeigneter Weise zu kennzeichnen.

A10   Unterstützung bei Informationen und damit verbundene Kosten

Der Verkäufer hat, falls zutreffend, dem Käufer auf dessen Verlangen, Gefahr und Kosten rechtzeitig alle Dokumente und Informationen, einschließlich sicherheitsrelevanter Informationen, die der Käufer für die Aus- und/oder Einfuhr der Ware und/oder für ihren Transport bis zum endgültigen Bestimmungsort benötigt, zur Verfügung zu stellen oder ihn bei deren Beschaffung zu unterstützen.

B7   Benachrichtigungen an den Verkäufer

Wann immer der Käufer berechtigt ist, innerhalb eines vereinbarten Zeitraums den Zeitpunkt und/oder innerhalb des benannten Ortes die Stelle für die Warenübernahme zu bestimmen, hat er den Verkäufer in angemessener Weise darüber zu benachrichtigen.

B8   Liefernachweis

Der Käufer hat dem Verkäufer einen angemessenen Nachweis der Warenübernahme zu erbringen.

B9   Prüfung der Ware

Der Käufer hat die Kosten für jede vor der Verladung zwingend erforderliche Warenkontrolle (pre-shipment inspection) zu tragen, einschließlich behördlich angeordneter Kontrollen des Ausfuhrlandes.

B10   Unterstützung bei Informationen und damit verbundene Kosten

Der Käufer hat dem Verkäufer rechtzeitig alle sicherheitsrelevanten Informationsanforderungen mitzuteilen, so dass der Verkäufer die Verpflichtungen entsprechend **A10** erfüllen kann.

Der Käufer hat dem Verkäufer alle Kosten und Abgaben zu erstatten, die dem Verkäufer durch das Zurverfügungstellen oder die Unterstützung bei der Beschaffung der Dokumente und Informationen wie in **A10** vorgesehen entstanden sind.

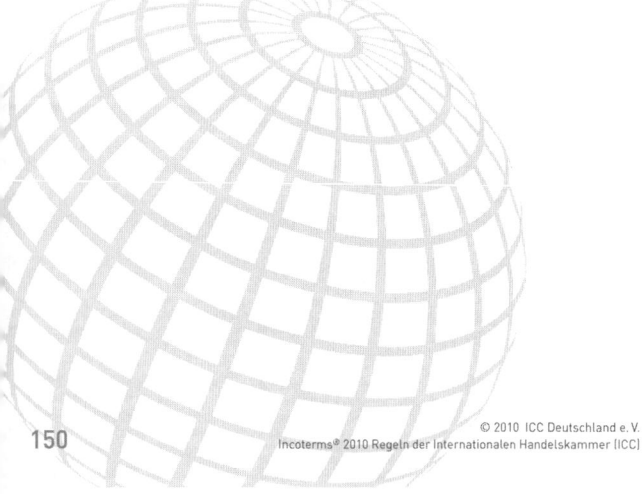

FCA
FREI FRACHTFÜHRER

FCA *(fügen Sie den benannten Lieferort ein)* Incoterms® 2010

ANWENDUNGSHINWEIS

Diese Klausel kann unabhängig von der gewählten Transportart verwendet werden, auch dann, wenn mehr als eine Transportart zum Einsatz kommt.

„Frei Frachtführer" bedeutet, dass der Verkäufer die Ware dem Frachtführer oder einer anderen vom Käufer benannten Person beim Verkäufer oder an einem anderen benannten Ort liefert. Die Parteien sind gut beraten, die Stelle innerhalb des benannten Lieferortes so genau wie möglich zu bezeichnen, da an dieser Stelle die Gefahr auf den Käufer übergeht.

Beabsichtigen die Parteien, die Ware beim Verkäufer zu liefern, sind sie angehalten, dessen Adresse als benannten Lieferort anzugeben. Beabsichtigen die Parteien hingegen, dass die Ware an einem anderen Ort geliefert wird, so müssen sie diesen anderen Lieferort genau angeben.

FCA verpflichtet den Verkäufer, falls zutreffend, die Ware zur Ausfuhr freizumachen. Jedoch hat der Verkäufer keine Verpflichtung, die Ware zur Einfuhr freizumachen, Einfuhrzölle zu zahlen oder Einfuhrzollformalitäten zu erledigen.

A   VERPFLICHTUNGEN DES VERKÄUFERS

A1   **Allgemeine Verpflichtungen des Verkäufers**
Der Verkäufer hat die Ware und die Handelsrechnung in Übereinstimmung mit dem Kaufvertrag bereitzustellen und jeden sonstigen vertraglich vereinbarten Konformitätsnachweis zu erbringen.

Jedes Dokument, auf das in **A1–A10** Bezug genommen wird, kann auch ein entsprechender elektronischer Beleg oder ein entsprechendes elektronisches Verfahren sein, wenn dies zwischen den Parteien vereinbart oder üblich ist.

A2   **Lizenzen, Genehmigungen, Sicherheitsfreigaben und andere Formalitäten**
Falls zutreffend, hat der Verkäufer auf eigene Gefahr und Kosten die Ausfuhrgenehmigung oder andere behördliche Genehmigungen zu beschaffen sowie alle Zollformalitäten zu erledigen, die für die Ausfuhr der Ware erforderlich sind.

A3   **Beförderungs- und Versicherungsverträge**
   a. Beförderungsvertrag
      Der Verkäufer hat gegenüber dem Käufer keine Verpflichtung, einen Beförderungsvertrag abzuschließen. Wenn es der Käufer jedoch verlangt oder es Handelspraxis ist und der Käufer keine gegenteilige Anweisung rechtzeitig erteilt, kann der Verkäufer einen Beförderungsvertrag zu üblichen Bedingungen auf Gefahr und Kosten des Käufers abschließen. In beiden Fällen kann es der Verkäufer ablehnen, den Beförderungsvertrag abzuschließen, wovon er den Käufer umgehend in Kenntnis zu setzen hat.

   b. Versicherungsvertrag
      Der Verkäufer hat gegenüber dem Käufer keine Verpflichtung, einen Versicherungsvertrag abzuschließen. Jedoch hat der Verkäufer dem Käufer auf dessen Verlangen, Gefahr und (gegebenenfalls entstehende) Kosten jene Informationen zur Verfügung zu stellen, die der Käufer für den Abschluss einer Versicherung benötigt.

A4   **Lieferung**
Der Verkäufer hat die Ware an den Frachtführer oder eine andere vom Käufer benannte Person an der gegebenenfalls vereinbarten Stelle am benannten Ort zum vereinbarten Zeitpunkt oder innerhalb des vereinbarten Zeitraums zu liefern.

B   VERPFLICHTUNGEN DES KÄUFERS

B1   Allgemeine Verpflichtungen des Käufers
Der Käufer hat den im Kaufvertrag genannten Preis der Ware zu zahlen.

Jedes Dokument, auf das in **B1–B10** Bezug genommen wird, kann auch ein entsprechender elektronischer Beleg oder ein entsprechendes elektronisches Verfahren sein, wenn dies zwischen den Parteien vereinbart oder üblich ist.

B2   Lizenzen, Genehmigungen, Sicherheitsfreigaben und andere Formalitäten
Falls zutreffend, obliegt es dem Käufer, auf eigene Gefahr und Kosten die Einfuhrgenehmigung oder andere behördliche Genehmigungen zu beschaffen sowie alle Zollformalitäten für die Einfuhr der Ware und für ihre Durchfuhr durch jedes Land zu erledigen.

B3   Beförderungs- und Versicherungsverträge
a. Beförderungsvertrag
Der Käufer hat auf eigene Kosten den Vertrag über die Beförderung der Ware vom benannten Lieferort abzuschließen, es sei denn, der Beförderungsvertrag ist vom Verkäufer wie in **A3a** vorgesehen abgeschlossen worden.

b. Versicherungsvertrag
Der Käufer hat gegenüber dem Verkäufer keine Verpflichtung, einen Versicherungsvertrag abzuschließen.

B4   Übernahme
Der Käufer muss die Ware übernehmen, wenn sie wie in **A4** vorgesehen geliefert worden ist.

© 2010 ICC Deutschland e. V.
Incoterms® 2010 Regeln der Internationalen Handelskammer (ICC)   153

FCA

FREI FRACHTFÜHRER

Die Lieferung ist abgeschlossen:

a. falls der benannte Ort beim Verkäufer liegt, wenn die Ware auf das vom Käufer bereitgestellte Beförderungsmittel verladen worden ist.

b. in allen anderen Fällen, wenn die Ware dem Frachtführer oder einer anderen vom Käufer benannten Person auf dem Beförderungsmittel des Verkäufers entladebereit zur Verfügung gestellt wird.

Wenn der Käufer am benannten Lieferort keine bestimmte Stelle gemäß **B7 d** mitgeteilt hat und mehrere Stellen in Betracht kommen, kann der Verkäufer jene Stelle auswählen, die für den Zweck am besten geeignet ist.

Sofern der Käufer den Verkäufer nicht anderweitig benachrichtigt, kann der Verkäufer die Ware zur Beförderung in der Weise übergeben, wie es Menge und/oder Art der Ware verlangen.

A5 Gefahrenübergang
Der Verkäufer trägt bis zur Lieferung gemäß **A4** alle Gefahren des Verlustes oder der Beschädigung der Ware, mit Ausnahme von Verlust oder Beschädigung unter den in **B5** beschriebenen Umständen.

FCA

FREI FRACHTFÜHRER

B5   Gefahrenübergang

Der Käufer trägt alle Gefahren des Verlustes oder der Beschädigung der Ware ab dem Zeitpunkt, an dem sie wie in **A4** vorgesehen, geliefert worden ist.

Falls

a. der Käufer es unterlässt gemäß **B7**, über die Benennung eines Frachtführers oder einer anderen in **A4** vorgesehenen Person zu benachrichtigen; oder

b. der Frachtführer oder die vom Käufer wie in **A4** vorgesehen benannte Person es unterlässt, die Ware zu übernehmen,

trägt der Käufer alle Gefahren des Verlustes oder der Beschädigung der Ware:

i. ab dem vereinbarten Zeitpunkt oder, mangels eines vereinbarten Zeitpunkts,

ii. ab dem vom Verkäufer nach **A7** mitgeteilten Zeitpunkt innerhalb des vereinbarten Zeitraums; oder, falls kein solcher Zeitpunkt mitgeteilt wurde,

iii. ab dem Ablaufdatum eines vereinbarten Lieferzeitraums,

vorausgesetzt, die Ware ist eindeutig als die vertragliche Ware kenntlich gemacht worden.

A   VERPFLICHTUNGEN DES VERKÄUFERS

A6   Kostenverteilung

Der Verkäufer hat zu tragen

a. alle die Ware betreffenden Kosten bis diese gemäß **A4** geliefert worden ist, ausgenommen solcher Kosten, die wie in **B6** vorgesehen vom Käufer zu tragen sind; und

b. falls zutreffend, die Kosten der für die Ausfuhr notwendigen Zollformalitäten sowie alle Zölle, Steuern und andere Abgaben, die bei der Ausfuhr fällig werden.

A7   Benachrichtigungen an den Käufer

Der Verkäufer hat den Käufer auf dessen Gefahr und Kosten in angemessener Weise darüber zu benachrichtigen, entweder, dass die Ware gemäß **A4** geliefert worden ist, oder dass der Frachtführer oder eine andere vom Käufer benannte Person die Ware innerhalb der vereinbarten Frist nicht übernommen hat.

© 2010 ICC Deutschland e. V.
Incoterms® 2010 Regeln der Internationalen Handelskammer (ICC)

304

FCA

FREI FRACHTFÜHRER

B6   Kostenverteilung

Der Käufer hat zu tragen

a. alle die Ware betreffenden Kosten ab dem Zeitpunkt, an dem sie wie in **A4** vorgesehen geliefert worden ist, ausgenommen, falls zutreffend, die Kosten der für die Ausfuhr notwendigen Zollformalitäten sowie alle Zölle, Steuern und andere in **A6 b** genannte Abgaben, die bei der Ausfuhr fällig werden;

b. alle zusätzlichen Kosten, die entweder dadurch entstehen, dass:
   i. der Käufer es unterlässt, einen Frachtführer oder eine andere in **A4** vorgesehene Person zu benennen, oder
   ii. der Frachtführer oder die vom Käufer benannte Person wie in **A4** vorgesehen es unterlässt, die Ware zu übernehmen, oder
   iii. der Käufer es unterlässt, gemäß **B7** angemessen zu benachrichtigen,

   vorausgesetzt, die Ware ist eindeutig als die vertragliche Ware kenntlich gemacht worden; und

c. falls zutreffend, alle Zölle, Steuern und andere Abgaben sowie die Kosten der Zollformalitäten, die bei der Einfuhr der Ware fällig werden, und die Kosten für ihre Durchfuhr durch jedes Land.

B7   Benachrichtigungen an den Verkäufer

Der Käufer hat den Verkäufer zu benachrichtigen:

a. rechtzeitig über den Namen des Frachtführers oder einer anderen in **A4** vorgesehenen Person, um dem Verkäufer die Lieferung der Ware gemäß **A4** zu ermöglichen;

b. wenn erforderlich, über den innerhalb des vereinbarten Lieferzeitraums gewählten Zeitpunkt, an dem der Frachtführer oder die benannte Person die Ware übernehmen wird;

c. über die Transportart, die von der benannten Person eingesetzt wird; und

d. über die Stelle der Warenübernahme innerhalb des benannten Ortes.

A   VERPFLICHTUNGEN DES VERKÄUFERS

A8   Transportdokument

Der Verkäufer hat auf eigene Kosten dem Käufer den üblichen Nachweis zu erbringen, dass die Ware gemäß **A4** geliefert worden ist.

Der Verkäufer hat den Käufer auf dessen Verlangen, Gefahr und Kosten bei der Beschaffung eines Transportdokuments zu unterstützen.

A9   Prüfung – Verpackung – Kennzeichnung

Der Verkäufer hat die Kosten jener Prüfvorgänge (wie Qualitätsprüfung, Messen, Wiegen und Zählen), die notwendig sind, um die Ware gemäß **A4** zu liefern, sowie die Kosten für alle von den Behörden des Ausfuhrlandes angeordneten Warenkontrollen vor der Verladung (pre-shipment inspection) zu tragen.

Der Verkäufer hat auf eigene Kosten die Ware zu verpacken, es sei denn, es ist handelsüblich, die jeweilige Art der verkauften Ware unverpackt zu transportieren. Der Verkäufer kann die Ware in der für ihren Transport geeigneten Weise verpacken, es sei denn, der Käufer hat den Verkäufer vor Vertragsschluss über spezifische Verpackungsanforderungen in Kenntnis gesetzt. Die Verpackung ist in geeigneter Weise zu kennzeichnen.

A10   Unterstützung bei Informationen und damit verbundene Kosten

Der Verkäufer hat, falls zutreffend, dem Käufer auf dessen Verlangen, Gefahr und Kosten rechtzeitig alle Dokumente und Informationen, einschließlich sicherheitsrelevanter Informationen, die der Käufer für die Einfuhr der Ware und/oder für ihren Transport bis zum endgültigen Bestimmungsort benötigt, zur Verfügung zu stellen oder ihn bei deren Beschaffung zu unterstützen.

Der Verkäufer hat dem Käufer alle Kosten und Abgaben zu erstatten, die dem Käufer durch das Zurverfügungstellen oder die Unterstützung bei der Beschaffung der in **B10** vorgesehenen Dokumente und Informationen entstanden sind.

© 2010 ICC Deutschland e. V.
Incoterms® 2010 Regeln der Internationalen Handelskammer (ICC)

306

B8   Liefernachweis

Der Käufer hat den wie in **A8** vorgesehen zur Verfügung gestellten Liefernachweis anzunehmen.

B9   Prüfung der Ware

Der Käufer hat die Kosten für jede vor der Verladung zwingend erforderliche Warenkontrolle (pre-shipment inspection) zu tragen, mit Ausnahme behördlich angeordneter Kontrollen des Ausfuhrlandes.

B10   Unterstützung bei Informationen und damit verbundene Kosten

Der Käufer hat dem Verkäufer rechtzeitig alle sicherheitsrelevanten Informationsanforderungen mitzuteilen, so dass der Verkäufer die Verpflichtungen entsprechend **A10** erfüllen kann.

Der Käufer hat dem Verkäufer alle Kosten und Abgaben zu erstatten, die dem Verkäufer durch das Zurverfügungstellen oder die Unterstützung bei der Beschaffung der Dokumente und Informationen wie in **A10** vorgesehen entstanden sind.

Der Käufer hat, falls zutreffend, dem Verkäufer rechtzeitig auf dessen Verlangen, Gefahr und Kosten alle Dokumente und Informationen, einschließlich sicherheitsrelevanter Informationen, die der Verkäufer für den Transport und die Ausfuhr der Ware sowie für ihre Durchfuhr durch jedes Land benötigt, zur Verfügung zu stellen oder ihn bei deren Beschaffung zu unterstützen.

CPT
FRACHTFREI

CPT *(fügen Sie den benannten Bestimmungsort ein)* Incoterms® 2010

ANWENDUNGSHINWEIS

Diese Klausel kann unabhängig von der gewählten Transportart verwendet werden, auch dann, wenn mehr als eine Transportart zum Einsatz kommt.

„Frachtfrei" bedeutet, dass der Verkäufer die Ware dem Frachtführer oder einer anderen vom Verkäufer benannten Person an einem vereinbarten Ort (falls ein solcher Ort zwischen den Parteien vereinbart ist) liefert, und dass der Verkäufer den Beförderungsvertrag abzuschließen und die für die Beförderung der Ware bis zum benannten Bestimmungsort entstehenden Frachtkosten zu zahlen hat.

Werden die Klauseln CPT, CIP, CFR oder CIF verwendet, erfüllt der Verkäufer seine Lieferpflicht, sobald er die Ware dem Frachtführer übergibt und nicht, wenn die Ware den Bestimmungsort erreicht.

Diese Klausel beinhaltet zwei kritische Punkte, da Gefahren- und Kostenübergang an verschiedenen Orten stattfinden. Die Parteien sind gut beraten, im Vertrag sowohl den Lieferort, an dem die Gefahr auf den Käufer übergeht, als auch den benannten Bestimmungsort, bis zu welchem der Verkäufer den Beförderungsvertrag abzuschließen hat, so genau wie möglich anzugeben. Kommen mehrere Frachtführer für die Beförderung zum vereinbarten Bestimmungsort zum Einsatz und verständigen sich die Parteien hinsichtlich der Lieferung nicht auf eine bestimmte Stelle, so geht die Gefahr immer dann über, wenn die Ware dem ersten Frachtführer übergeben worden ist. Die Auswahl der Stelle, an der die Lieferung erfolgen soll, liegt in diesen Fällen gänzlich im Ermessen des Verkäufers, während der Käufer darauf keinen Einfluss hat. Wünschen die Parteien einen späteren Gefahrenübergang (zum Beispiel in einem See- oder Flughafen), dann müssen sie dies in ihrem Kaufvertrag festlegen.

Die Parteien sind außerdem gut beraten, innerhalb des vereinbarten Bestimmungsortes die Stelle so genau wie möglich anzugeben, da die Kosten bis zu dieser Stelle zu Lasten des Verkäufers gehen. Dem

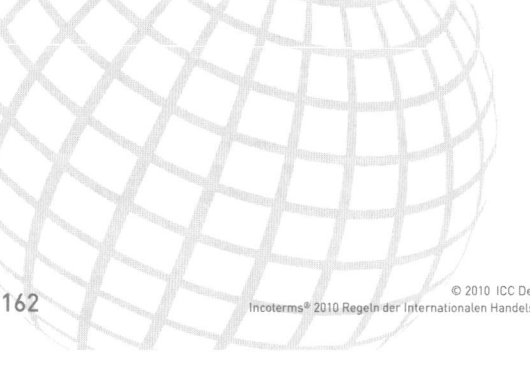

310

Verkäufer wird geraten, mit dieser Wahl genau übereinstimmende Beförderungsverträge zu verschaffen. Entstehen dem Verkäufer gemäß seinem Beförderungsvertrag Kosten im Zusammenhang mit der Entladung am benannten Bestimmungsort, dann ist der Verkäufer nicht berechtigt, diese Kosten vom Käufer zurückzufordern, sofern nichts anderes zwischen den Parteien vereinbart worden ist.

CPT verpflichtet den Verkäufer, falls zutreffend, die Ware zur Ausfuhr freizumachen. Jedoch hat der Verkäufer keine Verpflichtung, die Ware zur Einfuhr freizumachen, Einfuhrzölle zu zahlen oder Einfuhrzollformalitäten zu erledigen.

CPT

311

A   VERPFLICHTUNGEN DES VERKÄUFERS

A1 **Allgemeine Verpflichtungen des Verkäufers**
Der Verkäufer hat die Ware und die Handelsrechnung in Übereinstimmung mit dem Kaufvertrag bereitzustellen und jeden sonstigen vertraglich vereinbarten Konformitätsnachweis zu erbringen.

Jedes Dokument, auf das in **A1–A10** Bezug genommen wird, kann auch ein entsprechender elektronischer Beleg oder ein entsprechendes elektronisches Verfahren sein, wenn dies zwischen den Parteien vereinbart oder üblich ist.

A2 **Lizenzen, Genehmigungen, Sicherheitsfreigaben und andere Formalitäten**
Falls zutreffend, hat der Verkäufer auf eigene Gefahr und Kosten die Ausfuhrgenehmigung oder andere behördliche Genehmigungen zu beschaffen sowie alle Zollformalitäten zu erledigen, die für die Ausfuhr der Ware und für ihre Durchfuhr durch jedes Land vor Lieferung erforderlich sind.

A3 **Beförderungs- und Versicherungsverträge**
a. Beförderungsvertrag
Der Verkäufer hat für die Ware einen Beförderungsvertrag von der gegebenenfalls vereinbarten Lieferstelle am Lieferort bis zum benannten Bestimmungsort oder einer gegebenenfalls vereinbarten Stelle an diesem Ort abzuschließen oder zu verschaffen. Der Beförderungsvertrag ist zu den üblichen Bedingungen auf Kosten des Verkäufers abzuschließen und hat die Beförderung auf der üblichen Route und in der handelsüblichen Weise zu beinhalten. Ist keine bestimmte Stelle vereinbart und ergibt sie sich auch nicht aus der Handelspraxis, kann der Verkäufer die Stelle am Lieferort und am benannten Bestimmungsort auswählen, die für den Zweck am besten geeignet ist.

b. Versicherungsvertrag
Der Verkäufer hat gegenüber dem Käufer keine Verpflichtung, einen Versicherungsvertrag abzuschließen. Jedoch hat der Verkäufer dem Käufer auf dessen Verlangen, Gefahr und (gegebenenfalls entstehende) Kosten jene Informationen zur Verfügung zu stellen, die der Käufer für den Abschluss einer Versicherung benötigt.

312

B   VERPFLICHTUNGEN DES KÄUFERS

B1   **Allgemeine Verpflichtungen des Käufers**
Der Käufer hat den im Kaufvertrag genannten Preis der Ware zu zahlen.

Jedes Dokument, auf das in **B1–B10** Bezug genommen wird, kann auch ein entsprechender elektronischer Beleg oder ein entsprechendes elektronisches Verfahren sein, wenn dies zwischen den Parteien vereinbart oder üblich ist.

B2   **Lizenzen, Genehmigungen, Sicherheitsfreigaben und andere Formalitäten**
Falls zutreffend, obliegt es dem Käufer, auf eigene Gefahr und Kosten die Einfuhrgenehmigung oder andere behördliche Genehmigungen zu beschaffen sowie alle Zollformalitäten für die Einfuhr der Ware und für ihre Durchfuhr durch jedes Land zu erledigen.

B3   **Beförderungs- und Versicherungsverträge**
a. Beförderungsvertrag
Der Käufer hat gegenüber dem Verkäufer keine Verpflichtung, einen Beförderungsvertrag abzuschließen.

b. Versicherungsvertrag
Der Käufer hat gegenüber dem Verkäufer keine Verpflichtung, einen Versicherungsvertrag abzuschließen. Allerdings hat der Käufer dem Verkäufer auf dessen Verlangen die für den Abschluss einer Versicherung notwendigen Informationen zur Verfügung zu stellen.

CPT

FRACHTFREI

CPT

FRACHTFREI

A4   Lieferung
Der Verkäufer hat die Ware zu liefern, indem er sie an den gemäß **A3** beauftragten Frachtführer zum vereinbarten Zeitpunkt oder innerhalb des vereinbarten Zeitraums übergibt.

A5   Gefahrenübergang
Der Verkäufer trägt bis zur Lieferung gemäß **A4** alle Gefahren des Verlustes oder der Beschädigung der Ware, mit Ausnahme von Verlust oder Beschädigung unter den in **B5** beschriebenen Umständen.

A6   Kostenverteilung
Der Verkäufer hat zu tragen

a.   alle die Ware betreffenden Kosten bis diese gemäß **A4** geliefert worden ist, ausgenommen solcher Kosten, die wie in **B6** vorgesehen vom Käufer zu tragen sind;

b.   die Fracht- und alle anderen aus **A3 a** entstehenden Kosten, einschließlich der Kosten für die Verladung der Ware und aller Abgaben für die Entladung am Bestimmungsort, die gemäß Beförderungsvertrag vom Verkäufer zu tragen sind; und

c.   falls zutreffend, die Kosten der für die Ausfuhr notwendigen Zollformalitäten sowie alle Zölle, Steuern und andere Abgaben, die bei der Ausfuhr fällig werden, und die Kosten für die Durchfuhr der Ware durch jedes Land, die gemäß Beförderungsvertrag zu Lasten des Verkäufers gehen.

314

B4   Übernahme

Der Käufer muss die Ware übernehmen, wenn sie wie in **A4** vorgesehen geliefert worden ist, und hat sie vom Frachtführer am benannten Bestimmungsort entgegenzunehmen.

B5   Gefahrenübergang

Der Käufer trägt alle Gefahren des Verlustes oder der Beschädigung der Ware ab dem Zeitpunkt, an dem sie wie in **A4** vorgesehen geliefert worden ist.

Falls der Käufer es unterlässt, gemäß **B7** zu benachrichtigen, hat er alle Gefahren des Verlustes oder der Beschädigung der Ware ab dem vereinbarten Lieferzeitpunkt oder ab Ablauf des vereinbarten Lieferzeitraums zu tragen, vorausgesetzt, die Ware ist eindeutig als die vertragliche Ware kenntlich gemacht worden.

B6   Kostenverteilung

Der Käufer hat, vorbehaltlich der Bestimmungen in **A3 a**, zu tragen

a.   alle die Ware betreffenden Kosten ab dem Zeitpunkt, an dem sie wie in **A4** vorgesehen geliefert worden ist, ausgenommen, falls zutreffend, die Kosten der für die Ausfuhr notwendigen Zollformalitäten sowie alle Zölle, Steuern und andere in **A6 c** genannte Abgaben, die bei der Ausfuhr fällig werden;

b.   alle die Ware betreffenden Kosten und Abgaben während des Transports bis zu ihrer Ankunft am vereinbarten Bestimmungsort, sofern solche Kosten und Abgaben gemäß Beförderungsvertrag nicht zu Lasten des Verkäufers gehen;

c.   die Entladekosten, sofern solche Kosten gemäß Beförderungsvertrag nicht zu Lasten des Verkäufers gehen;

d.   alle zusätzlichen Kosten, sollte der Käufer die Benachrichtigung gemäß **B7** unterlassen, ab dem für die Versendung vereinbarten Zeitpunkt oder ab Ablauf des hierfür vereinbarten Zeitraums, vorausgesetzt, die Ware ist eindeutig als die vertragliche Ware kenntlich gemacht worden; und

e.   falls zutreffend, alle Zölle, Steuern und andere Abgaben sowie die Kosten der Zollformalitäten, die bei der Einfuhr der Ware fällig werden, sowie die Kosten für ihre Durchfuhr durch jedes Land, sofern sie nicht in den Kosten des Beförderungsvertrags enthalten sind.

A   VERPFLICHTUNGEN DES VERKÄUFERS

A7   Benachrichtigungen an den Käufer

Der Verkäufer hat den Käufer zu benachrichtigen, dass die Ware gemäß **A4** geliefert worden ist.

Der Verkäufer hat den Käufer über alles Nötige zu benachrichtigen, damit dieser die üblicherweise notwendigen Maßnahmen zur Übernahme der Ware treffen kann.

A8   Transportdokument

Falls handelsüblich oder falls der Käufer es verlangt, hat der Verkäufer auf eigene Kosten dem Käufer das oder die übliche(n) Transportdokument(e) für den gemäß **A3** vertraglich vereinbarten Transport zur Verfügung zu stellen.

Dieses Transportdokument muss die vertragliche Ware erfassen und innerhalb der zur Versendung vereinbarten Frist datiert sein. Falls vereinbart oder handelsüblich, muss das Dokument den Käufer auch in die Lage versetzen, die Herausgabe der Ware bei dem Frachtführer am benannten Bestimmungsort einfordern zu können, und es dem Käufer ermöglichen, die Ware während des Transports durch Übergabe des Dokuments an einen nachfolgenden Käufer oder durch Benachrichtigung an den Frachtführer zu verkaufen.

Wird ein solches Transportdokument als begebbares Dokument und in mehreren Originalen ausgestellt, muss ein vollständiger Satz von Originalen dem Käufer übergeben werden.

A9   Prüfung – Verpackung – Kennzeichnung

Der Verkäufer hat die Kosten jener Prüfvorgänge (wie Qualitätsprüfung, Messen, Wiegen und Zählen), die notwendig sind, um die Ware gemäß **A4** zu liefern, sowie die Kosten für alle von den Behörden des Ausfuhrlandes angeordneten Warenkontrollen vor der Verladung (pre-shipment inspection) zu tragen.

Der Verkäufer hat auf eigene Kosten die Ware zu verpacken, es sei denn, es ist handelsüblich, die jeweilige Art der verkauften Ware unverpackt zu transportieren. Der Verkäufer kann die Ware in der für ihren Transport geeigneten Weise verpacken, es sei denn, der Käufer hat den Verkäufer vor Vertragsschluss über spezifische Verpackungsanforderungen in Kenntnis gesetzt. Die Verpackung ist in geeigneter Weise zu kennzeichnen.

© 2010 ICC Deutschland e. V.
Incoterms® 2010 Regeln der Internationalen Handelskammer (ICC)

316

B7   **Benachrichtigungen an den Verkäufer**
Wann immer der Käufer berechtigt ist, den Zeitpunkt für die Versendung der Ware und/oder den benannten Bestimmungsort oder die Stelle für die Entgegennahme der Ware innerhalb dieses Ortes zu bestimmen, hat er den Verkäufer in angemessener Weise darüber zu benachrichtigen.

B8   **Liefernachweis**
Der Käufer hat das wie in **A8** vorgesehen zur Verfügung gestellte Transportdokument anzunehmen, wenn dieses mit dem Vertrag übereinstimmt.

CPT

FRACHTFREI

B9   **Prüfung der Ware**
Der Käufer hat die Kosten für jede vor der Verladung zwingend erforderliche Warenkontrolle (pre-shipment inspection) zu tragen, mit Ausnahme behördlich angeordneter Kontrollen des Ausfuhrlandes.

A10   Unterstützung bei Informationen und damit verbundene Kosten

Der Verkäufer hat, falls zutreffend, dem Käufer auf dessen Verlangen, Gefahr und Kosten rechtzeitig alle Dokumente und Informationen, einschließlich sicherheitsrelevanter Informationen, die der Käufer für die Einfuhr der Ware und/oder für ihren Transport bis zum endgültigen Bestimmungsort benötigt, zur Verfügung zu stellen oder ihn bei deren Beschaffung zu unterstützen.

Der Verkäufer hat dem Käufer alle Kosten und Abgaben zu erstatten, die dem Käufer durch das Zurverfügungstellen oder die Unterstützung bei der Beschaffung der in **B10** vorgesehenen Dokumente und Informationen entstanden sind.

CPT

FRACHTFREI

318

B10 **Unterstützung bei Informationen und damit verbundene Kosten**

Der Käufer hat dem Verkäufer rechtzeitig alle sicherheitsrelevanten Informationsanforderungen mitzuteilen, so dass der Verkäufer die Verpflichtungen entsprechend **A10** erfüllen kann.

Der Käufer hat dem Verkäufer alle Kosten und Abgaben zu erstatten, die dem Verkäufer durch das Zurverfügungstellen oder die Unterstützung bei der Beschaffung der Dokumente und Informationen wie in **A10** vorgesehen entstanden sind.

Der Käufer hat, falls zutreffend, dem Verkäufer rechtzeitig auf dessen Verlangen, Gefahr und Kosten alle Dokumente und Informationen, einschließlich sicherheitsrelevanter Informationen, die der Verkäufer für den Transport und die Ausfuhr der Ware sowie für ihre Durchfuhr durch jedes Land benötigt, zur Verfügung zu stellen oder ihn bei deren Beschaffung zu unterstützen.

CPT

FRACHTFREI

© 2010 ICC Deutschland e. V.
Incoterms® 2010 Regeln der Internationalen Handelskammer (ICC)

320

CIP
FRACHTFREI VERSICHERT

CIP *(fügen Sie den benannten Bestimmungsort ein)* Incoterms® 2010

ANWENDUNGSHINWEIS

Diese Klausel kann unabhängig von der gewählten Transportart verwendet werden, auch dann, wenn mehr als eine Transportart zum Einsatz kommt.

„Frachtfrei versichert" bedeutet, dass der Verkäufer die Ware dem Frachtführer oder einer anderen vom Verkäufer benannten Person an einem vereinbarten Ort (falls ein solcher Ort zwischen den Parteien vereinbart ist) liefert, und dass der Verkäufer den Beförderungsvertrag abzuschließen und die für die Beförderung der Ware bis zum benannten Bestimmungsort entstehenden Frachtkosten zu zahlen hat.

Der Verkäufer schließt auch einen Versicherungsvertrag gegen die vom Käufer getragene Gefahr des Verlustes oder der Beschädigung der Ware während des Transports ab. Der Käufer sollte beachten, dass der Verkäufer bei Verwendung von CIP lediglich verpflichtet ist, eine Versicherung mit einer Mindestdeckung abzuschließen. Wünscht der Käufer einen höheren Versicherungsschutz, wird er dies entweder ausdrücklich mit dem Verkäufer vereinbaren oder eigene zusätzliche Versicherungsvorkehrungen treffen müssen.

Werden die Klauseln CPT, CIP, CFR oder CIF verwendet, erfüllt der Verkäufer seine Lieferpflicht, sobald er die Ware dem Frachtführer übergibt und nicht, wenn die Ware am Bestimmungsort ankommt.

Diese Klausel beinhaltet zwei kritische Punkte, da Gefahren- und Kostenübergang an verschiedenen Orten stattfinden. Die Parteien sind gut beraten, im Vertrag sowohl den Lieferort, an dem die Gefahr auf den Käufer übergeht, als auch den benannten Bestimmungsort, bis zu welchem der Verkäufer den Beförderungsvertrag abzuschließen hat, so genau wie möglich anzugeben. Kommen mehrere Frachtführer für die Beförderung zum vereinbarten Bestimmungsort zum Einsatz und verständigen sich die Parteien hinsichtlich der Lieferung nicht auf eine bestimmte Stelle, geht die Ge-

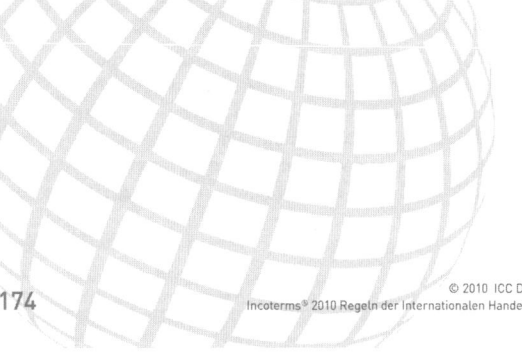

174

ANWENDUNGSHINWEIS

fahr immer dann über, wenn die Ware an den ersten Frachtführer übergeben worden ist. Die Auswahl der Stelle, an dem die Lieferung erfolgen soll, liegt in diesen Fällen gänzlich im Ermessen des Verkäufers, während der Käufer darauf keinen Einfluss hat. Wünschen die Parteien einen späteren Gefahrenübergang (zum Beispiel in einem See- oder Flughafen), dann müssen sie dies in ihrem Kaufvertrag festlegen.

Die Parteien sind außerdem gut beraten, innerhalb des vereinbarten Bestimmungsortes die Stelle so genau wie möglich anzugeben, da die Kosten bis zu dieser Stelle zu Lasten des Verkäufers gehen. Dem Verkäufer wird geraten, mit dieser Wahl genau übereinstimmende Beförderungsverträge zu verschaffen. Entstehen dem Verkäufer gemäß seinem Beförderungsvertrag Kosten im Zusammenhang mit der Entladung am benannten Bestimmungsort, dann ist der Verkäufer nicht berechtigt, diese Kosten vom Käufer zurückzufordern, sofern nichts anderes zwischen den Parteien vereinbart ist.

CIP verpflichtet den Verkäufer, falls zutreffend, die Ware zur Ausfuhr freizumachen. Jedoch hat der Verkäufer keine Verpflichtung, die Ware zur Einfuhr freizumachen, Einfuhrzölle zu zahlen oder Einfuhrzollformalitäten zu erledigen.

CIP

323

A   VERPFLICHTUNGEN DES VERKÄUFERS

A1   **Allgemeine Verpflichtungen des Verkäufers**
Der Verkäufer hat die Ware und die Handelsrechnung in
Übereinstimmung mit dem Kaufvertrag bereitzustellen und
jeden sonstigen vertraglich vereinbarten Konformitätsnachweis zu erbringen.

Jedes Dokument, auf das in **A1–A10** Bezug genommen wird,
kann auch ein entsprechender elektronischer Beleg oder ein
entsprechendes elektronisches Verfahren sein, wenn dies
zwischen den Parteien vereinbart oder üblich ist.

A2   **Lizenzen, Genehmigungen, Sicherheitsfreigaben
und andere Formalitäten**
Falls zutreffend, hat der Verkäufer auf eigene Gefahr und
Kosten die Ausfuhrgenehmigung oder andere behördliche
Genehmigungen zu beschaffen sowie alle Zollformalitä-
ten zu erledigen, die für die Ausfuhr der Ware und für ihre
Durchfuhr durch jedes Land vor Lieferung erforderlich sind.

A3   **Beförderungs- und Versicherungsverträge**
a. Beförderungsvertrag
Der Verkäufer hat für die Ware einen Beförderungsvertrag von der gegebenenfalls vereinbarten Lieferstelle am
Lieferort bis zum benannten Bestimmungsort oder einer
gegebenenfalls vereinbarten Stelle an diesem Ort abzuschließen oder zu verschaffen. Der Beförderungsvertrag ist
zu den üblichen Bedingungen auf Kosten des Verkäufers
abzuschließen und hat die Beförderung auf der üblichen
Route und in der handelsüblichen Weise zu beinhalten.
Ist keine bestimmte Stelle vereinbart und ergibt sie sich
auch nicht aus der Handelspraxis, kann der Verkäufer
die Stelle am Lieferort und am benannten Bestimmungsort auswählen, die für den Zweck am besten geeignet ist.

b. Versicherungsvertrag
Der Verkäufer hat auf eigene Kosten eine Transportversicherung abzuschließen, die zumindest der Mindestdeckung gemäß den Klauseln (C) der Institute Cargo
Clauses (LMA/IUA) oder ähnlichen Klauseln entspricht.
Die Versicherung ist bei Einzelversicherern oder Versicherungsgesellschaften mit einwandfreiem Leumund
abzuschließen und muss den Käufer oder jede andere
Person mit einem versicherbaren Interesse an der Ware

324

B VERPFLICHTUNGEN DES KÄUFERS

B1 Allgemeine Verpflichtungen des Käufers
Der Käufer hat den im Kaufvertrag genannten Preis der Ware zu zahlen.

Jedes Dokument, auf das in **B1–B10** Bezug genommen wird, kann auch ein entsprechender elektronischer Beleg oder ein entsprechendes elektronisches Verfahren sein, wenn dies zwischen den Parteien vereinbart oder üblich ist.

B2 Lizenzen, Genehmigungen, Sicherheitsfreigaben und andere Formalitäten
Falls zutreffend, obliegt es dem Käufer, auf eigene Gefahr und Kosten die Einfuhrgenehmigung oder andere behördliche Genehmigungen zu beschaffen sowie alle Zollformalitäten für die Einfuhr der Ware und für ihre Durchfuhr durch jedes Land zu erledigen.

B3 Beförderungs- und Versicherungsverträge
a. Beförderungsvertrag
Der Käufer hat gegenüber dem Verkäufer keine Verpflichtung, einen Beförderungsvertrag abzuschließen.

b. Versicherungsvertrag
Der Käufer hat gegenüber dem Verkäufer keine Verpflichtung, einen Versicherungsvertrag abzuschließen. Allerdings hat der Käufer dem Verkäufer auf dessen Verlangen die für den Abschluss einer vom Käufer verlangten in **A3 b** vorgesehenen zusätzlichen Versicherung notwendigen Informationen zur Verfügung zu stellen.

CIP

FRACHTFREI VERSICHERT

berechtigen, Ansprüche direkt bei dem Versicherer geltend zu machen.

Der Verkäufer muss auf Verlangen und Kosten des Käufers, vorbehaltlich der durch den Käufer zur Verfügung gestellten vom Verkäufer benötigten Informationen, zusätzliche Deckung, falls erhältlich, beschaffen, wie z. B. entsprechend den Klauseln (A) oder (B) der Institute Cargo Clauses (LMA/IUA) oder ähnlicher Klauseln, und/oder der Institute War Clauses und/oder der Institute Strikes Clauses (LMA/IUA) oder ähnlicher Klauseln.

Die Versicherung muss zumindest den im Vertrag genannten Preis zuzüglich zehn Prozent (d. h. 110 %) decken und in der Währung des Vertrags ausgestellt sein.

Der Versicherungsschutz muss die Ware ab dem Lieferort, wie in **A4** und **A5** festgelegt, bis mindestens zum benannten Bestimmungsort decken.

Der Verkäufer hat dem Käufer die Versicherungspolice oder einen sonstigen Nachweis über den Versicherungsschutz zu übermitteln.

Ferner hat der Verkäufer dem Käufer auf dessen Verlangen, Gefahr und (gegebenenfalls entstehende) Kosten jene Informationen zur Verfügung zu stellen, die der Käufer für den Abschluss einer zusätzlichen Versicherung benötigt.

A4 Lieferung
Der Verkäufer hat die Ware zu liefern, indem er sie an den gemäß **A3** beauftragten Frachtführer zum vereinbarten Zeitpunkt oder innerhalb des vereinbarten Zeitraums übergibt.

A5 Gefahrenübergang
Der Verkäufer trägt bis zur Lieferung gemäß **A4** alle Gefahren des Verlustes oder der Beschädigung der Ware, mit Ausnahme von Verlust oder Beschädigung unter den in **B5** beschriebenen Umständen.

© 2010 ICC Deutschland e. V.
Incoterms® 2010 Regeln der Internationalen Handelskammer (ICC)

326

CIP

FRACHTFREI VERSICHERT

B4 **Übernahme**

Der Käufer muss die Ware übernehmen, wenn sie wie in **A4** vorgesehen geliefert worden ist, und hat sie vom Frachtführer am benannten Bestimmungsort entgegenzunehmen.

B5 **Gefahrenübergang**

Der Käufer trägt alle Gefahren des Verlustes oder der Beschädigung der Ware ab dem Zeitpunkt, an dem sie wie in **A4** vorgesehen geliefert worden ist.

Falls der Käufer es unterlässt, gemäß **B7** zu benachrichtigen, hat er alle Gefahren des Verlustes oder der Beschädigung der Ware ab dem vereinbarten Lieferzeitpunkt oder ab Ablauf des vereinbarten Lieferzeitraums zu tragen, vorausgesetzt, die Ware ist eindeutig als die vertragliche Ware kenntlich gemacht worden.

A   VERPFLICHTUNGEN DES VERKÄUFERS

A6   Kostenverteilung

Der Verkäufer hat zu tragen

a. alle die Ware betreffenden Kosten bis diese gemäß **A4** geliefert worden ist, ausgenommen solcher Kosten, die wie in **B6** vorgesehen vom Käufer zu tragen sind;

b. die Fracht- und alle anderen aus **A3a** entstehenden Kosten einschließlich der Kosten für die Verladung der Ware und aller Abgaben für die Entladung am Bestimmungsort, die gemäß Beförderungsvertrag vom Verkäufer zu tragen sind;

c. die aus **A3b** resultierenden Kosten für die Versicherung; und

d. falls zutreffend, die Kosten der für die Ausfuhr notwendigen Zollformalitäten sowie alle Zölle, Steuern und andere Abgaben, die bei der Ausfuhr fällig werden, und die Kosten für die Durchfuhr der Ware durch jedes Land, die gemäß Beförderungsvertrag zu Lasten des Verkäufers gehen.

A7   Benachrichtigungen an den Käufer

Der Verkäufer hat den Käufer zu benachrichtigen, dass die Ware gemäß **A4** geliefert worden ist.

Der Verkäufer hat den Käufer über alles Nötige zu benachrichtigen, damit dieser die üblicherweise notwendigen Maßnahmen zur Übernahme der Ware treffen kann.

© 2010 ICC Deutschland e. V.
Incoterms® 2010 Regeln der Internationalen Handelskammer (ICC)

328

B6   **Kostenverteilung**

Der Käufer hat, vorbehaltlich der Bestimmungen in **A3a**, zu tragen

a. alle die Ware betreffenden Kosten ab dem Zeitpunkt, an dem sie wie in **A4** vorgesehen geliefert worden ist, ausgenommen, falls zutreffend, die Kosten der für die Ausfuhr notwendigen Zollformalitäten sowie alle Zölle, Steuern und andere in **A6d** genannte Abgaben, die bei der Ausfuhr fällig werden;

b. alle die Ware betreffenden Kosten und Abgaben während des Transports bis zu ihrer Ankunft am vereinbarten Bestimmungsort, sofern solche Kosten und Abgaben gemäß Beförderungsvertrag nicht zu Lasten des Verkäufers gehen;

c. die Entladekosten, sofern solche Kosten gemäß Beförderungsvertrag nicht zu Lasten des Verkäufers gehen;

d. alle zusätzlichen Kosten, sollte der Käufer die Benachrichtigung gemäß **B7** unterlassen, ab dem für die Versendung vereinbarten Zeitpunkt oder ab Ablauf der hierfür vereinbarten Frist, vorausgesetzt, die Ware ist eindeutig als die vertragliche Ware kenntlich gemacht worden;

e. falls zutreffend, alle Zölle, Steuern und andere Abgaben sowie die Kosten der Zollformalitäten, die bei der Einfuhr der Ware fällig werden, sowie die Kosten für ihre Durchfuhr durch jedes Land, sofern sie nicht in den Kosten laut Beförderungsvertrag enthalten sind; und

f. die Kosten für jede zusätzlich auf Verlangen des Käufers nach **A3** und **B3** abgeschlossene Versicherung.

B7   **Benachrichtigungen an den Verkäufer**

Wann immer der Käufer berechtigt ist, den Zeitpunkt für die Versendung der Ware und/oder den benannten Bestimmungsort oder die Stelle für die Entgegennahme der Ware innerhalb dieses Ortes zu bestimmen, hat er den Verkäufer in angemessener Weise darüber zu benachrichtigen.

CIP

FRACHTFREI VERSICHERT

329

A8 Transportdokument

Falls handelsüblich oder falls der Käufer es verlangt, hat der Verkäufer auf eigene Kosten dem Käufer das oder die übliche(n) Transportdokument(e) für den gemäß **A3** vertraglich vereinbarten Transport zur Verfügung zu stellen.

Dieses Transportdokument muss die vertragliche Ware erfassen und innerhalb der zur Versendung vereinbarten Frist datiert sein. Falls vereinbart oder handelsüblich, muss das Dokument den Käufer auch in die Lage versetzen, die Herausgabe der Ware bei dem Frachtführer am benannten Bestimmungsort einfordern zu können und es dem Käufer ermöglichen, die Ware während des Transports durch Übergabe des Dokuments an einen nachfolgenden Käufer oder durch Benachrichtigung an den Frachtführer zu verkaufen.

Wird ein solches Transportdokument als begebbares Dokument und in mehreren Originalen ausgestellt, muss ein vollständiger Satz von Originalen dem Käufer übergeben werden.

A9 Prüfung – Verpackung – Kennzeichnung

Der Verkäufer hat die Kosten jener Prüfvorgänge (wie Qualitätsprüfung, Messen, Wiegen und Zählen), die notwendig sind, um die Ware gemäß **A4** zu liefern, sowie die Kosten für alle von den Behörden des Ausfuhrlandes angeordneten Warenkontrollen vor der Verladung (pre-shipment inspection) zu tragen.

Der Verkäufer hat auf eigene Kosten die Ware zu verpacken, es sei denn, es ist handelsüblich, die jeweilige Art der verkauften Ware unverpackt zu transportieren. Der Verkäufer kann die Ware in der für ihren Transport geeigneten Weise verpacken, es sei denn, der Käufer hat den Verkäufer vor Vertragsschluss über spezifische Verpackungsanforderungen in Kenntnis gesetzt. Die Verpackung ist in geeigneter Weise zu kennzeichnen.

© 2010 ICC Deutschland e. V.
Incoterms® 2010 Regeln der Internationalen Handelskammer (ICC)

330

B8   Liefernachweis

Der Käufer hat das wie in **A8** vorgesehen zur Verfügung gestellte Transportdokument anzunehmen, wenn dieses mit dem Vertrag übereinstimmt.

B9   Prüfung der Ware

Der Käufer hat die Kosten für jede vor der Verladung zwingend erforderliche Warenkontrolle (pre-shipment inspection) zu tragen, mit Ausnahme behördlich angeordneter Kontrollen des Ausfuhrlandes.

© 2010 ICC Deutschland e. V.
Incoterms® 2010 Regeln der Internationalen Handelskammer (ICC)

183

A   VERPFLICHTUNGEN DES VERKÄUFERS

A10   **Unterstützung bei Informationen und damit verbundene Kosten**

Der Verkäufer hat, falls zutreffend, dem Käufer auf dessen Verlangen, Gefahr und Kosten rechtzeitig alle Dokumente und Informationen, einschließlich sicherheitsrelevanter Informationen, die der Käufer für die Einfuhr der Ware und/oder für ihren Transport bis zum endgültigen Bestimmungsort benötigt, zur Verfügung zu stellen oder ihn bei deren Beschaffung zu unterstützen.

Der Verkäufer hat dem Käufer alle Kosten und Abgaben zu erstatten, die dem Käufer durch das Zurverfügungstellen oder die Unterstützung bei der Beschaffung der in **B10** vorgesehenen Dokumente und Informationen entstanden sind.

B10 **Unterstützung bei Informationen und damit verbundene Kosten**

Der Käufer hat dem Verkäufer rechtzeitig alle sicherheitsrelevanten Informationsanforderungen mitzuteilen, so dass der Verkäufer die Verpflichtungen entsprechend **A10** erfüllen kann.

Der Käufer hat dem Verkäufer alle Kosten und Abgaben zu erstatten, die dem Verkäufer durch das Zurverfügungstellen oder die Unterstützung bei der Beschaffung der Dokumente und Informationen wie in **A10** vorgesehen entstanden sind.

Der Käufer hat, falls zutreffend, dem Verkäufer rechtzeitig auf dessen Verlangen, Gefahr und Kosten alle Dokumente und Informationen, einschließlich sicherheitsrelevanter Informationen, die der Verkäufer für den Transport und die Ausfuhr der Ware sowie für ihre Durchfuhr durch jedes Land benötigt, zur Verfügung zu stellen oder ihn bei deren Beschaffung zu unterstützen.

CIP

FRACHTFREI VERSICHERT

333

334

DAT
GELIEFERT TERMINAL

DAT *(fügen Sie den benannten Terminal im Bestimmungshafen/-ort ein)*
Incoterms® 2010

ANWENDUNGSHINWEIS

Diese Klausel kann unabhängig von der gewählten Transportart verwendet werden, auch dann, wenn mehr als eine Transportart zum Einsatz kommt.

„Geliefert Terminal" bedeutet, dass der Verkäufer die Ware liefert, sobald die Ware von dem ankommenden Beförderungsmittel entladen wurde und dem Käufer an einem benannten Terminal im benannten Bestimmungshafen oder -ort zur Verfügung gestellt wird. „Terminal" kann jeder Ort sein, unabhängig davon, ob überdacht oder nicht, wie z. B. ein Kai, eine Lagerhalle, ein Containerdepot oder ein Straßen-, Schienen- oder Luftfrachtterminal. Der Verkäufer trägt alle Gefahren, die im Zusammenhang mit der Beförderung der Ware zum und der Entladung im Terminal im benannten Bestimmungshafen oder -ort entstehen.

Die Parteien sind gut beraten, den Terminal und, wenn möglich, eine bestimmte Stelle innerhalb des Terminals im benannten Bestimmungshafen oder -ort so genau wie möglich zu bezeichnen, da die Gefahr bis zu dieser Stelle der Verkäufer trägt. Dem Verkäufer wird geraten, einen mit dieser Wahl genau übereinstimmenden Beförderungsvertrag zu verschaffen.

Falls die Parteien jedoch des Weiteren beabsichtigen, dass der Verkäufer die mit dem Umschlag und dem Weitertransport der Ware vom Terminal zu einem anderen Ort in Zusammenhang stehenden Gefahren und Kosten tragen soll, dann sollten die Klauseln DAP oder DDP verwendet werden.

DAT verpflichtet den Verkäufer, falls zutreffend, die Ware zur Ausfuhr freizumachen. Jedoch hat der Verkäufer keine Verpflichtung, die Ware zur Einfuhr freizumachen, Einfuhrzölle zu zahlen oder Einfuhrzollformalitäten zu erledigen.

335

A VERPFLICHTUNGEN DES VERKÄUFERS

A1 Allgemeine Verpflichtungen des Verkäufers
Der Verkäufer hat die Ware und die Handelsrechnung in Übereinstimmung mit dem Kaufvertrag bereitzustellen und jeden sonstigen vertraglich vereinbarten Konformitätsnachweis zu erbringen.

Jedes Dokument, auf das in **A1–A10** Bezug genommen wird, kann auch ein entsprechender elektronischer Beleg oder ein entsprechendes elektronisches Verfahren sein, wenn dies zwischen den Parteien vereinbart oder üblich ist.

A2 Lizenzen, Genehmigungen, Sicherheitsfreigaben und andere Formalitäten
Falls zutreffend, hat der Verkäufer auf eigene Gefahr und Kosten die Ausfuhrgenehmigung und andere behördliche Genehmigungen zu beschaffen sowie alle Zollformalitäten zu erledigen, die für die Ausfuhr der Ware und für ihre Durchfuhr durch jedes Land vor Lieferung erforderlich sind.

A3 Beförderungs- und Versicherungsverträge
a. Beförderungsvertrag
Der Verkäufer hat für die Ware auf eigene Kosten einen Beförderungsvertrag bis zum benannten Terminal im vereinbarten Bestimmungshafen oder -ort abzuschließen. Ist kein bestimmter Terminal vereinbart oder ergibt er sich nicht aus der Handelspraxis, kann der Verkäufer den Terminal im vereinbarten Bestimmungshafen oder -ort wählen, der für den Zweck am besten geeignet ist.

b. Versicherungsvertrag
Der Verkäufer hat gegenüber dem Käufer keine Verpflichtung, einen Versicherungsvertrag abzuschließen. Jedoch hat der Verkäufer dem Käufer auf dessen Verlangen, Gefahr und (gegebenenfalls entstehende) Kosten jene Informationen zur Verfügung zu stellen, die der Käufer für den Abschluss einer Versicherung benötigt.

A4 Lieferung
Der Verkäufer hat die Ware von dem ankommenden Beförderungsmittel zu entladen und sie dann dem Käufer zu liefern, indem er sie an dem gemäß **A3a** benannten Terminal im Bestimmungshafen oder -ort zum vereinbarten Zeitpunkt oder innerhalb des vereinbarten Zeitraums zur Verfügung stellt.

B   VERPFLICHTUNGEN DES KÄUFERS

B1 **Allgemeine Verpflichtungen des Käufers**
Der Käufer hat den im Kaufvertrag genannten Preis der Ware zu zahlen.

Jedes Dokument, auf das in **B1–B10** Bezug genommen wird, kann auch ein entsprechender elektronischer Beleg oder ein entsprechendes elektronisches Verfahren sein, wenn dies zwischen den Parteien vereinbart oder üblich ist.

B2 **Lizenzen, Genehmigungen, Sicherheitsfreigaben und andere Formalitäten**
Falls zutreffend, muss der Käufer auf eigene Gefahr und Kosten die Einfuhrgenehmigung oder andere behördliche Genehmigungen beschaffen sowie alle Zollformalitäten für die Einfuhr der Ware erledigen.

B3 **Beförderungs- und Versicherungsverträge**
a. Beförderungsvertrag
Der Käufer hat gegenüber dem Verkäufer keine Verpflichtung, einen Beförderungsvertrag abzuschließen.

b. Versicherungsvertrag
Der Käufer hat gegenüber dem Verkäufer keine Verpflichtung, einen Versicherungsvertrag abzuschließen. Allerdings hat der Käufer dem Verkäufer auf dessen Verlangen die für den Abschluss einer Versicherung notwendigen Informationen zur Verfügung zu stellen.

B4 **Übernahme**
Der Käufer muss die Ware übernehmen, wenn sie wie in **A4** vorgesehen geliefert worden ist.

DAT

GELIEFERT TERMINAL

A   VERPFLICHTUNGEN DES VERKÄUFERS

A5   Gefahrenübergang

Der Verkäufer trägt bis zur Lieferung gemäß **A4** alle Gefahren des Verlustes oder der Beschädigung der Ware, mit Ausnahme von Verlust oder Beschädigung unter den in **B5** beschriebenen Umständen.

A6   Kostenverteilung

Der Verkäufer hat zu tragen

a. zusätzlich zu den aus **A3a** entstehenden Kosten alle die Ware betreffenden Kosten bis diese gemäß **A4** geliefert worden ist, ausgenommen solcher Kosten, die wie in **B6** vorgesehen vom Käufer zu tragen sind; und

b. falls zutreffend, die Kosten der für die Ausfuhr notwendigen Zollformalitäten sowie alle Zölle, Steuern und andere Abgaben, die bei der Ausfuhr fällig werden, und die Kosten für die Durchfuhr der Ware durch jedes Land vor Lieferung gemäß **A4**.

A7   Benachrichtigungen an den Käufer

Der Verkäufer hat den Käufer über alles Nötige zu benachrichtigen, damit dieser die üblicherweise notwendigen Maßnahmen zur Übernahme der Ware treffen kann.

A8   Transportdokument

Der Verkäufer hat auf eigene Kosten dem Käufer ein Dokument zur Verfügung zu stellen, das diesem die Übernahme der Ware wie in **A4/B4** vorgesehen ermöglicht.

338

B5   Gefahrenübergang

Der Käufer trägt alle Gefahren des Verlustes oder der Beschädigung der Ware ab dem Zeitpunkt, an dem sie wie in **A4** vorgesehen geliefert worden ist.

Falls
a. der Käufer seine Verpflichtungen gemäß **B2** nicht erfüllt, trägt er alle daraus resultierenden Gefahren des Verlustes oder der Beschädigung der Ware; oder

b. der Käufer es unterlässt, gemäß **B7** zu benachrichtigen, trägt er alle Gefahren des Verlustes oder der Beschädigung der Ware ab dem vereinbarten Lieferzeitpunkt oder ab Ablauf des vereinbarten Lieferzeitraums,

vorausgesetzt, die Ware ist eindeutig als die vertragliche Ware kenntlich gemacht worden.

B6   Kostenverteilung

Der Käufer hat zu tragen
a. alle die Ware betreffenden Kosten ab dem Zeitpunkt, an dem sie wie in **A4** vorgesehen geliefert worden ist;

b. alle zusätzlichen Kosten, die dem Verkäufer entstehen, falls der Käufer seine Verpflichtungen gemäß **B2** nicht erfüllt oder es unterlässt, gemäß **B7** zu benachrichtigen, vorausgesetzt, die Ware ist eindeutig als die vertragliche Ware kenntlich gemacht worden; und

c. falls zutreffend, die Kosten der Zollformalitäten sowie alle Zölle, Steuern und andere Abgaben, die bei der Einfuhr der Ware fällig werden.

B7   Benachrichtigungen an den Verkäufer

Wann immer der Käufer berechtigt ist, den Zeitpunkt der innerhalb einer vereinbarten Lieferfrist und/oder die Stelle für die Warenübernahme im benannten Terminal zu bestimmen, hat er den Verkäufer in angemessener Weise darüber zu benachrichtigen.

B8   Liefernachweis

Der Käufer hat das wie in **A8** vorgesehen zur Verfügung gestellte Transportdokument anzunehmen.

A9   Prüfung – Verpackung – Kennzeichnung

Der Verkäufer hat die Kosten jener Prüfvorgänge (wie Qualitätsprüfung, Messen, Wiegen und Zählen), die notwendig sind, um die Ware gemäß **A4** zu liefern, sowie die Kosten für alle von den Behörden des Ausfuhrlandes angeordneten Warenkontrollen vor der Verladung (pre-shipment inspection) zu tragen.

Der Verkäufer hat auf eigene Kosten die Ware zu verpacken, es sei denn, es ist handelsüblich, die jeweilige Art der verkauften Ware unverpackt zu transportieren. Der Verkäufer kann die Ware in der für ihren Transport geeigneten Weise verpacken, es sei denn, der Käufer hat den Verkäufer vor Vertragsschluss über spezifische Verpackungsanforderungen in Kenntnis gesetzt. Die Verpackung ist in geeigneter Weise zu kennzeichnen.

A10   Unterstützung bei Informationen und damit verbundene Kosten

Der Verkäufer hat, falls zutreffend, dem Käufer auf dessen Verlangen, Gefahr und Kosten rechtzeitig alle Dokumente und Informationen, einschließlich sicherheitsrelevanter Informationen, die der Käufer für die Einfuhr der Ware und/oder für ihren Transport bis zum endgültigen Bestimmungsort benötigt, zur Verfügung zu stellen oder ihn bei deren Beschaffung zu unterstützen.

Der Verkäufer hat dem Käufer alle Kosten und Abgaben zu erstatten, die dem Käufer durch das Zurverfügungstellen oder die Unterstützung bei der Beschaffung der in **B10** vorgesehenen Dokumente und Informationen entstanden sind.

B9 **Prüfung der Ware**

Der Käufer hat die Kosten für jede vor der Verladung zwingend erforderliche Warenkontrolle (pre-shipment inspection) zu tragen, mit Ausnahme behördlich angeordneter Kontrollen des Ausfuhrlandes.

B10 **Unterstützung bei Informationen und damit verbundene Kosten**

Der Käufer hat dem Verkäufer rechtzeitig alle sicherheitsrelevanten Informationsanforderungen mitzuteilen, so dass der Verkäufer die Verpflichtungen entsprechend **A10** erfüllen kann.

Der Käufer hat dem Verkäufer alle Kosten und Abgaben zu erstatten, die dem Verkäufer durch das Zurverfügungstellen oder die Unterstützung bei der Beschaffung der Dokumente und Informationen wie in **A10** vorgesehen entstanden sind.

Der Käufer hat, falls zutreffend, dem Verkäufer rechtzeitig auf dessen Verlangen, Gefahr und Kosten alle Dokumente und Informationen, einschließlich sicherheitsrelevanter Informationen, die der Verkäufer für den Transport und die Ausfuhr der Ware sowie für ihre Durchfuhr durch jedes Land benötigt, zur Verfügung zu stellen oder ihn bei deren Beschaffung zu unterstützen.

DAT

GELIEFERT TERMINAL

341

342

DAP
GELIEFERT BENANNTER ORT

DAP *(fügen Sie den benannten Bestimmungsort ein)* Incoterms® 2010

ANWENDUNGSHINWEIS

Diese Klausel kann unabhängig von der gewählten Transportart verwendet werden, auch dann, wenn mehr als eine Transportart zum Einsatz kommt.

„Geliefert benannter Ort" bedeutet, dass der Verkäufer liefert, wenn die Ware dem Käufer auf dem ankommenden Beförderungsmittel entladebereit am benannten Bestimmungsort zur Verfügung gestellt wird. Der Verkäufer trägt alle Gefahren, die im Zusammenhang mit der Beförderung zum benannten Ort stehen.

Die Parteien sind gut beraten, die Stelle innerhalb des benannten Bestimmungsortes so genau wie möglich zu bezeichnen, da die Gefahren bis zu dieser Stelle zu Lasten des Verkäufers gehen. Dem Verkäufer wird geraten, mit dieser Wahl genau übereinstimmende Beförderungsverträge zu verschaffen. Entstehen dem Verkäufer gemäß seinem Beförderungsvertrag Kosten im Zusammenhang mit der Entladung am Bestimmungsort, dann ist der Verkäufer nicht berechtigt, diese Kosten vom Käufer zurückzufordern, sofern nichts anderes zwischen den Parteien vereinbart ist.

DAP verpflichtet den Verkäufer, falls zutreffend, die Ware zur Ausfuhr freizumachen. Jedoch hat der Verkäufer keine Verpflichtung, die Ware zur Einfuhr freizumachen, Einfuhrzölle zu zahlen oder Einfuhrzollformalitäten zu erledigen. Falls die Parteien wünschen, dass der Verkäufer die Ware zur Einfuhr freimacht, Einfuhrzölle zahlt und die Einfuhrzollformalitäten erledigt, sollte die DDP-Klausel verwendet werden.

DAP

A VERPFLICHTUNGEN DES VERKÄUFERS

A1 Allgemeine Verpflichtungen des Verkäufers

Der Verkäufer hat die Ware und die Handelsrechnung in Übereinstimmung mit dem Kaufvertrag bereitzustellen und jeden sonstigen vertraglich vereinbarten Konformitätsnachweis zu erbringen.

Jedes Dokument, auf das in **A1–A10** Bezug genommen wird, kann auch ein entsprechender elektronischer Beleg oder ein entsprechendes elektronisches Verfahren sein, wenn dies zwischen den Parteien vereinbart oder üblich ist.

A2 Lizenzen, Genehmigungen, Sicherheitsfreigaben und andere Formalitäten

Falls zutreffend, hat der Verkäufer auf eigene Gefahr und Kosten die Ausfuhrgenehmigung und andere behördliche Genehmigungen zu beschaffen sowie alle Zollformalitäten zu erledigen, die für die Ausfuhr der Ware und für ihre Durchfuhr durch jedes Land vor Lieferung erforderlich sind.

A3 Beförderungs- und Versicherungsverträge

a. Beförderungsvertrag

Der Verkäufer hat für die Ware auf eigene Kosten einen Beförderungsvertrag bis zum benannten Bestimmungsort oder zu der gegebenenfalls vereinbarten Stelle am benannten Bestimmungsort abzuschließen. Ist keine bestimmte Stelle vereinbart oder ergibt sie sich nicht aus der Handelspraxis, kann der Verkäufer jene Stelle am benannten Bestimmungsort auswählen, die für den Zweck am besten geeignet ist.

b. Versicherungsvertrag

Der Verkäufer hat gegenüber dem Käufer keine Verpflichtung, einen Versicherungsvertrag abzuschließen. Jedoch hat der Verkäufer dem Käufer auf dessen Verlangen, Gefahr und (gegebenenfalls entstehende) Kosten jene Informationen zur Verfügung zu stellen, die der Käufer für den Abschluss einer Versicherung benötigt.

A4 Lieferung

Der Verkäufer hat die Ware zu liefern, indem er sie dem Käufer auf dem ankommenden Beförderungsmittel entladebereit am benannten Bestimmungsort an der gegebenenfalls vereinbarten Stelle zum vereinbarten Zeitpunkt oder innerhalb des vereinbarten Zeitraums zur Verfügung stellt.

B   VERPFLICHTUNGEN DES KÄUFERS

B1   Allgemeine Verpflichtungen des Käufers
Der Käufer hat den im Kaufvertrag genannten Preis der Ware zu zahlen.

Jedes Dokument, auf das in **B1–B10** Bezug genommen wird, kann auch ein entsprechender elektronischer Beleg oder ein entsprechendes elektronisches Verfahren sein, wenn dies zwischen den Parteien vereinbart oder üblich ist.

B2   Lizenzen, Genehmigungen, Sicherheitsfreigaben und andere Formalitäten
Falls zutreffend, muss der Käufer auf eigene Gefahr und Kosten die Einfuhrgenehmigung oder andere behördliche Genehmigungen beschaffen, sowie alle Zollformalitäten für die Einfuhr der Ware erledigen.

B3   Beförderungs- und Versicherungsverträge
a. Beförderungsvertrag
Der Käufer hat gegenüber dem Verkäufer keine Verpflichtung, einen Beförderungsvertrag abzuschließen.

b. Versicherungsvertrag
Der Käufer hat gegenüber dem Verkäufer keine Verpflichtung, einen Versicherungsvertrag abzuschließen. Allerdings hat der Käufer dem Verkäufer auf dessen Verlangen die für den Abschluss einer Versicherung notwendigen Informationen zur Verfügung zu stellen.

B4   Übernahme
Der Käufer muss die Ware übernehmen, wenn sie wie in **A4** vorgesehen geliefert worden ist.

197

345

A5 Gefahrenübergang

Der Verkäufer trägt bis zur Lieferung gemäß **A4** alle Gefahren des Verlustes oder der Beschädigung der Ware, mit Ausnahme von Verlust oder Beschädigung unter den in **B5** beschriebenen Umständen.

A6 Kostenverteilung

Der Verkäufer hat zu tragen

a. zusätzlich zu den aus **A3 a** entstehenden Kosten alle die Ware betreffenden Kosten bis diese gemäß **A4** geliefert worden ist, ausgenommen solcher Kosten, die wie in **B6** vorgesehen vom Käufer zu tragen sind;

b. alle Abgaben für die Entladung am Bestimmungsort, die gemäß Beförderungsvertrag vom Verkäufer zu tragen sind; und

c. falls zutreffend, die Kosten der für die Ausfuhr notwendigen Zollformalitäten sowie alle Zölle, Steuern und andere Abgaben, die bei der Ausfuhr fällig werden, und die Kosten für die Durchfuhr der Ware durch jedes Land vor Lieferung gemäß **A4**.

A7 Benachrichtigungen an den Käufer

Der Verkäufer hat den Käufer über alles Nötige zu benachrichtigen, damit dieser die üblicherweise notwendigen Maßnahmen zur Übernahme der Ware treffen kann.

346

B5 Gefahrenübergang

Der Käufer trägt alle Gefahren des Verlustes oder der Beschädigung der Ware ab dem Zeitpunkt, an dem sie wie in **A4** vorgesehen geliefert worden ist.

Falls

a. der Käufer seine Verpflichtungen gemäß **B2** nicht erfüllt, trägt er alle daraus resultierenden Gefahren des Verlustes oder der Beschädigung der Ware; oder

b. der Käufer es unterlässt, gemäß **B7** zu benachrichtigen, trägt er alle Gefahren des Verlustes oder der Beschädigung der Ware ab dem vereinbarten Lieferzeitpunkt oder ab Ablauf des vereinbarten Lieferzeitraums,

vorausgesetzt, die Ware ist eindeutig als die vertragliche Ware kenntlich gemacht worden.

B6 Kostenverteilung

Der Käufer hat zu tragen

a. alle die Ware betreffenden Kosten ab dem Zeitpunkt, an dem sie wie in **A4** vorgesehen geliefert worden ist;

b. alle Entladekosten, die erforderlich sind, um die Ware vom ankommenden Beförderungsmittel am benannten Bestimmungsort zu übernehmen, sofern diese Kosten gemäß Beförderungsvertrag nicht zu Lasten des Verkäufers gehen;

c. alle zusätzlichen Kosten, die dem Verkäufer entstehen, falls der Käufer seine Verpflichtungen gemäß **B2** nicht erfüllt oder es unterlässt, gemäß **B7** zu benachrichtigen, vorausgesetzt, die Ware ist eindeutig als die vertragliche Ware kenntlich gemacht worden; und

d. falls zutreffend, die Kosten für die Zollformalitäten sowie alle Zölle, Steuern und andere Abgaben, die bei der Einfuhr der Ware fällig werden.

B7 Benachrichtigungen an den Verkäufer

Wann immer der Käufer berechtigt ist, den Zeitpunkt innerhalb einer vereinbarten Lieferfrist und/oder die Stelle für die Warenübernahme am benannten Bestimmungsort zu bestimmen, hat er den Verkäufer in angemessener Weise darüber zu benachrichtigen.

DAP

GELIEFERT BENANNTER ORT

A VERPFLICHTUNGEN DES VERKÄUFERS

A8 Transportdokument

Der Verkäufer hat auf eigene Kosten dem Käufer ein Dokument zur Verfügung zu stellen, das diesem die Übernahme der Ware wie in **A4/B4** vorgesehen ermöglicht.

A9 Prüfung – Verpackung – Kennzeichnung

Der Verkäufer hat die Kosten jener Prüfvorgänge (wie Qualitätsprüfung, Messen, Wiegen und Zählen), die notwendig sind, um die Ware gemäß **A4** zu liefern, sowie die Kosten für alle von den Behörden des Ausfuhrlandes angeordneten Warenkontrollen vor der Verladung (pre-shipment inspection) zu tragen.

Der Verkäufer hat auf eigene Kosten die Ware zu verpacken, es sei denn, es ist handelsüblich, die jeweilige Art der verkauften Ware unverpackt zu transportieren. Der Verkäufer kann die Ware in der für ihren Transport geeigneten Weise verpacken, es sei denn, der Käufer hat den Verkäufer vor Vertragsschluss über spezifische Verpackungsanforderungen in Kenntnis gesetzt. Die Verpackung ist in geeigneter Weise zu kennzeichnen.

A10 Unterstützung bei Informationen und damit verbundene Kosten

Der Verkäufer hat, falls zutreffend, dem Käufer auf dessen Verlangen, Gefahr und Kosten rechtzeitig alle Dokumente und Informationen, einschließlich sicherheitsrelevanter Informationen, die der Käufer für die Einfuhr der Ware und/ oder für ihren Transport bis zum endgültigen Bestimmungsort benötigt, zur Verfügung zu stellen oder ihn bei deren Beschaffung zu unterstützen.

Der Verkäufer hat dem Käufer alle Kosten und Abgaben zu erstatten, die dem Käufer durch das Zurverfügungstellen oder die Unterstützung bei der Beschaffung der in **B10** vorgesehenen Dokumente und Informationen entstanden sind.

DAP

GELIEFERT BENANNTER ORT

B8   Liefernachweis

Der Käufer hat das wie in **A8** vorgesehen zur Verfügung gestellte Transportdokument anzunehmen.

B9   Prüfung der Ware

Der Käufer hat die Kosten für jede vor der Verladung zwingend erforderliche Warenkontrolle (pre-shipment inspection) zu tragen, mit Ausnahme behördlich angeordneter
Kontrollen des Ausfuhrlandes.

**B10   Unterstützung bei Informationen und damit
verbundene Kosten**

Der Käufer hat dem Verkäufer rechtzeitig alle sicherheitsrelevanten Informationsanforderungen mitzuteilen, so dass
der Verkäufer die Verpflichtungen entsprechend **A10** erfüllen kann.

Der Käufer hat dem Verkäufer alle Kosten und Abgaben zu
erstatten, die dem Verkäufer durch das Zurverfügungstellen
oder die Unterstützung bei der Beschaffung der Dokumente
und Informationen wie in **A10** vorgesehen entstanden sind.

Der Käufer hat, falls zutreffend, dem Verkäufer rechtzeitig
auf dessen Verlangen, Gefahr und Kosten alle Dokumente
und Informationen, einschließlich sicherheitsrelevanter
Informationen, die der Verkäufer für den Transport und
die Ausfuhr der Ware sowie für ihre Durchfuhr durch jedes
Land benötigt, zur Verfügung zu stellen oder ihn bei deren
Beschaffung zu unterstützen.

GELIEFERT BENANNTER ORT   DAP

349

DDP
GELIEFERT VERZOLLT

DDP *(fügen Sie den benannten Bestimmungsort ein)* Incoterms® 2010

ANWENDUNGSHINWEIS

Diese Klausel kann unabhängig von der gewählten Transportart verwendet werden, auch dann, wenn mehr als eine Transportart zum Einsatz kommt.

„Geliefert verzollt" bedeutet, dass der Verkäufer liefert, wenn er die zur Einfuhr freigemachte Ware dem Käufer auf dem ankommenden Beförderungsmittel entladebereit am benannten Bestimmungsort zur Verfügung stellt. Der Verkäufer trägt alle Kosten und Gefahren, die im Zusammenhang mit der Beförderung der Ware bis zum Bestimmungsort stehen und hat die Verpflichtung, die Ware nicht nur für die Ausfuhr, sondern auch für die Einfuhr freizumachen, alle Abgaben sowohl für die Aus- als auch für die Einfuhr zu zahlen sowie alle Zollformalitäten zu erledigen.

DDP stellt die Maximalverpflichtung für den Verkäufer dar.

Die Parteien sind gut beraten, die Stelle innerhalb des benannten Bestimmungsortes so genau wie möglich zu bezeichnen, da die Kosten und Gefahren bis zu dieser Stelle vom Verkäufer zu tragen sind. Dem Verkäufer wird geraten, mit dieser Wahl genau übereinstimmende Beförderungsverträge zu verschaffen. Entstehen dem Verkäufer gemäß seinem Beförderungsvertrag Kosten im Zusammenhang mit der Entladung am Bestimmungsort, dann ist der Verkäufer nicht berechtigt, diese Kosten vom Käufer zurückzufordern, sofern nichts anderes zwischen den Parteien vereinbart ist.

Die Parteien sind gut beraten, DDP nicht zu verwenden, wenn der Verkäufer nicht in der Lage ist, direkt oder indirekt die Einfuhrabfertigung zu erledigen.

Wenn die Parteien wünschen, dass der Käufer alle Gefahren und Kosten der Einfuhrabfertigung trägt, sollte die DAP-Klausel verwendet werden.

DDP

204

352

Alle Mehrwertsteuern und andere im Zusammenhang mit der Einfuhr anfallende Steuern gehen zu Lasten des Verkäufers, sofern nicht ausdrücklich etwas anderes im Kaufvertrag vereinbart wurde.

DDP

A VERPFLICHTUNGEN DES VERKÄUFERS

A1 Allgemeine Verpflichtungen des Verkäufers

Der Verkäufer hat die Ware und die Handelsrechnung in Übereinstimmung mit dem Kaufvertrag bereitzustellen und jeden sonstigen vertraglich vereinbarten Konformitätsnachweis zu erbringen.

Jedes Dokument, auf das in **A1–A10** Bezug genommen wird, kann auch ein entsprechender elektronischer Beleg oder ein entsprechendes elektronisches Verfahren sein, wenn dies zwischen den Parteien vereinbart oder üblich ist.

A2 Lizenzen, Genehmigungen, Sicherheitsfreigaben und andere Formalitäten

Falls zutreffend, hat der Verkäufer auf eigene Gefahr und Kosten die Aus- und Einfuhrgenehmigung und andere behördliche Genehmigungen zu beschaffen sowie alle Zollformalitäten zu erledigen, die für die Ausfuhr der Ware, ihre Durchfuhr durch jedes Land und ihre Einfuhr erforderlich sind.

A3 Beförderungs- und Versicherungsverträge

a. Beförderungsvertrag

Der Verkäufer hat für die Ware auf eigene Kosten einen Beförderungsvertrag bis zum benannten Bestimmungsort oder zu der gegebenenfalls vereinbarten Stelle am benannten Bestimmungsort abzuschließen. Ist keine bestimmte Stelle vereinbart oder ergibt sie sich nicht aus der Handelspraxis, kann der Verkäufer jene Stelle am benannten Bestimmungsort auswählen, die für den Zweck am besten geeignet ist.

b. Versicherungsvertrag

Der Verkäufer hat gegenüber dem Käufer keine Verpflichtung, einen Versicherungsvertrag abzuschließen. Jedoch hat der Verkäufer dem Käufer auf dessen Verlangen, Gefahr und (gegebenenfalls entstehende) Kosten jene Informationen zur Verfügung zu stellen, die der Käufer für den Abschluss einer Versicherung benötigt.

A4 Lieferung

Der Verkäufer hat die Ware zu liefern, indem er sie dem Käufer auf dem ankommenden Beförderungsmittel entladebereit am benannten Bestimmungsort an der gegebenfalls vereinbarten Stelle zum vereinbarten Zeitpunkt oder innerhalb des vereinbarten Zeitraums zur Verfügung stellt.

B VERPFLICHTUNGEN DES KÄUFERS

B1 Allgemeine Verpflichtungen des Käufers

Der Käufer hat den im Kaufvertrag genannten Preis der Ware zu zahlen.

Jedes Dokument, auf das in **B1–B10** Bezug genommen wird, kann auch ein entsprechender elektronischer Beleg oder ein entsprechendes elektronisches Verfahren sein, wenn dies zwischen den Parteien vereinbart oder üblich ist.

B2 Lizenzen, Genehmigungen, Sicherheitsfreigaben und andere Formalitäten

Falls zutreffend, muss der Käufer den Verkäufer auf dessen Verlangen, Gefahr und Kosten dabei unterstützen, die Einfuhrgenehmigung oder andere behördliche Genehmigungen für die Einfuhr der Ware zu beschaffen.

B3 Beförderungs- und Versicherungsverträge

a. Beförderungsvertrag

Der Käufer hat gegenüber dem Verkäufer keine Verpflichtung, einen Beförderungsvertrag abzuschließen.

b. Versicherungsvertrag

Der Käufer hat gegenüber dem Verkäufer keine Verpflichtung, einen Versicherungsvertrag abzuschließen. Allerdings hat der Käufer dem Verkäufer auf dessen Verlangen die für den Abschluss einer Versicherung notwendigen Informationen zur Verfügung zu stellen.

B4 Übernahme

Der Käufer muss die Ware übernehmen, wenn sie wie in **A4** vorgesehen geliefert worden ist.

DDP

GELIEFERT VERZOLLT

A VERPFLICHTUNGEN DES VERKÄUFERS

A5 Gefahrenübergang

Der Verkäufer trägt bis zur Lieferung gemäß **A4** alle Gefahren des Verlustes oder der Beschädigung der Ware, mit Ausnahme von Verlust oder Beschädigung unter den in **B5** beschriebenen Umständen.

A6 Kostenverteilung

Der Verkäufer hat zu tragen

a. zusätzlich zu den aus **A3 a** entstehenden Kosten alle die Ware betreffenden Kosten bis diese gemäß **A4** geliefert worden ist, ausgenommen solcher Kosten, die wie in **B6** vorgesehen vom Käufer zu tragen sind;

b. alle Abgaben für die Entladung am Bestimmungsort, die gemäß Beförderungsvertrag vom Verkäufer zu tragen sind; und

c. falls zutreffend, die Kosten der für die Aus- und Einfuhr notwendigen Zollformalitäten sowie alle Zölle, Steuern und andere Abgaben, die bei der Aus- und Einfuhr der Ware fällig werden, und die Kosten für ihre Durchfuhr durch jedes Land vor Lieferung gemäß **A4**.

A7 Benachrichtigungen an den Käufer

Der Verkäufer hat den Käufer über alles Nötige zu benachrichtigen, damit dieser die üblicherweise notwendigen Maßnahmen zur Übernahme der Ware treffen kann.

© 2010 ICC Deutschland e. V.
Incoterms® 2010 Regeln der Internationalen Handelskammer (ICC)

DDP

GELIEFERT VERZOLLT

356

B5   Gefahrenübergang

Der Käufer trägt alle Gefahren des Verlustes oder der Beschädigung der Ware ab dem Zeitpunkt, an dem sie wie in **A4** vorgesehen geliefert worden ist.

Falls
a. der Käufer seine Verpflichtungen gemäß **B2** nicht erfüllt, trägt er alle daraus resultierenden Gefahren des Verlustes oder der Beschädigung der Ware; oder

b. der Käufer es unterlässt, gemäß **B7** zu benachrichtigen, trägt er alle Gefahren des Verlustes oder der Beschädigung der Ware ab dem vereinbarten Lieferzeitpunkt oder ab Ablauf des vereinbarten Lieferzeitraums,

vorausgesetzt, die Ware ist eindeutig als die vertragliche Ware kenntlich gemacht worden.

B6   Kostenverteilung

Der Käufer hat zu tragen
a. alle die Ware betreffenden Kosten ab dem Zeitpunkt, an dem sie wie in **A4** vorgesehen geliefert worden ist;

b. alle Entladekosten, die erforderlich sind, um die Ware vom ankommenden Beförderungsmittel am benannten Bestimmungsort zu übernehmen, sofern diese Kosten gemäß Beförderungsvertrag nicht zu Lasten des Verkäufers gehen; und

c. alle zusätzlichen Kosten, die entstehen, falls der Käufer seine Verpflichtungen gemäß **B2** nicht erfüllt, oder es unterlässt, gemäß **B7** zu benachrichtigen, vorausgesetzt, die Ware ist eindeutig als die vertragliche Ware kenntlich gemacht worden.

B7   Benachrichtigungen an den Verkäufer

Wann immer der Käufer berechtigt ist, den Zeitpunkt innerhalb einer vereinbarten Lieferfrist und/oder die Stelle für die Warenübernahme am benannten Bestimmungsort zu bestimmen, hat er den Verkäufer in angemessener Weise darüber zu benachrichtigen.

DDP

GELIEFERT VERZOLLT

357

DDP

GELIEFERT VERZOLLT

A   VERPFLICHTUNGEN DES VERKÄUFERS

A8   Transportdokument

Der Verkäufer hat auf eigene Kosten dem Käufer ein Dokument zur Verfügung zu stellen, das diesem die Übernahme der Ware wie in **A4/B4** vorgesehen ermöglicht.

A9   Prüfung – Verpackung – Kennzeichnung

Der Verkäufer hat die Kosten jener Prüfvorgänge (wie Qualitätsprüfung, Messen, Wiegen und Zählen), die notwendig sind, um die Ware gemäß **A4** zu liefern, sowie die Kosten für alle von den Behörden des Aus- oder Einfuhrlandes angeordneten Warenkontrollen vor der Verladung (pre-shipment inspection) zu tragen.

Der Verkäufer hat auf eigene Kosten die Ware zu verpacken, es sei denn, es ist handelsüblich, die jeweilige Art der verkauften Ware unverpackt zu transportieren. Der Verkäufer kann die Ware in der für ihren Transport geeigneten Weise verpacken, es sei denn, der Käufer hat den Verkäufer vor Vertragsschluss über spezifische Verpackungsanforderungen in Kenntnis gesetzt. Die Verpackung ist in geeigneter Weise zu kennzeichnen.

A10   Unterstützung bei Information und damit verbundene Kosten

Der Verkäufer hat, falls zutreffend, dem Käufer auf dessen Verlangen, Gefahr und Kosten rechtzeitig alle Dokumente und Informationen, einschließlich sicherheitsrelevanter Informationen, die der Käufer für den Transport der Ware bis zum endgültigen Bestimmungsort, falls zutreffend, vom benannten Bestimmungsort benötigt, zur Verfügung zu stellen oder ihn bei deren Beschaffung zu unterstützen.

Der Verkäufer hat dem Käufer alle Kosten und Abgaben zu erstatten, die dem Käufer durch das Zurverfügungstellen oder die Unterstützung bei der Beschaffung der in **B10** vorgesehenen Dokumente und Informationen entstanden sind.

B8 **Liefernachweis**

Der Käufer hat den wie in **A8** vorgesehen zur Verfügung gestellten Liefernachweis anzunehmen.

B9 **Prüfung der Ware**

Der Käufer hat gegenüber dem Verkäufer keine Verpflichtung, die Kosten für die vor der Verladung zwingend erforderlichen, von den Behörden des Aus- oder Einfuhrlandes angeordneten Warenkontrollen (pre-shipment inspection) zu tragen.

B10 **Unterstützung bei Informationen und damit verbundene Kosten**

Der Käufer hat dem Verkäufer rechtzeitig alle sicherheitsrelevanten Informationsanforderungen mitzuteilen, so dass der Verkäufer die Verpflichtungen entsprechend **A10** erfüllen kann.

Der Käufer hat dem Verkäufer alle Kosten und Abgaben zu erstatten, die dem Verkäufer durch das Zurverfügungstellen oder die Unterstützung bei der Beschaffung der Dokumente und Informationen wie in **A10** vorgesehen entstanden sind.

Der Käufer hat, falls zutreffend, dem Verkäufer rechtzeitig auf dessen Verlangen, Gefahr und Kosten alle Dokumente und Informationen, einschließlich sicherheitsrelevanter Informationen, die der Verkäufer für Transport, Aus- und Einfuhr der Ware sowie für ihre Durchfuhr durch jedes Land benötigt, zur Verfügung zu stellen oder ihn bei deren Beschaffung zu unterstützen.

GELIEFERT VERZOLLT   **DDP**

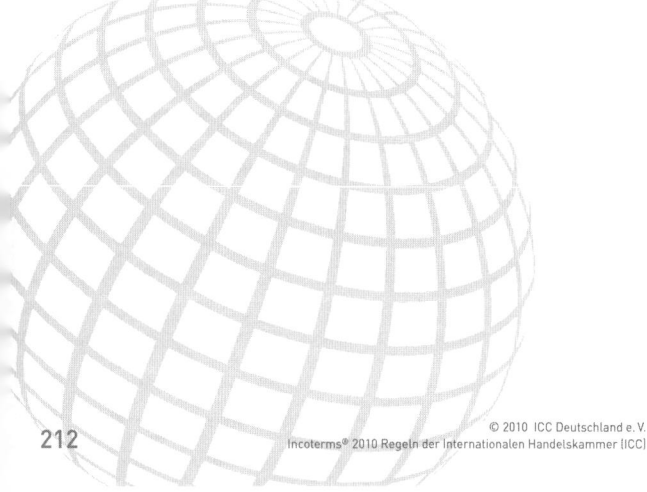

212

360

KLAUSELN FÜR DEN SEE- UND BINNENSCHIFFS-TRANSPORT

213

362

FAS
FREI LÄNGSSEITE SCHIFF

FAS *(fügen Sie den benannten Verschiffungshafen ein)* Incoterms® 2010

ANWENDUNGSHINWEIS

Diese Klausel ist ausschließlich für den See- und Binnenschiffstransport geeignet.

„Frei Längsseite Schiff" bedeutet, dass der Verkäufer liefert, wenn die Ware längsseits des vom Käufer benannten Schiffs (z. B. an einer Kaianlage oder auf einem Binnenschiff) im benannten Verschiffungshafen gebracht ist. Die Gefahr des Verlustes oder der Beschädigung der Ware geht über, wenn sich die Ware längsseits des Schiffs befindet. Der Käufer trägt ab diesem Zeitpunkt alle Kosten.

Die Parteien sind gut beraten, die Ladestelle im benannten Verschiffungshafen so genau wie möglich zu bestimmen, da die Kosten und Gefahren bis zu dieser Stelle zu Lasten des Verkäufers gehen. Diese Kosten und damit verbundene Umschlagskosten (handling charges) können entsprechend der Hafenpraxis variieren.

Der Verkäufer ist verpflichtet, die Ware entweder längsseits des Schiffs zu liefern oder bereits so für die Verschiffung gelieferte Ware zu verschaffen. Der Hinweis „zu verschaffen" bezieht sich hier auf mehrere hintereinander geschaltete Verkäufe in einer Verkaufskette („string sales"), die insbesondere im Rohstoffhandel vorkommen.

Bei containerisierter Ware ist es für den Verkäufer üblich, die Ware nicht längsseits des Schiffs, sondern an den Frachtführer im Terminal zu übergeben. In derartigen Fällen wäre die FAS-Klausel ungeeignet und es sollte die FCA-Klausel verwendet werden.

FAS verpflichtet den Verkäufer, falls zutreffend, die Ware zur Ausfuhr freizumachen. Jedoch hat der Verkäufer keine Verpflichtung, die Ware zur Einfuhr freizumachen, Einfuhrzölle zu zahlen oder Einfuhrzollformalitäten zu erledigen.

FAS

A VERPFLICHTUNGEN DES VERKÄUFERS

A1 Allgemeine Verpflichtungen des Verkäufers

Der Verkäufer hat die Ware und die Handelsrechnung in Übereinstimmung mit dem Kaufvertrag bereitzustellen und jeden sonstigen vertraglich vereinbarten Konformitätsnachweis zu erbringen.

Jedes Dokument, auf das in **A1–A10** Bezug genommen wird, kann auch ein entsprechender elektronischer Beleg oder ein entsprechendes elektronisches Verfahren sein, wenn dies zwischen den Parteien vereinbart oder üblich ist.

A2 Lizenzen, Genehmigungen, Sicherheitsfreigaben und andere Formalitäten

Falls zutreffend, hat der Verkäufer auf eigene Gefahr und Kosten die Ausfuhrgenehmigung oder andere behördliche Genehmigungen zu beschaffen sowie alle Zollformalitäten zu erledigen, die für die Ausfuhr der Ware erforderlich sind.

A3 Beförderungs- und Versicherungsverträge

a. Beförderungsvertrag

Der Verkäufer hat gegenüber dem Käufer keine Verpflichtung, einen Beförderungsvertrag abzuschließen. Wenn es der Käufer jedoch verlangt oder es in der Handelspraxis üblich ist und der Käufer keine gegenteilige Anweisung rechtzeitig erteilt, kann der Verkäufer zu üblichen Bedingungen den Beförderungsvertrag auf Gefahr und Kosten des Käufers abschließen. In beiden Fällen kann der Verkäufer es ablehnen, den Beförderungsvertrag abzuschließen, wovon er den Käufer umgehend in Kenntnis zu setzen hat.

b. Versicherungsvertrag

Der Verkäufer hat gegenüber dem Käufer keine Verpflichtung, einen Versicherungsvertrag abzuschließen. Jedoch hat der Verkäufer dem Käufer auf dessen Verlangen, Gefahr und (gegebenenfalls entstehende) Kosten, jene Informationen zur Verfügung zu stellen, die der Käufer für den Abschluss einer Versicherung benötigt.

B   VERPFLICHTUNGEN DES KÄUFERS

B1   **Allgemeine Verpflichtungen des Käufers**
Der Käufer hat den im Kaufvertrag genannten Preis der Ware zu zahlen.

Jedes Dokument, auf das in **B1–B10** Bezug genommen wird, kann auch ein entsprechender elektronischer Beleg oder ein entsprechendes elektronisches Verfahren sein, wenn dies zwischen den Parteien vereinbart oder üblich ist.

B2   **Lizenzen, Genehmigungen, Sicherheitsfreigaben und andere Formalitäten**
Falls zutreffend, obliegt es dem Käufer, auf eigene Gefahr und Kosten die Einfuhrgenehmigung oder andere behördliche Genehmigungen zu beschaffen sowie alle Zollformalitäten für die Einfuhr der Ware und für ihre Durchfuhr durch jedes Land zu erledigen.

B3   **Beförderungs- und Versicherungsverträge**
a. Beförderungsvertrag
Der Käufer hat auf eigene Kosten den Vertrag über die Beförderung der Ware vom benannten Verschiffungshafen abzuschließen, sofern der Beförderungsvertrag nicht vom Verkäufer wie in **A3a** vorgesehen abgeschlossen wurde.

b. Versicherungsvertrag
Der Käufer hat gegenüber dem Verkäufer keine Verpflichtung, einen Versicherungsvertrag abzuschließen.

FAS

FREI LÄNGSSEITE SCHIFF

A4 Lieferung

Der Verkäufer hat die Ware entweder durch Bereitstellung längsseits des vom Käufer benannten Schiffs an der gegebenenfalls vom Käufer benannten Ladestelle im benannten Verschiffungshafen zu liefern oder indem er die so gelieferte Ware verschafft. In beiden Fällen hat der Verkäufer die Ware zum vereinbarten Zeitpunkt oder innerhalb des vereinbarten Zeitraums und in der im Hafen üblichen Weise zu liefern.

Falls keine bestimmte Ladestelle durch den Käufer angegeben worden ist, kann der Verkäufer die für den Zweck am besten geeignete Stelle innerhalb des benannten Verschiffungshafens auswählen. Falls die Parteien vereinbart haben, dass die Lieferung innerhalb eines Zeitraums stattfinden soll, hat der Käufer die Möglichkeit, den Zeitpunkt innerhalb dieser Frist zu wählen.

A5 Gefahrenübergang

Der Verkäufer trägt bis zur Lieferung gemäß **A4** alle Gefahren des Verlustes oder der Beschädigung der Ware, mit Ausnahme von Verlust oder Beschädigung unter den in **B5** beschriebenen Umständen.

FAS

FREI LÄNGSSEITE SCHIFF

218

© 2010 ICC Deutschland e. V.
Incoterms® 2010 Regeln der Internationalen Handelskammer (ICC)

366

B4   Übernahme

Der Käufer muss die Ware übernehmen, wenn sie wie in **A4** vorgesehen geliefert worden ist.

B5   Gefahrenübergang

Der Käufer trägt alle Gefahren des Verlustes oder der Beschädigung der Ware ab dem Zeitpunkt, an dem sie wie in **A4** vorgesehen geliefert worden ist.

Falls

a. der Käufer es unterlässt, gemäß **B7** zu benachrichtigen; oder

b. das vom Käufer benannte Schiff nicht rechtzeitig eintrifft oder die Ware nicht übernimmt oder schon vor dem gemäß **B7** festgesetzten Zeitpunkt keine Ladung mehr annimmt;

dann trägt der Käufer alle Gefahren des Verlustes oder der Beschädigung der Ware ab dem vereinbarten Lieferzeitpunkt oder ab Ablauf des für Lieferung vereinbarten Zeitraums, vorausgesetzt, die Ware ist eindeutig als die vertragliche Ware kenntlich gemacht worden.

FAS

FREI LÄNGSSEITE SCHIFF

367

A VERPFLICHTUNGEN DES VERKÄUFERS

A6 Kostenverteilung

Der Verkäufer hat zu tragen

a. alle die Ware betreffenden Kosten bis diese gemäß **A4** geliefert worden ist, ausgenommen solcher Kosten, die wie in **B6** vorgesehen vom Käufer zu tragen sind; und

b. falls zutreffend, die Kosten der für die Ausfuhr notwendigen Zollformalitäten sowie alle Zölle, Steuern und andere Abgaben, die bei der Ausfuhr fällig werden.

A7 Benachrichtigungen an den Käufer

Der Verkäufer hat den Käufer, auf dessen Gefahr und Kosten, in angemessener Weise darüber zu benachrichtigen, entweder, dass die Ware gemäß **A4** geliefert worden ist oder dass das Schiff die Ware nicht innerhalb der vereinbarten Frist geladen hat.

A8 Transportdokument

Der Verkäufer hat auf eigene Kosten dem Käufer den üblichen Nachweis zu erbringen, dass die Ware gemäß **A4** geliefert worden ist.

Sofern es sich bei einem solchen Nachweis nicht um ein Transportdokument handelt, hat der Verkäufer den Käufer auf dessen Verlangen, Gefahr und Kosten bei der Beschaffung eines Transportdokuments zu unterstützen.

368

B6   Kostenverteilung

Der Käufer hat zu tragen

a. alle die Ware betreffenden Kosten ab dem Zeitpunkt, an dem sie wie in **A4** vorgesehen geliefert worden ist, ausgenommen, falls zutreffend, die Kosten der für die Ausfuhr notwendigen Zollformalitäten sowie alle Zölle, Steuern und andere in **A6 b** genannte Abgaben, die bei der Ausfuhr fällig werden;

b. alle zusätzlichen Kosten, die entweder dadurch entstehen, dass:
   i. der Käufer die angemessene Benachrichtigung gemäß **B7** unterlässt, oder
   ii. das vom Käufer benannte Schiff nicht rechtzeitig eintrifft, die Ware nicht übernehmen kann oder schon vor der gemäß **B7** mitgeteilten Lieferzeit keine Ladung mehr annimmt,

   vorausgesetzt, die Ware ist eindeutig als die vertragliche Ware kenntlich gemacht worden; und

c. falls zutreffend, alle Zölle, Steuern und andere Abgaben sowie Kosten der Zollformalitäten, die bei der Einfuhr der Ware fällig werden, sowie die Kosten für ihre Durchfuhr durch jedes Land.

B7   Benachrichtigungen an den Verkäufer

Der Käufer hat dem Verkäufer in angemessener Weise den Namen des Schiffs, die Ladestelle und, falls erforderlich, die gewählte Lieferzeit innerhalb des vereinbarten Zeitraums anzugeben.

B8   Liefernachweis

Der Käufer hat den wie in **A8** vorgesehen zur Verfügung gestellten Liefernachweis anzunehmen.

FAS

FREI LÄNGSSEITE SCHIFF

A VERPFLICHTUNGEN DES VERKÄUFERS

A9 Prüfung – Verpackung – Kennzeichnung

Der Verkäufer hat die Kosten jener Prüfvorgänge (wie Qualitätsprüfung, Messen, Wiegen und Zählen), die notwendig sind, um die Ware gemäß **A4** zu liefern, sowie die Kosten für alle von den Behörden des Ausfuhrlandes angeordneten Warenkontrollen vor der Verladung (pre-shipment inspection) zu tragen.

Der Verkäufer hat auf eigene Kosten die Ware zu verpacken, sofern es nicht handelsüblich ist, die jeweilige Art der verkauften Ware unverpackt zu transportieren. Der Verkäufer kann die Ware in der Weise verpacken, die für ihren Transport angemessen ist, es sei denn, der Käufer hat den Verkäufer über spezifische Verpackungsanforderungen vor Vertragsschluss in Kenntnis gesetzt. Die Verpackung ist in geeigneter Weise zu kennzeichnen.

A10 Unterstützung bei Informationen und damit verbundene Kosten

Der Verkäufer hat, falls zutreffend, dem Käufer auf dessen Verlangen, Gefahr und Kosten rechtzeitig alle Dokumente und Informationen, einschließlich sicherheitsrelevanter Informationen, die der Käufer für die Einfuhr der Ware und/oder für ihren Transport bis zum endgültigen Bestimmungsort benötigt, zur Verfügung zu stellen oder ihn bei deren Beschaffung zu unterstützen.

Der Verkäufer hat dem Käufer alle Kosten und Abgaben zu erstatten, die dem Käufer durch das Zurverfügungstellen oder die Unterstützung bei der Beschaffung der in **B10** vorgesehenen Dokumente und Informationen entstanden sind.

FAS

FREI LÄNGSSEITE SCHIFF

B9   **Prüfung der Ware**

Der Käufer hat die Kosten für jede vor der Verladung zwingend erforderliche Warenkontrolle (pre-shipment inspection) zu tragen, mit Ausnahme behördlich angeordneter Kontrollen des Ausfuhrlandes.

B10   **Unterstützung bei Informationen und damit verbundene Kosten**

Der Käufer hat dem Verkäufer rechtzeitig alle sicherheitsrelevanten Informationsanforderungen mitzuteilen, so dass der Verkäufer die Verpflichtungen entsprechend **A10** erfüllen kann.

Der Käufer hat dem Verkäufer alle Kosten und Abgaben zu erstatten, die dem Verkäufer durch das Zurverfügungstellen oder die Unterstützung bei der Beschaffung der Dokumente und Informationen wie in **A10** vorgesehen entstanden sind.

Der Käufer hat, falls zutreffend, dem Verkäufer rechtzeitig auf dessen Verlangen, Gefahr und Kosten alle Dokumente und Informationen, einschließlich sicherheitsrelevanter Informationen, die der Verkäufer für den Transport und die Ausfuhr der Ware sowie für ihre Durchfuhr durch jedes Land benötigt, zur Verfügung zu stellen oder ihn bei deren Beschaffung zu unterstützen.

FAS

FREI LÄNGSSEITE SCHIFF

FOB
FREI AN BORD

FOB *(fügen Sie den benannten Verschiffungshafen ein)* Incoterms® 2010

ANWENDUNGSHINWEIS

Diese Klausel ist ausschließlich für den See- und Binnenschiffs-transport geeignet.

„Frei an Bord" bedeutet, dass der Verkäufer die Ware an Bord des vom Käufer benannten Schiffs im benannten Verschiffungshafen liefert oder die bereits so gelieferte Ware verschafft. Die Gefahr des Verlustes oder der Beschädigung der Ware geht über, wenn die Ware an Bord des Schiffs ist. Der Käufer trägt ab diesem Zeitpunkt alle Kosten.

Der Verkäufer ist verpflichtet, die Ware entweder an Bord des Schiffs zu liefern oder bereits so für die Verschiffung gelieferte Ware zu verschaffen. Der Hinweis „zu verschaffen" bezieht sich hier auf mehrere hintereinander geschaltete Verkäufe in einer Verkaufskette („string sales"), die insbesondere im Rohstoffhandel vorkommen.

FOB kann ungeeignet sein, wenn die Ware dem Frachtführer übergeben wird, bevor sie sich auf dem Schiff befindet, z. B. bei containerisierter Ware, welche üblicherweise am Terminal geliefert wird. In derartigen Fällen sollte die FCA Klausel verwendet werden.

FOB verpflichtet den Verkäufer, falls zutreffend, die Ware zur Ausfuhr freizumachen. Jedoch hat der Verkäufer keine Verpflichtung, die Ware zur Einfuhr freizumachen, Einfuhrzölle zu zahlen oder Einfuhrzollformalitäten zu erledigen.

FOB

A VERPFLICHTUNGEN DES VERKÄUFERS

A1 **Allgemeine Verpflichtungen des Verkäufers**
Der Verkäufer hat die Ware und die Handelsrechnung in Übereinstimmung mit dem Kaufvertrag bereitzustellen und jeden sonstigen vertraglich vereinbarten Konformitätsnachweis zu erbringen.

Jedes Dokument, auf das in **A1–A10** Bezug genommen wird, kann auch ein entsprechender elektronischer Beleg oder ein entsprechendes elektronisches Verfahren sein, wenn dies zwischen den Parteien vereinbart oder üblich ist.

A2 **Lizenzen, Genehmigungen, Sicherheitsfreigaben und andere Formalitäten**
Falls zutreffend, hat der Verkäufer auf eigene Gefahr und Kosten die Ausfuhrgenehmigung oder andere behördliche Genehmigungen zu beschaffen sowie alle Zollformalitäten zu erledigen, die für die Ausfuhr der Ware erforderlich sind.

A3 **Beförderungs- und Versicherungsverträge**
a. Beförderungsvertrag
Der Verkäufer hat gegenüber dem Käufer keine Verpflichtung, einen Beförderungsvertrag abzuschließen. Wenn es der Käufer jedoch verlangt oder es in der Handelspraxis üblich ist und der Käufer keine gegenteilige Anweisung rechtzeitig erteilt, kann der Verkäufer zu üblichen Bedingungen den Beförderungsvertrag auf Gefahr und Kosten des Käufers abschließen. In beiden Fällen kann der Verkäufer es ablehnen, den Beförderungsvertrag abzuschließen, wovon er den Käufer umgehend in Kenntnis zu setzen hat.

b. Versicherungsvertrag
Der Verkäufer hat gegenüber dem Käufer keine Verpflichtung, einen Versicherungsvertrag abzuschließen. Jedoch hat der Verkäufer dem Käufer auf dessen Verlangen, Gefahr und (gegebenenfalls entstehende) Kosten, jene Informationen zur Verfügung zu stellen, die der Käufer für den Abschluss einer Versicherung benötigt.

FOB — FREI AN BORD

B   VERPFLICHTUNGEN DES KÄUFERS

B1   **Allgemeine Verpflichtungen des Käufers**
Der Käufer hat den im Kaufvertrag genannten Preis der
Ware zu zahlen.

Jedes Dokument, auf das in **B1–B10** Bezug genommen wird,
kann auch ein entsprechender elektronischer Beleg oder ein
entsprechendes elektronisches Verfahren sein, wenn dies
zwischen den Parteien vereinbart oder üblich ist.

B2   **Lizenzen, Genehmigungen, Sicherheitsfreigaben
und andere Formalitäten**
Falls zutreffend, obliegt es dem Käufer, auf eigene Gefahr
und Kosten die Einfuhrgenehmigung oder andere behördliche Genehmigungen zu beschaffen sowie alle Zollformalitäten für die Einfuhr der Ware und für ihre Durchfuhr durch
jedes Land zu erledigen.

B3   **Beförderungs- und Versicherungsverträge**
   a. Beförderungsvertrag
      Der Käufer hat auf eigene Kosten den Vertrag über die
      Beförderung der Ware vom benannten Verschiffungsha-
      fen abzuschließen, sofern der Beförderungsvertrag nicht
      vom Verkäufer wie in **A3a** vorgesehen abgeschlossen
      wurde.

   b. Versicherungsvertrag
      Der Käufer hat gegenüber dem Verkäufer keine Ver-
      pflichtung, einen Versicherungsvertrag abzuschließen.

FOB

FREI AN BORD

A   VERPFLICHTUNGEN DES VERKÄUFERS

A4   Lieferung

Der Verkäufer hat die Ware zu liefern, entweder, indem er sie an Bord des vom Käufer benannten Schiffs an der gegebenenfalls vom Käufer bestimmten Ladestelle im benannten Verschiffungshafen verbringt oder indem er die so gelieferte Ware verschafft. In beiden Fällen hat der Verkäufer die Ware zum vereinbarten Zeitpunkt oder innerhalb des vereinbarten Zeitraums und in der im Hafen üblichen Weise zu liefern.

Falls keine bestimmte Ladestelle durch den Käufer angegeben worden ist, kann der Verkäufer die für den Zweck am besten geeignete Stelle innerhalb des benannten Verschiffungshafens auswählen.

A5   Gefahrenübergang

Der Verkäufer trägt bis zur Lieferung gemäß **A4** alle Gefahren des Verlustes oder der Beschädigung der Ware, mit Ausnahme von Verlust oder Beschädigung unter den in **B5** beschriebenen Umständen.

FOB

FREI AN BORD

376

B4   Übernahme

Der Käufer muss die Ware übernehmen, wenn sie wie in **A4** vorgesehen geliefert worden ist.

B5   Gefahrenübergang

Der Käufer trägt alle Gefahren des Verlustes oder der Beschädigung der Ware ab dem Zeitpunkt, an dem sie wie in **A4** vorgesehen geliefert worden ist.

Falls

a. der Käufer die Benachrichtigung gemäß **B7** über die Benennung eines Schiffs unterlässt; oder

b. das vom Käufer benannte Schiff nicht rechtzeitig eintrifft, um es dem Verkäufer zu ermöglichen, seine Pflichten entsprechend **A4** zu erfüllen, es die Ware nicht übernehmen kann oder schon vor dem gemäß **B7** festgesetzten Zeitpunkt keine Ladung mehr annimmt;

dann trägt der Käufer alle Gefahren des Verlustes oder der Beschädigung der Ware:

i.   ab dem vereinbarten Zeitpunkt, oder mangels eines vereinbarten Zeitpunkts,

ii. ab dem vom Verkäufer gemäß **A7** mitgeteilten Zeitpunkt innerhalb des vereinbarten Zeitraums oder, falls kein solcher Zeitpunkt mitgeteilt wurde,

iii. ab dem Ablaufdatum eines vereinbarten Lieferzeitraums,

vorausgesetzt, die Ware ist eindeutig als die vertragliche Ware kenntlich gemacht worden.

FOB

FREI AN BORD

A   VERPFLICHTUNGEN DES VERKÄUFERS

A6   Kostenverteilung

Der Verkäufer hat zu tragen

a. alle die Ware betreffenden Kosten bis diese gemäß **A4** geliefert worden ist, ausgenommen solcher Kosten, die wie in **B6** vorgesehen vom Käufer zu tragen sind; und

b. falls zutreffend, die Kosten der für die Ausfuhr notwendigen Zollformalitäten sowie alle Zölle, Steuern und andere Abgaben, die bei der Ausfuhr fällig werden.

A7   Benachrichtigungen an den Käufer

Der Verkäufer hat den Käufer, auf dessen Gefahr und Kosten, in angemessener Weise darüber zu benachrichtigen, entweder, dass die Ware gemäß **A4** geliefert worden ist oder dass das Schiff die Ware nicht innerhalb der vereinbarten Frist geladen hat.

A8   Transportdokument

Der Verkäufer hat auf eigene Kosten dem Käufer den üblichen Nachweis zu erbringen, dass die Ware gemäß **A4** geliefert worden ist.

Sofern es sich bei einem solchen Nachweis nicht um ein Transportdokument handelt, hat der Verkäufer den Käufer auf dessen Verlangen, Gefahr und Kosten bei der Beschaffung eines Transportdokuments zu unterstützen.

FOB

FREI AN BORD

© 2010 ICC Deutschland e. V.
Incoterms® 2010 Regeln der Internationalen Handelskammer (ICC)

378

B6   **Kostenverteilung**

Der Käufer hat zu tragen

a. alle die Ware betreffenden Kosten ab dem Zeitpunkt, an dem sie wie in **A4** vorgesehen geliefert worden ist, ausgenommen, falls zutreffend, die Kosten der für die Ausfuhr notwendigen Zollformalitäten sowie alle Zölle, Steuern und andere in **A6 b** genannte Abgaben, die bei der Ausfuhr fällig werden;

b. alle zusätzlichen Kosten, die entweder dadurch entstehen, dass:

   i. der Käufer die angemessene Benachrichtigung gemäß **B7** unterlässt, oder

   ii. das vom Käufer benannte Schiff nicht rechtzeitig eintrifft, die Ware nicht übernehmen kann oder schon vor der gemäß **B7** mitgeteilten Lieferzeit keine Ladung mehr annimmt,

   vorausgesetzt, die Ware ist eindeutig als die vertragliche Ware kenntlich gemacht worden; und

c. falls zutreffend, alle Zölle, Steuern und andere Abgaben sowie die Kosten der Zollformalitäten, die bei der Einfuhr der Ware sowie ihrer Durchfuhr durch jedes Land fällig werden.

B7   **Benachrichtigungen an den Verkäufer**

Der Käufer hat dem Verkäufer in angemessener Weise den Namen des Schiffs, die Ladestelle und, falls erforderlich, die gewählte Lieferzeit innerhalb des vereinbarten Lieferzeitraums anzugeben.

B8   **Liefernachweis**

Der Käufer hat den wie in **A8** vorgesehen zur Verfügung gestellten Liefernachweis anzunehmen.

FREI AN BORD   FOB

A VERPFLICHTUNGEN DES VERKÄUFERS

A9 Prüfung – Verpackung – Kennzeichnung

Der Verkäufer hat die Kosten jener Prüfvorgänge (wie Qualitätsprüfung, Messen, Wiegen und Zählen), die notwendig sind, um die Ware gemäß **A4** zu liefern, sowie die Kosten für alle von den Behörden des Ausfuhrlandes angeordneten Warenkontrollen vor der Verladung (pre-shipment inspection) zu tragen.

Der Verkäufer hat auf eigene Kosten die Ware zu verpacken, sofern es nicht handelsüblich ist, die jeweilige Art der verkauften Ware unverpackt zu transportieren. Der Verkäufer kann die Ware in der Weise verpacken, die für ihren Transport angemessen ist, es sei denn, der Käufer hat den Verkäufer über spezifische Verpackungsanforderungen vor Vertragsschluss in Kenntnis gesetzt. Die Verpackung ist in geeigneter Weise zu kennzeichnen.

A10 Unterstützung bei Informationen und damit verbundene Kosten

Der Verkäufer hat, falls zutreffend, dem Käufer auf dessen Verlangen, Gefahr und Kosten rechtzeitig alle Dokumente und Informationen, einschließlich sicherheitsrelevanter Informationen, die der Käufer für die Einfuhr der Ware und/oder für ihren Transport bis zum endgültigen Bestimmungsort benötigt, zur Verfügung zu stellen oder ihn bei deren Beschaffung zu unterstützen.

Der Verkäufer hat dem Käufer alle Kosten und Abgaben zu erstatten, die dem Käufer durch das Zurverfügungstellen oder die Unterstützung bei der Beschaffung der in **B10** vorgesehenen Dokumente und Informationen entstanden sind.

FOB

FREI AN BORD

B9   Prüfung der Ware

Der Käufer hat die Kosten für jede vor der Verladung zwingend erforderliche Warenkontrolle (pre-shipment inspection) zu tragen, mit Ausnahme behördlich angeordneter Kontrollen des Ausfuhrlandes.

B10   Unterstützung bei Informationen und damit verbundene Kosten

Der Käufer hat dem Verkäufer rechtzeitig alle sicherheitsrelevanten Informationsanforderungen mitzuteilen, so dass der Verkäufer die Verpflichtungen entsprechend **A10** erfüllen kann.

Der Käufer hat dem Verkäufer alle Kosten und Abgaben zu erstatten, die dem Verkäufer durch das Zurverfügungstellen oder die Unterstützung bei der Beschaffung der Dokumente und Informationen wie in **A10** vorgesehen entstanden sind.

Der Käufer hat, falls zutreffend, dem Verkäufer rechtzeitig auf dessen Verlangen, Gefahr und Kosten alle Dokumente und Informationen, einschließlich sicherheitsrelevanter Informationen, die der Verkäufer für den Transport und die Ausfuhr der Ware sowie für ihre Durchfuhr durch jedes Land benötigt, zur Verfügung zu stellen oder ihn bei deren Beschaffung zu unterstützen.

FOB

FREI AN BORD

233

234

382

CFR
KOSTEN UND FRACHT

CFR *(fügen Sie den benannten Bestimmungshafen ein)* Incoterms® 2010

ANWENDUNGSHINWEIS

Diese Klausel ist ausschließlich für den See- und Binnenschiffstransport geeignet.

„Kosten und Fracht" bedeutet, dass der Verkäufer die Ware an Bord des Schiffs liefert oder die bereits so gelieferte Ware verschafft. Die Gefahr des Verlustes oder der Beschädigung der Ware geht über, wenn die Ware an Bord des Schiffs ist. Der Verkäufer hat den Beförderungsvertrag abzuschließen und die Kosten und Fracht zu tragen, die für die Beförderung der Ware zum benannten Bestimmungshafen erforderlich sind.

Werden die Klauseln CPT, CIP, CFR oder CIF verwendet, erfüllt der Verkäufer seine Lieferpflicht, wenn er die Ware dem Frachtführer in der gemäß der gewählten Klausel bestimmten Weise übergibt und nicht, wenn die Ware den Bestimmungsort erreicht.

Diese Klausel beinhaltet zwei kritische Punkte, da Gefahren- und Kostenübergang an verschiedenen Orten stattfinden. Während der Vertrag in jedem Fall einen Bestimmungshafen angibt, muss er nicht den Verschiffungshafen angeben. Dort allerdings geht die Gefahr auf den Käufer über. Falls der Verschiffungshafen für den Käufer von besonderer Bedeutung ist, sind die Parteien gut beraten, diesen im Vertrag so genau wie möglich zu bezeichnen.

Die Parteien sind gut beraten, die Stelle im vereinbarten Bestimmungshafen so genau wie möglich zu bezeichnen, da die Kosten bis zu dieser Stelle zu Lasten des Verkäufers gehen. Dem Verkäufer wird geraten, mit dieser Wahl genau übereinstimmende Beförderungsverträge zu verschaffen. Entstehen dem Verkäufer nach seinem Beförderungsvertrag Kosten im Zusammenhang mit der Entladung an der bestimmten Stelle im Bestimmungshafen, dann ist der Verkäufer nicht berechtigt, diese Kosten vom Käufer zurückzufordern, sofern nichts anderes zwischen den Parteien vereinbart ist.

CFR

383

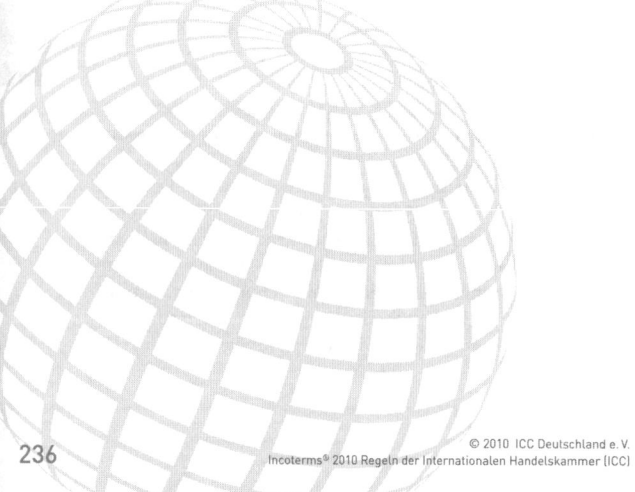

384

Der Verkäufer ist verpflichtet, die Ware entweder an Bord des Schiffs zu liefern oder bereits so für die Verschiffung an den Bestimmungsort gelieferte Ware zu verschaffen. Zusätzlich ist der Verkäufer verpflichtet, entweder einen Beförderungsvertrag abzuschließen oder einen solchen Vertrag zu verschaffen. Der Hinweis „zu verschaffen" bezieht sich hier auf mehrere hintereinander geschaltete Verkäufe in einer Verkaufskette („string sales"), die insbesondere im Rohstoffhandel vorkommen.

CFR kann ungeeignet sein, wenn die Ware dem Frachtführer übergeben wird, bevor sie sich auf dem Schiff befindet, z. B. bei containerisierter Ware, welche üblicherweise am Terminal geliefert wird. In derartigen Fällen sollte die CPT-Klausel verwendet werden.

CFR verpflichtet den Verkäufer, falls zutreffend, die Ware zur Ausfuhr freizumachen. Jedoch hat der Verkäufer keine Verpflichtung, die Ware zur Einfuhr freizumachen, Einfuhrzölle zu zahlen oder Einfuhrzollformalitäten zu erledigen.

CFR

A VERPFLICHTUNGEN DES VERKÄUFERS

A1 Allgemeine Verpflichtungen des Verkäufers

Der Verkäufer hat die Ware und die Handelsrechnung in Übereinstimmung mit dem Kaufvertrag bereitzustellen und jeden sonstigen vertraglich vereinbarten Konformitätsnachweis zu erbringen.

Jedes Dokument, auf das in **A1–A10** Bezug genommen wird, kann auch ein entsprechender elektronischer Beleg oder ein entsprechendes elektronisches Verfahren sein, wenn dies zwischen den Parteien vereinbart oder üblich ist.

A2 Lizenzen, Genehmigungen, Sicherheitsfreigaben und andere Formalitäten

Falls zutreffend, hat der Verkäufer auf eigene Gefahr und Kosten die Ausfuhrgenehmigung oder andere behördliche Genehmigungen zu beschaffen sowie alle Zollformalitäten zu erledigen, die für die Ausfuhr der Ware erforderlich sind.

A3 Beförderungs- und Versicherungsverträge

a. Beförderungsvertrag

Der Verkäufer muss einen Vertrag über die Beförderung der Ware von der gegebenenfalls vereinbarten Lieferstelle am Lieferort bis zum benannten Bestimmungshafen oder einer gegebenenfalls vereinbarten Stelle in diesem Hafen abschließen oder verschaffen. Der Beförderungsvertrag muss zu den üblichen Bedingungen auf Kosten des Verkäufers abgeschlossen werden und die Beförderung auf der üblichen Route mit einem Schiff der Bauart gewährleisten, die normalerweise für den Transport der verkauften Warenart verwendet wird.

b. Versicherungsvertrag

Der Verkäufer hat gegenüber dem Käufer keine Verpflichtung, einen Versicherungsvertrag abzuschließen. Jedoch hat der Verkäufer dem Käufer auf dessen Verlangen, Gefahr und (gegebenenfalls entstehende) Kosten jene Informationen zur Verfügung zu stellen, die der Käufer für den Abschluss einer Versicherung benötigt.

B   VERPFLICHTUNGEN DES KÄUFERS

B1   Allgemeine Verpflichtungen des Käufers

Der Käufer hat den im Kaufvertrag genannten Preis der Ware zu zahlen.

Jedes Dokument, auf das in **B1–B10** Bezug genommen wird, kann auch ein entsprechender elektronischer Beleg oder ein entsprechendes elektronisches Verfahren sein, wenn dies zwischen den Parteien vereinbart oder üblich ist.

B2   Lizenzen, Genehmigungen, Sicherheitsfreigaben und andere Formalitäten

Falls zutreffend, obliegt es dem Käufer, auf eigene Gefahr und Kosten die Einfuhrgenehmigung oder andere behördliche Genehmigungen zu beschaffen sowie alle Zollformalitäten für die Einfuhr der Ware und für ihre Durchfuhr durch jedes Land zu erledigen.

B3   Beförderungs- und Versicherungsverträge

a. Beförderungsvertrag

Der Käufer hat gegenüber dem Verkäufer keine Verpflichtung, einen Beförderungsvertrag abzuschließen.

b. Versicherungsvertrag

Der Käufer hat gegenüber dem Verkäufer keine Verpflichtung, einen Versicherungsvertrag abzuschließen. Allerdings hat der Käufer dem Verkäufer auf dessen Verlangen die notwendigen Informationen für den Abschluss einer Versicherung zur Verfügung zu stellen.

CFR

KOSTEN UND FRACHT

A VERPFLICHTUNGEN DES VERKÄUFERS

A4 Lieferung

Der Verkäufer hat die Ware zu liefern, entweder, indem er sie an Bord des Schiffs verbringt oder indem er die so gelieferte Ware verschafft. In beiden Fällen hat der Verkäufer die Ware zum vereinbarten Zeitpunkt oder innerhalb des vereinbarten Zeitraums und in der im Hafen üblichen Weise zu liefern.

A5 Gefahrenübergang

Der Verkäufer trägt bis zur Lieferung gemäß **A4** alle Gefahren des Verlustes oder der Beschädigung der Ware, mit Ausnahme von Verlust oder Beschädigung unter den in **B5** beschriebenen Umständen.

A6 Kostenverteilung

Der Verkäufer hat zu tragen

a. alle die Ware betreffenden Kosten bis diese gemäß **A4** geliefert worden ist, ausgenommen solcher Kosten, die wie in **B6** vorgesehen vom Käufer zu tragen sind;

b. die Fracht und alle anderen aus **A3a** entstehenden Kosten einschließlich der Kosten für die Verladung der Ware an Bord und aller Entladekosten im vereinbarten Entladehafen, die nach dem Beförderungsvertrag vom Verkäufer zu tragen sind; und

c. falls zutreffend, die Kosten der für die Ausfuhr notwendigen Zollformalitäten sowie alle Zölle, Steuern und andere Abgaben, die bei der Ausfuhr fällig werden, und die Kosten für die Durchfuhr der Ware durch jedes Land, soweit diese nach dem Beförderungsvertrag vom Verkäufer zu tragen sind.

CFR

KOSTEN UND FRACHT

388

B4   Übernahme

Der Käufer muss die Ware übernehmen, wenn sie wie in **A4** vorgesehen geliefert worden ist, und sie von dem Frachtführer im benannten Bestimmungshafen entgegennehmen.

B5   Gefahrenübergang

Der Käufer trägt alle Gefahren des Verlustes oder der Beschädigung der Ware ab dem Zeitpunkt, an dem sie wie in **A4** vorgesehen geliefert worden ist.

Falls der Käufer es unterlässt, gemäß **B7** zu benachrichtigen, trägt er alle Gefahren des Verlustes oder der Beschädigung der Ware ab dem für die Verschiffung vereinbarten Zeitpunkt oder ab Ablauf der hierfür vereinbarten Frist, vorausgesetzt, die Ware ist eindeutig als die vertragliche Ware kenntlich gemacht worden.

B6   Kostenverteilung

Der Käufer hat, vorbehaltlich der Bestimmungen in **A3a**, zu tragen

a. alle die Ware betreffenden Kosten ab dem Zeitpunkt, an dem sie wie in **A4** vorgesehen geliefert worden ist, ausgenommen, falls zutreffend, die Kosten der für die Ausfuhr notwendigen Zollformalitäten sowie alle Zölle, Steuern und andere in **A6c** genannte Abgaben, die bei der Ausfuhr fällig werden;

b. alle die Ware betreffenden Kosten und Abgaben während des Transports bis zu ihrer Ankunft im Bestimmungshafen, es sei denn, solche Kosten und Abgaben gehen gemäß dem Beförderungsvertrag zu Lasten des Verkäufers;

c. die Entladekosten, einschließlich Kosten für Leichterung und Kaigebühren, es sei denn, diese Kosten und Abgaben sind nach dem Beförderungsvertrag vom Verkäufer zu tragen;

d. alle zusätzlichen Kosten, die entstehen, sollte er die Benachrichtigung gemäß **B7** unterlassen, ab dem für die Verschiffung vereinbarten Zeitpunkt oder ab Ablauf der

CFR

KOSTEN UND FRACHT

A VERPFLICHTUNGEN DES VERKÄUFERS

A7 **Benachrichtigungen an den Käufer**
Der Verkäufer hat den Käufer über alles Nötige zu benachrichtigen, damit dieser die üblicherweise notwendigen Maßnahmen zur Übernahme der Ware treffen kann.

A8 **Transportdokument**
Der Verkäufer hat auf eigene Kosten dem Käufer unverzüglich das übliche Transportdokument für den vereinbarten Bestimmungshafen zur Verfügung zu stellen.

Dieses Transportdokument muss über die vertragliche Ware lauten, ein innerhalb der für die Verschiffung vereinbarten Frist liegendes Datum tragen, den Käufer berechtigen, die Herausgabe der Ware im Bestimmungshafen von dem Frachtführer zu verlangen und, sofern nichts anderes vereinbart wurde, es dem Käufer ermöglichen, die Ware während des Transports an einen nachfolgenden Käufer durch Übertragung des Dokuments oder durch Mitteilung an den Frachtführer zu verkaufen.

Wird ein solches Transportdokument als begebbares Dokument und in mehreren Originalen ausgestellt, muss ein vollständiger Satz von Originalen dem Käufer übergeben werden.

KOSTEN UND FRACHT CFR

hierfür vereinbarten Frist, vorausgesetzt, die Ware ist eindeutig als die vertragliche Ware kenntlich gemacht worden; und

e. falls zutreffend, alle Zölle, Steuern und andere Abgaben sowie die Kosten der Zollformalitäten, die bei der Einfuhr der Ware und, soweit nicht im Beförderungsvertrag enthalten, bei ihrer Durchfuhr durch jedes Land anfallen.

B7 Benachrichtigungen an den Verkäufer
Wann immer der Käufer berechtigt ist, den Zeitpunkt für die Verschiffung der Ware und/oder die Stelle für die Entgegennahme der Ware innerhalb des benannten Bestimmungshafens zu bestimmen, hat er den Verkäufer in angemessener Weise darüber zu benachrichtigen.

B8 Liefernachweis
Der Käufer hat das wie in **A8** vorgesehen zur Verfügung gestellte Transportdokument anzunehmen, wenn dieses mit dem Vertrag übereinstimmt.

CFR

KOSTEN UND FRACHT

A VERPFLICHTUNGEN DES VERKÄUFERS

A9 **Prüfung – Verpackung – Kennzeichnung**
Der Verkäufer hat die Kosten jener Prüfvorgänge (wie Qualitätsprüfung, Messen, Wiegen und Zählen), die notwendig sind, um die Ware gemäß **A4** zu liefern, sowie die Kosten für alle von den Behörden des Ausfuhrlandes angeordneten Warenkontrollen vor der Verladung (pre-shipment inspection) zu tragen.

Der Verkäufer hat auf eigene Kosten die Ware zu verpacken, sofern es nicht handelsüblich ist, die jeweilige Art der verkauften Ware unverpackt zu transportieren. Der Verkäufer kann die Ware in der Weise verpacken, die für ihren Transport angemessen ist, es sei denn, der Käufer hat den Verkäufer über spezifische Verpackungsanforderungen vor Vertragsschluss in Kenntnis gesetzt. Die Verpackung ist in geeigneter Weise zu kennzeichnen.

A10 **Unterstützung bei Informationen und damit verbundene Kosten**
Der Verkäufer hat, falls zutreffend, dem Käufer auf dessen Verlangen, Gefahr und Kosten rechtzeitig alle Dokumente und Informationen, einschließlich sicherheitsrelevanter Informationen, die der Käufer für die Einfuhr der Ware und/oder für ihren Transport bis zum endgültigen Bestimmungsort benötigt, zur Verfügung zu stellen oder ihn bei deren Beschaffung zu unterstützen.

Der Verkäufer hat dem Käufer alle Kosten und Abgaben zu erstatten, die dem Käufer durch das Zurverfügungstellen oder die Unterstützung bei der Beschaffung der in **B10** vorgesehenen Dokumente und Informationen entstanden sind.

CFR

KOSTEN UND FRACHT

B9 Prüfung der Ware

Der Käufer hat die Kosten für jede vor der Verladung zwingend erforderliche Warenkontrolle (pre-shipment inspection) zu tragen, mit Ausnahme behördlich angeordneter Kontrollen des Ausfuhrlandes.

B10 Unterstützung bei Informationen und damit verbundene Kosten

Der Käufer hat dem Verkäufer rechtzeitig alle sicherheitsrelevanten Informationsanforderungen mitzuteilen, so dass der Verkäufer die Verpflichtungen entsprechend **A10** erfüllen kann.

Der Käufer hat dem Verkäufer alle Kosten und Abgaben zu erstatten, die dem Verkäufer durch das Zurverfügungstellen oder die Unterstützung bei der Beschaffung der Dokumente und Informationen wie in **A10** vorgesehen entstanden sind.

Der Käufer hat, falls zutreffend, dem Verkäufer rechtzeitig auf dessen Verlangen, Gefahr und Kosten alle Dokumente und Informationen, einschließlich sicherheitsrelevanter Informationen, die der Verkäufer für den Transport und die Ausfuhr der Ware sowie für ihre Durchfuhr durch jedes Land benötigt, zur Verfügung zu stellen oder ihn bei deren Beschaffung zu unterstützen.

CFR

KOSTEN UND FRACHT

CIF
KOSTEN, VERSICHERUNG UND FRACHT

CIF *(fügen Sie den benannten Bestimmungshafen ein)* Incoterms® 2010

ANWENDUNGSHINWEIS

Diese Klausel ist ausschließlich für den See- und Binnenschiffstransport geeignet.

„Kosten, Versicherung und Fracht" bedeutet, dass der Verkäufer die Ware an Bord des Schiffs liefert oder die bereits so gelieferte Ware verschafft. Die Gefahr des Verlustes oder der Beschädigung der Ware geht über, wenn die Ware an Bord des Schiffs ist. Der Verkäufer hat den Beförderungsvertrag abzuschließen sowie die Kosten und Fracht zu tragen, die für die Beförderung der Ware zum benannten Bestimmungshafen erforderlich sind.

Der Verkäufer schließt auch einen Versicherungsvertrag gegen die vom Käufer getragene Gefahr des Verlustes oder der Beschädigung der Ware während des Transports ab. Der Käufer sollte beachten, dass gemäß der CIF-Klausel der Verkäufer nur verpflichtet ist, eine Versicherung mit Mindestdeckung abzuschließen. Wünscht der Käufer einen höheren Versicherungsschutz, wird er dies entweder ausdrücklich mit dem Verkäufer vereinbaren oder eigene zusätzliche Versicherungsvorkehrungen treffen müssen.

Werden die Klauseln CPT, CIP, CFR oder CIF verwendet, erfüllt der Verkäufer seine Lieferpflicht, sobald er die Ware dem Frachtführer in der nach der gewählten Klausel bestimmten Weise übergibt und nicht, wenn die Ware den Bestimmungsort erreicht.

Diese Klausel beinhaltet zwei kritische Punkte, da Gefahren- und Kostenübergang an verschiedenen Orten stattfinden. Während der Vertrag in jedem Fall den Bestimmungshafen angibt, muss er nicht den Verschiffungshafen angeben. Dort allerdings geht die Gefahr auf den Käufer über. Falls der Verschiffungshafen für den Käufer von besonderer Bedeutung ist, sind die Parteien gut beraten, diesen im Vertrag so genau wie möglich zu bezeichnen.

CIF

396

Die Parteien sind gut beraten, die Stelle im vereinbarten Bestimmungshafen so genau wie möglich zu bezeichnen, da die Kosten bis zu dieser Stelle zu Lasten des Verkäufers gehen. Dem Verkäufer wird geraten, mit dieser Wahl genau übereinstimmende Beförderungsverträge zu verschaffen. Entstehen dem Verkäufer nach seinem Beförderungsvertrag Kosten im Zusammenhang mit der Entladung an der bestimmten Stelle im Bestimmungshafen, dann ist der Verkäufer nicht berechtigt, diese Kosten vom Käufer zurückzufordern, sofern nichts anderes zwischen den Parteien vereinbart ist.

Der Verkäufer ist verpflichtet, die Ware entweder an Bord des Schiffs zu liefern oder bereits so für die Verschiffung an den Bestimmungsort gelieferte Ware zu verschaffen. Zusätzlich ist der Verkäufer verpflichtet, entweder einen Beförderungsvertrag abzuschließen oder einen solchen Vertrag zu verschaffen. Der Hinweis „zu verschaffen" bezieht sich hier auf mehrere hintereinander geschaltete Verkäufe in einer Verkaufskette („string sales"), die insbesondere im Rohstoffhandel vorkommen.

CIF kann ungeeignet sein, wenn die Ware dem Frachtführer übergeben wird, bevor sie sich auf dem Schiff befindet, z. B. bei containerisierter Ware, welche üblicherweise am Terminal geliefert wird. In derartigen Fällen sollte die CIP-Klausel verwendet werden.

CIF verpflichtet den Verkäufer, falls zutreffend, die Ware zur Ausfuhr freizumachen. Jedoch hat der Verkäufer keine Verpflichtung, die Ware zur Einfuhr freizumachen, Einfuhrzölle zu zahlen oder Einfuhrzollformalitäten zu erledigen.

CIF

397

A   VERPFLICHTUNGEN DES VERKÄUFERS

A1   **Allgemeine Verpflichtungen des Verkäufers**
Der Verkäufer hat die Ware und die Handelsrechnung in Übereinstimmung mit dem Kaufvertrag bereitzustellen und jeden sonstigen vertraglich vereinbarten Konformitätsnachweis zu erbringen.

Jedes Dokument, auf das in **A1–A10** Bezug genommen wird, kann auch ein entsprechender elektronischer Beleg oder ein entsprechendes elektronisches Verfahren sein, wenn dies zwischen den Parteien vereinbart oder üblich ist.

A2   **Lizenzen, Genehmigungen, Sicherheitsfreigaben und andere Formalitäten**
Falls zutreffend, hat der Verkäufer auf eigene Gefahr und Kosten die Ausfuhrgenehmigung oder andere behördliche Genehmigungen zu beschaffen sowie alle Zollformalitäten zu erledigen, die für die Ausfuhr der Ware erforderlich sind.

A3   **Beförderungs- und Versicherungsverträge**
   a. Beförderungsvertrag
      Der Verkäufer muss einen Vertrag über die Beförderung der Ware von der gegebenenfalls vereinbarten Lieferstelle am Lieferort bis zum benannten Bestimmungshafen oder einer gegebenenfalls vereinbarten Stelle in diesem Hafen abschließen oder verschaffen. Der Beförderungsvertrag ist zu den üblichen Bedingungen auf Kosten des Verkäufers abzuschließen und hat die Beförderung auf der üblichen Route mit einem Schiff der Bauart zu gewährleisten, die normalerweise für den Transport der verkauften Warenart verwendet wird.

   b. Versicherungsvertrag
      Der Verkäufer hat auf eigene Kosten eine Transportversicherung abzuschließen, die zumindest der Mindestdeckung gemäß den Klauseln (C) der Institute Cargo Clauses (LMA/IUA) oder ähnlichen Klauseln entspricht. Die Versicherung ist bei Einzelversicherern oder Versicherungsgesellschaften mit einwandfreiem Leumund abzuschließen und muss den Käufer oder jede andere Person mit einem versicherbaren Interesse an der Ware berechtigen, Ansprüche direkt bei dem Versicherer geltend zu machen.

B VERPFLICHTUNGEN DES KÄUFERS

B1 Allgemeine Verpflichtungen des Käufers

Der Käufer hat den im Kaufvertrag genannten Preis der Ware zu zahlen.

Jedes Dokument, auf das in **B1–B10** Bezug genommen wird, kann auch ein entsprechender elektronischer Beleg oder ein entsprechendes elektronisches Verfahren sein, wenn dies zwischen den Parteien vereinbart oder üblich ist.

B2 Lizenzen, Genehmigungen, Sicherheitsfreigaben und andere Formalitäten

Falls zutreffend, obliegt es dem Käufer, auf eigene Gefahr und Kosten die Einfuhrgenehmigung oder andere behördliche Genehmigungen zu beschaffen sowie alle Zollformalitäten für die Einfuhr der Ware und für ihre Durchfuhr durch jedes Land zu erledigen.

B3 Beförderungs- und Versicherungsverträge

a. Beförderungsvertrag

Der Käufer hat gegenüber dem Verkäufer keine Verpflichtung, einen Beförderungsvertrag abzuschließen.

b. Versicherungsvertrag

Der Käufer hat gegenüber dem Verkäufer keine Verpflichtung, einen Versicherungsvertrag abzuschließen. Allerdings hat der Käufer dem Verkäufer auf dessen Verlangen alle für den Abschluss einer vom Käufer verlangten in **A3 b** vorgesehenen zusätzlichen Versicherung notwendigen Informationen zur Verfügung zu stellen.

KOSTEN, VERSICHERUNG UND FRACHT

CIF

A VERPFLICHTUNGEN DES VERKÄUFERS

Der Verkäufer muss auf Verlangen und Kosten des Käufers, vorbehaltlich der durch den Käufer zur Verfügung gestellten vom Verkäufer benötigten Informationen, zusätzliche Deckung, falls erhältlich, beschaffen, wie z. B. Deckung entsprechend den Klauseln (A) oder (B) der Institute Cargo Clauses (LMA/IUA) oder ähnlichen Klauseln und/oder der Institute War Clauses und/oder der Institute Strikes Clauses (LMA/IUA) oder ähnlichen Klauseln.

Die Versicherung muss zumindest den im Vertrag genannten Preis zuzüglich zehn Prozent (d. h. 110 %) decken und in der Währung des Vertrags ausgestellt sein.

Der Versicherungsschutz muss die Ware ab der Lieferstelle, wie in **A4** und **A5** festgelegt, bis mindestens zum benannten Bestimmungshafen decken.

Der Verkäufer hat dem Käufer die Versicherungspolice oder einen sonstigen Nachweis über den Versicherungsschutz zu übermitteln.

Ferner hat der Verkäufer dem Käufer auf dessen Verlangen, Gefahr und (gegebenenfalls entstehende) Kosten jene Informationen zur Verfügung zu stellen, die der Käufer für den Abschluss einer zusätzlichen Versicherung benötigt.

A4 **Lieferung**
Der Verkäufer hat die Ware zu liefern, entweder, indem er sie an Bord des Schiffs verbringt oder indem er die so gelieferte Ware verschafft. In beiden Fällen hat der Verkäufer die Ware zum vereinbarten Zeitpunkt oder innerhalb des vereinbarten Zeitraums und in der im Hafen üblichen Weise zu liefern.

A5 **Gefahrenübergang**
Der Verkäufer trägt bis zur Lieferung gemäß **A4** alle Gefahren des Verlustes oder der Beschädigung der Ware, mit Ausnahme von Verlust oder Beschädigung unter den in **B5** beschriebenen Umständen.

KOSTEN, VERSICHERUNG UND FRACHT

CIF

400

B4   Übernahme

Der Käufer muss die Ware übernehmen, wenn sie wie in **A4** vorgesehen geliefert worden ist, und sie von dem Frachtführer im benannten Bestimmungshafen entgegennehmen.

B5   Gefahrenübergang

Der Käufer trägt alle Gefahren des Verlustes oder der Beschädigung der Ware ab dem Zeitpunkt, an dem sie wie in **A4** vorgesehen geliefert worden ist.

Falls der Käufer es unterlässt, gemäß **B7** zu benachrichtigen, trägt er alle Gefahren des Verlustes oder der Beschädigung der Ware ab dem für die Verschiffung vereinbarten Zeitpunkt oder ab Ablauf der hierfür vereinbarten Frist, vorausgesetzt, die Ware ist eindeutig als die vertragliche Ware kenntlich gemacht worden.

401

A   VERPFLICHTUNGEN DES VERKÄUFERS

A6   Kostenverteilung

Der Verkäufer hat zu tragen

a. alle die Ware betreffenden Kosten bis diese gemäß **A4** geliefert worden ist, ausgenommen solcher Kosten, die wie in **B6** vorgesehen vom Käufer zu tragen sind;

b. die Fracht und alle anderen aus **A3 a** entstehenden Kosten einschließlich der Kosten für die Verladung der Ware an Bord und alle Entladekosten im vereinbarten Entladehafen, die nach dem Beförderungsvertrag vom Verkäufer zu tragen sind;

c. die aus **A3 b** resultierenden Kosten für die Versicherung; und

d. falls zutreffend, die Kosten der für die Ausfuhr notwendigen Zollformalitäten sowie alle Zölle, Steuern und andere Abgaben, die bei der Ausfuhr fällig werden, und die Kosten für die Durchfuhr der Ware durch jedes Land, soweit diese nach dem Beförderungsvertrag vom Verkäufer zu tragen sind.

KOSTEN, VERSICHERUNG UND FRACHT

CIF

402

B6   **Kostenverteilung**

Der Käufer hat, vorbehaltlich der Bestimmungen in **A3 a**, zu tragen

a. alle die Ware betreffenden Kosten ab dem Zeitpunkt, an dem sie wie in **A4** vorgesehen geliefert worden ist, ausgenommen, falls zutreffend, die Kosten der für die Ausfuhr notwendigen Zollformalitäten sowie alle Zölle, Steuern und andere in **A6 d** genannte Abgaben, die bei der Ausfuhr fällig werden;

b. alle die Ware betreffenden Kosten und Abgaben während des Transports bis zu ihrer Ankunft im Bestimmungshafen, es sei denn, solche Kosten und Abgaben gehen gemäß dem Beförderungsvertrag zu Lasten des Verkäufers;

c. die Entladekosten, einschließlich Kosten für Leichterung und Kaigebühren, es sei denn, diese Kosten und Abgaben sind nach dem Beförderungsvertrag vom Verkäufer zu tragen;

d. alle zusätzlichen Kosten, sollte er die Benachrichtigung gemäß **B7** unterlassen, ab dem für die Verschiffung vereinbarten Zeitpunkt oder ab Ablauf der hierfür vereinbarten Frist, vorausgesetzt, die Ware ist eindeutig als die vertragliche Ware kenntlich gemacht worden;

e. falls zutreffend, alle Zölle, Steuern und andere Abgaben sowie die Kosten der Zollformalitäten, die bei der Einfuhr der Ware und, soweit nicht im Beförderungsvertrag enthalten, bei ihrer Durchfuhr durch jedes Land anfallen; und

f. die Kosten für jede zusätzlich auf Verlangen des Käufers gemäß **A3 b** und **B3 b** abgeschlossene Versicherung

KOSTEN, VERSICHERUNG UND FRACHT

CIF

A   VERPFLICHTUNGEN DES VERKÄUFERS

A7   Benachrichtigungen an den Käufer

Der Verkäufer hat den Käufer über alles Nötige zu benach-richtigen, damit dieser die üblicherweise notwendigen Maß-nahmen zur Übernahme der Ware treffen kann.

A8   Transportdokument

Der Verkäufer hat auf eigene Kosten dem Käufer unverzüg-lich das übliche Transportdokument für den vereinbarten Bestimmungshafen zur Verfügung zu stellen.

Dieses Transportdokument muss über die vertragliche Ware lauten, ein innerhalb der für die Verschiffung verein-barten Frist liegendes Datum tragen, den Käufer berechti-gen, die Herausgabe der Ware im Bestimmungshafen von dem Frachtführer zu verlangen und, sofern nichts anderes vereinbart wurde, es dem Käufer ermöglichen, die Ware während des Transports an einen nachfolgenden Käufer durch Übertragung des Dokuments oder durch Mitteilung an den Frachtführer zu verkaufen.

Wird ein solches Transportdokument als begebbares Do-kument und in mehreren Originalen ausgestellt, muss ein vollständiger Satz von Originalen dem Käufer übergeben werden.

A9   Prüfung – Verpackung – Kennzeichnung

Der Verkäufer hat die Kosten jener Prüfvorgänge (wie Qua-litätsprüfung, Messen, Wiegen und Zählen), die notwendig sind, um die Ware gemäß **A4** zu liefern, sowie die Kosten für alle von den Behörden des Ausfuhrlandes angeordneten Warenkontrollen vor der Verladung (pre-shipment inspec-tion) zu tragen.

Der Verkäufer hat auf eigene Kosten die Ware zu verpacken, es sei denn, es ist handelsüblich, die jeweilige Art der ver-kauften Ware unverpackt zu transportieren. Der Verkäufer kann die Ware in der für ihren Transport geeigneten Weise verpacken, es sei denn, der Käufer hat den Verkäufer vor Vertragsschluss über spezifische Verpackungsanforderun-gen in Kenntnis gesetzt. Die Verpackung ist in geeigneter Weise zu kennzeichnen.

KOSTEN, VERSICHERUNG UND FRACHT

CIF

B7 Benachrichtigungen an den Verkäufer

Wann immer der Käufer berechtigt ist, den Zeitpunkt für die Verschiffung der Ware und/oder die Stelle für die Entgegennahme der Ware innerhalb des benannten Bestimmungshafens zu bestimmen, hat er den Verkäufer in angemessener Weise darüber zu benachrichtigen.

B8 Liefernachweis

Der Käufer hat das wie in **A8** vorgesehen zur Verfügung gestellte Transportdokument anzunehmen, wenn dieses mit dem Vertrag übereinstimmt.

B9 Prüfung der Ware

Der Käufer hat die Kosten für jede vor der Verladung zwingend erforderliche Warenkontrolle (pre-shipment inspection) zu tragen, mit Ausnahme behördlich angeordneter Kontrollen des Ausfuhrlandes.

KOSTEN, VERSICHERUNG UND FRACHT

CIF

A10 Unterstützung bei Informationen und damit verbundene Kosten

Der Verkäufer hat, falls zutreffend, dem Käufer auf dessen Verlangen, Gefahr und Kosten rechtzeitig alle Dokumente und Informationen, einschließlich sicherheitsrelevanter Informationen, die der Käufer für die Einfuhr der Ware und/oder für ihren Transport bis zum endgültigen Bestimmungsort benötigt, zur Verfügung zu stellen oder ihn bei deren Beschaffung zu unterstützen.

Der Verkäufer hat dem Käufer alle Kosten und Abgaben zu erstatten, die dem Käufer durch das Zurverfügungstellen oder die Unterstützung bei der Beschaffung der in **B10** vorgesehenen Dokumente und Informationen entstanden sind.

B10 Unterstützung bei Informationen und damit verbundene Kosten

Der Käufer hat dem Verkäufer rechtzeitig alle sicherheitsrelevanten Informationsanforderungen mitzuteilen, so dass der Verkäufer die Verpflichtungen entsprechend **A10** erfüllen kann.

Der Käufer hat dem Verkäufer alle Kosten und Abgaben zu erstatten, die dem Verkäufer durch das Zurverfügungstellen oder die Unterstützung bei der Beschaffung der Dokumente und Informationen wie in **A10** vorgesehen entstanden sind.

Der Käufer hat, falls zutreffend, dem Verkäufer rechtzeitig auf dessen Verlangen, Gefahr und Kosten alle Dokumente und Informationen, einschließlich sicherheitsrelevanter Informationen, die der Verkäufer für den Transport und die Ausfuhr der Ware sowie für ihre Durchfuhr durch jedes Land benötigt, zur Verfügung zu stellen oder ihn bei deren Beschaffung zu unterstützen.

KOSTEN, VERSICHERUNG UND FRACHT

CIF

407

ANHANG

409

410

DIE ICC AUF EINEN BLICK

Die private Wirtschaft benötigt eine starke Stimme, um ihre Ansichten global gegenüber zwischenstaatlichen Organisationen erfolgreich vertreten zu können. Die Internationale Handelskammer (International Chamber of Commerce, ICC), mit Hauptsitz in Paris, ist die branchenübergreifende Vertretung der Weltwirtschaft und Dialogpartner gegenüber internationalen Institutionen und nationalen Regierungen.

Vorrangige Ziele der 1919 gegründeten ICC sind die Förderung eines freien, fairen und grenzüberschreitenden Handels sowie die Unterstützung von Unternehmen bei der Bewältigung der Globalisierung.

Dienstleister für die Wirtschaft
Die ICC ermöglicht durch von ihr entwickelte Vertragsregeln und Richtlinien sowie über ihren Internationalen Schiedsgerichtshof eine effiziente Abwicklung internationaler Geschäfte.

Internationale Interessensvertretung der Wirtschaft
Die ICC vertritt als Stimme der Weltwirtschaft deren Interessen gegenüber internationalen Organisationen wie beispielsweise den Vereinten Nationen (UN) und der Welthandelsorganisation (WTO). Auch bei bedeutenden informellen Zusammenschlüssen wie G20 und G8 verschafft sie sich Gehör.

Vordenker für die Wirtschaft
Freier und fairer Welthandel ist eine wichtige Grundlage für Frieden, Sicherheit und Wohlstand. Doch gilt es auch, sich mit den Begleiterscheinungen der Globalisierung auseinanderzusetzen. Diese Rolle nimmt die ICC seit jeher wahr.

Der Einfluss der ICC rund um den Globus beruht auf dem weltweiten Netzwerk ihrer Nationalkomitees, die in mehr als 90 Ländern zu finden sind. Darüber hinaus hat die ICC Direktmitglieder in weiteren 34 Ländern. Die Aufgabe der Nationalkomitees ist es, sich bei den nationalen Regierungen für die Interessen der Wirtschaft einzusetzen sowie Beiträge für die strategische Arbeit der ICC zu liefern.

DIE ICC AUF EINE BLICK

Die deutsche Vertretung der ICC

Das deutsche Nationalkomitee der Internationalen Handelskammer ist die ICC Deutschland. Sie ist zum einen Bindeglied zwischen den deutschen Mitgliedern – Unternehmen, Verbänden, Industrie- und Handelskammern – und der ICC-Zentrale in Paris und setzt sich dort für deren Belange ein. Zum anderen kommuniziert sie die Positionen der ICC gegenüber den Ansprechpartnern der deutschen Bundesregierung, die ihrerseits auf Entscheidungen internationaler Institutionen wie beispielsweise UN oder WTO Einfluss nehmen.

In ihrer Struktur ist die ICC Deutschland gegliedert in Präsidium, Hauptausschuss sowie Geschäftsführung, die ihren Sitz in Berlin hat.

Weitere Informationen finden Sie unter **www.icc-deutschland.de**.

412

ICC-STREITBEILEGUNG

Die Einbeziehung einer oder mehrerer Incoterms® Klauseln führt nicht zu einer automatischen Anwendbarkeit der ICC-Streitbeilegungsverfahren. Die Vertragsparteien, die im Streitfall die ICC-Streitbeilegungsregeln nutzen möchten, sollten deswegen eine eindeutige und klare diesbezügliche Vereinbarung treffen. Zu diesem Zweck bietet die ICC vorformulierte Standardklauseln an, welche die Parteien in ihre Verträge aufnehmen können. Sollte der Vertrag eine solche Klausel nicht enthalten, können die Parteien sich auch nachträglich auf die Anwendung der ICC-Streitbeilegungsregeln einigen.

Die ICC bietet eine große Anzahl von Streitbeilegungsverfahren an, um Parteien bei der effektiven Beilegung ihrer Streitigkeiten zu helfen. Die ICC-Streitbeilegungsverfahren gehen auf unterschiedlichste Anforderungen und Bedürfnisse ein. Jedem Streitbeilegungsverfahren liegt ein eigenes Regelwerk zugrunde. Kulturelle, sprachliche und rechtliche Besonderheiten sowie branchenübliche Usancen werden berücksichtigt.

Schiedsgerichtsbarkeit: Sie führt zu einem bindenden Schiedsspruch, der von einem aus einem oder drei Schiedsrichtern bestehendem Schiedsgericht erlassen wird. Der Internationale Schiedsgerichtshof der ICC verwaltet dieses Verfahren. Der Schiedsspruch ist in einer großen Anzahl von Ländern vollstreckbar, da die ICC-Schiedsgerichtsbarkeit rechtliche Anerkennung in den meisten Handelsnationen der Welt findet.

Einvernehmliche Streitbeilegung in einem **Amicable Dispute Resolution Verfahren (ADR),** insbesondere **Mediation:** Unter den ADR-Regeln können die Parteien zwischen verschiedenen Streitbeilegungstechniken wählen, um zu einer einvernehmlichen Beilegung ihres Konflikts zu gelangen. Die Parteien haben die Möglichkeit, diejenige Regelungstechnik zu wählen, die ihrer Ansicht nach am besten zu einer Einigung führen wird, zum Beispiel *Mediation, Neutral Evaluation, Mini-Trial* oder eine Kombination verschiedener Techniken.

ICC Dispute Boards: Sie werden bereits ab Beginn für die gesamte vereinbarte Vertragslaufzeit gebildet, um zwischen den Vertragsparteien Streitigkeiten frühzeitig beilegen zu können. Es werden verschiedene Arten von ICC Dispute Boards angeboten, je nachdem, welche Kompetenzen die Parteien den Mitgliedern des Boards einräumen möchten.

ICC-Sachverständigenverfahren: In diesem Verfahren wünschen die Parteien, dass ein neutraler Sachverständiger ein Gutachten über die streitige Frage verfasst. Zu diesem Zweck kann die ICC einen Sachverständigen aus dem entsprechenden Bereich vorschlagen oder benennen. Die zu beurteilenden Sachfragen können aus sämtlichen Bereichen stammen, z. B. Technik, Finanzen oder Recht. Die angebotenen Dienste decken die Suche nach einem geeigneten Sachverständigen bis hin zur vollständigen Betreuung eines Sachverständigenverfahrens ab.

DOCDEX: Dieses Verfahren wird zur schnellen und kostengünstigen Beilegung von Streitigkeiten im Zusammenhang mit Dokumenten-Akkreditiven, Rembours zwischen Banken, Inkassi und Bankgarantien angeboten.

Für weitere Informationen, einschließlich aller einschlägigen Regeln und Klauseln, besuchen Sie bitte die Internetseite von ICC Dispute Resolution Services: **www.iccadr.org**.

414

IMPRESSUM

veröffentlicht im September 2010 durch

ICC Deutschland e. V.
Wilhelmstr. 43 G
10117 Berlin

Copyright © 2010
International Chamber of Commerce (ICC)
ICC Deutschland e. V.

ICC-Publikation 715 ED
ISBN 978-3-929621-71-6

The world business organization

www.icc-deutschland.de
Tel. +49 (0) 30 200 73 63 00

Diese Publikation ist auch zu beziehen über

The world business organisation

www.icc-austria.org
Tel. +43 (0) 1 50105 3716

The world business organization

www.icc-switzerland.ch
Tel. +41 (0) 44 421 34 50

Stichwortverzeichnis

Die Ziffern bezeichnen die Randnummern.